杨兴培刑法学作品

犯罪构成原论

杨兴培刑法学作品

RESEARCH ON
THE CONSTITUTION
OF CRIME

犯罪构成原论（修订版）

杨兴培 著

图书在版编目(CIP)数据

犯罪构成原论/杨兴培著. —2版. —北京:北京大学出版社,2014.11
ISBN 978-7-301-24869-0

Ⅰ.①犯… Ⅱ.①杨… Ⅲ.①犯罪构成—研究 Ⅳ.①D914.04

中国版本图书馆 CIP 数据核字(2014)第 221337 号

书　　　名:	犯罪构成原论(修订版)
著作责任者:	杨兴培　著
责 任 编 辑:	陈　康
标 准 书 号:	ISBN 978-7-301-24869-0/D·3680
出 版 发 行:	北京大学出版社
地　　　址:	北京市海淀区成府路 205 号　100871
网　　　址:	http://www.pup.cn　http://www.yandayuanzhao.com
新 浪 微 博:	@北京大学出版社　@北大出版社燕大元照法律图书
电 子 信 箱:	yandayuanzhao@163.com
电　　　话:	邮购部 62752015　发行部 62750672　编辑部 62117788 出版部 62754962
印 刷 者:	三河市北燕印装有限公司
经 销 者:	新华书店
	965 毫米×1300 毫米　16 开本　25.75 印张　382 千字
	2014 年 11 月第 1 版　2017 年 11 月第 2 次印刷
定　　　价:	58.00 元

未经许可,不得以任何方式复制或抄袭本书之部分或全部内容。
版权所有,侵权必究
举报电话:010-62752024　电子信箱:fd@pup.pku.edu.cn

修订版序

在中国刑法学界,自 1958 年中国人民大学法律系刑法教研室薛秉忠等人翻译的前苏联刑法学者 A. H. 特拉伊宁所著的《犯罪构成的一般学说》一书出版后,犯罪构成就像一颗奇异的种子,在中国这块原不知犯罪构成为何物的土地上生根、发芽、开花、结果,成为一种方兴未艾的刑法理论体系和刑法求解方法。谁也不会料想到半个多世纪过去了,犯罪构成的话题仍然是今天中国刑法学界的热门话题,而且还没有过时的迹象。

拙作《犯罪构成原论》一书自 2004 年 1 月正式出版面世以来,倏忽间已经有十个年头了,直使人有感星光不居,岁日如流;虽往事如梦,一旦梦回当年写作时光,那时那刻有关犯罪构成思考和写作的情景依然历历在目,恍如昨日。《犯罪构成原论》一书 2001 年完稿以后,其间虽也还发表了两篇有关犯罪构成的文章,如"犯罪构成的立法依据"(《法学》2002 年第 5 期)、"犯罪构成的三个层次的分析"(《法学》2005 年第 5 期),觉得自己对犯罪构成的思考与写作可以告一段落了,对于这一话题,该想的都已想过了,该说的都已说过了,该写的都已写了,甚至想到如果以后他人再就这一问题进行讨论时,自己应当退守在遥远的岸边,仅仅去观看这一讨论过程中新的弄潮儿们再一次激起的波浪起伏,谈笑间面对风云,揣摩揣摩其中的真伪是非罢了。然而 2005 年、2006 年,刑法学者雪千里先生在《中国刑事法杂志》上接连发表文章,对犯罪构成中的客体问题进行再讨论。阅读之后,觉得还有些问题可以继续思考,还有些认识可以写出来与大家一起探讨。于是经过一段时间的准备,思绪再付笔端,并在 2006 年第 6 期的《中国刑事法杂志》上发表了一篇题为"犯罪客体:一个巨大而空洞的价值符号——从价值与规范的相互关系中重新审视'犯罪客体理论'"的文章。紧接着因 2009 年国家司法考试大纲将原先一向定型的前苏联犯罪构成模式调整为大陆法系的三阶层犯罪构成体系,使得无数学子一时不知所措，引发了中国刑法学史上少有的有关犯罪构成命运的大争论，也使得关于前苏联式的犯罪构成理论利弊之争又一次成为整个中国刑法学界一个无法绕开的话题，也将犯罪构成的讨论再一次推向高潮，而笔者也被卷入这一刑法问题的讨论热潮中。在此期间，笔者接连发表了"中国刑法学对域外犯罪构成的借鉴与发展选择"（《华东政法大学学报》2009年第1期）、"犯罪构成的中国春秋"（《法学》2009年第9期）、"'犯罪客体'非法治成分批评"（《政法论坛》2009年第5期）、"犯罪构成的中国化发展选择"（《法治研究》2010年第3期）。这些文章有的经过整理后与其他一些思想成果集结成为《"犯罪客体"的反思与批评》一书，由法律出版社2009年出版，有的被收录在《反思与批评——中国刑法的理论与实践》一书中，由北京大学出版社2013年出版。由此看来，笔者在20世纪末就选择了犯罪构成作为自己一个阶段学术思考的内容，也算切中了刑法学应当而且必须要高度重视的主题。十年过去了，自以为此书的理论意义与实践价值并没有过时，甚至自认为有点慧眼识要题的先见之明。当然，这种瞬间的沾沾自喜与在世界范围意义上的前贤先哲能在刑法的实体法领域破天荒地提出和构建犯罪构成这一有关犯罪成立的规格和模型所具有的意义和创举相比，简直有云泥之别，更何况十年时光仅仅是弹指一挥间。

中国之大，刑法学界精英荟萃，有关犯罪构成的讨论时时会激起浪花。以此推想，有关犯罪构成的讨论还会热烈地进行下去，这对于中国的刑法学界来说未尝不是一件好事。当然，2009年国家司法考试大纲考试内容的变动虽未正式实行，但由此引发的有关犯罪构成的讨论和给我国犯罪构成的发展模式如何选择留下的影响将是深远的，有关前苏联式的犯罪构成模式和大陆法系三阶层式的犯罪构成模式能否兼容并蓄，合成出一种新的构成模式，都将成为中国刑法学界未来一段时间内继续关注的重大理论话题。在今天的中国，任何一个研习和想要研习刑法的人，都绕不开犯罪构成这一道关坎，无论是曾长期一统我国刑法学界的前苏联式四要件犯罪构成模式，还是目前已经悄悄登陆的大陆法系三阶层式犯罪构成模式，甚至本书极力提倡和努力论证的"杨氏两要件式"的犯罪构成模式，依然是刑事立法设定犯罪的一种规格和模型，是刑事司法认定犯罪的一种技术操作手段和刑法理论解读刑法典章文本的一种分析工具。认识和理解了犯罪构成具有的这种功能属性,把犯罪构成看成是刑法的入门向导也并不为过。一般而言,虽不需要刑法学界人人都要提出自己独特的观点和理论,但每一个研习刑法的人,都需要对犯罪构成给予必要的关注,甚至作出暂时的选边站队。因此任何一个对犯罪构成进行深入研究、提出各种建设性意见并经受得起证伪的质疑,都是为刑法理论添砖加瓦,锦上添花,作为刑法学者何乐而不为?

岁月易得,别来行复十年。十年间我国的政治、经济、文化发生了很大的变化。但是相对于整个国家的巨大变化,由于受法律不过是社会生活写照的这一法理和现实的影响,刑法乃至刑法学多少有点保守和滞后的天然属性。因此,在刑法和整个刑法理论领域,如何提高我国的刑法观念有时比刑法的精湛技术可能更为重要;认识到最好的社会政策才是最好的刑事政策比选择采取哪一种犯罪构成模式可能更为重要;相对于政治、哲学、社会学,刑法学是处于下位的学科,但由于刑法毕竟属于生杀予夺的器具,使用这一器具的人是否拥有高尚的情操、仁和宽允的理念和谨慎细致的态度比犯罪构成器具本身可能更为重要。在这一问题上,当今世界上一些控制犯罪、认定犯罪和惩罚犯罪做得比较好的国家,其功劳绝不会归属于某种犯罪构成模式。我们利用犯罪构成来设立犯罪、分析犯罪和惩罚犯罪,毕竟不是为了希望看到犯罪像"野火烧不尽,春风吹又生"的野草那样生生不息。明白了这一点,我们就不会对犯罪构成寄以超出其实际功能的期许。因此,直到今天,在中国刑法学界对于犯罪构成的喜好,绝大多数人依然是把它放在刑事司法实践层面作为认定犯罪的一种技术操作手段作为自己的理论研究重点的,笔者也曾如此。然而当我们明白了刑法问题可以像其他很多问题一样,可以在观念、制度和技术三个不同层面有自己不同的追求,犯罪构成在刑事立法、刑事司法和刑法理论三个领域可以具有不同的功能属性,这可能是我们今天减少对刑法问题的很多不必要误解和不必要争论的一个重要切入点和认识基础。

在这样的理论背景下,承蒙北京大学出版社的青睐,笔者的《犯罪构成原论》得以修订再版,无疑给这一讨论又提供了另一个参考模本,应当说这是一件好事。十年前的著作,经过十年时间的检验如果被证明还没有过时,对于笔者来说不仅仅是一件幸事,而且也是一种时代的褒奖。要知道在整个刑法领域,由于注释刑法学的缘由,刑法著作的速朽是经常现象。然而也正因为这是一本十年前的著作,作为一种历史的文本,这次修订,尽可能保持了原有的风貌。当然原文本中由于本书的初稿是手写稿,以致录入时误读而存在一些错别字,为此心中一直惴惴不安。这次修订能够一一加以改正,也使笔者放下了一个负疚的心理包袱。

十年过去了,时下对于中国社会来说正经历着一个极其功利化、极欲物质化的进程,精神领域也经历着一场快餐式的消费过程,专业学术著作还能受到多大程度的欢迎,实在不敢寄予太大的期望。但相信在人类的发展进程中,人的精神发展和精神需要最终还会超越物质发展和物质需要而指引人走向未来。青山挡不住,毕竟东流去。也正是这种精神的产生、精神的存在和精神的需要才是使人真正成为人的一个重要起源之因、追求之因和发展之因。由此联想到,在人类的发展长河中,唯有精神的东西才是不朽的。

年岁已长,所怀万端,时有所虑,虽不至于通夜不瞑,但"古人思而秉烛夜游,良有以也"当为榜样引领。然观古今刑法学人,鲜能以观点和理论长久自立或独树一帜而不备受争议。本书能否也算有一些观点,能否算形成了一种理论体系,自当接受刑法学界诸同仁的批评、检验和定判。

杨兴培
2014年6月28日星期六
谨识于上海华东政法大学

前　言

　　犯罪构成,是刑法理论上的一个专有术语和常见范畴,也是刑事立法设定犯罪的一种规格、模型和刑事司法认定犯罪的一种技术操作手段和刑法理论解读刑法典章文本的一种分析工具。就刑法学而言,它是一道必经的门槛,只有跨过这道门槛方能进入刑法理论的恢宏殿堂;同时,它又是一座险峻的高山,只有攀临这座高山方能俯瞰刑法理论的一马平川。

　　在刑法学犯罪构成领域,引导我们不断走向思想和实践深处的,不仅有先哲们为创建犯罪构成这一理论概念和理论体系而给我们留下的一串串未竟的脚印,而且还有处在当前时代条件下促使我们必须不断地进行思想探索和实践摸索的自我觉醒精神;是刑法理论上对它不断提出的诸多新问题,是现实生活中对它永远常新的司法新实践……

　　其实犯罪构成自从其诞生的那一天起,就伴随着刑法学者们无穷的思考和探索。反思、批判、超越,成为这一理论领域常见的现象。每一次理论的思考、讨论,甚至在讨论中出现的每一次争论,都在客观上促进了犯罪构成这一理论的向前发展。不管这一发展是鹅行鸭步,还是迅雷疾发,刑法学者们对犯罪构成这一理论现象,始终以极大的热情关注着它、思考着它、解答着它。所有这一切足以证明犯罪构成理论在整个刑法学领域所具有的特有魅力和强大的吸引力。对此,希冀建立一个完整、严谨、严密的理论体系者有之,宣称已经建立了一个科学的犯罪构成理论新体系者有之,时时想要以自己点点滴滴的思想浪花为这一理论现象折射光彩者有之,所有这一切又反映了在这一理论领域所呈现的热闹景象。

　　在我国,犯罪构成这一理论现象本属于"舶来品"。就历史而言,它发端于中世纪意大利的纠问式诉讼过程中,经过19世纪初大陆法系古典刑法学派学者们的精心移植改造而成为刑事实体法上的专有术语，进而形成一种理论现象。就现实而言，我国的犯罪构成理论概念和理论体系来源于前苏联的理论模式，虽经我国刑法理论的不断反思、批判和超越，但至今仍处处残留着前苏联犯罪构成理论模式的痕迹。一种理论一旦成型，形成一个"完整"的体系，就免不了会呈现出封闭性、保守性、排他性。我国现有的一些刑法教科书对犯罪构成从体系到结构、形式到内容，都"不假思索"地照搬抄袭前苏联模式的现象，清楚地反映了这一点。其实，同一事物在不同的人面前，具有不同的价值联系，因而会出现不同的语言符号表达系统。因此，犯罪构成的理论概念和理论体系本身也会呈现出多元化。人们站在多维的角度审视犯罪构成这一理论现象，形成不同的概念内容和结构体系，都将使每一种自视为完整和严密的犯罪构成理论体系遭受不同程度的冲击。每一个刑法学者越是想要建立自己的永恒不变的犯罪构成理论概念和结构完整的犯罪构成理论体系，就越会感到犯罪构成理论内容的浩繁和理论体系的纷杂。正因为如此，对犯罪构成的理论研究，在相当长的历史时期内将是无止境的。

步着先哲已经开辟的有关犯罪构成研究的理论通道，吮吸着前贤今人有关犯罪构成研究的理论营养，笔者也想加入到时下我国探讨犯罪构成者的队伍中来。虽然一想到先哲的诸多论断可谓备述已至，有关犯罪构成研究的论著可谓汗牛充栋，不禁常有望而生畏之感。但是又想到"一个人吃了什么饭，就该干些什么活"的古训，顿觉应该鼓足勇气，忝列于我国探讨犯罪构成者的队伍，使这一队伍能够多一个马前卒、炮边兵，上不负时代要求，下可记录自己长期思考的内容，又何不敢为也？

马克思曾说过："辩证法不崇拜任何东西，按其本质来说，它是批判的和革命的。"① 透过对已有的有关犯罪构成论著的阅读和审视，特别是我国现有的有关犯罪构成理论的反思，不难发现，我国现有的犯罪构成的理论概念和理论体系充满着歧义。对于犯罪构成，只有站在理论的高度认识它、理解它，才能在实践的层面实践它、运用它。借助哲学的认识论、方法论和实践论的基本原理，对已有的犯罪构成理论从自我角度进行审视、反思和清理，从中寻找出产生各种矛盾、歧义和

---

① 《马克思恩格斯选集》（第2卷），人民出版社1972年版，第218页。

混乱的大概原因,通过分析、批判,自成一家之言,是任何一个有志于刑法学研究者的应有定向。"我"是一个什么人,无论对历史和现实来说,都是无关紧要和微不足道的。青史几千年,红尘数十载。但笔者是或曾是一个刑法学学人,吃过这碗饭,就应当有所酬报,记下点滴思考,留下几许观点,以供后人作参考,也是刑法理论得以繁荣的一个基本要求。对此,余心时常切记着。

有哲人说过:在思想家眼里没有理想的社会现实,因此,思想家一直在勾画着理想的社会模式。对于刑法理论者来说又何尝不是如此。在刑法学家眼里,以往的刑法理论总还存在这样或那样的不足之处,所以要反思、要批判、要超越。于是乎,一代又一代、一个又一个的刑法学者不断提出新的观点、新的理论。这又为新的刑法理论的发展起到了推动作用。对于犯罪构成的理论研究,先哲们留下的理论遗产中,不时被今人发现或认为存在某些错误;今人的理论观点和理论内容,也将会被后人发现或认为存在某些错误。但是,从辩证法的角度而言,错误总是比平庸更能够孕育和产生新的真理。因此,就犯罪构成的理论研究而言,我们还得感谢所有对犯罪构成作出这样或那样的深深思考、提出这样或那样的观点并进行这样或那样的理论阐述的刑法学先哲前贤,即使被认为是错误的观点,有时也会使我们发现真理的幼苗。

对以往犯罪构成的理论观点和理论内容的反思和清理,批判固然不难,但创新却谈何容易。好在刑法理论的海洋是容纳千流百川而成的。每一个关心犯罪构成理论研究的刑法学者,以自身的努力和进取精神,不断地进行思考和求解,相对正确和完善的犯罪构成理论观点和理论体系的形成是能够实现的。在接下来展开的理论研究中,笔者将努力展现自己对犯罪构成的思考和理解,并演绎自己对犯罪构成所形成的理论观点和理论内容。

杨兴培
2001 年 11 月

目 录

第一章　犯罪构成的历史发展及其评价　1
- 第一节　大陆法系犯罪构成理论的起源、形成与发展　1
- 第二节　前苏联的犯罪构成理论及其评价　17
- 第三节　中国犯罪构成理论的沿袭与发展　32

第二章　犯罪构成的属性与功能　38
- 第一节　犯罪构成属性的观点、分歧和理论透视　38
- 第二节　我国犯罪构成属性的理论评析　43
- 第三节　对犯罪构成功能的认识与理解　46

第三章　传统犯罪构成要件的反思与重新评价　51
- 第一节　犯罪构成的要件组合概览与评价　51
- 第二节　对犯罪主体的反思与重新评价　53
- 第三节　对犯罪客体的反思与重新定位　75

第四章　科学犯罪构成的重新构建　106
- 第一节　犯罪构成重构的原则和设想　106
- 第二节　犯罪构成在刑法理论中的地位　111
- 第三节　犯罪构成的结构要件及其基本要素　115

第五章　犯罪构成的立法依据　130
- 第一节　社会利益的本质透视　130
- 第二节　社会利益分配中形成的社会秩序　134
- 第三节　社会利益存在形式和社会秩序运行中衍生的社会危害性行为　138

第六章　犯罪构成的主观要件　　　　　　　　　　　150

第一节　主观罪过的心理特征及其本质　　　　　150
第二节　《刑法》总则结构中的罪过形式与内容　　160
第三节　《刑法》分则结构中的罪过性质与形式　　183

第七章　犯罪构成的客观要件　　　　　　　　　　　196

第一节　客观危害的表现形式及其本质　　　　　196
第二节　认识错误的行为对客观要件的影响　　　202
第三节　客观要件中行为危险犯的理论评价　　　209
第四节　客观要件中的因果关系　　　　　　　　226

第八章　犯罪构成与犯罪阻却事由　　　　　　　　　244

第一节　犯罪阻却事由的法律属性　　　　　　　244
第二节　犯罪阻却事由与犯罪构成的关系　　　　252

第九章　犯罪构成与犯罪停顿状态　　　　　　　　　265

第一节　犯罪停顿状态的构成属性、构成要件和构成要素　265
第二节　犯罪停顿状态与犯罪构成的关系　　　　273
第三节　两种"特殊"犯罪既遂、未遂状态的法理评析　277

第十章　犯罪构成与共同犯罪形态　　　　　　　　　289

第一节　共同犯罪的成立基础和成立标准　　　　290
第二节　共同犯罪中身份犯的共同行为性质　　　304
第三节　共同犯罪人的分类依据与立法完善　　　316

第十一章　犯罪构成与一罪数罪形态　　　　　　　　325

第一节　一罪的法律基础与事实基础　　　　　　325
第二节　牵连犯的理论再思考　　　　　　　　　340
第三节　法条竞合的理论再思考　　　　　　　　349

第十二章　犯罪构成的实践运用	363
第一节　对犯罪构成规格、模型的认识与理解	363
第二节　犯罪事实的事实判断与价值评价	374
第三节　犯罪构成的规范评价	386
后记	**391**

第一章 犯罪构成的历史发展及其评价

历史的进程从哪里开始,对历史的思维进程也应当从哪里开始。在刑法理论上欲对犯罪构成进行全面研究,进而对犯罪构成重新进行审视后,从而能够建立一个比较科学的、完整的犯罪构成理论体系,使之成为为刑事立法所能重视的设立犯罪的一种规格、模型,成为刑事司法所能运用的认定犯罪的一种操作模式,必须要对犯罪构成的形成、发展和现存的犯罪构成体系进行全面的回顾与反思。

第一节 大陆法系犯罪构成理论的起源、形成与发展

一、犯罪构成的起源与概念的形成

据学者们的考证与研究,犯罪构成,或称之为犯罪的"构成要件"一词最早来源于拉丁语 Corpus delicti(已被证明的犯罪事实),与 Corpus delicti 相关的另一词语是 constarede delicti(犯罪的确证),都是中世纪意大利纠问程序中所使用的概念。在当时的一般纠问过程中,首先必须调查是否有犯罪的存在(一般纠问),在得到存在犯罪的"确证"之后,方可对特定的嫌疑人进行纠问(特殊纠问)。Corpus delicti 一词最初由意大利刑法学者法利那休斯作为"指示已被证明的犯罪事实的东西"来使用的。它的意义主要是用于证明客观犯罪事实的存在,强调没有严格按照证据法则得来的"确证",就不得进行特殊纠问(包括拷问)的原则,从而起到限制官衙主义的目的。这一具有刑事诉讼性质的 Corpus delicti 概念传到英美法系后,在有关口供、辅助证据

方面,仍然使用着这一概念。①

最早将 Corpus delicti 翻译成德语 Tatbetand（即犯罪构成或犯罪的构成要件）的是德国的刑法学者克拉因于 1796 年进行的。但是在克拉因那里,Tatbetand 仍然只是刑事诉讼意义上的概念。直到 19 世纪初,德国刑法学者施求别尔和费尔巴哈对犯罪构成进行了革命性的学术改造之后,犯罪构成才成为刑事实体法意义上的概念。但是当时还没有出现与今天完全一致的犯罪构成或构成要件的理论。Tatbetand 一词仅限于在犯罪事实或法律上制约成立犯罪的诸条件意义上加以使用的。而且,它又被分为一般构成要件和特殊构成要件,或者是主观构成要件和客观构成要件。

施求别尔在 1805 年出版的《论犯罪构成》一书中写到:"犯罪构成,乃是那些应当判处法律规定的刑罚的一切情况的总和,因为这些事实是同责任能力无关的。"②在施求别尔看来,责任能力的概念包括一切主观因素,首先包括罪过。早期的刑事古典学派的刑法方法充分体现了刑法的民主原则,因此他们在研究刑法时,总是遵循严格的形式主义方法。俄国刑事古典学派代表人纳博科夫曾指出:"如果说刑法科学中的犯罪和刑罚是概念,刑事社会学中的犯罪和刑罚是社会现象,那么就可以明确地说明刑法科学的对象和刑事社会学的对象是有所不同的。"③刑事古典学派正是把刑法怎样规定犯罪和刑罚与刑事社会学怎样研究犯罪和刑罚作为两个不同的范畴加以对待的。因此,把刑法中规定犯罪构成看成是一种设立犯罪的规格。继施求别尔之后而崛起的德国刑事古典学派的刑法大师费尔巴哈在 1813 年受委托草拟的《巴伐利亚法典》第 27 条中专门作了如下规定:"当违法行为包含依法属于某罪概念的全部要件时,就认为它是犯罪。"费尔巴哈并对犯罪构成下了专门的定义:"犯罪构成乃是违法的（从法律上看）行为

---

① 参见〔日〕小野清一郎:《犯罪构成要件理论》,王泰译,中国人民公安大学出版社 1991 年版,第 2 页。

② 〔苏〕A. H. 特拉伊宁:《犯罪构成的一般学说》,薛秉忠等译,中国人民大学出版社 1958 年版,第 15 页。

③ 〔俄〕纳博科夫:《刑法论文集》,1904 年俄文版,第 5 页。转引自〔苏〕A. H. 特拉伊宁:《犯罪构成的一般学说》,薛秉忠等译,中国人民大学出版社 1958 年版,第 14 页。

中所包含的各个行为的或事实的诸要件的总和。"④在这里,费尔巴哈十分肯定地认为列入犯罪构成的只是表明行为的特征。当然作为一代刑法学大师,费尔巴哈丝毫没有忽略责任的主观根据——罪过——的意义,只是根据他对犯罪构成的研究,费尔巴哈把罪过置于犯罪构成之外,也就是说,只有当那些行为特征具有以下条件时才负刑事责任:第一,实现了犯罪构成;第二,行动有罪(过)的人。

德国早期的刑事古典学者们在一开始建立的犯罪构成结构中,就坚决地把犯罪行为作为犯罪构成的基本内容而提高到首要的地位,这种对犯罪构成客观结构的构想,对刑法的一系列问题和制度都产生了巨大的影响,例如一罪与数罪、犯罪的既遂与未遂、共同犯罪、初犯与屡犯等,都开始转向了客观主义的立场,都是以认定行为是犯罪构成的"核心"为基础的。由于犯罪构成的客观结构,整个刑法理论、刑法实践,都在偏重"客观",偏重行为方面的作用。这种过于片面强调客观行为的理论体系势必存在致命的缺陷,以致在不经意间为继起的"主观论"矫枉过正地不以行为而要以行为人作为刑事责任的核心的理论体系的产生和形成提供了生存空间。

作为德国早期刑事古典学派的先驱,作为对刑事社会学全力研究的对象——犯罪的形成深有观察的、作为对刑事立法关于犯罪的规定和刑事司法对犯罪的认定潜心钻研的、作为德国的哲学思想繁荣深受其影响的施求别尔、费尔巴哈等人不可能不注意到行为主体的责任能力对犯罪形成和对犯罪构成发生影响的这一表面显见现象。费尔巴哈提出只有行动有罪(过)的人才负刑事责任的观点,就已清楚地表明了这一点。但是,为什么早期的刑事古典学派既然没有忽视包括罪过为内容的刑事责任能力的意义,却又主张建立犯罪构成的客观结构?为什么他们关注的中心是犯罪行为而不是犯罪行为人?其实,施求别尔、费尔巴哈等人仅仅把犯罪构成看成是行为的或者事实的诸要件的总和,实际上是有着深刻的历史、政治背景和自身的思想理论基础的。对此,前苏联著名刑法学者特拉伊宁曾经指出:"这个问题的解答,应当同资产阶级'民主'鼎盛时期所支持和鼓励的总的思想倾向联系起

---

④ 〔苏〕A.H.特拉伊宁:《犯罪构成的一般学说》,薛秉忠等译,中国人民大学出版社1958年版,第15页。

来。必须牢牢记住,在资产阶级政权稳固的时期,新阶级的思想家、哲学家、经济学家和法学家都(在)歌颂代替警察国家的新的'法治'国家的诞生。'古典'刑法学者们也同所有的资产阶级的思想家一样,认为刑罚的最高目的是保护资产阶级的法权秩序……因此,在他们看来行为就具有重大的意义。同法权规范相抵触的是违法行为。因此,实际上应当惩罚的是损害'国家威信'的犯罪行为。"⑤由此可见,刑事古典学派不把行为人而把行为提高到首要地位的客观主义立场,是同资产阶级"民主"的整个思想体系的特有趋势有机地相联系的。

在欧洲人文主义复兴运动和资产阶级革命前夜的思想启蒙运动中,针对当时中世纪欧洲的司法黑暗、罪刑擅断,定罪量刑纯粹以法官个人好恶为标准的普遍现象,资产阶级的启蒙思想家进行了猛烈的抨击。现代刑法学的始祖、意大利的贝卡里亚在其1764年写就的《论犯罪与刑罚》一书中指出:"我有权认为,使民族遭受到的危害是衡量犯罪的唯一真正的标准。因此,那些认为犯罪人的意图是衡量犯罪真正标准的人的想法是错误的。"⑥正是这种看重行为为犯罪的标准,而不是行为人也不是行为人的思想为犯罪的标准,导致了罪刑法定原则思想的诞生。费尔巴哈继承了贝卡里亚的这种思想,指出:"法律是普遍的和必要的;它是面向全体公民的;它威胁着每一个罪犯……谁要是犯了某种罪,就应当受到相应的惩罚……这并不是侵犯某个人的权利,因为只有在违法时,才受到惩罚。"⑦由于法律是普遍的和必要的,是面向全体公民的,而根据资产阶级"平等""博爱"的思想,人与人、全体公民都是平等的,因此,决定一个犯罪的成立基础只能是人的行为,而不是行为人本身。这样,根据这一思想而建立起来的犯罪构成势必倾向于客观结构。

刑事古典学派提出犯罪构成应当以行为为中心的思想,在当时的欧洲获得了广大的思想市场,并延续了很长时间。1848年,年轻的马克思在涉及刑法学研究时,也曾说道:"我只是由于表现自己,只是由

---

⑤ 〔苏〕A.H.特拉伊宁:《犯罪构成的一般学说》,薛秉忠等译,中国人民大学出版社1958年版,第18页。

⑥ 〔意〕贝卡里亚:《论犯罪与刑罚》,西南政法学院1980年刊印,第18页。

⑦ 〔德〕费尔巴哈:《回忆录》。转引自〔苏〕A.H.特拉伊宁:《犯罪构成的一般学说》,薛秉忠等译,中国人民大学出版社1958年版,第19页。

于踏入现实的领域,我才进入受立法者支配的范围。对于法律来说,除了我的行为以外,我是根本不存在的,我根本不是法律的对象。"⑧"凡是不以行为本身而以当事人的思想方式作为主要标准的法律,无非是对非法行为的公开认可。"⑨

如何评价早期刑事古典学派对犯罪构成进行革命性的学术改造、创立犯罪构成新概念对现代刑法学的贡献,恐怕并非一件易事。但是,从犯罪构成从刑事诉讼法上转移到刑事实体法中,源远流长,已近两个世纪仍然盛而不衰。在整个大陆法系国家、前苏联、东欧国家以及我国大陆和台湾地区的刑法理论中,犯罪构成成为整个犯罪论的基础和核心,我们不得不归功于早期的刑事古典学派。当年恩格斯在马克思墓前曾满怀深情地讲道:正像达尔文发现有机界的发展规律一样,马克思发现了人类历史的发展规律——即历史唯物主义;不仅如此,马克思还发现了现代资本主义生产方式和它所产生的资产阶级社会的特殊的运动规律——即剩余价值理论。一生中能有这样两个发现,该是很够了。甚至只要作出一个这样的发现,也已经是幸福的了。⑩由此我们想到,一个人在他研究的某种思想领域中,有一个被后人记起并加以继承发展的成果,而这种被后人记起并加以继承发展的成果一直在这种思想领域发挥着影响作用,那么,他就已经对人类的某种思想文化事业作出了不可磨灭的贡献。

二、犯罪构成的发展与理论的形成

在 19 世纪初,由施求别尔、费尔巴哈等人提出了犯罪构成概念后,在整个德国刑法理论中掀起了一股研究犯罪构成的热潮,较为有影响的代表人物有贝尔纳、梅兹格、亚菲特、弗兰克等人。犯罪构成的研究,乃至于整个刑法理论的研究,并不是在资产阶级革命取得最早胜利的法国,却是在德国形成高潮,我们认为有两个原因是比较显见的:一是法国资产阶级革命取得胜利后,统治者们醉心于法典的制定,希冀以此传诸后世。1804 年的《法国民法典》、1810 年的《法国刑法

---

⑧ 《马克思恩格斯全集》(第 1 卷),人民出版社 1972 年版,第 16—17 页。
⑨ 同上书,第 16 页。
⑩ 参见《马克思恩格斯全集》(第 3 卷),人民出版社 1972 年版,第 574 页。

典》等一大批经典性的法典问世,集中代表了这一时期的立法成果。立法活动的繁忙和带来的成就湮没了法学研究的热情。二是德意志民族崇尚理性思考的哲学思辨方式激起更多学者投身于人文思想的研究,哲学、法学、法哲学的研究高潮迭起,刑法学的研究成果必然成为这一研究高潮中涌起的一朵激人的浪花。但是,整个19世纪,犯罪构成的理论发展却十分缓慢。当时研究的重点主要集中在犯罪构成定义的确立、犯罪构成的主客观属性等问题上。即使费尔巴哈也常常陷于某种困惑之中。在提出犯罪构成的客观结构和给犯罪构成下了一般定义之后,费尔巴哈曾经有过动摇。他曾说过:"一定的违法的结果,通常是属于犯罪构成的;行为违法性的某种主观(属于犯罪人的心理方面的)根据,即:(1)某种故意,或(2)某种意思表示,也往往属于犯罪构成。行为的外部特征,永远属于犯罪构成。"[11]这样一来,费尔巴哈关于犯罪构成的概念,似乎已包括了罪过的因素。施求别尔也说道:"过去自己对犯罪构成的看法,显然是走极端了。根据我过去对犯罪构成看法的阐述,连我自己也不认为都是犯罪构成。"[12]法国刑事古典学派代表人盖罗也赞同费尔巴哈、施求别尔等人后来发生变化的主张,指出:"要成立犯罪,必须有下面两个事实:法律规定并要求加以惩罚的行为和罪过。"[13]盖罗虽然没有详细阐述关于犯罪构成及其因素问题,但是按照其上述说法,罪过也是具有同犯罪行为并列的、独立的刑事责任根据的意义。尽管如此,整个19世纪,犯罪构成理论并没有取得实质性的长足进步与发展。

20世纪初,以德国刑法学者贝林格(1866—1932)为代表的新一代刑法学者对犯罪构成倾注了极大的热忱,从而极大地发展了犯罪构成理论,逐渐形成了具有特色的犯罪构成理论体系。

(一) 贝林格的犯罪构成理论概览

贝林格在1905年出版的《刑法纲要》第3版和1906年出版的《犯

---

[11] 〔德〕费尔巴哈:《刑法教科书》。转引自〔苏〕A.H.特拉伊宁:《犯罪构成的一般学说》,薛秉忠等译,中国人民大学出版社1958年版,第15页。

[12] 〔德〕施求别尔:《论犯罪构成》。转引自〔苏〕A.H特拉伊宁:《犯罪构成的一般学说》,薛秉忠等译,中国人民大学出版社1958年版,第15页。

[13] 〔法〕盖罗:《刑法概论》,1898年德文版,第75页。转引自〔苏〕A.H.特拉伊宁:《犯罪构成的一般学说》,薛秉忠等译,中国人民大学出版社1958年版,第15页。

罪的理论》等著作中首次系统地提出了犯罪构成的理论体系。但是值得注意的是,贝林格一开始是将犯罪构成同作为犯罪构成而又具有主观色彩的犯罪构成要件混为一谈的。他说道:"犯罪构成是一个没有独立意义的纯粹的概念。违法的、有罪过的行为在形成犯罪构成后,就成了犯罪行为。犯罪构成本身存在于时间、空间和生活范围之外。犯罪构成只是犯罪方面的东西,而不是现实。""凡是违法地和有罪过地实现某种犯罪构成的人,在具备可罚的条件下,就应当受到相应的惩罚。"[14]由此,贝林格把犯罪构成作为犯罪的构成要件加以论述,并与违法性、有责性结合在一起,形成贝氏式的犯罪构成理论体系。但需要指出一点:在当时,贝林格是将此三者作为彼此独立的要素加以考察后,再将三者结合起来作为犯罪认定的。贝林格之所以把犯罪构成视为犯罪的构成要件加以论述,是由当时的现实背景和理论背景所决定的。一方面,刑事古典学派在反对中世纪罪刑擅断的过程中,勇敢地提出要以行为为中心的理论主张,不但具有鲜明的反封建专制的色彩,而且在整个刑法理论界取得了支配的地位。作为继起的但基本上仍属于刑事古典学派的贝林格理所当然地要加以继承。尽管贝林格已看到了罪过在犯罪构成中举足轻重的作用,但在当时根本无力更改以行为为中心的理论趋势,只得把有罪过的特征视为与犯罪构成要件并列地属于构成犯罪的必要内容。另一方面,19世纪初的刑法理论总是从行为、因果关系、违法性等一些概念出发构建犯罪的成立条件,几乎忽略了刑法分则条文内容对犯罪构成的影响。因此,贝林格提出了必须要以刑法分则条文规定的犯罪构成要件(即违法性)概念为中心来建立犯罪概念。他指出:"构成要件是现代刑法的基石,只有在构成要件这一基石上,其他理论才能非常明确而简单地得到解决。"[15]正是在这一基础上,贝林格把犯罪定义为:"犯罪是符合构成要件的、违法的、有责的并对此有合适的处罚规定和满足处罚条件的行为。"[16]从而在施求别尔、费尔巴哈等人的犯罪构成理论基础上又大大前进了

---

⑭ 〔苏〕A. H. 特拉伊宁:《犯罪构成的一般学说》,薛秉忠等译,中国人民大学出版社1958年版,第16页。

⑮ 何秉松:《犯罪构成系统论》,中国法制出版社1995年版,第5页。

⑯ 同上注。

一步。

贝林格对犯罪构成理论的贡献是,不但把犯罪构成要件的该当性、违法性和有责性结合在一起,形成了一个较为完整的犯罪构成理论体系,这一理论体系至今在大陆法系的刑法理论中具有重大影响,成为大陆法系犯罪论的基石,而且还把刑法分则的特殊构成要件概念化、理论化,把它提升为刑法总则犯罪概念的核心内容,使刑法总则和刑法分则有关犯罪的内容有机地结合在一起。但是应当指出,贝林格尽管已看出犯罪构成是刑事立法所设立的一种规格,但他却仅仅把犯罪构成视为纯粹的法律方面的东西,而不是现实,犯罪构成本身存在于时间、空间和生活范围之外的观点却是不全面的,因而也是存有争议的。其存有争议的根源就在于他没有看到犯罪构成的内容不但是由刑法规定的,而且更在于它是由日常生活的违法事实作为全部的、根本的内容的。有学者指出:贝林格的理论观点来源于宾丁格的规范理论。宾丁格把他所说的"规范",即一般国民的行为规范与"刑罚法规"严格加以区别,刑罚规范不是规定规范的,而是属于应当在审判中适用的法规,是规定了因其适用而应受处罚的行为范围的法规。[17] 也正是这种理论,和康德的先验哲学思想一起又促成了19世纪初凯尔森纯粹法学派的崛起。但我们需要指出,法律从来不会是纯粹的、观念性的、记叙性的和不包含任何价值评判的产物。

贝林格的犯罪构成理论问世后,在当时的德国刑法理论界受到了高度重视,同时其构成要件丝毫不包括主观因素的观点也受到了质疑。构成要件中应包含规范的、主观的要素被贝林格同时代的德国刑法学者迈耶尔所注意到。尽管迈耶尔在1915年的《刑法总论》一书中,把整体的构成要件仍视为记叙性的,从而是客观的,但他同时也认为,实际上在法律上的构成要件中,可以发现有规范的要素和主观的要素。但是在迈耶尔看来,构成要件包含主观要素的观点又是不彻底的,他认为应当把主观要素从构成要件相符性中排除出去,归于责任之中。这样,迈耶尔的犯罪构成理论实际上又与贝林格的犯罪构成理论没有多大区别了。只是由于迈耶尔承认了构成要件中包含规范要

---

[17] 参见〔日〕小野清一郎:《犯罪构成要件理论》,王泰译,中国人民公安大学出版社1991年版,第13页。

素和主观要素,并把构成要件相符性(即该当性)和违法性及责任并列起来加以考虑,使得有的日本学者认为:"构成要件—违法件—责任的体系是由迈耶尔创始的。在德国刑法学和我国(指日本——笔者注)刑法学中,它指导着体系方面的思路,即使是那些在阐述时并不采用上述体系的刑法学者,也多半受到这种体系性思路的支配。"[18]由于贝林格的首创,迈耶尔的继承和发展,在整个大陆法系的刑法理论中,犯罪被普遍视为是符合构成要件的(即该当性)、违法(即违法性)而有责(即有责性)的行为。

(二) 梅兹格的犯罪构成新论概览

由于贝林格、迈耶尔的犯罪构成理论将构成要件与违法性对立起来,从而为这一理论遭受必要的质疑埋下了伏笔,同时也为将构成要件与违法性合为一体的犯罪构成新理论的创立提供了催化剂。

20世纪20年代,德国刑法学者在继承、借鉴并批判贝林格、迈耶尔犯罪构成理论的基础上,创立了将构成要件与违法性合为一体的犯罪构成新理论,梅兹格就是其中的代表。梅兹格认为,构成要件是一种不法类型,所以他从正面肯定了构成要件的主观要素和规范要素。这实际上发展了贝林格的客观违法的"犯罪类型"和迈耶尔的主观违法要素的观点。[19] 对于梅兹格认为的构成要件是类型化的不法,所谓违法性,即是构成要件的不法,日本学者认为,梅兹格的观点"与其说是将构成要件向违法性靠拢,倒不如说将二者看做同一个东西"[20]。这是以梅兹格为代表的犯罪构成新论与贝林格的犯罪构成要件论的一个最重要、最明显的区别。

承认构成要件中有主观要素的梅兹格理论,在继承迈耶尔所提出的主观要素理论的同时,又拓展了贝林格后来也开始认可的主观违法要素理论。梅兹格在1924年发表的论文中提到了"主观的不法要素"。在1926年发表的论文中,梅兹格再一次提到"主观的构成要件要素"。梅兹格正是从他的"构成要件是违法类型"的观点出发,认为

---

[18] 〔日〕小野清一郎:《犯罪构成要件理论》,王泰译,中国人民公安大学出版社1991年版,第12页。

[19] 同上书,第31页。

[20] 同上书,第9页。

构成要件应当属于违法性,所以也就认为已具有了不法要素。[21] 由于梅兹格把构成要件与违法性视为一体化,他的犯罪概念和犯罪论体系也就相应地发生了变化。他认为:"犯罪是构成要件的违法的、应归责的、刑法明文规定处罚的行为。因此,犯罪成立的条件是:(一)行为;(二)违法(或构成要件的违法);(三)责任(包括责任能力、责任年龄、故意和过失等);(四)刑法明文规定应受处罚的行为。"这样一来,犯罪论体系就由贝林格、迈耶尔的"构成要件—违法—责任"的体系,变成了"行为—违法(构成要件的违法)—责任"的体系,这就是以梅兹格为代表的构成要件新论的体系。[22]

但是,刑法学界对梅兹格的理论也存在不同的理解。因为梅兹格曾说过:"研究者们如果否定主观的决定规范在理论上有可能先行于法的客观评价规范,将不法理解为主观的违反义务规范的话,便不能理解其明确性而误解法的本质。即他会得出无责任能力者不能为不法行为的不当结论,并且将不法和责任当做不可分离的东西,肯定会得出不法就是不法这样奇怪的结论。"[23]有鉴于此,梅兹格将规范分为评价规范和决定规范。违反前者是违法问题,违反后者便是责任问题。并进一步指出:评价规范是对一定事态同法理观念在客观上是否一致的评价,无需考虑行为者的个人情况;决定规范是对行为者作出的,其是否违反,必须在考虑包括行为者的个人能力在内的个别事情之后才可以判断出来,即责任判断是个别的判断,是人格的非难性。这样,梅兹格便在不法和责任之间画出了一条明晰的界线。对此,有人将梅兹格的违法性概念称为客观违法性概念。并认为梅兹格的客观违法性概念对后来大陆法系的犯罪理论产生了深远的影响,所谓"违法是客观的、责任是主观的"主张一直占据着重要地位。[24] 之所以会出现这样的理解,主要在于迈耶尔认为,行为的命令及禁止是由实定法以前的文化规范所规定的,构成要件符合性不过是作为违反文化

---

[21] 参见〔日〕小野清一郎:《犯罪构成要件理论》,王泰译,中国人民公安大学出版社1991年版,第36—37页。

[22] 参见何秉松:《犯罪构成系统论》,中国法制出版社1995年版,第12页。

[23] 马克昌:《近代西方刑法学说史略》,中国检察出版社1996年版,第260页。

[24] 参见刘为波:《规范主义刑法与刑法价值观》,载陈兴良主编:《刑事法评论》(第4卷),中国政法大学出版社1999年版,第85页。

规范的违法性表征而已。与之相对,梅兹格认为,命令、禁止是由刑罚法规范规定的,构成要件是违法性的存在依据。因此有人认为:表面上看来,梅兹格的刑法思想似乎又回到了实证主义时代。但是,他的这种结论是以客观意义的违法性为前提的。梅兹格以实际的合目的性为基础,认为作为法的根据问题的是确保国民在外部呈现出有秩序的共同生活。因此,作为法及刑法的判断也必须在客观上寻求。㉕

(三) 目的行为的构成要件论概览

据学者研究和考证,认为以目的行为为中心的犯罪构成理论初创于20世纪30年代,到了五六十年代得到迅速发展并日益成熟。这一理论的主要代表有德国的墨拉哈、维尔采尔、韦伯等人。他们认为,行为就是意志、身体动静和结果三者的结合,而19世纪以来的因果行为论把意志的内容完全排除在行为之外,这是完全错误的。他们强调指出,目的与行为不可分,目的是行为的本质要素,离开目的,就不能真正理解行为的性质与意义。因此,应当把行为理解为包括主观意志内容及其客观外部表现的统一体。由于他们强调目的是行为的本质要求,所以这种理论被称为目的行为论。以目的行为论为基础建立起来的犯罪论体系,就是目的行为论的构成要件论。用目的行为论来解释故意,在逻辑上不存在矛盾,因为一切故意犯罪都具有犯罪的目的性。但是,如何解释过失犯罪,就存有疑问。因为过失犯罪并不存在犯罪的目的性。目的行为论者为了克服这个严重的障碍,提出了各种各样的解释。尽管解释的多样化决定了目的行为论理论根据的多元化。但有一点却是共同的,即所有解释都把故意和过失排除出责任的范畴,而将它们作为行为的主观要素包括在构成要件之内。他们认为,故意(或过失)是行为的本质要素,也是构成要件的主观要素,而构成要件是违法类型。所以,故意(或过失)也是主观的违法要素。违法性是对法益和行为的否定评价。行为者在实施行为时的目的是什么,他

㉕ 参见刘为波:《规范主义刑法与刑法价值观》,载陈兴良主编:《刑事法评论》(第4卷),中国政法大学出版社1999年版,第84页。

当时具有什么义务,以及行为的方式方法等因素决定了行为的违法性。[26]

三、日本和我国台湾地区的犯罪构成理论

(一)日本的犯罪构成理论

19世纪60年代后,经过明治维新的日本在东方崛起,开始步入资本主义强国之林。日本在重视经济、军事发展的同时,对人文科学也给予了高度重视。由于基本国情的相似,使得日本刑法学家把目光更多地投向了已经取得资产阶级革命胜利的德国。在德国首倡的犯罪构成理论的种子,一旦被引入东瀛,便在日本的刑法学界生根、开花、结果。在日本,最早引进犯罪构成要件理论的是大场茂马,然而对犯罪构成要件理论展开系统研究的,主要是泷川幸辰和小野清一郎两位刑法学者,其中尤以小野清一郎的研究更为全面、深入,有许多新的见解,独树一帜。[27] 除此以外,还有佐伯千仞、宫本英修、木村龟二、平场安治、牧野英一、大塚仁、团藤重光等人。

在日本早期的刑法理论中,大场茂马首先使用了"犯罪构成要素"和"犯罪构成事实"两个词,前者是一般构成的意思,后者是具体构成要件的意思。大场茂马引用的是贝林格的著作并深受他的影响。尽管大场茂马没有对构成要件理论展开论述,但他仍是日本刑法学界研究构成要件理论的先驱者。佐伯千仞博士对犯罪使用了"可罚性违法类型"的概念,其实这就是大场茂马的构成要件概念。后来宫本英修博士除了将犯罪视为"基准类型"之外,还包括未遂、既遂、单独犯、共同犯等内容;同时作为意识方面的可罚类型性,又包括故意和过失。由于梅兹格认为构成要件是不法类型或违法类型,因而把构成要件包括到违法性论之中,将它与责任论对立起来,于是,"构成要件—违法—责任"的体系,就变成了"行为—违法类型(等于构成要件)—责

---

[26] 参见林建华:《犯罪构成理论的历史发展》,载苏惠渔主编:《刑法原理与适用研究》,中国政法大学出版社1992年版,第89—90页;同时参见韩忠谟:《刑法原理》,台湾雨利美术印刷有限公司1982年版,第84页注。

[27] 参见〔日〕小野清一郎:《犯罪构成要件理论》,王泰译,中国人民公安大学出版社1991年版,序言。

任"的体系,这一理论体系得到了泷川幸辰等人的赞同。泷川幸辰站在客观违法论的立场上,否定违法性中存在主观要素,但他最终连构成要件中的主观要素也一并予以否定。木村龟二采取了符合构成要件、违法性和责任的三性犯罪构成体系。而平场安治则采取了行为、构成要件、违法和责任的四性犯罪构成体系。总之,在日本的刑法理论中,在承认犯罪构成作为犯罪论核心内容的基础上,如何阐述这一理论体系,各家有所不同,各种观点纷然亮相。

在这里,我们既限于资料,更考虑到小野清一郎于1928年就发表了《犯罪构成要件充足的理论》的重要论文,并从1932年开始,着手建立自己的构成要件理论,形成《犯罪构成要件理论》一书,在整个日本刑法学界具有较大影响的因素,着重介绍小野清一郎的犯罪构成理论体系。

第一,小野清一郎认为,构成要件是一种将社会生活中出现的事实加以类型化的观念形象,进而将其抽象为法律上的概念。如此一来,它就不是具体的事实。小野清一郎之所以对构成要件作出这样的界定,是因为德语中的 Tatbestand 一词不仅用来表示法律上的构成要件,也有符合要件事实的意思,在历史上曾经作为诉讼法上的用语,主要指的是事实性的东西。小野清一郎以此力图将构成要件与构成事实严格地区别开来。这一点,小野似乎多少也有受规范理论影响的痕迹。

第二,小野清一郎指出,构成要件是指刑法分则各具体条文中规定的"罪",亦即特殊化了的犯罪概念。换言之,构成要件就是特殊构成要件,而不是一般构成要件。小野清一郎不太赞成一般构成要件的概念。他指出,构成要件作为特殊性规定的概念,在某种程度上是具体的;但是作为法律上规定的概念,它又未免是抽象的、形式的,它与所有法律观念一样需要加以解释。正是构成要件的解释方法,成为刑法的解释方法中最重要的一个问题。因此,必须通过解释来明确构成要件的规范性意义,并由此而使构成要件的抽象性、形式性向具体性、实体性靠近。

第三,小野清一郎进一步指明了构成要件的实体。在完全赞同贝林格提出的所谓构成要件是"犯罪类型的轮廓"的见解基础上,小野清一郎指出,构成要件就是把社会生活中的事实类型化,进而把它作为一种法律上的定型概念规定下来。同时,小野清一郎还赞同梅兹格所认为的构成要件是"特殊的、类型性的不法或不法类型"的观点,但又进一步指出,梅兹格的这种概念,在区别构成要件相符性与违法性时,显得模糊不清。构成要件还应当是一种道义责任的类型。由于构成要件是特殊化了的犯罪类型,所以它不是能够将分散、繁多的要素都一一分析殆尽的统一性观念形象。它在法律上的概念规定虽然有限,却是能够予以正确规定的。小野清一郎认为构成要件是比构成要素更具有具体统一性的概念。

第四,在涉及构成要件的内容是否含有规范要素及主观要素的问题上,小野认为,构成要件从其在刑罚法规中所发挥的机能的性质上看,它是客观的、记述性的;然而从其理论的、法的意义上看,从中又可以找出规范的、主观的要素来。构成要件是记述性的,违法性是规范性的,这是贝林格的主张。但小野认为,构成要件虽然是记述性的,但只要它的实体是类型性的不法或不法类型,它就具有规范性(或叫反规范性)意义。因而,这一记述关系到价值、包含着评价的意思,就是当然的事理。小野提出,构成要件不仅是违法类型,同时也是责任类型。道义责任本来就是规范性的东西,而不仅仅是主观的、心理性的东西。因为不能只在与行为人主观方面有关系的要素上判断。因此,道义责任以被类型化的形式体现在构成要件中。在这个限度内,这种主观性的东西既属于构成要件,又属于责任。

第五,对于贝林格在其晚年将构成要件放在与违法性及责任相对立的关系中,称之为"指导形象"并为泷川幸辰赞同的观点,小野指出,贝林格的概念多少已经堕入抽象性的、纯学术性的概念中,从而失去了实定法的意义。我们的构成要件理论,并不是法实证主义的,但也不应该离开实定法的立场。并认为构成要件概念一旦失去实定法的意义,构成要件理论就不再是实定法的理论,同时也无法保障作为它的特色之一的体系性结构的确定性。

通过上述的理论辨析和理论体系的阐述,小野将构成要件的概念定义为:"是指将违法并有道义责任的行为予以类型化的观念形象(定型),是作为刑罚法规中科刑根据的概念性规定。"

小野清一郎的构成要件理论,从创立一开始,就在日本产生很大的影响。

(二) 台湾地区的犯罪构成理论

德国和日本的刑法理论和立法实践对中国晚清时期和民国时期的法律产生了很大的影响。晚清时期所制定的《大清新刑律》就曾邀请日本刑法学家冈田朝太郎出谋划策。而民国初年的《中华民国刑法》又深受《大清新刑律》的影响,颇有一脉相承的连贯性。在刑法理论上特别是犯罪构成理论上也深深打上了德、日犯罪构成理论的烙印。国民党败退台湾后,这种理论的影响犹存。但经过台湾地区新一代刑法学者的思考和研究,台湾地区的犯罪构成理论也有其自身的特点。台湾地区刑法学者韩忠谟在《刑事法杂志》第九卷第一期上撰写了"构成要件与刑法理论之体系"一文,对构成要件作了阐述。韩忠谟指出:"犯罪乃刑法所处罚之行为,其成立自须在法律上具备一定条件。所谓犯罪成立要件者,乃刑法学就犯罪之结构,依分析所得之诸种构成要素是也。""犯罪乃有责不法行为之定型,是以在构成上,无论法益之侵害性、违法性以及责任能力、责任条件(故意或过失),皆莫非犯罪之要素。故谓为犯罪成立要件。"㉓根据韩氏理论,我们可以看到其体系轮廓和内容所在:

犯罪成立要件可分为一般的成立要件及特别的成立要件。一般的成立要件,是指关于一般犯罪成立的共同要素;特别的成立要件,是指关于特定犯罪成立的特殊条件。各种犯罪成立的特别要件,规定在刑法分则各条文之中;一般成立要件,则明定于刑法总则,依其性质,又可分为客观要件与主观要件。

1. 犯罪的客观要件

客观要件可分为两种情形:

(1) 行为之侵害性(或犯罪事实构成性)。犯罪为反社会性之行为,在客观方面必须该当于侵害法益之抽象的法定事实,而表现其对社会之侵害性。何为抽象的法定事实,刑法分则设个别明文,行为合于刑法各条之规定,并在某种情形下,对一定结果的发生确有因果关系,该行为即属有侵害性的行为。

(2) 行为之违法性。行为之违法性亦为犯罪成立之客观要件。

㉓ 韩忠谟:《刑法原理》,台湾雨利美术印刷有限公司1982年版,第81—82页。

刑法分则对于各种犯罪构成事实分设抽象的规定,这种构成事实,不仅为侵害法益之定型,同时也为违法定型,行为如该当于法定犯罪构成事实,除有一定的阻却原因外,其行为即具有违法性。

2. 犯罪的主观要件

主观要件也可分为两种情形：

(1) 责任能力。行为人以一定行为发生刑法上的效果,负担刑事责任,须有一定法律上的适格。对法律上的适格可称为责任能力。凡未达一定年龄者,或精神障碍者,法律均不认可其有此适格,从而其行为不受处罚。

(2) 责任条件。责任能力人的犯罪行为,必须发动于其主观恶性,而蕴含恶性之心理状态,不外乎有故意或过失。故意是指对于构成犯罪事实之认识及实行此构成犯罪事实之决意。过失是指对于构成犯罪事实欠缺注意,致使之发生,其应归责之心理状态,即为应注意及能注意而不注意。

韩氏犯罪构成要件理论一改德国贝林格认为的构成要件是刑法所预定的犯罪行为的客观轮廓,与主观要素无关、在价值上属中性、无色的观点,将构成要件视为主客观紧密结合的有机整体,说明其理论观点与目的行为论有接近之处。因为在这之前,意大利刑法学者曾认为责任能力属于科刑条件,而不认为是构成要素。无责任能力者并非完全不负刑事责任,仅仅是不得以通常之刑罚处置。因此曾出现过无责任能力人的行为,实际上亦可为犯罪的观点。[29] 对此,日本刑法学者团藤重光曾批判说："构成要件"及违法类型,其中包含所谓"主观的违法要素",亦即客观的违法性常常须取决于行为人心意方面的主观要素,又因规范责任论中以期待可能性为责任之根本,从而发现责任要素亦恒受客观方面种种情势之影响,客观的违法性与主观的责任之间殊难划分界限。犯罪实则为一整体观念,其中各要素互相关联,本无从强为绝对的区分。但法律说为阐明其概念,非将整体观念加以分解,求得其构成因子。客观因素与主观因素,犹是整体之两面,不妨相对理解之。这对于各因素间关联性的探讨并无影响,更不是支离割裂

---

[29] 参见韩忠谟:《刑法原理》,台湾雨利美术印刷有限公司1982年版,第87页注。

而使各自成为绝对独立之概念也。㉚ 韩氏的理论观点与团藤重光的理论观点有异曲同工之妙,而韩忠谟依此理论观点所建立的犯罪构成要件理论在台湾地区刑法学界颇有代表性。

第二节 前苏联的犯罪构成理论及其评价

一、前苏联犯罪构成的形成与发展

十月革命前的沙皇俄国,由于地处欧洲大陆,与整个大陆法系有着密切地缘联系和人文情感联系。因此,整个沙俄帝国刑事立法和刑法理论基本上属于大陆法系类型。尽管对于犯罪构成的一般学说的研究,远远没有德国那样热烈和深入,但一些刑法学者也给予了高度重视。例如季斯甲科夫斯基1875年在《普通刑法初级读本》中写道:"作为类的犯罪构成是由下列各项必要的与本质的因素组成的:(1)犯罪的主体或犯罪实施人;(2)客体或犯罪加于其上的对象;(3)主体的意志对犯罪行为所持的态度,或是它所表现的活动;(4)行为本身及其结果,或是主体的外部活动及其结果。"㉛科特里亚列夫斯基在1883年写就的《俄国刑法教科书》中指出:"所谓犯罪构成,就是那些形成犯罪概念本身的、外部的和内部的突出的特征和条件的总和。"㉜另一位在沙俄时代较有影响的刑法学者塔甘采夫也指出:"不言而喻,在从法律上研究犯罪行为时,不能仅限于行为本身,而忽略了对犯罪人人身的研究;犯罪人的特征和品质,决定着归罪的条件,并影响着量刑,比如在再犯、未成年等情况下就是;但是,不难看出,这种人身之所以属于刑法研究的范围,只是因为它表现在犯罪行为中,而且正因为

㉚ 参见〔日〕团藤重光:《刑法纲要总论》。转引自韩忠谟:《刑法原理》,台湾雨利美术印刷有限公司1982年版,第86页注。

㉛ 〔俄〕季斯甲科夫斯基:《普通刑法初级读本》,1875年俄文版,第59页。转引自〔苏〕A.H.特拉伊宁:《犯罪构成的一般学说》,薛秉忠等译,中国人民大学出版社1958年版,第17页。

㉜ 〔俄〕科特里亚列夫斯基:《俄国刑法教科书》,1903年俄文版,第105页;〔俄〕塔甘采夫:《刑法总则》(第1册),1902年俄文版,第9页。转引自〔苏〕A.H.特拉伊宁:《犯罪构成的一般学说》,薛秉忠等译,中国人民大学出版社1958年版,第17页。

它表现在这种行为中。"㉝这说明在当时俄国刑法著作中,对犯罪构成,并把犯罪构成视为主客观因素的总和,已有了比较深入的研究和深刻的论述。

十月革命胜利后,年轻的苏维埃刑法学者们在继承、批判、借鉴和吸收了沙俄时代的刑法文化遗产,并结合当时欧洲大陆的刑法理论,开始对犯罪构成理论进行深入研究,并创立了颇具特色的犯罪构成理论体系——社会主义刑法的犯罪构成理论体系。这个理论体系对社会主义国家和以后整个社会主义阵营国家的刑法理论都产生了极为深刻的影响。

应当指出,整个前苏联的犯罪构成理论及其孕育和诞生、发展与沿革、完善与成熟,几经曲折的过程,一直与前苏联的政治形势有着紧密的关联。因此,前苏联的犯罪构成理论研究大致可以分为四个阶段:

第一阶段,1917年至1927年为社会主义刑法理论的孕育和诞生时期。

当时,随着年轻的无产阶级国家第一批刑事法令的制定,苏联刑法学界对一些原则性问题开始了尖锐的争论,于是形成了社会主义刑法理论的基本思想。这一时期的特点,在刑事立法的实践方面,颁布了一些主要涉及刑法分则问题,即同某些单个犯罪活动作斗争的法令;而在刑法理论方面,对无产阶级国家刑事政策的重大原则问题,也就是关于刑法总则问题进行了一场争论。在这几年里,刑法学家们考虑最多的是苏维埃刑法的渊源,承担刑事责任的根据和刑事制裁在同犯罪作斗争中的作用问题。应当指出,在这一时期,原沙俄时代的资产阶级法律观的影响仍占据优势。正如后来的刑法学者盖尔青仲所指出的:"在这一时期,提出并讨论刑法的各种理论问题的,与其说是法学界人士,毋宁说是苏维埃司法实践活动家。"㉞

1919年,《苏俄刑法指导原则》(以下简称《指导原则》)得以制定颁布。这个《指导原则》总结了两年来苏维埃国家同犯罪作斗争的经验,确认了新的、社会主义性质的刑法基本原理。对此,当时的刑法学

㉝ 〔俄〕塔甘采夫:《刑法总则》(第1册),1902年俄文版,第9页。转引自〔苏〕A. H. 特拉伊宁:《犯罪构成的一般学说》,薛秉忠等译,中国人民大学出版社1958年版,第17页。

㉞ 《苏联刑法科学史》,曹子丹等译,法律出版社1984年版,第8页。

者指出:"是《指导原则》第一次以清晰的形式阐明了首先是我们所理解的一切刑法,其次是我们无产阶级刑法在内容和目的方面的基本指导思想。"㉟这一时期的苏俄法学家认为,无产阶级的法律不仅在内容方面,而且在形式方面都应当是崭新的。新法律应当是广大群众最容易理解的,是通俗易懂的,因为苏维埃国家就是为他们建立的。正因为如此,正如盖尔青仲所指出的那样:苏维埃政权最初的一大批法令中,缺少对犯罪行为精确要件的规定,有时没有指出具体的法定刑。这就使得某些法学家产生了误解,以为这恰恰是无产阶级刑法的特点。㊱苏维埃刑法发展的过程表明,在这一时期,一些社会主义思想、原则在刑事法规中得到了充分体现,但其中也伴随着一些"左"倾性质的极端言行。

在这一时期,对刑事责任根据及与此相关理论问题的讨论和研究也已开始。当时,苏维埃刑法科学刚刚创立,刑事社会学派的思想,对当时许多苏维埃刑法学家产生了很大影响。刑事社会学派在解决刑事责任根据问题上,主要是根据主体的危险状态(即行为人的社会危险性)。尽管当时许多刑法学家已经在批判地对待社会学派的基本原理,但仍有人将行为人社会危险性的观点和理论夹杂在苏维埃刑法理论中。别尔曼早在1919年就说道:"根据刑法社会主义的思想原则,评定犯罪行为的危害性不是根据犯罪行为的性质、形式和种类,而是根据犯罪主体即犯罪人的性质。这一点应当是无可争议的。"因此,实施犯罪行为"仅仅是对实施犯罪行为的人采取感化措施的一个理由"㊲。另一位刑法学者格罗津斯基在1922年发表的一篇文章中指出:"判刑时必须以违法者的危险性和反社会性的程度为根据。"㊳这些观点在当时产生了很大影响,以致司法人民委员会总咨询处于1920年年底至1921年年初起草了一部刑法典总则和分则某些章节的草案,其作者依据社会学派的观点认为人的危险性就是刑事责任的根据。草案宣称:"对于社会关系的现行秩序有危害的人,应依照本法典

㉟ 《苏联刑法科学史》,曹子丹等译,法律出版社1984年版,第12页。
㊱ 参见《苏联刑法科学史》,曹子丹等译,法律出版社1984年版,第14—15页。
㊲ 同上书,第37页。
㊳ 同上注。

处以刑罚……人的危险性表现为危害社会的后果,或者表现为其行为虽然没有造成后果,但却表明有招致这种危害的可能性。"[39]不过,这一时期尽管不断有人公开发表一些带有刑事社会学派思想烙印的文章和观点,但也有不少人深入揭露刑事社会学派的反动思想,并坚决反对这些思想渗入苏维埃刑法之中。1918年,萨福拉索夫发表文章指出:资产阶级社会学者在解释犯罪原因问题上存在阶级局限性和虚伪性。1922年,斯拉文说:"将这种理论(指刑事社会学家的人身危险理论)搬进我们的刑法典是与无产阶级的阶级利益相抵触的。除此以外,在工农政权力求建立法制的情况下,这种做法对于法制思想本身也是非常危险和有害的。"[40]1924年,已加入苏联的乌克兰刑法学者斯克雷普尼克指出:"苏维埃刑法要惩处的不是犯罪人,而是犯罪行为。受惩罚的不是犯罪人本身,而是犯罪行为,即破坏劳动人民政权或他们所建立的法律秩序或者使他们受到威胁的一切危害社会的作为和不作为。"[41]正是由于这些鲜明的理论观点的出现,1924年,克拉西科夫在中央执行委员会的会议上作《刑法基本原则》草案报告时指出:"刑事立法的任务在于从司法审判方面保护劳动人民,使他们免遭社会危害行为的侵害。这里指的是行为,而不是(犯罪)分子。保卫方法不是用以对付某些个别人,而是对付危害社会的行为。"[42]

在这一时期,通过一系列的理论争论以及1922年苏俄刑法典的制定颁布,为刑法应当惩罚危害行为时不是人的犯罪构成理论的诞生奠定了坚实的基础。

第二阶段,1925年至1945年为犯罪构成理论发展与沿革、反复与停滞时期。

1925年,苏联著名刑法学家特拉伊宁在《苏俄刑法教科书(分则)》中发表看法,认为刑事责任根据问题,必须与具体犯罪构成紧密联系起来加以研究,他指出:"有一条基本原则始终是不可动摇的,即行为只有符合分则罪状规定的犯罪构成才能受刑事惩罚。"[43]与此同

---

[39] 参见《苏联刑法科学史》,曹子丹等译,法律出版社1984年版,第37页。
[40] 同上书,第39页。
[41] 同上注。
[42] 同上注。
[43] 同上书,第40页。

时,在苏联同样享有盛誉的皮昂特科夫斯基也提出,具体人的刑事责任取决于其行为是否具备某种犯罪构成要件。一般犯罪构成指每一犯罪所具备的基本要件,而缺少其中之一就得承认不具备犯罪构成。犯罪的基本要件如下:"(1)一定的犯罪主体;(2)一定的犯罪客体;(3)犯罪主体行为主观方面的一定特征;(4)犯罪主体行为客观方面的一定特征。"㊹由于这两位著名刑法学家的努力,颇具社会主义性质的犯罪构成理论观点迅速崛起,犯罪构成的理论体系迅速形成,从而使犯罪构成的理论在苏联得到了迅速发展。在这一时期,苏联还出版了一大批著作和文章,对犯罪构成、特别是对刑法分则的各种犯罪构成进行了法理上的分析。但是,这一时期的苏联犯罪构成理论的发展道路极为曲折、极不平坦,甚至中间伴随着很多严重的倒退。

20世纪20年代后期,随着政治上的"左"倾思潮涌动,法律虚无主义思想陆续登上法学舞台。起因是对当时所颁布的刑事法规的争论与批判。首先发难的是帕舒卡尼斯教授。帕舒卡尼斯曾非常赞同犯罪构成与刑事责任根据理论,他说:"事实上,任何刑法典的总则(也包括我们的)及有关帮助犯、共犯、未遂行为、预备行为等概念,如果不是更准确地衡量罪过的手段,那是什么呢?如果区分故意与过失不是为了分清罪过的程度,那是为了什么?如果没有罪过的概念,无责任能力的概念又有什么意义?最后,如果所说的只是关于社会(阶级)保卫方法,为什么还需要整个法典分则呢?……刑罚难以脱离客观基础,它不能既保持自己的基本特征,而又抛弃罪罚相当的形式。而且,只有具体的犯罪构成才能提供某种量刑幅度,从而也能提出某种等量的刑罚。"接着帕舒卡尼斯得出结论:"综上所述已经很清楚,犯罪与刑罚的概念,是法律形式最必不可少的概念,只有到作为上层建筑的法律开始全面消亡时,才能消除这种法律形式。"㊺然而正是这个帕舒卡尼斯,一转身又说道:"须知,连资产阶级进步的犯罪学在理论上也确信,可以把与犯罪作斗争本身看做一项医疗教育性质的任务。对于解决这一任务来说,什么法学家,什么'犯罪构成'、法典、罪过,什么'完

㊹ 《苏联刑法科学史》,曹子丹等译,法律出版社1984年版,第39页。

㊺ 同上书,第40页。

全责任能力或减轻责任能力'的概念,以及共犯、帮助犯、教唆犯之间的细微区别等等,统统都是不需要的。如果说这种理论观点至今还没有使得刑法典和法院被取消,那这只是因为消除法律形式不仅仅要跳出资产阶级社会的范围,而且要彻底摆脱这个社会的一切残余。"㊻帕舒卡尼斯的观点在当时得到许多刑法学者和司法工作者的赞同,在一些著名的司法界领导人和刑法学者的倡导和支持下,法律虚无主义思想占据了绝对的优势,甚至早先极力构建犯罪构成理论的特拉伊宁和皮昂特科夫斯基等人也深受影响,纷纷改变自己原先的观点和理论。

　　回顾这一段历史,过了相当长的时间,即在1948年,盖尔青仲谈道:"这是刑法中虚无主义的表现,放弃准确的犯罪构成和准确的法定刑,就意味着使社会主义法制丧失保障。"㊼具有讽刺意义的是,否定犯罪构成,宣称犯罪构成是不必要的理论,鼓吹对法学采取虚无主义态度的帕舒卡尼斯等人在法律虚无主义时代的"肃反运动"中被以"莫须有"的"托洛茨基、布哈林匪帮"的罪名遭到了非法的镇压。

　　需要指出的是,在整个20世纪30年代,一方面否认犯罪构成,鼓吹法学,甚至法律虚无主义的思想急剧上升;另一方面在以苏联总检察长兼苏联科学院法律研究所所长维辛斯基的倡导下,又展开了对犯罪构成的研究。维辛斯基在整个20世纪30年代的苏联刑法研究中,是个矛盾的化身:他一方面主张对犯罪构成的研究应服从于政治的需要,主张保留类推,并在司法实践中经常助长破坏犯罪构成的司法现象;另一方面又主张司法实践应接受犯罪构成的概念和理论,推动犯罪构成理论研究向前发展,以至于20世纪30年代末期,苏联的刑法书刊文献还常常强调犯罪构成对于刑事责任根据的作用与意义。总之,这一时期的苏联犯罪构成理论研究处在一个有发展、有倒退的反复阶段。1941年苏德战争爆发,整个苏联的政治生活、经济建设和文化活动都服从于战争需要,刑法理论中对犯罪构成的研究基本上处于停滞状态。

㊻ 《苏联刑法科学史》,曹子丹等译,法律出版社1984年版,第40页。
㊼ 同上书,第42页。

第三阶段,1946年至1957年为犯罪构成理论体系成熟与定型时期。

1946年,特拉伊宁的《犯罪构成的一般学说》一书正式问世,这是前苏联关于专门论述犯罪构成学说的第一部基础性著作。特拉伊宁在书中详尽地阐述了犯罪构成在整个苏维埃刑法体系中的作用与地位——对巩固社会主义法制有重大的作用,在社会主义刑法理论中占据核心地位[48];并明确提出了犯罪构成的概念定义,即犯罪构成是那些决定对社会主义国家具有社会危害性的、具体的作为(或不作为)为犯罪的一切主、客观特征(因素)的总和。[49] 特拉伊宁的功绩在于,由于他提出了一系列有争议的问题,从而有助于展开热烈的讨论,这种讨论最终促进了刑法科学的发展,促进了社会主义法制意识的加强。在这期间,苏联刑法学界出版或发表了大量研究犯罪构成的专著和论文。关于犯罪构成的讨论曾得到苏联共产党的权威刊物——《共产党人》杂志的肯定。该杂志指出:组织关于犯罪构成问题的讨论,是有积极意义的,尽管这场讨论还有某些不足。但《苏维埃国家和法》杂志在1954年至1955年进行的有关犯罪构成问题的讨论,明确了这个在刑法中最重要问题的是与非,有助于苏维埃法学对此问题得出正确的认识。[50] 这一切表明,犯罪构成理论已在苏联刑法理论中牢固地确立了自己应有的地位,其理论体系已日趋成熟并已开始定型,而且在其他社会主义国家中得到响应和采纳。

在科学讨论过程中,大多数前苏联刑法学者得出一个结论,即犯罪构成乃是苏维埃刑法规定的、说明社会危害行为(犯罪)特征的诸要件的总和。社会主义法制的一个基本原则是:追究一个公民的刑事责任的唯一根据是:在他的行为中应具有刑事法律条文严格规定的犯罪构成。而犯罪构成的诸要件应当包括:

(1)犯罪客体要件,即犯罪行为所侵害的苏联现存的社会主义社会关系,分为一般客体(即一切犯罪都侵害的共同客体)、同类客体

---

[48] 参见〔苏〕A. H. 特拉伊宁:《犯罪构成的一般学说》,薛秉忠等译,中国人民大学出版社1958年版,第2页。

[49] 同上书,第51页。

[50] 参见《苏联刑法科学史》,曹子丹等译,法律出版社1984年版,第45页。

(即某一类犯罪所侵害的共同客体)和直接客体(即某一个犯罪所侵害的具体客体)。

(2)客观方面要件,即危害社会行为的客观特征,包括危害行为(作为与不作为)、犯罪结果、犯罪行为与犯罪结果之间的因果关系、行为的社会危害性和违法性。此外还涉及犯罪的时间、地点和方法。

(3)犯罪主体要件,即达到一定年龄、具有刑事责任能力的人。

(4)主观方面要件,即行为人实施犯罪时所表现的故意或过失的罪过以及与此相关的动机、目的,等等。

第四阶段,1958年至1990年为犯罪构成理论完善与再争论时期。1958年苏联制定颁布了《苏联和各加盟共和国刑事立法纲要》,1959年至1961年,各加盟共和国根据纲要制定了各自的新刑法。与此相适应,刑法理论也进入了一个新的研究阶段。这一阶段的特点是犯罪构成理论如何完善,并进一步向前发展。在这一时期,更加年轻的一代苏联刑法学者大胆地提出了许多新的理论观点,并在某些方面有所突破。这种理论新发展主要体现在以下几个方面:

(1)刑事责任与犯罪构成的相互关系;
(2)刑事责任、犯罪构成与刑事法律关系的结构;
(3)犯罪构成与定罪原理;
(4)对犯罪构成诸要件的进一步研究;
(5)犯罪构成与修正形态的关系;
(6)具体犯罪构成的深化研究。

上述有关犯罪构成的理论问题,在这一时期的苏联刑法学界都引起过激烈的争论。每一个问题的争论反过来都促进了犯罪构成的不断完善,并且在客观上有利于整个刑法理论的科学化发展和刑法实践的法制化完善。

二、对前苏联犯罪构成理论发展的评价

十月革命胜利后,前苏联刑法学者勇敢地接过西方大陆法系犯罪构成的形式,进行了热烈而深刻的研究,并对它作了貌似脱胎换骨的改造,成为整个苏维埃法学研究中一抹亮丽的风景。然而在对整个前苏联犯罪构成研究走过的历程进行全面回顾后,我们会发现留给我们很多的经验和教训,也给了我们很多深刻的启示。

（一）不同文化传统、不同意识形态下的法学成果能否相互借鉴和继承？如何借鉴和继承？

马克思曾经指出："……一切科学的历史进程……在到达它们的真正出发点之前,总要经过许多弯路。"[51]犯罪构成概念和犯罪构成理论是西方大陆法系刑法学者经过一百多年潜心思考和苦心研究后日益发展起来的一种刑法学现象。身处欧洲大陆的沙俄时代的刑法学家们,由于文化传统相近、意识形态相似,很自然地对犯罪构成产生了浓厚兴趣。到19世纪末20世纪初,犯罪构成理论在沙俄时代的刑法学中已站稳了脚跟。十月革命一声炮响,宣告了在社会主义意识形态下无产阶级国家的诞生。由于意识形态的迥异,年轻的苏维埃刑法学者们对于犯罪构成理论的这一文化遗产,面临着能否继承、如何继承的艰难选择。然而社会主义的刑法、乃至于刑法理论,在十月革命胜利初期,被赋予严格的阶级性质内容和鲜明的政治需要色彩,这就很容易产生促使各种法律形式消亡的理论倾向,这同样使得在刑事立法改革中和刑法理论中"左"倾思想的产生有了深厚的基础。可以这么认为,与其说在苏维埃政权建立之初,年轻的苏维埃刑法学者们对犯罪概念有过研究,对犯罪构成理论有过关注,不如说他们首先在进行着严厉的批判。但是,"历史常常是跳跃式地和曲折地前进的,如果必须处处跟随着它,那就势必不仅会注意许多无关紧要的材料,而且也会常常打断思想进程"[52]。法律一方面是掌握国家政权的统治者们进行政治统治的工具,是工具就有一个可以改造、为谁使用的问题;另一方面它又是一种文化现象、文化遗产,是文化就有一个可以延续、继承借鉴的问题。所有这些,在年轻的苏维埃刑法学者眼里被粗略地忽视了,以致出现了诸如沃尔科夫所主张的观点:"在刑法中,特别是在犯罪问题上,主要的一环是社会危害性,也可以理解为阶级危害性。""犯罪构成的要件只具有次要意义,一个人之所以被追究刑事责任,不是由于他的行为,而是他具有阶级危害性。""由于苏维埃刑事立法是从

---

[51] 《马克思恩格斯全集》(第13卷),人民出版社1972年版,第47页。
[52] 同上书,第532页。

实质上理解犯罪，必然得出不要规定具体犯罪行为的刑事责任制度。”(53)由于这种只有批判，不能继承；只有否定，不会扬弃的思想影响，以致在苏维埃政权建立之初，犯罪构成理论并未获得任何立足的阵地。但是，当历史经过一段反复之后，苏维埃刑法学者们终于发现犯罪构成理论同样可以为加强社会主义法制建设服务。当他们重新审视已在整个欧洲大陆法系刑法理论中占有重要地位的犯罪构成理论，经过改造后将犯罪构成视为犯罪基本要件的总和，并将这些基本要件划分为犯罪客体、犯罪主体、犯罪客观方面、犯罪主观方面时，尽管他们还没有意识到这种理论改造的产物，实际上已与沙俄时代的季斯甲科夫斯基、科特里亚列夫斯基和塔甘采夫的犯罪构成理论在形式上已有异曲同工之妙，但事实就是如此。而随着苏联刑法理论的深入研究，最终将犯罪构成理论视为在社会主义刑法理论中占有核心的地位，更是与整个大陆法系刑法学将构成要件理论视为在一切刑法问题中具有重要意义的观点殊途同归。而从 20 世纪 50 年代末 60 年代初一直到苏联解体前的一段历史时期内，苏联刑法学家们对犯罪构成理论的研究，更多地注重其学术性、理论性，尽力淡化其阶级性、政治性，从而使两种不同犯罪构成理论体系（即苏联式的犯罪构成理论体系与大陆法系的构成要件理论体系）有了更多的对话可能和机会。从中我们可以得出明确的结论，不同文化传统、不同意识形态下的法学研究可以相互借鉴和继承，是批判性的借鉴和扬弃性的继承。

（二）犯罪构成理论内容是否应当注入政治需要的成分

前苏联刑法学界对犯罪构成理论的关注和研究，一开始就具有政治色彩，这固然与苏联刑法学界对犯罪构成的研究进程是以当时全新的、但又复杂的政治进程为背景密切相关，与当时苏维埃刑法科学面临的任务——批判地重新审查资产阶级法学提出的法律概念和制度；探讨适合于马克思列宁主义世界观、适合于从资本主义向社会主义过渡的时代以及在共产主义建设时期与犯罪作斗争的实际要求的新原理和新概念——密切相关，但当时的苏联刑法学家们还没有想到，任何科学理论的内容应当是真理性的，从而也应当是中立性的。对这种

(53)《苏联刑法科学史》，曹子丹等译，法律出版社 1984 年版，第 20—21 页。

理论的研究可以背负着政治任务和政治要求,但这种理论在向科学性方向前进时不应注入政治的成分。社会主义法学作为超越资产阶级法学的一种自以为是的学科,还应当背负这样一个神圣的自身使命,即将法学从政治奴仆的地位中解放出来,从曾作为资产阶级政治奴仆乃至一切被认定为剥削阶级、统治阶级政治奴仆的地位中解放出来。我们常常在想,法律作为政治统治的工具,与兵器作为政治斗争——战争(战争是政治斗争的最高形式)——的工具是有某种共通之处的。兵器作为战争的工具,是统治者们对外为巩固政权服务的;法律作为统治的工具,是统治者们对内为维护秩序服务的。研究兵学正像研究法学一样,不可能没有不为谁服务的政治任务和政治要求。但是,兵学本身的内容不可能具有政治成分。也许在绝对的意义上,法学不可能等同于兵学,但是为谁服务与怎样服务是两个不同范畴的问题。为谁服务是政治性问题,怎样服务是科学性问题。正像兵器针对谁、打击谁是方向性、目标性的政治问题,而怎样才能对准谁、击中谁,却又是一个科学性、技术性问题。因此,与兵学的自身任务在于追求科学性、先进性一样,刑法也有一个针对谁、打击谁的政治性问题;怎样才能属于合理、有效?也有一个科学性、带有追求真理性的问题。因此,法学的自身任务在于追求法律内在的规律性和适用过程中的合理性。

然而在苏联早期的对犯罪构成的研究中,苏联刑法学者们过多地在犯罪构成理论内容中注入了政治成分。这种过多政治成分的犯罪构成理论,不但使研究者时时关注着政治的方向,从而使得他们本身成为政治上的"变色人",帕舒卡尼斯可能是一个最好的典型。同时,也使犯罪构成理论随着政治形势的变化一起浮沉。20世纪50年代,苏共二十大召开之后,斯大林的集权体制、专制思想及肃反扩大化的错误被暴露于世,使整个苏联和世界感到震惊。苏联人民纷纷强烈要求采取措施,加强社会主义民主与法制,以杜绝一切非法专横、破坏法制的现象再生,从而在刑法学方面才真正促进了犯罪构成理论研究健康而迅速地向前发展。也正是这一时期的有关犯罪构成的理论内容,即使在苏联解体后,其核心内容仍然为当今的俄罗斯刑法理论所继承沿用,没有发生太多实质性的变化。从中我们是否又可以得出第二个明确的结论:只有科学性的理论才具有真理性,只有真理性的理论才具有生命力。

(三) 不同文化传统、不同体系结构的犯罪构成理论是否具有互补性

20世纪50年代后期以后,苏联的犯罪构成理论研究进入了一个新的发展阶段。这一阶段的特点是犯罪构成理论在原有的理论体系和理论内容基础上得到进一步的发展和丰富,更年轻的一代刑法学者对传统的犯罪构成理论提出许多新的理论观点,进行许多新的理论充实,并在某些方面有所突破。但是,综观前苏联犯罪构成理论研究的全部进程和领域,我们不难发现,前苏联的犯罪构成理论发展一直是在一个孤立的、封闭的体系环境中进行的。除了对早期大陆法系刑事古典学派的犯罪概念和犯罪构成要件进行攻击批判,不能很好地静下心来进行认真的客观分析。批判以后否定,否定以后抛弃。在前苏联刑法学者们看来,大陆法系的犯罪构成理论没有丝毫可取之处。即使在20世纪五六十年代以后的研究岁月中,我们也很难看到前苏联刑法学者们通过比较的方法,去专门研究大陆法系的犯罪构成要件理论,从中发现他人的长处和自身的不足,以做到兼收并蓄,取长补短。这种对己之长津津乐道、对己之短视若不见,从某种程度上影响了即使是被自认为是科学的犯罪构成理论的发展,使其难以走向更广阔的领域。今天看来,其深层的原因可能是复杂的、多样的。但当我们今天放眼世界,很容易发现发端于19世纪、成熟定型于20世纪的大陆法系犯罪构成要件理论在当今世界具有广泛、深厚的影响,其中的原因已来不及由前苏联刑法学家们研究,其经验也来不及由他们来总结。但对于同属于苏联犯罪构成理论体系的我国犯罪构成理论研究者来说,却为时不晚。黑格尔曾说过"存在的就是合理的"这句耐人寻味的哲理名言。从当今德国刑法学界、日本刑法学界、我国台湾地区刑法学界仍孜孜不倦地在深入研究犯罪构成要件理论的现象本身,是否意味着他们的研究也在追求着某些包含真理性的成分。果真有的话,那科学性的、真理性的理论是不受国界国别、文化传统、意识形态樊篱阻隔的。而要发现这些内容,需要我们作出比较性的研究。

当今世界日益变小,各种文化相互交融。世界本是丰富多彩的。人类的优秀文化遗产自当由人类全体来继承光大,这已成为当今世界的共识。由此我们是否还可以得出第三个明确结论:不同文化传统、

不同体系结构的犯罪构成虽各具特色，但可以互补共进。

三、前苏联解体后俄罗斯的犯罪构成理论

1989 年 11 月 9 日，随着“柏林墙”的轰然倒塌，整个苏联和东欧社会主义国家发生了剧变。不久，前苏联宣告解体，俄罗斯联邦成为前苏联的合法继承者。在政治体制发生剧变的情况下，俄罗斯刑法学界只得以沉默度过一段不寻常的时期，继而恢复了前苏联原有犯罪构成理论的发展轨迹，不过其中一个显见的变化是，犯罪构成中原先许多空洞的依附于政治制度的内容悄然隐去。根据俄罗斯联邦国家高等教育委员会推荐的高等学校法学专业教科书《俄罗斯刑法总论》(1994 年版)的有关内容，犯罪构成被定义为：是指依照刑法的规定，说明一定的具有社会危害性的行为是犯罪行为的那些客观要件与主观要件的总和。(54) 这些客观要件和主观要件依然是：犯罪客体、犯罪客观方面、犯罪主观方面、犯罪主体。它们与前苏联犯罪构成的诸要件并无实质性的变化。

1996 年 5 月 24 日，俄罗斯国家杜马重新制定《俄罗斯联邦刑法典》，该法典于同年 6 月 5 日经联邦议会同意，同年 6 月 13 日经俄罗斯总统签署颁布，并于 1997 年 1 月 1 日正式生效施行。该法典是俄罗斯第四部刑法典。前三部刑法典分别于 1922 年、1926 年和 1960 年制定。依照 1936 年宪法制定的 1960 年刑法典是作为结束“个人迷信”时期的非法专横和加强社会主义法制的产物而问世的，曾受到前苏联刑法学界的普遍好评。但随着俄罗斯社会制度和政治体制的剧变，也促使俄罗斯刑事立法发生根本性的变革。而随着刑事立法的根本变革，前苏联解体后曾沉寂一时后又被沿用的犯罪构成理论或多或少地也发生着某种变化。具体表现是：

（一）犯罪概念的重新定义

《俄罗斯联邦刑法典》第 14 条对犯罪概念定义为：有罪过地实施了现行刑法所禁止、依法应受处罚的社会危害性行为。该定义将罪过作为犯罪的基本特征纳入犯罪的概念之中，保持了俄罗斯传统刑法中

---

(54) 参见何秉松：《犯罪构成系统论》，中国法制出版社 1995 年版，第 41 页。

形式与实质相统一的概念形式。该犯罪概念强调犯罪的三要素,即罪过性、刑事违法性和应受惩罚性。罪过性是指行为人在实施损害社会关系行为时所具有的意识和意志的自由心理状态,它是行为人承担刑事责任的内在根据;刑事违法性是犯罪行为的客观特征,是行为人承担刑事责任的外在根据。如果行为具有社会危害性,但刑法未作明确规定,或者在形式上虽然具备刑法所规定的某种行为的特征,但实际上由于显著轻微而没有社会危害性,均不认为是犯罪。应受惩罚性在新刑法典中获得了犯罪的法律特征的地位,它是作为有罪过的和刑事违法性的社会危害性行为的法律后果。

（二）明确了刑事责任的根据

在前苏联的刑法理论中,犯罪构成是刑事责任的唯一根据一直是大多数刑法学者的观点。新刑法明确地将这一观点规定在刑法典之中。《俄罗斯联邦刑法典》第 8 条规定:“刑事责任的根据是(行为人)所实施的行为具备现行刑法规定的犯罪构成的全部要件。”这一规定表明犯罪构成理论属性已转变为法律属性,这与 1960 年《苏俄刑法典》第 3 条只字未提犯罪构成的规定相比,已有明显的进步和变化。1960 年《苏俄刑法典》第 3 条规定:“刑事责任和刑罚仅适用于罪过地实施了犯罪行为的人,即故意或过失地实施了刑法所规定的社会危害行为的人。”所谓犯罪构成,根据现时俄罗斯刑法学界的理解,仍然是指刑法所规定的具体危害社会的行为构成犯罪的诸要件的总和。犯罪构成的要件是包含在刑法总则和分则之中的已有规定的要件。承认犯罪构成是刑事责任的唯一根据,说明俄罗斯刑事立法对传统理论的继承和认可,是意欲坚持法制原则,杜绝主观擅断的反映。当然,在俄罗斯刑法理论界也有人对这一以法律规范形式确定的刑事责任根据不以为然,认为:“犯罪构成不能作为刑事责任的责任根据,只能作为刑事责任的条件。”(55)

（三）明确规定了刑事责任的条件

新刑法典第二编专条规定了承担刑事责任的犯罪主体条件,强调犯罪主体只能是达到法定年龄、具有刑事责任能力的自然人。法人不

---

(55) 〔俄〕冯里科夫:《理论上和法律上的犯罪构成》,载〔俄〕《国家与法》1996 年第 7 期。

能作为犯罪主体。俄罗斯刑法理论一般对刑事责任定义为："是一个人因实施犯罪而根据刑法和刑事诉讼法确定的法律义务实际受到国家的谴责、限制和剥夺。"(56)新刑法典虽然没有明确规定刑事责任的定义，但对无责任能力情形作了专门规定，并对限制责任能力者和减弱责任能力者在规定的情形下要承担刑事责任作了补充规定。

（四）明确规定了罪过内容与罪过类型

《俄罗斯联邦刑法典》除了保留原刑法典中的故意和过失两种罪过内容和形式外，还规定了具有双重罪过形式的犯罪的刑事责任，即因故意犯罪造成严重后果，行为人对所发生的严重后果不是出于故意，但行为人如果已经预见结果发生的可能性，没有充分的根据自认为可以避免而导致严重后果的发生；或者行为人应当预见且能够预见这种结果发生的可能性却没有预见，而导致严重后果的发生，对此应承担刑事责任。而意外事件和偶然事件被视为无罪过，不负刑事责任。

（五）关于刑法保护客体的重新定位

《俄罗斯联邦刑法典》第2条规定："现行刑法的任务是保护个人和公民的权利和自由、所有制、公共秩序和公共安全、生态环境，俄罗斯宪法制度不受犯罪侵犯，维护人类和平与安全，预防犯罪。"新刑法典一改前苏联刑法保护的社会主义社会关系这一万能客体，代之以公民的权利和自由……俄罗斯宪法制度，说明新刑法典在保护客体方面的重新定位，这也意味着对犯罪的社会危害性的价值评价标准发生了本质性的变化。

（六）在分则对具体犯罪作了明确分类

20世纪70年代以前，前苏联刑法学界对犯罪分类一直持否定态度。新刑法典首次提出了犯罪内部分类的标准，即根据犯罪的性质和危害程度将犯罪分为四类，以此使分则的具体犯罪的构成要件更加明确化，从而更好地实现罪刑公正原则。

综观目前俄罗斯的刑法理论，对犯罪构成的研究已没有前苏联时期高涨，但刑事立法已将犯罪构成的内容法定化，是否意味着其本身

(56) 何秉松：《犯罪构成系统论》，中国法制出版社1995年版，第45页。

就是对前苏联犯罪构成理论的一种认可？而随着一阵沉寂之后，俄罗斯这个对刑法理论似乎很有偏好的国家，是否会再掀起一股对犯罪构成研究的高潮，也尚未不可。

第三节 中国犯罪构成理论的沿袭与发展

一、我国犯罪构成理论的沿袭

1949年10月，新中国政权宣告诞生。由于新中国政权的缔造者们不但把法律、甚至是法学看成是统治阶级的专政工具，而且把它们视为具有绝对的阶级性，于是理所当然地对原国民党统治时期的法律和法学采取了蔑视、否定、批判和抛弃的断然态度。其中一个简单的原因就是，中国共产党领导的中国革命本身就是马克思列宁主义阶级斗争理论的实践反映，摧毁旧法制、旧法学是这一革命的必然表现和必定结果。在这方面，列宁领导的俄国十月革命正好给中国树立了榜样。社会主义阵营的建立，社会主义阵营与资本主义集团的斗争，使得属于社会主义阵营的中国，很自然、很容易地把前苏联的法律、法学作为学习、模仿的对象。中国的犯罪构成理论就是在学习、模仿前苏联的犯罪构成理论模式的过程中，演变为全盘照搬、整体移植后，在我国的刑法理论园地里生根、发芽、成长的。在20世纪50年代，各种版本的苏联刑法教科书充斥着我国的刑法教学领域，而当时全国各政法院校自行编写的刑法教材中涉及的犯罪构成理论部分，几乎毫无例外地都是苏联式犯罪构成理论的翻版（只是表述内容的符号形式由俄文变成了中文）。对于新中国成立初期对苏联犯罪构成理论全盘照搬、整体移植所具有的必要性、必然性和积极性，人们曾早就有所阐论。但是，这一全盘照搬、整体移植所具有的教条性、消极性的作用，至今仍然或多或少、或强或弱地影响着我们的犯罪构成理论，甚至整个刑法理论。当今天我们打开众多的、"千人一面""千部一腔"、对众多学法的莘莘学子起着奠基作用的刑法教科书时，仔细研究其中关于犯罪构成理论的叙述就会发现，它们与20世纪五六十年代的前苏联犯罪构成理论没有多少实质性的差异。

1957年以后，由于阶级斗争新思想的形成，反右斗争扩大化，法律虚无主义思潮普遍化,犯罪构成理论被视为资产阶级的东西和修正主义的产物,遭到全面的批判和彻底的否定。从此,整整二十多年的沉寂,犯罪构成理论成为刑法学领域的一个禁区,无人敢问津。

二、中国犯罪构成理论的发展

历史总是在反复中前进的,每一种巨大的历史灾难都将是一种新的巨大的历史进步的原动力。历史辩证法所揭示的历史发展过程从来就是、都是这样。1976 年,随着"四人帮"被清除出中国的政治舞台,历时十年的"文化大革命"宣告结束;1978 年,随着中国共产党第十一届三中全会的召开,中国开始进入了政治、经济、文化发展的历史新时期;1979 年 7 月 1 日,随着我国第一部《刑法》的制定颁布,刑法学在各部门法学中一马当先,首先跨越了历史的断裂层,顾不得抹去长久的冬眠而残存在心灵上的噩梦,以一双不太适应的眼睛迎接理性的光芒,很快在法苑中立住了脚跟。[57] 在整个刑法学中,犯罪构成理论重新被视为刑法理论的核心和基础,受到整个刑法学界普遍的高度重视。

回顾刑法学从 1979 年开始走过的三十多年的历史过程,我们可以发现,犯罪构成理论经历了复活、疑问和发展三个阶段。

(一)犯罪构成理论与模式的复活

1979 年,我国第一部《刑法》得以制定颁布,法学领域随之掀起了一股研究刑法的高潮。刑法是关于犯罪和刑罚的法律规范,犯罪是适用刑罚的前提和基础,没有犯罪,就没有刑罚。何谓犯罪?怎样认定犯罪?就成为刑法理论和司法实践首先要解决的问题。于是,犯罪构成作为刑事立法设立犯罪的一种规格模型和认定犯罪的一种操作手段,被提到了刑法理论的核心地位。在承认犯罪构成是刑法理论的核心,刑法中几乎所有的问题都与此发生密切联系的观点的基础上,各种刑法教科书、法学辞典、刑法理论文章纷纷参与了 20 世纪 50 年代初期我国沿袭和移植的前苏联犯罪构成理论复活的活动。例如有的提到:"犯罪构成亦称'犯罪要件''犯罪构成要件',按照国家法律、确

---

[57] 参见陈兴良:《刑法哲学》,中国政法大学出版社 1992 年版,前言。

定某种行为构成犯罪必须具备的要件。"[58]有的指出:"犯罪构成就是按照刑法规定的构成各种犯罪的诸要件的总和。"[59]1982年,高铭暄主编的全国高等学校法学统编教材《刑法学》正式出版,该教材指出:"犯罪构成就是我国刑法所规定的、决定某一具体行为的社会危害性及其程度而为该行为构成犯罪所必需的一切客观和主观要件的总和。"[60]这本教材当时在全国有较大的影响,成为以后继起的各种刑法教材的蓝本。尽管在随后的各种版本的刑法教科书中对犯罪构成的概念作了某些文字的变动和修改,但从没有发生太大的实质性的变化。然而,当我们将这一犯罪构成概念与前苏联犯罪构成的基本概念相比较,就会发现两者之间也没有多大的实质性区别。只不过在当时我们的意识形态上与前苏联交恶已久,这一犯罪构成概念的出现,我们宁可把它看成是我们自己的创造。根据这一概念,《刑法学》一书将犯罪构成的主客观要件界定为四个方面的要件:(1)犯罪客体,即指我国刑法保护而为犯罪行为所侵犯的社会主义社会关系;(2)犯罪客观方面,即指行为人所实施的一定的危害社会的行为及其所导致的危害社会的结果以及与此相关的时间、地点、方法等因素;(3)犯罪主体,即指达到法定责任年龄、具有责任能力(认识和支配自己行为的能力)实施危害社会行为的人;(4)犯罪主观方面,即指行为人在实施危害社会的行为时在主观上所持有的一种罪过(包括故意和过失)心理状态及与此相关的动机与目的等因素。《刑法学》一书还特别指出:"上述四个方面的要件是有机统一、密切结合的。任何犯罪都是犯罪主体所实施的危害社会的行为,因此任何犯罪构成都必然包含表明主体和行为特征必不可少的主观要件和客观要件。主体和行为永远不能分离,主观要件和客观要件总是结合成一个统一的整体来反映社会危害性及其程度的。"[61]至此,我国刑法学中的犯罪构成理论及其模式得到了基本确定。承认也好,不承认也好,这一次犯罪构成的复活在我国刑法学上产生了深远的影响。三十多年过去了,这一犯罪构成理

---

[58] 《法学词典》编著委员会编:《法学辞典》,上海辞书出版社1981年版,第162页。
[59] 杨春洗等:《刑法总论》,北京大学出版社1981年版,第104页。
[60] 高铭暄主编:《刑法学》,法律出版社1982年版,第97页。
[61] 同上书,第100页。

论及其模式仍然在我国刑法学中占据主导地位。

(二)传统犯罪构成理论和模式的疑问

1983年起,随着一大批年轻的刑法学子进入刑法研究领域,这些不囿于传统观念意识和不满于已经定型模式的年轻学子,开始对直接来源于前苏联犯罪构成模式的我国犯罪构成理论提出了一些疑问。这些疑问主要集中在对犯罪构成要件的设立和划分的认识上。例如有的提出犯罪构成二要件说。此说认为:"犯罪构成要件应分为主观要件和客观要件两个。因为犯罪构成研究的是行为而不是行为人,不把主体作为构成要件对认定犯罪没有影响……至于客体,它是依附于行为的,任何犯罪行为都必然会侵犯一定的客体,在一般情况下,通过行为要件的性质就可以确定侵犯的是什么客体。"[62]有的提出犯罪构成三要件说。此说认为:"犯罪主观方面和客观方面,二者本来就是密不可分的有机整体,并且如果抛开危害行为中包含、渗透着行为人的主观罪过这一特殊性,就难以正确解决刑法的因果关系。所以……把犯罪的主观方面和客观方面合并为危害社会行为的一个要件。这样,犯罪构成的要件就是三个:主体、危害社会的行为、客体。"[63]也有的提出犯罪构成五要件说。此说认为:"没有讲犯罪行为,就先讲犯罪客体,在逻辑上是不通的。因此,犯罪构成包括:犯罪的行为、犯罪的客体、犯罪的客观方面、犯罪的主体和犯罪的主观方面。"[64]应当指出,这些疑问在20世纪50年代的苏联刑法理论中也曾出现过。但正像50年代的苏联刑法理论已经出现的情形一样,这些疑问因当时还缺乏充分的理论说明,从客观上还没有撼动犯罪构成四要件说的根基,但我们必须认识到和承认,这种对传统理论和固定模式的大胆疑问,本身包含推动事物向前发展的动力,从而预示着传统的犯罪构成理论和固定的犯罪构成模式需要发展的必要性和将要发生、发展变化的必然性。

---

[62] 林建华:《犯罪构成理论的历史发展》,载苏惠渔主编:《刑法原理与适用研究》,中国政法大学出版社1992年版,第98页。

[63] 同上书,第97—98页。

[64] 同上书,第97页。

(三) 犯罪构成理论的发展

现代科学的迅猛发展,极大地冲击着人类长期凝固的传统观念。真理永远是相对的,真理不过是人类在其所处的特定历史条件下的一种价值观念。自然界没有一成不变的事物,人类社会也没有一成不变的观念。其实,人们对某一相对真理的认可与否,其信念主要建立在两个基点上:一是支撑某一相对真理的旧有科学论据是否已被新的科学论据再次证实?如是,相对的真理就是真理;如否,相对的真理就绝对不是真理。二是否定某一相对真理的新的科学探索是否已有新的发现?如有,相对的真理就绝对不是真理;如无,相对的真理仍然还是真理。自然科学如此,社会科学也同样如此。人原本被说成是由神创造的,随着进化论的发现和论证,发现原来是人创造了神;原本以为地球是宇宙万物的中心,随着天文学的发展,发现原来地球不过是宇宙中一个太阳系的行星;宇宙守恒定律又被宇宙不守恒定律所打破。几千年来人类社会的各种社会观念一变再变,无不反映这样一个人类社会发展的历史规律。

任何科学的发展,都是以人们对习以为常的事物、观念进行思考、提出疑问为起端的。对于传统的犯罪构成理论和固定的犯罪构成模式是否要进行发展?问题总是在疑问之中提出。没有疑问,无所谓发展。应当怎样发展?结论应当在科学研究后产生。没有科学的论证,无所谓有正确的结论。否则,不过是一种包含丰富想象力的猜想。目前,在关于传统的犯罪构成理论和固定的犯罪构成模式能否发展和怎样发展的问题上,存在两种颇有争议的观点:一种观点认为:"我国目前的犯罪构成理论是科学合理的,在司法实践中已经起着并仍起着积极的指导作用。因而不应当破除,而应当维护……无论是把犯罪的主观要件和客观要件合而为一,还是把犯罪客体或犯罪主体排除在犯罪构成之外,都是经不起推敲的。"⑥另一种观点认为:"我们这个直接来源于苏联、间接来源于资产阶级的理论体系,只不过是许多犯罪构成理论体系之一,本来就存在着缺陷,它决非完美无缺,更不是绝对真

---

⑥ 高铭暄、王作富主编:《新中国刑法理论与实践》,河北人民出版社 1988 年版,第 171—172 页。

理,在新的历史条件下,尤其应当致力于对它的改革,而不是致力于维护。"⑥还有的学者指出:"我们改革犯罪构成理论的理由,除其落后于时代已经过时外,主要是有鉴于这一理论本身就有许多不科学的地方,不能适应同犯罪作斗争的需要。"⑥我们在这里并不想一开始就陷入各种观点的争论之中,以致一旦染上先验的感觉掉入泥淖而难以自拔,误入歧途而不知回返。正如我们前面所述,疑问可以,猜想可以,但它并不等于结论,更不会成为定论。结论、定论只能产生于科学论证之后。疑问、猜想仅仅是一种古老的思想方法,它的特点是思辨、是虚设,而科学论证是一种现代的思想方法,它的特点是观察、是求实。用思辨得到的真理并不可靠,只有被论证求实的真理才可靠。疑问、猜想的立足之地仅仅是科学能力所未及的地方,一旦科学发展,疑问、猜想要么被澄清,销声匿迹;要么被证实,转化为真理,长留人间。"路漫漫其修远兮,吾将上下而求索。"本书正是基于对犯罪构成这一刑法学中将具有永恒诱惑的结构模式怀有强烈的兴趣,在概括回顾了犯罪构成历史发展的基础上,尽力吮吸着疑问、猜想能够哺育科学幻想的乳汁,汲取前贤先哲们已有的研究成果的营养成分,试图通过观察、透视、分析、比较和论证的方法,对犯罪构成作一番卑微的研究和思考。

---

⑥ 何秉松:《犯罪构成系统论》,中国法制出版社1995年版,第55页。
⑥ 周密:《论证犯罪学》,群众出版社1991年版,第49页。

第二章　犯罪构成的属性与功能

在刑法学领域中,对犯罪构成的理论研究究竟应该从哪里着手,才能顺利进入犯罪构成本身的领域内。以往的刑法理论研究表明,许多刑法学者喜欢从犯罪构成的概念着手。这当然未尝不可,条条大路通罗马。但以往的刑法理论研究同样表明,各个刑法学者对犯罪构成概念所下的定义不同,不能达到理论上的统一,于是一开始便陷入了概念之争的沼泽地。这是因为一种事物的概念,本身就是人们对这种事物本质属性的认识的反映,要人们对这种事物本质有一个比较统一的认识,那么就应该对这一事物的属性和功能首先有一个基本的认识。

第一节　犯罪构成属性的观点、分歧和理论透视

犯罪构成属性本身也是一个有争议的问题,这里主要把它集中在犯罪构成究竟是属于法律的规定,是个法律概念,还是属于理论的学说,是个理论概念？抑或两者兼而有之？综观整个刑法学理论,对此不外乎有三种观点:

第一种观点认为犯罪构成是理论的学说,属于理论概念。这种观点指出:"犯罪构成就是在理论与实践相结合的原则指导下,对我国刑法规定的构成犯罪的各种条件(因素)的概括和说明。""这不是刑法条文中规定的概念,是一个较系统、较详尽地研究刑法条文中规定的构成犯罪的各种条件的理论概念。"①根据这种观点,犯罪构成既然是理论学说,是理论概念,那就谈不上是犯罪的规格和标准了。

第二种观点认为犯罪构成是法律的规定,属于法律概念。这种观

---

① 高铭暄主编:《新中国刑法研究综述》,河南人民出版社1986年版,第115页。

点指出:"犯罪构成就是我国刑法所规定的、决定某一具体行为的社会危害性及其程度、而为该行为构成犯罪所必需的一切客观要件和主观要件的总和。"②也有的认为:"我国刑法中的犯罪构成,是指我国刑事法律规定的、表明行为人实施的危害社会行为应受刑罚处罚所必须具备的一切客观要件和主观要件的总和。"③根据这种观点,犯罪构成既然是法律规定、是法定概念,那就理所当然是犯罪的规格和标准了。

第三种观点认为犯罪构成既是理论的学说,又是法律的规定,是属于理论概念和法律概念兼而有之的产物。前苏联刑法学家特拉伊宁曾指出:"犯罪构成是依照刑法应受刑罚制裁的危害社会的行为的主客观条件的总和,是刑法理论的重要组成部分,是定罪量刑的基本理论依据。"④这种观点在我国众多的刑法教科书中随处可见。

如何认识和评价犯罪构成的属性,直接涉及和影响犯罪构成在刑法规范和刑法理论中的地位和作用,直接影响如何给犯罪构成确定一个比较科学合理的定义问题。笔者认为,犯罪构成的属性是与犯罪构成形成和发展的历史过程和一国刑法的具体规定紧密相关的,只有通过对犯罪构成的形成和发展进行历史的考察和对本国刑法规定进行实证的分析后,才能得出合理或合法的结论。

通过对犯罪构成形成和发展的历史进行考察,我们已经知道,犯罪构成是从中世纪刑事诉讼法意义上的专有术语转变为刑事实体法意义上的专有名词的,是随着资产阶级启蒙思想的兴起和革命的胜利,在刑事法制领域确立了罪刑法定原则后的产物。施求别尔在1805年出版的《论犯罪构成》一书中指出"犯罪构成,乃是那些应当判处法律规定的刑罚的一切情况的总和"⑤时,实际上是在刑法理论学说领域,试图通过归纳的方法把犯罪构成看成是一种刑法设立犯罪的规格。但在当时,刑事立法并没有把犯罪构成看成是犯罪成立的规格。因此,犯罪构成最早是在理论上出现的,具有理论上的意义。而继施

---

② 高铭暄主编:《刑法学》,法律出版社1982年版,第97页。
③ 杨敦先主编:《刑法学概论》,光明日报出版社1985年版,第80页。
④ 〔苏〕A.H.特拉伊宁:《犯罪构成的一般学说》,薛秉忠等译,中国人民大学出版社1958年版,第15页。
⑤ 〔德〕施求别尔:《论犯罪构成》。转引自〔苏〕A.H.特拉伊宁:《犯罪构成的一般学说》,薛秉忠等译,中国人民大学出版社1958年版,第15页。

求别尔之后成为德国刑事古典学派的代表人费尔巴哈,也是在刑法理论的层次上提出:"犯罪构成乃是违法的(从法律上看)行为中所包含的各个行为的或事实的诸要件的总和。"⑥费尔巴哈认为法律应当详细地规定某种犯罪的行为的或事实的全部构成要件,法官应当依据法律规定的犯罪构成要件进行认定犯罪的评价。1813年费尔巴哈在受委托草拟《巴伐利亚刑法典》时,专门在该法典第27条中设计了这样一个规定:"当违法行为包含依法属于某罪概念的全部要件时,就认为它是犯罪。"这样,费尔巴哈首先从理论上提出犯罪构成的概念,并希望它能够并且也应该反映在法律条文中,成为法定的概念和内容。但刑事法律能否如费尔巴哈所愿将犯罪构成的概念法定化和在整个法律之中加以全面规定与体现,这实际上在不同国家和不同时期的刑法中会有不同的反映,即使在相同的法律中有时也会产生不同的理解。例如稍后的德国刑法学者贝林格指出:"犯罪构成是一个没有独立意义的纯粹的法律概念。违法的有罪过的行为在形成犯罪构成时就成了犯罪行为。犯罪构成本身存在于时间、空间和生活之外。犯罪构成只是法律方面的东西,而不是现实。"⑦在贝林格心目中,犯罪构成纯粹是一个法律概念,它存在于时间、空间和生活之外,因此也当然可以存在于刑法理论之外,它与刑法理论如何论证、演绎和设计犯罪构成没有内在的联系。由此可见,犯罪构成在刑事法律实体意义上一出现,就伴随着其属性的争论,每一种观点的倡导者和拥护者在论证和争论过程中都无一例外、不遗余力地鼓吹自己主张的正确性。

十月革命胜利后,年轻的苏维埃刑法学者们勇敢地接过资产阶级革命遗留下来的犯罪构成理论,试图引入历史唯物主义和辩证唯物主义的观点,通过批判、借鉴、吸收的方法对其进行改造。与此同时,苏维埃刑事立法对前朝资产阶级的刑事法律通过批判、否定,最后彻底抛弃。所以,在苏联早期和以后相当长的一段历史时期内,苏联刑法学者们对犯罪构成的认识和研究,是在刑法理论这一层面进行的。苏联刑法学家特拉伊宁认为:"犯罪构成乃是苏维埃法律认为决定具体

---

⑥ 〔苏〕A. H. 特拉伊宁:《犯罪构成的一般学说》,薛秉忠等译,中国人民大学出版社1958年版,第15页。

⑦ 同上书,第16页。

的、危害社会主义国家的作为(或不作为)为犯罪的一切客观要件和主观要件(因素)的总和。"⑧在特拉伊宁看来,作为犯罪构成内容的一切客观和主观的诸要件都是从大量的行为特征中遴选提炼出来而被明确规定在刑法之中的,犯罪构成正是将这些诸要件总和起来而成为刑法上的概念。因此,以特拉伊宁为代表的苏联刑法学者们是将犯罪构成作为理论概念、理论体系提出,并在苏维埃刑法已有各种具体规定的基础上进行研究的。

中华人民共和国成立后,在相当长的一段历史时期内并没有及时地制定系统的刑法规范。因此,一方面,在我国的刑事法律结构中并不存在犯罪构成的法律概念。另一方面,由于我国的刑法理论在20世纪50年代几乎全面接受苏联式刑法理论的体系和模式,犯罪构成就成为我国移植后草创的刑法理论体系的核心。因此,犯罪构成是以理论的概念、理论的体系出现在我国的刑法理论领域的,我国的刑法学者也首先是从理论的角度认识、接受犯罪构成理论并对其进行某些探究和研讨的。1979年7月1日,我国制定了新中国历史上第一部系统的《刑法》,在明确规定犯罪概念、犯罪特征的同时,并没有明确规定犯罪构成的概念,只是在刑法分则条文的结构中,规定各种具体犯罪的构成要件。对此,我国有的刑法学者称之为"法定的具体犯罪构成"⑨。尽管如此,我国整个刑法学界对犯罪构成情有独钟,在高度重视犯罪构成的理论价值的同时,为使之成为法定化的概念和内容进行着不懈的努力。

通过对犯罪构成的形成、发展的历史过程进行考察,我们可以发现,犯罪构成是从"罪刑法定原则"出发而提出的一种理论概括、理论概念,经过学者们的努力逐渐形成一种理论体系。当一个国家的一个时期的刑法通过立法予以认可并通过明文规定,在法律的具体条文中全面体现时,理论的犯罪构成就成了法定的犯罪构成;当一个国家的一个时期的刑法对犯罪构成还没有给予高度的重视,未能通过立法规定加以确认并予以体现,或者仅仅在某些具体条文中反映犯罪构成的

---

⑧ 〔苏〕A. H. 特拉伊宁:《犯罪构成的一般学说》,薛秉忠等译,中国人民大学出版社1958年版,第49页。

⑨ 甘雨沛主编:《刑法学专论》,北京大学出版社1989年版,第47页。

部分内容时,那么即使在刑法中存在某些"法定的犯罪构成",作为整个犯罪构成仍然是一种理论概括、理论概念和理论体系而存在于刑事法律规范之外。通过对我国刑法的现实规定的透视,我们也可以发现,我国《刑法》的分则条文虽然已经反映了犯罪构成的基本内容,有着某些"法定的具体犯罪构成",但是我国《刑法》的总则规定中还没有完全认可犯罪构成的概念和体系,甚至在整个刑法规定中还没有出现犯罪构成的名称。因此,犯罪构成至今基本上仍属于一种自成体系的理论概括和理论体系,这也是犯罪构成的属性问题,甚至是犯罪构成体系内容经常发生观点分歧、意见争论的缘由。

刑法理论是复杂的、纷繁的,刑法规定是简洁的、明确的。同一种刑法理论在不同的刑法规定中可能有不同的体现;同一种刑法规定在不同的刑法理论上也可能有不同的理解。刑法理论与刑法规定之间所存在的这种对立与统一的矛盾现象,在不同国家的不同刑法之中几乎都有反映,并且在相当长的历史时期内存在。我国亦然。不然,有关刑法的一切理论研究和探讨都将显得多余。也正因为如此,刑法学可能成为我国法学学科体系中争论最为激烈、内容最为繁杂、体系也将最为丰富多彩的一个领域。关于犯罪构成属性问题的不同见解也正好反映了这一点。

为了解决这一问题,有的刑法学者提出将犯罪构成划分为作为规格的犯罪构成和作为理论的犯罪构成的二元化体系,赋予每一个犯罪构成以确切和统一的定义,使二者在概念和内容的内涵和外延上有明确的区别,并指出两种犯罪构成主要存在三个方面的区别:

第一,作为规格的犯罪构成,是由法律规定的,具有法律的属性,因而具有法律效力;而作为理论的犯罪构成,它本身不是犯罪的规格。犯罪规格仅仅是它研究和说明的对象。理论的犯罪构成具有理论的属性,但没有法律效力。当理论的犯罪构成符合法律规定的犯罪规格时,它也有一定的约束力,但这种约束力不是来自于其自身的理论属性,而是来自于法定的犯罪规格的约束力。

第二,作为规格的犯罪构成,是统治阶级以国家的名义规定的,直接反映了统治阶级的意志;而作为理论的犯罪构成,只是属于学术上的见解和学理性的探讨,由于各人的理解不同,往往会有不同的观点和结论。

第三,作为规格的犯罪构成,其表现形式是法律规定,或者是对法律规定有法律效力的解释,在社会上层建筑领域属于社会制度范畴;而作为理论的犯罪构成,其表现形式则是某些学者的著作、文章、教科书等,在社会上层建筑领域,属于政治法律观念范畴。[10]

笔者认为这种区分具有较大的合理性。但同时认为,犯罪构成究竟具有法律属性还是具有理论属性,其评判的基础须臾离不开相应的法律规定和理论体系。从这一评判标准出发,笔者认为我国刑法领域中的犯罪构成属性属于折中兼有说。

第二节 我国犯罪构成属性的理论评析

笔者认为,我国的犯罪构成属性属于折中兼有说,首先表明犯罪构成具有理论的属性。

第一,在我国,犯罪构成是先于刑法规定而提出的一种理论概念,并已逐渐形成了一个理论体系。对此,只要我们对犯罪构成如何进入我国的历史过程稍加回顾即可发现。当犯罪构成的概念和理论在20世纪50年代由苏联传入我国时,我国的刑法尚处在草创阶段,但犯罪构成却已在我国的刑法理论中深深地扎根,并且成为我国刑法理论体系的核心问题。尽管这种现象本身包含很大的不科学性,已经面临多种挑战,确实需要重新定位。但这种现象最起码时至今日还没有得到根本的、实质性的改变,仍然作为一种理论体系出现在整个刑法学领域。

第二,承认犯罪构成具有理论的属性,是由于我国的刑事立法还没有通过立法规定全面承认犯罪构成的理论内容,还没有将犯罪构成的理论化全部转变为法定化。由于犯罪构成理论体系的多元化,理论内容的复杂化,使得我国的刑事立法者还是根据自己的立法思路建立起自己的刑法体系,这一刑法体系的内容,有的与犯罪构成的内容相吻合,有的与犯罪构成的内容不相符合,有的甚至相去甚远。从这一意义上说,犯罪构成还谈不上是一个法律概念、法律体系,我国刑法根本没有规定出这样的概念。犯罪构成体系不过是相对独立于刑法体

---

[10] 参见樊凤林主编:《犯罪构成论》,法律出版社1987年版,第6—7页。

系之外的一个理论体系,它不能作为一个法律概念在司法实践中像刑法规定一样使用。

第三,承认犯罪构成具有理论的属性,还表现在现有的刑法理论对犯罪构成的研究和探索,已经开始试图以现有的刑法规定为考察基础,但它的表现形式仍然是通过学术的探讨和学理的归纳,从具体的法律规定中抽象提炼出的一般原理。正因为如此,每一次对犯罪构成的客观探讨,最后以得不到法律明文规定的有力支持,没有形成一个统一的结论而暂告结束。犯罪构成仍然作为一个相对独立的理论概念和理论体系存在于刑法规范之外。

我们承认犯罪构成具有理论的属性,但并不影响现有的刑法规范已经开始反映和努力体现犯罪构成的概念和理论内容,并在逐渐加强这一反映的力度和扩大这一体现的范围。因此,犯罪构成又具有某些法律的属性。

第一,我国的刑事立法确立了罪刑法定原则为刑法的基本原则,规定犯罪必须是行为人基于一定罪过支配下的行为完全符合刑法的规定才能够成立。为此,《刑法》第13条、第14条、第15条对犯罪的罪过内容和犯罪的行为特征作了总的原则性规定;《刑法》分则对具体犯罪的罪过要求和行为要素作了具体的规定。行为构成犯罪正是这些刑法规定的犯罪要件、犯罪特征的集中体现,而这些犯罪的要件、犯罪的特征正是犯罪构成概念和理论所要努力揭示的。因此,犯罪构成的概念和理论已开始以刑法规定的犯罪概念、犯罪要件、犯罪特征为基础,且在本质上开始趋于一致性。犯罪概念着重于从法律规范上揭示犯罪的本质属性,犯罪构成着重于从内容结构上说明犯罪的构成要件。

第二,我国《刑法》分则对各种具体犯罪的规定,在某种程度上,都是努力依据犯罪构成基本理论的研究成果加以明确规定的。这样,犯罪构成基本理论的很多内容在刑法规范中得到了一定的体现,犯罪构成的理论属性和法律属性在《刑法》分则众多条文的明文规定中互相印证吻合。例如《刑法》分则中关于故意杀人、强奸、抢劫罪的条文明确规定,只有在故意罪过支配下的行为完全符合这些法律规定的特征时,犯罪才能成立。而犯罪构成的概念本身表明,犯罪构成就是我国刑法所规定的决定某一具体行为的社会危害性及其程度而为该行为构成犯罪所必需的一切客观要件和主观要件有机统一的总和,这说明具体的犯罪构成所具有的法律属性已经有具体的法律规定为基础予以支持,从而使具体的犯罪构成成为我们评价行为是否构成犯罪、是构成此罪还是构成彼罪的规格和标准,行为是否满足犯罪构成的要件就成为行为人是否要承担刑事责任的根据。

第三,我国的立法机关在对刑法的补充修改规定中和我国最高司法机关在对刑法规范的适用解释中,已在不断扩大犯罪构成内容在法律规范中和法律适用中的体现深度和范围(尽管不是全部,而且在有些方面、有些时候还很不够),这就说明犯罪构成法律属性的比重在不断增加。

我们承认犯罪构成具有折中兼有说的双重属性,是否意味着这一结论存在自身矛盾?如有,我们将如何看待这一矛盾?众所周知,事物的发展过程自始至终存在矛盾运动。但列宁曾经指出:"辩证法是这样的一种学说,它研究对立怎样能够同一的,又怎样成为同一的(怎样变成同一的)——在怎样的条件之下它们互相转化,成为同一的。"[11]笔者认为,承认犯罪构成属性具有折中兼有说的双重性,它们之间是有矛盾的,但这一矛盾并不排斥它们之间的统一性。问题在于它们在怎样的条件下相矛盾,又在怎样的条件下相统一。我们说犯罪构成属性的双重性之间存在矛盾,是指犯罪构成的理论属性与犯罪构成的法律属性无论在理论的框架中还是在法律的规范中都无法完全吻合重叠,那么两者的矛盾就自然形成;说两者具有统一性,表明在现实的情形下,两者属性的内容都有合理的成分,并在法律规范中得到相统一的反映。理论是以多侧面表现自己的,法律是以划一性表现自己的;理论是以批判性为自己的灵魂所在,法律是以实定性为自己的生命所在;理论具有理想的色彩,法律具有严肃的色彩。再理想的法律总不能包含理论的全部合理内容,所以,法律有不断完善的必要;再合理的理论也总不能为法律全部吸收,所以,理论有继续存在的必要。刑法规范和刑法理论总是属于两个不同范畴的现象在现实世界相互依赖,相辅相成。正像经济运动和经济理论、客观事物和科学研究一样,既相互联系,又各有自身的含义和发生不同的作用。我们说犯罪

---

[11] 《毛泽东选集》(合订一卷本),人民出版社1967年版,第302页。

构成属性的双重性之间存有矛盾,正说明作为理论属性的犯罪构成还有深入研究的必要,而作为法律属性的犯罪构成还有努力完善的必要。这正是成为我们对犯罪构成属性问题进行思考时所得出的必然结论和应有启示,也正因为如此,实现对犯罪构成的双重完善才成为我们不断努力的方向。

通过上述评述可以认为,在研究和讨论犯罪构成的属性问题时,脱离了具体的理论环境和明确的法律规定,简单地、绝对地肯定犯罪构成具有理论的属性或者具有法律的属性,都是片面的,因而也不可能真正反映犯罪构成的真实属性,其结果必然导致将现有的犯罪构成视为要么是一种毫无法律意义的纯理论,对法律的制定与适用毫无指导意义,要么是一种纯法律的内容,犯罪构成理论内容不过是法律的简单演绎,毫无理论价值。但无论哪一种结论,都不应该成为我们所接受的观点。

第三节 对犯罪构成功能的认识与理解

将犯罪构成划分为理论的犯罪构成和规格的犯罪构成后,作为理论的犯罪构成,其主要的功能不但在于通过自身的不断深入研究,形成科学、合理的理论体系,丰富整个刑法理论,而且更在于为刑事立法提供足可借鉴的选择模式,为不断完善我国的刑法作出应有的贡献。而作为规格的犯罪构成,其功能是什么,却是刑法理论长期聚讼的问题。

回顾一下犯罪构成形成和发展的历史过程,我们可以发现,这一问题其实一直伴随着犯罪构成的整个发展过程。早期的刑事古典学派代表施求别尔提出:"犯罪构成,乃是那些应当判处法律所规定的刑罚的一切情况的总和,因为这些事实是同责任能力无关的。"[12]费尔巴哈也指出:"犯罪构成乃是违法的(从法律上看来)行为所包含的各个

---

[12] 〔苏〕А.Н.特拉伊宁:《犯罪构成的一般学说》,薛秉忠等译,中国人民大学出版社1958年版,第15页。

行为的或事实的诸要件的总和。"⑬这样,犯罪构成仅仅作为构成犯罪的客观方面的行为事实,它只有和主观根据——罪过——结合在一起,才能起到界定犯罪的作用。贝林格更是把犯罪构成同作为犯罪构成而不具有任何主观色彩的行为混为一谈,使主体的抽象行为达到极限,"犯罪构成是一个没有独立意义的纯粹的概念。违法的有罪过的行为在形成犯罪构成后,就成了犯罪行为"⑭。尽管在后来的德国、日本的犯罪构成要件理论体系中,对违法的构成要件是否包含主观违法要素一直存在不同的看法,但由于在整个大陆法系的犯罪构成要件理论体系中,学者们基本上都是一致地把构成要件的该当性与违法性、有责性作为并列条件加以论述的。因此,犯罪构成(要件)并不能成为犯罪的规格和标准。面对刑事古典学派的观点和理论,苏联的刑法学者在进行激烈批判后提出:"在社会主义的刑法体系中,犯罪构成的学说应当以犯罪的阶级性的一般学说和它的实质定义和形式定义为基础。立法者也正是通过综合那些统一起来即构成社会危害性行为的特征来制定犯罪构成的。因此,犯罪构成永远是而且首先是危害社会的行为。"⑮这样,在苏联刑法学者看来,犯罪构成的概念与刑事古典学派的观点产生了根本的区别,即犯罪构成是主客观一致的产物,但犯罪构成内容中又明显包含社会政治评价的内容。特拉伊宁指出:"为了正确地建立社会主义刑法的体系,因而也就是为了巩固社会主义法制,就必须确定这两个极其重要的刑法概念——犯罪的概念和犯罪构成的概念——之间的真正的相互关系。在解决这项重大任务时,首先必须抛弃那种割裂犯罪概念和犯罪构成概念的政治意义和法权意义而来探讨它们之间的区别界线的做法。"⑯皮昂特科夫斯基也指出:"苏维埃刑事立法总则和分则的一切制度,归根到底都是以社会危害性标准为基础的。另一方面,也不能把犯罪构成的一般概念只归结

---

⑬ 〔苏〕A.H.特拉伊宁:《犯罪构成的一般学说》,薛秉忠等译,中国人民大学出版社1958年版,第15页。
⑭ 同上书,第16页。
⑮ 同上书,第43页。
⑯ 同上书,第50页。

为法权评价,它永远也包含着政治评价。"⑰这种观点在我国的刑法理论界也得到了广泛认同,前述所引的我国刑法学对犯罪构成所下的定义,也清楚地表明两者之间具有明显的同一性。但只要我们细细究来,此时的犯罪构成已经是在法律适用过程中通过法律的规范评价和社会的政治评价后的产物,它已不是我们进行法律规范评价和社会政治评价的对象,而是这种评价的结果。这样,把这种犯罪构成视为规格的犯罪构成看来还是大有问题的。

如何看待这一现象,如何评价犯罪构成的功能?看来需要我们先撇开这种观点的分歧和理论的争论,回到法律规范的逻辑结构上去分析研究。我们知道,法律规范的逻辑结构是指法律规范的内部构成,即是指法律规范内部存在的相互密切联系、又互为前提的组成部分。法律规范的具体内容虽然各不相同,也不论其表现形式如何,但在逻辑结构上都是由假定(行为模式)、处理(适用条件)和制裁(法律后果)三部分组成:(1)假定:法学上的假定是指规定该适用法律规范的条件和情形的部分。只有当出现法律规范所规定和确认的这种假定的条件和情况时,才能而且必须适用该法律规范。(2)处理:是指法律规范中所规定的内容和要求,它指明社会成员应为什么行为、不能为什么行为。这是法律规范基本内容的部分。(3)制裁:是指法律规范中规定违反该规范将招致法律后果的部分。法律规范的这三个构成部分是密不可分的,否则就不成其为法律规范了。每一个法律规范都是为调整一定的社会关系而制定的,因此不能没有假定;每一个法律规范都是用来规范社会成员的行为的,因此就必须要有明确的规定和要求(即处理);每一个法律规范都是通过对违法行为采取制裁手段来发挥作用的,因此必须具有制裁措施(当然奖励性的法律正好相反)。刑法也是一种法律规范,所以也当然存在这样的逻辑结构。认定一种行为是否构成犯罪,从严格的法制意义上必须先有刑法规范。犯罪构成实际上就是刑法规范中的假定部分。犯罪构成作为刑法规

---

⑰ 〔苏〕皮昂特科夫斯基:《社会主义法制的巩固和犯罪构成学说的基本问题》。转引自中国人民大学刑法教研室编译:《苏维埃刑法论文选译》(第1卷),中国人民大学出版社1955年版。

范中的假定,我们可以把它比喻为社会"生产"犯罪的一种模型⑱,当社会现实生活中的诸多"原材料的流液"进入这种模型中凝固后,社会就会"生产"出犯罪这种"特殊的产品"。以故意杀人罪的刑法规定为例,刑事立法预示性警告社会成员不准故意杀害他人,一旦有人故意杀害他人,这种故意杀人的社会现象进入犯罪构成这种假定的"模型"凝固后,就成为故意杀人的犯罪"产品"了。但是,犯罪构成这种假定"模型"的构建与符合这种"模型"要求行为的实施,是在刑事立法与社会生活两个层面上进行的,它们并不必然会自动发生联系。它们之间之所以会发生联系,是通过刑事司法这一中介活动实现的。行文至此,笔者突然想到举世闻名的悉尼歌剧院的事例。悉尼歌剧院的图纸模型设计,可谓美轮美奂,无与伦比,然而它毕竟还不是现实的大厦,所以不经意间被扔进了废纸篓。此时虽然世上建筑原材料无数,但它们无法自然变成美丽的建筑。当人们从废纸篓里重新捡回这一模型设计后,按照这张图,经过建设者们一砖一瓦的堆砌,于是就生产出举世无双的人间经典之作。正是从这一意义上说,犯罪构成是刑事立法者对犯罪的一种精心设计,是一种主观先验的构造(相对于刑事司法对具体犯罪后的认定),从而也就是刑事立法者意欲认定某种行为是否构成犯罪的一种预定规格、标准,一种模具、模型。没有这种规格、标准、模具、模型,即使从社会政治、道德角度认定的某种具有社会危害性的行为,仍然不能构成犯罪;反之,即使存在这种规格、标准、模具、模型,但没有具体的社会危害性行为,仍然无所谓有犯罪。例如隐瞒境外存款罪、危害国防利益的某些犯罪。但是,现实生活中即使没有这种犯罪的现实发生,刑法上犯罪的规格、标准、模具、模型犹在。

迅猛发展的自然科学和社会科学的知识成果永恒不变地告诉我们,人是自然性和社会性高度结合的产物。没有自然性,人不可能演变成为社会的人;没有社会性,人只是具有动物意义上的"人"。因此,对人的行为的认识须臾脱离不了人的意识和意志对行为的支配作用,

---

⑱ 笔者在对犯罪构成长期思考的过程中,一直把犯罪构成视为刑事立法对社会成员的一种预示性规定,并为此在多篇论文中阐述过这一观点。在本书的写作过程中,笔者有幸读到冯亚东所著《刑法的哲学与伦理学》一书,该书作者将犯罪构成比做一种模型,正好与笔者的观点殊途同归。

对人的某种行为意欲规定为犯罪,其人的主观心理和客观行为必须互相联系,内在一致。在这方面,尽管刑事古典学派已经意识到只有把犯罪构成要件与有责性——罪过——结合起来,才能认定行为是否构成犯罪,但一个完整的犯罪构成必须是主观与客观高度结合而成。正因为如此,刑事古典学派的犯罪构成的功能还不能起到犯罪的规格、标准、模具、模型的功能作用。而前苏联创立的而为我国继承、坚持的传统犯罪构成理论,把犯罪构成看成是还未经过司法活动的评价就已包含了社会危害性内容的一切主观和客观要件的总和,反而否定了犯罪构成是犯罪的规格、标准、模具、模型的功能作用。

  由此我们可以认定,犯罪构成是刑法理论对现有刑法的规定进行高度抽象、概括后所形成的一种集主客观要件为一体的成立犯罪的规格和标准,它是理论的,在某种程度上又是法定的,它的全部功能在于为刑事司法认定某种行为是否构成犯罪提供一个固定的规格与标准,刑事司法对犯罪认定的全部司法活动就在于将现实的、经过司法评价的行为事实材料,按照这一预先设定好的犯罪构成规格和标准进行规范评价,像"流液"一样灌进假定的犯罪"模型"中,并结合社会危害性的价值评价"生产"出一个又一个"货真价实"的犯罪"产品"来。

第三章 传统犯罪构成要件的反思与重新评价

犯罪构成在整个刑法理论体系中具有十分重要的地位,可以说是整个犯罪论体系的核心。由于犯罪构成在刑事立法的立罪活动中具有规格和模型作用,在刑事司法的定罪活动中起着界限和印证作用,因此,如何使犯罪构成尽可能体现科学性并形成法定化,将是我国刑法学的重要任务。

第一节 犯罪构成的要件组合概览与评价

犯罪构成作为刑事立法设立犯罪的一种规格和模型,总是由一定的要件所组成。犯罪构成应有哪些构成要件组成、有多少构成要件组成,则是犯罪构成自身是否能够获得合理性、完整性所必须解决的问题。

在苏联模式的犯罪构成结构中,自从沙俄时代的季斯甲科夫斯基较早提出犯罪构成应由犯罪主体、犯罪客体(即犯罪对象)、犯罪主观方面、犯罪客观方面四要件组成后,经过苏联刑法学者们的改造,一方面继承了犯罪构成四要件的结构模式,另一方面又把犯罪客体视为刑法所保护的而为犯罪行为所侵犯的社会主义社会关系,而把原先沙俄刑法学者设定的犯罪客体(即犯罪对象)作为犯罪行为加于其上的对象,归属于犯罪客观方面的要件之中,但在总体上,四要件的模式并未发生根本性的变化。虽然,其间苏联刑法学者特拉伊宁将犯罪构成要件修改为表明犯罪行为的因素,即犯罪构成由四类要素构成:① 表明犯罪客体的构成因素;② 表明犯罪客观方面的构成因素;③ 表明犯罪主体的构成因素;④ 表明犯罪主观方面的构成要素。特拉伊宁指出:"犯罪构成因素按照上述四类来配置,仍完全保持着使人便于对犯罪构成因素进行理论分析和实际分析的体系的意义。"①但是,这种修改并没有在整个苏联刑法理论中得到认可,在绝大部分的苏联刑法教科书中,犯罪客体、犯罪客观方面、犯罪主体、犯罪主观方面的四要件说仍然占据绝对的优势。而我国刑法理论继承和移植的前苏联犯罪构成理论,正是这种四要件式的犯罪构成模式。

然而,这种模式即使在前苏联的刑法理论中也曾受到激烈的挑战,而这种挑战也同样出现在我国的刑法理论中。二要件说、三要件说乃至五要件说的出现,就是对传统的四要件说提出挑战的集中体现。尽管每一种"要件说"的内容阐述,只不过或多或少地像"搭积木"似的对传统"四要件说"进行重新组合和排列,但足可以说明"犯罪构成更多的只是刑法的注释学家们根据刑法的罪状所塑造出的解释性理论而并非刑法的罪状本身"②。既然犯罪构成是注释刑法学的一种理论概括,那么要件的多少、有哪些,似乎就显得不怎么重要了。重要的是,概括出一个要件要对犯罪构成说明什么?它在犯罪构成中起什么功能作用?刑事立法根据社会现实生活,预先规定一种行为为犯罪,意味着刑事立法是针对行为(不管这种行为在社会生活中是现存的还是可能的)作出规定的。这样,犯罪构成总是为行为是否构成犯罪而设计的一种规格、一种模型。尽管犯罪构成是犯罪构成的规格还是构成犯罪的行为本身存有争议,但从刑事司法角度而言,必先具有犯罪的规格和模型,然后才能印证和界定犯罪行为。正是从犯罪构成的这种规格和模型功能出发,凡能说明作为犯罪内容的因素都是犯罪构成的内容,而将这种内容按照一定的标准划分为一定的要件,就可以各行其道了。但一定要件的划分,自始至终都不能脱离法律规定以衡量行为是否可以构成犯罪的这一犯罪构成要件的根本宗旨。

既然犯罪构成是规定和衡量行为构成犯罪的规格和模型,那么犯罪构成的要件就是这一规格和模型的必要组成部分。犯罪是一种人的行为,不是人的行为,最起码从社会学意义就无所谓行为。然而人的何种行为才能构成犯罪,就需要通过犯罪构成加以规定。与行为无

---

① 〔苏〕A. H. 特拉伊宁:《犯罪构成的一般学说》,薛秉忠等译,中国人民大学出版社1958年版,第101页。
② 冯亚东:《刑法的哲学与伦理学》,天地出版社1996年版,第136页。

关的要素就不能进入犯罪构成的范围。那么哪些人的行为才能进入犯罪构成的规定之中，实际上是对行为能否进入犯罪构成之前的一种资格预选。人是行为的前提和基础，而非行为的内容。而行为是否可以构成犯罪，为其专设一个构成规格，实际上又是刑事立法经过价值评价后作出的一种规格、模型设计。这样，人、哪些人的行为可以构成犯罪，是对人进行预先筛选后再进行犯罪构成的设计的。哪些人的行为可以进入犯罪构成，是以这个人作为犯罪构成的前提确定的，这个人本身仍不能进入犯罪构成。

证明了犯罪构成不过是行为可以构成犯罪的一种规格和模型，那么人的行为只不过是人的有意识、有意志的主观心理活动的客观外化就成了不证自明的对象了。既然一种行为经过刑事立法的价值评价规定为犯罪，并为其设计一个犯罪构成，那么这种行为如欲实施时，必然会产生社会危害性这一效应，社会危害性的本质就是对刑事立法设立犯罪予以惩罚所要保护的社会既存利益的损害。这样，行为对社会既存利益的危害，既是行为符合犯罪构成后的一种规范评价，又是行为实施过程中的一种外在的社会反映。保护既存的社会利益，是刑事立法设立犯罪的目的，而不是犯罪构成的内容。

当我们通过上述论证，实际上已证明了犯罪构成是一种犯罪行为的规格和模型，犯罪构成的要件实际上是犯罪行为的要件。犯罪构成要件不论多少、有哪些，都不能脱离犯罪本身这一母体对象。然而在对犯罪行为这一母体对象进行要件分割时，我们还必须坚持三个原则：第一，凡是与犯罪行为这一母体对象的外在因素都不能进入犯罪构成的要件之中；第二，各要件的总和正好等于犯罪行为本身的整体；第三，各要件之间不能出现相互交叉重叠，正像一个整体的人由头颅、身躯、肢体所组成，但不能说头颅里包括身躯、肢体包括头颅一样。根据这样的思路，我们就可以展开对我国从苏联继承和移植过来的传统犯罪构成要件的组合进行有针对的反思和重新评价了。

第二节　对犯罪主体的反思与重新评价

在传统的犯罪构成结构中，犯罪主体被视为是犯罪构成的必要要件，得出了犯罪主体与犯罪构成的其他要件虽有联系但是属于与其他犯罪构成要件相独立、相并列的一个要件的结论。没有犯罪主体就没有犯罪构成。然而,犯罪主体作为犯罪构成的一个必要要件的这一命题本身是否科学?刑法上的犯罪主体到底具有什么样的属性和品格?刑法上的犯罪主体在犯罪构成理论中究竟处于什么样的地位和具有什么功能作用?当我们思考和论及犯罪构成要件时显然是无法避开这些问题的。

一、犯罪主体作为犯罪构成要件的命题错误

按照传统的刑法学理论的通说,犯罪主体是指达到法定的刑事责任年龄、具有刑事责任能力、实施了犯罪行为的自然人。[③] 有的刑法学者提出,犯罪主体是指具备刑事责任能力,实施犯罪行为并且依法应负刑事责任的自然人。[④] 更有刑法学者直接指出,犯罪主体即是实施犯罪行为的人。[⑤] 新《刑法》通过修订和实施后,几乎所有的刑法理论在自然人之后,又加上了一个(法人)单位(关于法人问题,本书后面将详细论述)。所有上述这些观点在表述上虽各有特点和不同之处,但其核心内容却完全同一,即犯罪主体就是实施了犯罪行为的人,没有犯罪主体就没有犯罪行为;没有实施犯罪行为也就没有犯罪主体。笔者认为犯罪主体的这一概念本身并没有错误。然而将这一概念所揭示的犯罪主体作为构成要件纳入犯罪构成之中,使之成为犯罪构成的一个必要要件的命题,就产生了众多的、明显的、无法克服的矛盾和错误。

(一)在命题上存在逻辑错误

把犯罪主体纳入犯罪构成之中作为一个必要要件,必然表明没有犯罪主体,就不符合犯罪构成,也就不可能存在犯罪构成。然而,犯罪主体的概念又明确表明只有实施了符合犯罪构成的犯罪行为的行为人才能成立犯罪主体,这又必然表明没有实施符合犯罪构成的犯罪行为,就不可能成立犯罪主体。于是,在这样一个命题论的逻辑结构中,就产生了一个无法协调、无法自圆其说的矛盾,即到底是犯罪主体决

[③] 参见华东政法学院刑法教研室:《刑法概论》,浙江人民出版社1987年版,第85页。
[④] 参见赵秉志:《犯罪主体论》,中国人民大学出版社1989年版,第10页。
[⑤] 参见何秉松:《对犯罪构成的哲学思考》,载《政法论坛》1992年第3期。

定了犯罪构成的成立,还是行为符合犯罪构成决定了犯罪主体的成立?如果说犯罪主体作为犯罪构成的一个要件相对独立于其他要件而存在于犯罪构成之中,那么犯罪主体怎么能够凭借他后起的犯罪行为加以评定?如果说符合犯罪构成的行为是确定犯罪主体成立的前提和基础,那么行为已经符合犯罪构成而构成了犯罪,又何必凭借犯罪主体这一构成要件再加以评定呢?在这种充满矛盾的逻辑结构中,究竟何者为先,何者为后,简直就成了像"先有鸡,还是先有蛋"的历史之谜一样变得不可捉摸。

(二)对司法实践活动顺序的概括错误

把犯罪主体纳入犯罪构成之中作为一个相对独立的必要要件,必然表明司法实践对犯罪成立与否的评价活动,既可以先行评定犯罪主体能否成立(这实际上丝毫不能脱离犯罪行为的评定),然后再评定行为是否符合犯罪构成。也可以先行评定行为是否符合犯罪构成,然后再评定犯罪主体能否成立。然而在现实的整个司法实践活动领域,哪有可能会看到对一个明知不满14周岁的孩童行为,认为有必要评价其行为是否具备犯罪构成?而对一个已满16周岁的人,在其行为是否符合犯罪构成的评价结论产生之前,我们又怎能断定他已经属于犯罪的主体呢?我们说犯罪构成是刑事立法设定的一种犯罪规格,是刑事司法评价的一种犯罪模式,其任务就在于解决行为是否构成犯罪。行为与行为主体不可分,犯罪行为与犯罪主体不可分。犯罪行为必须由犯罪行为主体的实施才能存在于客观世界之中,才能进入刑事司法的评价领域,才能作为承担刑事责任的基础;犯罪主体必须由犯罪行为的认定才能加以确认,由此转化为承担刑事责任的受刑主体。在确定了行为主体的行为已经符合犯罪构成因而构成犯罪,行为主体由此进而成为犯罪主体之后,我们又有什么必要再去考察、认定行为人是否具有符合犯罪主体这一构成要件的可能性?

(三)对刑事法律规范的理解错误

把犯罪主体纳入犯罪构成之中作为一个相对独立的必要要件的命题,无疑是把我国刑法对刑事责任年龄和刑事责任能力的法律规定作为依据而提出来的。然而正是在这里,肯定论者偏偏忽视了我国刑法是把达到刑事责任年龄和具备刑事责任能力(即对行为的辨认能力和控制能力)作为任何一个实施犯罪行为的人的前提条件规定在法律规范之中的。例如,我国《刑法》第17条第2款规定:"已满十四周岁不满十六周岁的人,犯故意杀人、故意伤害致人重伤或者死亡、强奸、抢劫、贩卖毒品、放火、爆炸、投毒罪的,应当负刑事责任。"《刑法》第18条第1款规定:"精神病人在不能辨认和不能控制自己行为的时候造成危害结果的,经法定程序鉴定确认的,不负刑事责任……"这些刑法规定的逻辑结构表述无论如何不可能是刑事立法的随意而为。它们表明因犯罪行为被确认而成立的犯罪主体在其确定之前,其刑事责任年龄和刑事责任能力的问题已被先行确定,而犯罪主体的成立不过是行为已经符合犯罪构成之后的结论。这种犯罪主体已在犯罪构成的评价之外,这样又怎能够将犯罪主体纳入犯罪构成之中呢?

由此可见,传统的刑法理论把犯罪主体纳入犯罪构成之中作为一个必要要件的命题必然要陷入自相矛盾、无法自拔的沼泽地。

二、刑法中犯罪主体的应有含义及其属性

犯罪主体作为犯罪构成必要要件的矛盾并不意味着犯罪主体概念本身的矛盾,犯罪主体等于实施了犯罪行为的人的概念本身并没有错误。犯罪主体等于实施了犯罪行为的人的这一概念的逻辑结构表明:犯罪等于符合一定犯罪构成的行为,主体等于一定的人,犯罪主体等于实施了符合一定犯罪构成的行为的行为人,一定的人只有实施了符合一定犯罪构成的行为才能成为犯罪主体。这样,从理论上并在现实生活中得到证明,犯罪主体实际上是在行为符合的犯罪构成之外的一个社会活动者,犯罪主体很难在犯罪构成中找到应有的位置。把犯罪主体纳入犯罪构成之中作为一个必要要件所存在的矛盾和错误,就在于犯罪主体到底是以行为符合犯罪构成为必要条件的,因而是犯罪构成的前提和基础?还是犯罪主体是行为符合了犯罪构成后的必然结果,因而犯罪构成的成立是犯罪主体的前提和基础?面对这样的矛盾,为了解决这一难题,有的刑法学者提出了要修正传统的犯罪主体概念、认为犯罪主体是"具有刑事责任能力,达到刑事责任年龄的人",并指出:"犯罪主体不属于犯罪事实的范畴,应作为构成犯罪的前提条

第三章 传统犯罪构成要件的反思与重新评价 57

件。"⑥把犯罪主体视为构成犯罪的前提条件,确认了犯罪主体独立于犯罪构成的正确性。但犯罪主体中抽掉了犯罪的内容,行为主体何以能成为犯罪主体?而把具有刑事责任能力、达到刑事责任年龄的人称之为犯罪主体,那么现实生活中绝大多数的社会成员都已是犯罪主体,这岂不要人人自危?更何况犯罪主体中"主体"的犯罪性质已明,又何能再成为构成犯罪的前提条件?但是,把犯罪主体视为犯罪构成的前提和基础,是其行为符合犯罪构成因而构成犯罪后的必然结果,那么,犯罪主体的刑事责任年龄和刑事责任能力,难道对犯罪成立的评价就不发生作用吗?问题究竟出在哪里?问题的发现和提出,永远是解决问题的前提。笔者认为,行为的主体永远先于行为而存在,犯罪的主体也永远先于犯罪而存在。要解决犯罪主体与犯罪构成的关系,关键在于首先要解决先于犯罪而存在的这一主体应有的含义及其属性。

"主体"一词属于哲学和社会行为科学的范畴,在社会活动领域被广泛使用,所有社会行为的产生,都必须以能够实施一定社会行为的主体为前提和基础。法律是人们的社会行为规范,现代法律是以规范、调整人们的社会行为而制定并发挥作用的。由于人们的社会行为会导致一定社会关系的产生、形成和变更,于是法律预先设定了人们社会行为的发展方向和应有结果。因此,法律实际上也是人们社会关系的调节器。而一定的社会关系一旦为一定的法律所规定和调整,就形成了一定的法律关系。一定的法律关系的产生和存在,又必须是以一定的法律关系主体的存在和确定为前提和基础的。由此,当我们要认识犯罪主体在刑事法律关系中的地位和作用时,必须首先考察一下其他法律关系主体对某种法律关系的作用与影响。在民事法律关系中,民事主体是指享有民事权利、能够承担民事义务、实施民事法律行为、参与民事法律关系的人。这个"人"是作为民事法律关系的要素存在于民事法律关系之中的。但一个能够成为民事法律关系主体的人并不是以其能否实施民事法律行为为前提的,而是以其是否具有法律意义上的资格为前提的。民事司法的评价必须是基于包括民事法律行为(主要是民事法律行为)在内的民事法律事实而展开的,民事法律

---

⑥ 陈兴良:《刑法哲学》,中国政法大学出版社1992年版,第550—551页。

行为的实施必须是以行为人取得民事法律关系的主体资格为基础的。只有取得了民事法律关系主体资格的社会成员实施的民事法律行为，才具有法律意义，才能产生相应的法律后果。但是，民事法律关系主体的资格本身不属于民事法律事实的内容，这一资格也不能作为评价民事法律行为是否属于民事法律事实的构成要件。民事法律关系的主体资格实际上是民事法律赋予一定的社会成员是否可以实施一定民事法律行为的一种能力。民事法律关系主体具有的这种属性在其他法律关系中也具有同样的意义。例如在行政法律关系中、在经济法律关系中、在选举法律关系中。在选举法律关系中，实施选举行为的人必须首先取得选举主体的资格，才能凭此"入场券"进入选举领域，其实施的选举行为才能具有法律意义。但是，对选举行为本身的法律评价已不再包括选举主体资格这一要素。

  刑事法律关系因受规定和调整的法律性质的特殊性决定，而与其他法律关系的性质有所不同。但它同样是在一定社会活动主体之间发生的一种法律关系，它是由国家刑事法律规定并加以调整的因违法犯罪行为引起的控罪主体与被控主体之间为解决犯罪构成与刑事责任而形成的一种社会关系。任何一个法律关系的产生与存在，都必然存在两个方面的活动主体，刑事法律关系也不例外，即存在实施犯罪的主体与指控犯罪的主体。由于在一般意义上，刑事犯罪实行国家公诉制度。在司法实践中，控诉犯罪的主体由国家检察机关承担。由于检察机关作为控罪主体在刑事司法活动中（自诉案件除外）是唯一的、确定的、不变的，这一属性决定了刑事法律对这一主体的资格认定无需赘言。而与刑事法律关系中控罪主体相对应的另一主体——实施了犯罪行为的社会活动者——是众多的、不确定的、多变的。因此，刑事法律有必要对这一主体必须作出明确、详细的规定。在通常意义上说，刑法中的主体实际上就是指相对于控罪主体而言的犯罪主体。而这一主体必须实施了一定的违法行为并有可能被确认为构成犯罪并需要承担刑事责任，才能在他与控罪主体之间产生和存在刑事法律关系。但一定的社会成员要进入刑事法律关系领域，与一定的社会成员进入其他法律关系领域一样，必须事先取得实施法律行为活动的主体资格，领到一张"入场券"。由此可以看出，在刑事法律关系中，相对于控罪主体的犯罪主体的确认，是以这一主体事先达到一定的刑事责任年龄、具有刑事责任能力、取得相应的资格条件、领到法律规定的"入场券"为前提和基础的,以其所实施的违法行为被确认为符合犯罪构成并需要承担刑事责任为内容的一种身份确定。从这一主体结构中,我们可以进一步确定刑法中犯罪主体应有的含义及其属性。这种含义和属性具有两个方面的内容:一是犯罪的主体资格;二是犯罪的主体身份。作为犯罪的主体资格(也可称之为犯罪的资格主体)与作为犯罪的主体身份(也可称之为犯罪的身份主体)各自有其自身的特征,两者存在严格的区别。

(一)犯罪的主体资格具有客观性

这一客观性表明,犯罪的主体资格是由国家的法律加以明文规定的。这一主体的资格条件对于国家来说,可以是主观意志的产物,是可以自由设定的。但对于社会成员个人来说,则是客观外界的规定,不以其个人的主观意志转移而发生转移。不管已经具有这种资格的社会成员在主观上是否愿意接受这一资格,只要其达到一定的刑事责任年龄,具备一定的刑事责任能力,那么国家就认定他已经具有犯罪的能力,就已经拥有了一张可以自由进入刑事法律关系领域的"入场券"。而犯罪的主体身份则具有主观性。这一主观性表明,已经取得犯罪的主体资格,拥有了"入场券"的社会成员,是否进入刑事法律关系领域,完全是由他的个人主观意志所决定,是随着他个人主观意志的转移而发生转移的,社会成员完全有意志自由决定让这一张"入场券"终身作废而不会成为犯罪主体。

(二)犯罪的主体资格具有普遍性

这一普遍性表明,犯罪的主体资格是由国家的法律针对全体社会成员作出的不特定的普遍规定,取得这一主体资格与社会成员是否要实施违法行为而成为犯罪的主体身份没有内在的必然联系。也就是说,社会成员只要达到一定的刑事责任年龄,具备一定的刑事责任能力,那么国家就可以通过法律明确性的硬性规定,使人人都拥有一张可以自由进入刑事法律关系领域的"入场券"。而犯罪的主体身份则具有特定性,这一特定性表明,取得犯罪主体资格的社会成员只有在他实施了一定的违法犯罪行为,才能属于已经进入刑事法律关系领域时具有的犯罪主体身份。

（三）犯罪的主体资格具有稳定性

这一稳定性表明，犯罪的主体资格一旦由国家的法律加以明文规定而为社会成员所取得，那么就会终身有效，固定不变。除非某一社会成员因有病变等特殊原因丧失刑事责任能力，才可由国家宣布取消这一资格，重新收回其已拥有的"入场券"，将其排除在刑事法律关系领域之外。而犯罪的主体身份则具有可变性。这一可变性表明，取得犯罪主体资格的社会成员可以因其实施了违法犯罪行为进入刑事法律关系领域而具有犯罪的主体身份，也可以因其刑罚的执行完毕或赦免，走出刑事法律关系的领域而消灭其犯罪的主体身份。

由于犯罪的主体资格和犯罪的主体身份存在上述严格的区别，因此两者根本不可相提并论、同等而语。通过上述的考察、分析和研究，当我们回过头审视以往有关犯罪主体的理论争论时，对立的双方正是混淆了两者的严格界限，本想说明什么问题，结果什么也没有说清，以致钻进了"是先鸡后蛋，还是先蛋后鸡"的史谜怪圈之中，茫茫不知其然和所以然，难以找到解决问题的门径。

三、犯罪主体在犯罪构成理论体系中的地位

将犯罪主体划分为犯罪的资格主体和犯罪的身份主体，为我们重新评价犯罪主体是否是犯罪构成的必要要件指明了解决问题的方向，为有关犯罪主体与犯罪构成的关系何者为先、何者为后的争论进入"鸡与蛋"似的争论怪圈找到了出路。在我们看来，作为犯罪的主体资格，它是行为人能否实施违法行为并决定这一行为能否构成犯罪的前提条件。司法实践对任何一个违法犯罪行为的评价，一开始就是建立在行为人是否已经具备犯罪的主体资格基础上，首先查明行为人是否达到刑事责任年龄，是否具备一定的刑事责任能力。不具备犯罪的主体资格，一切有关犯罪构成的问题就无从谈起，否则就会产生一个不满14周岁孩童的行为是否符合犯罪构成的争论。果真有这种现象，就会像堂吉诃德大战风车似的滑稽可笑。而作为犯罪的主体身份，则是建立在违法行为是否已经符合犯罪构成的基础上，是行为主体的行为已经构成犯罪后的必然结果。某个行为人已属于犯罪主体，其行为必定已先被认为构成了犯罪。由此我们现在可以得出十分确切的、也

是唯一的结论,刑法中的犯罪主体,无论是犯罪的资格主体还是犯罪的身份主体,都不是也不可能、不应该是犯罪构成的必要要件。现评述如下:

(一)犯罪构成的基本功能决定了犯罪主体不是犯罪构成的必要要件

犯罪构成作为刑事立法预先设定的一种犯罪规格与模型,是刑事司法评价违法行为时运用的一种定罪依据和标准,其基本功能在于解决一定主观罪过支配下的客观行为是否构成犯罪的问题。在犯罪过程中,主观罪过与客观行为紧密相连,密不可分。因此,主客观相一致成为犯罪构成的全部内容。在犯罪构成中,主观与客观相统一,罪过与行为相一致,是一种内在的、本质的统一。通过对在主观罪过支配下的客观行为是否符合某种犯罪构成的考察与评价,不但可以帮助我们确定某种行为是否构成犯罪,而且还可以帮助我们确定这种行为构成什么罪。因此,对违法行为的犯罪评价中本没有犯罪主体所起的作用,因而在犯罪构成中也就不应该有犯罪主体的位置。我们不需要借助犯罪主体来帮助我们说明什么(如何看待特殊主体的问题,本书后面将详细论述)。马克思指出:"我只是由于表现自己,只是由于踏入现实的领域,我才进入受立法者支配的范围。对于法律来说,除了我的行为以外,我是根本不存在的,我根本不是法律的对象。我的行为就是我同法律打交道的唯一领域。因为行为就是我为了要求生存权利,要求现实权利的唯一东西,而且因此我才受现行法的支配。"[⑦]此语可谓一言中的。尽管有的刑法学者在对马克思的这一论断的背景进行考察后,试图怀疑这一论断的合理性和现实意义。[⑧]但我们至今仍看不到这种责难稍微充分的理由,以至于只好反过来怀疑这种"怀疑"的根据。当然在这里也需要指出,在评价行为是否构成犯罪时,如何看待行为与行为主体不可分、犯罪行为人与犯罪主体相统一这一问题,也应当在这里一并加以解决。笔者认为,行为与行为主体不可分是一种外在的、现象上的联系,这种联系无助于说明行为是否符合犯

[⑦] 《马克思恩格斯全集》(第1卷),人民出版社1972年版,第16—17页。
[⑧] 参见赵秉志:《犯罪主体论》,中国人民大学出版社1989年版,第44页。

罪构成,符合什么样的犯罪构成。而犯罪行为人与犯罪主体的相统一,不过是在行为已被认定构成犯罪后在形式逻辑上的统一。但这种统一是在犯罪构成之外达成的,并始终存在于犯罪构成之外。对此,前苏联刑法学家特拉伊宁曾指出:"当然,犯罪主体只能是有责任能力的自然人,这一点是不用怀疑的。没有责任能力,刑事责任问题本身就不会发生,因而犯罪构成的问题本身也就不会发生。因为如此,所以(刑事)责任能力并不是犯罪构成的因素,也不是刑事责任的根据;责任能力是刑事责任必要的主观条件,是刑事责任的主观前提。刑事法律惩罚犯罪人并不是因为他的心理健康,而是在心理健康的条件下来惩罚。这个条件作为刑事审判一个基本的和不可动摇的原则规定在刑法典总则中,而且(在)描述犯罪的具体构成的分则里,是不会有它存在的余地的。正因为如此,所以在任何一个描述构成因素的苏联刑事法律的罪状中,都没有提到责任能力,这是有充分根据的。正因为如此,所以关于无责任能力的问题,可以在解决是否有杀人、盗窃、侮辱等任何一个犯罪构成的问题之前解决。责任能力通常在犯罪构成的前面讲,它总是被置于犯罪构成的范围之外。"⑨尽管特拉伊宁也未对犯罪主体的概念作出正确的定义界定,但他把刑事责任能力等犯罪主体的资格因素视为犯罪构成之外的、属于成立犯罪构成的前提和基础,无疑是合理性。

(二)哲学的基本原理决定了犯罪主体不是犯罪构成的必要要件

将犯罪主体排除在犯罪构成之外,把它视为犯罪构成的必然结果,是由哲学的基本原理所决定的,这是因为犯罪主体自身不能成为评价自己的行为是否符合犯罪构成的主体。有的刑法学者指出:犯罪主体是犯罪构成的其他三个要件的前提和基础,甚至是整体犯罪构成存在的前提条件,也是主客观相统一的定罪原则赖以建立的基础。但结论却仍认为犯罪主体是犯罪构成的必要要件,是第一要件。⑩ 还有的刑法学者试图通过"系统联系法",即犯罪主体与犯罪主观方面、犯

---

⑨ 〔苏〕A.H.特拉伊宁:《犯罪构成的一般学说》,薛秉忠等译,中国人民大学出版社1958年版,第60—61页。

⑩ 参见赵秉志:《犯罪主体论》,中国人民大学出版社1989年版,第50页。

罪行为有联系,而犯罪行为又与犯罪客体有联系,以此认定和说明犯罪主体属于犯罪构成一个必要要件的理由和根据。[11] 然而,这些观点对自身存在的矛盾却无法自圆其说。如果说犯罪主体是犯罪构成的前提和基础,那么这一基础的内容怎么反过来又成为在其之上建立起来和由此产生的犯罪构成的一个组成部分?这种逻辑错误如同在传统的犯罪构成要件中当犯罪还未得到正确认定,就先认定犯罪主体的逻辑错误一样,正好反过来说明犯罪主体根本不可能是犯罪构成的必要要件。而不知刑法中犯罪主体的不同类型和不同属性,贸然肯定犯罪主体是整个犯罪构成的前提和基础,却又是所有这些逻辑错误产生的根源。认为犯罪主体与犯罪构成或者犯罪构成的其他要件有联系,就断定犯罪主体是犯罪构成的必要要件,实际上只是看到犯罪主体与犯罪构成的联系,没有看到这两者之间的相对独立性。而把某种事物与其他事物存有某种联系,就把这一事物看成他事物的组成部分,不但违反了唯物论,也不符合辩证法。不可否认,客观世界存在普遍的联系性,一事物的存在对他事物的产生与存在会有一定的影响。但我们绝不应"反认他乡是故乡",视这事物就是他事物或者已是他事物的组成部分。提出没有犯罪主体,就没有犯罪的主观罪过;没有犯罪的主观罪过,就没有犯罪的客观行为;没有犯罪的客观行为,就没有犯罪的客体。因此得出没有犯罪主体就没有犯罪,就没有犯罪构成,因而犯罪主体必然是犯罪构成必要要件的结论,那么犯罪构成势必成为一个无所不包的大杂烩。因为沿着这种无限联系的轨迹,必然会得出某种结论:没有刑法,就没有作为犯罪规格和模具的犯罪构成;没有法官的司法评价活动,就没有作为能够成立犯罪的犯罪构成。这样,刑法的规定、法官的司法评价活动也会成为犯罪构成的必要内容。因此,把犯罪主体纳入犯罪构成之中,使之成为一个必要要件,不但违反了犯罪主体与犯罪构成相对独立的唯物辩证法的哲学原理,违反了犯罪主体的确定是因犯罪构成已经具备而产生的逻辑原理,而且对犯罪构成而言也解决不了什么问题,纯属多余。

---

[11] 参见何秉松:《犯罪构成系统论(导论)》,载《政法论坛》1993年第3期。

（三）把犯罪主体排除在犯罪构成之外，不会发生刑事责任无所依附的问题

有刑法学者提出："真正把犯罪构成诸要素连结起来成为一个有机整体的是犯罪主体的行为……行为是犯罪主体的行为，不能割裂它们的联系，孤立地讲行为。"[12]因此，只有把犯罪主体纳入犯罪构成中，当行为一旦符合犯罪构成，犯罪构成中的犯罪主体就成为承担刑事责任的物质基础。也有刑法学者提出："犯罪主体之所以成为承担刑事责任的条件，首先是因为它是决定犯罪成立的条件之一。"[13]在我们看来，在罪刑相互关系中，犯罪是刑罚的基础，而犯罪构成是刑事责任的基础。犯罪与刑罚通过犯罪行为的实施而连结，犯罪构成与刑事责任通过犯罪的确认而连结。由于在刑法规定中和司法实践中，犯罪主体与受刑主体具有同一性，犯罪主体的身份因其行为符合某种犯罪构成而得到确认，同时意味着其已经开始从犯罪主体转变为受刑主体，其受刑主体的身份也就得到确认。这样，以犯罪构成为基础的刑事责任必然由从犯罪主体转变而来的受刑主体来承担，而受刑主体实际上又是在犯罪构成之外形成的。因此，将犯罪主体排除在犯罪构成之外，根本不会发生影响刑事责任的承担问题，反而因为犯罪主体是由犯罪构成的成立而得到确认后，自然转变为受刑主体，直接与刑事责任发生联结，从而更能说明犯罪构成是行为人承担刑事责任的基础这一刑法基本原理。

四、特殊犯罪主体在犯罪构成理论体系中的地位和作用

特殊犯罪主体在犯罪构成理论体系中的地位和作用是刑法理论中的一个特殊问题。特殊犯罪主体不但被肯定犯罪主体是犯罪构成必要要件的论者肯定为是特殊的、具体的犯罪构成的要件[14]，而且也难被否定犯罪主体是犯罪构成必要要件的论者所否定，以致只好在否定一般犯罪主体是犯罪构成必要要件的同时，又自相矛盾地承从："只有

---

[12] 何秉松：《犯罪构成系统论（导论）》，载《政法论坛》1993年第3期。
[13] 赵秉志：《犯罪主体论》，中国人民大学出版社1989年版，第47页。
[14] 同上注。

刑法分则条文对犯罪主体的'限制特征',即特殊身份要求才是构成的要件。"⑮也有刑法学者在试图否定犯罪的特殊主体是犯罪构成要件的同时,却得出了"这种特定身份就像刑事责任能力一样,仅仅是犯罪行为的前提条件,而与行为的性质没有直接关系"⑯的结论,以致最终无法为自己的否定观点提供坚实的理论基础。例如,同是盗窃国家金库钱财的犯罪,掌管金库的国家工作人员为什么构成的是贪污罪,而翻墙撬门入库的一般盗贼却只能构成盗窃罪?

其实,特殊犯罪主体问题虽有特殊之处,却又很简单。其特殊之处主要表现在,凡一般犯罪主体所能构成的犯罪,特殊犯罪主体都能构成,但特殊犯罪主体所能构成的犯罪,一般犯罪主体却不能构成。所以,特殊犯罪主体与一般犯罪主体所构成的犯罪在构成内容方面必定存在严格的区别。但据此能否得出结论:这种区别是特殊犯罪主体在犯罪构成中起了决定性的作用,因而特殊犯罪主体是特殊犯罪构成的必要要件? 不能。这是由特殊犯罪主体的问题其实又很简单的特性所决定的。这种简单性表明,解决特殊犯罪主体的问题如同解决一般犯罪主体的问题一样,只要将特殊犯罪主体划分为特殊的犯罪主体资格和特殊的犯罪主体身份,一切疑难就可以迎刃而解了。特殊的犯罪主体资格是特殊的犯罪构成得以成立的前提和基础,特殊的犯罪主体身份是行为人的违法行为符合特殊的犯罪构成后的必然结果。特殊的犯罪主体资格仅仅表明取得这种资格的社会成员能够进入特殊的犯罪构成评价领域,但并不表明这种具有特殊的犯罪主体资格的社会成员一旦实施犯罪,就必定进入特殊的犯罪构成领域。如前所述,一般犯罪主体所能构成的犯罪,特殊犯罪主体都能构成,例如身为国家工作人员的财务人员不是利用其职务之便,去盗窃其他单位的公共财产,其行为只能构成盗窃罪。那么具有特殊的犯罪主体资格的社会成员转变为特殊的犯罪确定主体的条件是什么? 实际上根本不在于特殊犯罪主体的资格本身,而在于行为人是否实施了特殊的客观方面的行为,即行为人是否利用了这种特殊的犯罪主体资格——职务、职权等特殊的身份条件。没有这种特殊的犯罪主体资格,行为人永远不

---

⑮ 李雪芹:《论犯罪构成的要件》,载《河北法学》1983 年第 3 期。
⑯ 傅家绪:《犯罪主体不是犯罪构成的要件》,载《法学评论》1984 年第 2 期。

可能构成只能由特殊犯罪主体才能构成的特殊犯罪。而已经具有了这种特殊的犯罪主体资格,行为人能否构成某种特殊的犯罪,关键在于行为人在客观方面有无利用特殊的资格条件,而"利用"这一行为特征已经属于犯罪客观方面的应有内容,它需要通过特殊的犯罪构成予以评价。犯罪的特殊主体身份不过是犯罪评价确认后的产物。因此,特殊的犯罪主体同样不能也不应成为某一特殊的、具体的犯罪构成的一个必要要件。

这里需要顺便提及一下,近来有的刑法学者提出犯罪构成二元论的模式。这种模式认为,从刑事立法上讲,犯罪必须是人的行为,但人的行为并非都能构成犯罪,其最基本的立法缘由有二:其一,非人之任何行为都能构成犯罪,因为犯罪的成立要求行为必须具备刑法规定的主观与客观条件,主客观要件相统一是定罪的基本原则,是犯罪构成的核心所在;其二,非任何人之行为都能构成犯罪,因为犯罪的成立不仅要求行为具备主客观条件,而且还要求行为人必须具备刑法规定的主体要件,犯罪主体要件是主客观相统一定罪原则赖以建立的基础。刑法正是根据犯罪成立的基本规律,从构成犯罪的两大基本要素——行为和行为人这两个基本面来限制和确认犯罪成立的。[17] 可以看出,这是从刑事立法的角度提出犯罪构成是刑事立法设定的一种规格模式,与刑事司法如何评定构成犯罪并非完全是一回事。然而即使如此,这种观点把主客观相统一的基本原则看成是犯罪构成的核心所在,犯罪主体条件仅仅是这一以主客观相统一基本原则为核心的犯罪构成赖以建立的基础,但又把主体条件视为犯罪构成的两大基本要件之一,不能不说在逻辑上存在无法自圆其说的错误。同时,当我们站在刑事司法的角度,当作为犯罪构成前提和基础的主体资格问题还未解决之前,就想以主客观相统一的定罪原则为核心的犯罪构成来解决犯罪的成立,不知又有多大的实际意义?特别是当我们把犯罪构成的二元论模式引入以特殊犯罪主体资格为前提条件的特殊犯罪构成中印证时,其弊端与矛盾更是显见存疑。例如,贪污罪、受贿罪都属于国家工作人员利用职务之便的犯罪,如果我们在这种特殊的以主客观相统一为核心的犯罪构成中已经确认了行为人是利用了国家工作人员

---

[17] 参见陈建清:《犯罪主体要件探析》,载《山东法学》1998 年第 5 期。

的身份条件来实施犯罪行为,此后再确认行为人是否是国家工作人员对犯罪的成立还有什么影响?而行为人虽然是国家工作人员,但他在实施非法占有其他公共财物或他人财物时,根本没有利用其身份条件的便利,那么他在犯罪结构的主客观内容中又怎么能有利用身份条件便利的因素,要想评定其行为也能构成贪污罪、受贿罪,又该作怎样的解释呢?由此可见,即使提出犯罪构成二元化的模式,在刑法理论上也没有科学性,在刑法实践中更没有实用性。

五、关于"法人犯罪主体"的理论再思考

当(法人)单位可以成为犯罪主体在我国刑事立法中已属无可争辩的事实时,我们是否应当从我国司法实践惩治(法人)单位犯罪的现实考察中和站在中国特定法律文化历史发展的渊源背景下,对(法人)单位犯罪的实践障碍和理论困惑进行新的深层思考?在新《刑法》颁布施行后,有些人曾说,今后法人犯罪的理论已经依法解决了,没有思考的必要。作为法律的实践者,我们当然也会这样,也只能这样。然而作为法律的理论评价者和理论思考者,我们似乎觉得法云亦云有点肤浅,甚至有点奴性了。因为这有违法学理论者的历史使命。当然,我们的理论思考绝不应影响法律已有规定的权威性和有效性,但同样已有的法律规定也不应妨碍我们力求根据、力求完善的理论思考。不然,一切法学研究都将成为多余。

(一)(法人)单位犯罪的实践障碍再考察

以1987年1月22日制定、同年7月1日施行的《中华人民共和国海关法》首次明确规定(法人)单位走私应负刑事责任为起端,我国刑事立法有关(法人)单位犯罪的规定进入一个空前发展的阶段。1997年3月14日我国全面修订《刑法》时,更是以法典的形式肯定了(法人)单位可以成为犯罪主体,从全部的《刑法》分则规定来统计,涉及(法人)单位犯罪的条文有96条,罪名多达一百二十多个,占全部分则罪名的近35%(不包括以后历年的补充规定)。回顾我国刑事立法规定(法人)单位犯罪的过程,我们可以看到,当时的历史背景主要在于有些外国的刑事立法中早有了法人犯罪的先例,我国的刑法学界要求规定法人犯罪的呼声日益高涨;而社会现实生活中,一些社会活动团

体、组织,为了单位的利益,以单位的名义在社会经济活动中所实施的某些行为给社会造成了严重的危害,所以希望通过确认法人犯罪起到遏制这种现象日益加剧和蔓延的效果。按理说,我国立法机关对(法人)单位犯罪的众多法律规定,已为司法实践开展打击、惩治(法人)单位犯罪提供了有力的法律依据,而构成法律规定犯罪的社会(法人)单位组织根据"两罚制"的处理原则理应受到更严厉的打击。然而,当我们把审视的目光从书面的法律规定转移到现实的司法实践时,却不难发现,真正构成犯罪而被绳之以法的(法人)单位寥寥无几,即使偶尔有被确认为构成(法人)单位犯罪的,无论(法人)单位本身还是其内部与犯罪有关的自然人真正受到严厉打击的程度也与立法初衷和理论要求大相径庭。这样,从中暴露出一个应当引起我们重视、也是根本无法回避的问题:即到底是我们的刑事立法偏离了整个有机的立法思维的体系性轨道,以致出现了不切合实际的"超前规定"? 还是由于存在操作困难而使我们的司法实践显得相对滞后? 抑或承认(法人)单位犯罪的理论根据本身就有不可克服的缺陷?

　　首先,我们有必要考察一下确认(法人)单位犯罪的立法目的能否在司法实践中加以全面体现。本来,确认(法人)单位犯罪的立法目的就在于通过"两罚制",对构成犯罪的(法人)单位和其内部的自然人(直接负责的主管人员和其他直接责任人员)进行双重惩罚,以达预防和遏制之效,可谓一箭双雕。然而从理论和实践来看,正是承认了(法人)单位犯罪,使得实施犯罪行为的自然人其主观恶性因为具有为(法人)单位整体利益的目的而大大降低,以致在司法实践中,即使在对为数不多的(法人)单位犯罪进行惩罚时,对其内部自然人的惩罚之棒,也只是高高举起、轻轻落下,往往以判缓刑了事。这种与罪刑相适应原则严重背离的司法结果,到底是在严厉惩罚还是在无可奈何地轻纵,事实已作出了明确回答。在这里我们也不能责难司法实践,因为法人犯罪的理论是从民事法律上的法人违法责任转化而来的。由于民法上的法人违法责任从来不会、也不能转嫁到法人内部的自然人身上,因此在(法人)单位犯罪的问题上,对其内部自然人的任何刑事惩罚,都已经是十分严厉的了,哪还能重罚?! 但是根据刑法原理,不管犯罪行为人的主观恶性大小如何,追究刑事责任的首选原则是违法自负和罪刑相适应。刑法与民法对违法责任的追究原则本不相同,但是它们都被强行地糅合在法人犯罪中，由此产生的这两种不同原则之间相互牵制、相互抵牾是在所难免的，这样对（法人）单位内部自然人的高举轻打虽属无奈却已势所必然了。这说明确认（法人）单位犯罪对其内部自然人的惩罚的立法目的在司法实践中一开始就没有找到坚实的基石。当我们撇开对（法人）单位内部自然人如何惩罚的立法目的不言，那么剩下的就是对（法人）单位本身如何惩罚的问题。由于法人本无生命和人身自由，因此表现在刑罚选择上只能是财产刑和资格刑。在这一问题上，我国刑法最起码到目前为止只是选择了财产刑——罚金，司法实践也只好以此为限。然而对某一犯罪的刑事惩罚只是仅仅落眼在钱财上，果真如此的话，那么其本身是否已经意味着我国刑罚目的内容的异化？

其次，让我们再来考察一下对违法（法人）单位的财产性惩罚和资格性惩罚是否只有提高到刑罚的程度才具有法律价值和实际意义？承认（法人）单位犯罪，就必须承认它所具有的违法双重性，即它一方面首先是违反了行政法规、经济法规，另一方面才是触犯了刑事法规。在行为的行政违法性、经济违法性方面，我国的各种行政法规、经济法规早就规定了相应的处罚内容，就财产而言，行政处罚、经济处罚的罚款与刑事处罚的罚金具有完全的同一性，特别是在我国，无论是罚款所得还是罚金所得都必须无条件地上缴国库，两者不过是异曲同工、殊途同归。那种认为只有承认了（法人）单位犯罪，只有将罚款提高到罚金的高度，才能体现出法律的严肃性与权威性的观点，恐怕除了具有空洞抽象的所谓"意义"之外，其现实性是很难体现出来的。事实已经证明并还将继续证明，对待大量的（法人）单位违法问题，重要的是如何保证执法的严肃性和划一性，而不是法律形式上的变更。在对（法人）单位违法行为进行必要的行政处罚、经济处罚后，对其中涉及犯罪的自然人的刑事责任，我国刑法原先规定的"对直接责任人员依法追究刑事责任"的原则，已经充分反映了这种处罚要求。现在对法人犯罪所谓的"两罚制"不过是对此的重复而已。而这种重复性的规定是否意味着立法资源的浪费？而根据这种重复的立法规定下的司法实践，是否意味着司法劳动资源的浪费？

再次，我们还有必要考察一下惩罚（法人）单位违法行为的法律依据，在刑事立法确定法人犯罪之前，是否已具有足够的惩罚力和摧毁力? 法人违法,轻则罚款、责令停业整顿;重则吊销执照、宣布解散。这在各种行政法规、经济法规中都已有明确规定。罚款多少,法律可作有限规定,也可作无限规定;在怎样的情况下作吊销执照、宣告解散处罚,法律也可依立法者的意志作出规定。然而在涉及对本无生命的(法人)单位的处罚问题上,我们原有的已具有足够惩罚力和摧毁力的"轻型"法律武器还未使用,又何需制造和使出"重型武器"呢?正所谓"杀鸡焉用牛刀"。而当执法机制的疲软状态还未得到有效改观,束之高阁的"重型武器"又能产生多大的实际效用呢?司法实践中认定的法人犯罪少之又少,不就是一个很好的明证吗?

(二)(法人)单位犯罪理论根据的再思考

法人能否构成犯罪在刑事立法上的肯定,并不意味着在刑法理论上的定论。法人犯罪的法律规定不但必须接受司法实践的检验,而且只有具有充足理论根据的"法人犯罪"才能经受得起实践的检验。法人总是由一定的自然人才可组成,"法人犯罪"只有通过一定的自然人实施一定的行为才可成为现实。然而法人中某些自然人的行为是否因为具有为了法人整体利益和以法人的名义实施为借口后,就可以自然地转变为法人的整体行为?这在民法中已不成问题,因为每一个加入某一法人组织的成员在一定范围内涉及法人民事责任时已包含了事先作出愿意接受连带责任的承诺。根据这种承诺,法人中某个个人为了法人的整体利益和以法人名义实施的行为就作为法人的整体行为而由法人整体来承担。然而法人中某个个人的犯罪行为能否成为法人的整体犯罪,因受刑法罪责自负原则的制约,加入法人组织的成员不可能包含接受连带责任的承诺,因而就变得令之无据。人们关于法人能否构成犯罪的争论已有多时,是耶?非耶?这里不欲作任何重复。只是我国驻联合国特别全权代表1995年10月17日在一次国际会议针对"整体犯罪"与"个体犯罪"的关系所提出的一个观点,是否可以作为我们对"法人犯罪"进行进一步理论思考的出发点?据新华社1995年10月17日联合国电:中国代表1995年10月17日在第50届联合国大会第六次委员会的发言中指出,在当前的国际社会结构中,断定国家犯罪并加以惩罚是不可行的,在现代国际实践中也不存在所谓的"国家罪行"。中国代表指出,国际法委员会在草拟国家责任条款关于所谓国家罪行的法律后果问题上,正面临着巨大的困难,问题实质在于该条款草案是建立在一个受到广泛质疑的所谓"国家罪行"的概念上。从理论上讲,要把刑法上的犯罪概念引入国家责任的范畴中来十分困难,指控包括整体意义上的人民在内的国家进行犯罪是难以理解的。从国际实践来看,第二次世界大战后的纽伦堡军事法庭和东京军事法庭,都是针对个人的,即对从事危害和平和人类活动的责任者进行审判和惩罚。这些责任者作为国家领导人对于这些犯罪行为负有不可推卸的、直接指挥和策划的领导责任。因此,这种国际罪行应由个人、而不是国家来承担责任。

我们承认国际法对待犯罪的态度和国内法对待犯罪的态度有某些不同之处,即国际法上的犯罪确定是国际间不同国家协调的结果,而国内法上的犯罪则是一国统治者自由意志体现的结果。但是在对待"整体犯罪"与"个体犯罪"的关系上,一国的理论标准应该统一。我国最高决策机关在这一问题上的明确昭示,其理论精髓就在于一个合法的社会组织中个别自然人的犯罪行为并不等于这个合法社会组织的整体犯罪,也不能随意转嫁给这个合法社会组织的全体成员,其道理简单得就像树木与森林的关系一样,一棵树因患病而需要铲除,不能因此断定整个森林都患病并需铲除。而一些西方国家喋喋不休地要确定"国家的整体犯罪"概念,其理论根据是否就是建立在"法人犯罪"基础之上,大概也可略见一斑。如果我们承认我国在对待"整体犯罪"与"个体犯罪"的关系上的态度已经包含了充足的理论根据,那么必然要求我们对"法人犯罪"的理论根据进行必要的反思。

其实,我们从对法人犯罪的起源与演进的历史考察中也会发现,法人犯罪的立法理论与立法实践是与特定的法律文化现象紧密联系在一起的。法人犯罪是英美法系的首创之物,由于英美法系的立法形式乃至于立法根据与大陆法系截然不同,法人犯罪的普遍存在成为英美法系刑事立法的一大特色,在英美法系中,有的国家已将其纳入正式的刑法典之中,这是与英美法系承认严格责任的刑法渊源紧密联系的。反观大陆法系,尽管有的国家已开始在某些行政法规、经济法规乃至某些刑事法规中规定对法人可以适用罚金刑,但涉及罚金刑以外的刑罚,大陆法系的很多立法例又明确规定只处罚法人的代表人(即直接责任人员),由此可以看出,法人犯罪的规定只是存在于刑法典之外的某些附属性法规中,而这些本不属于刑事法律的法律所说的罚金实质上不过是罚款的代名词而已。法人犯罪不能在正规的、系统的刑法典之中取得正统的地位,本身已表明法人犯罪的理论还远不足以显示其应有的理论根据。例如,既然法人也是"人",等同于自然人,那么为什么法人犯罪仅限于经济犯罪?以法人的名义,为了法人的整体利益的行为,难道就仅限于经济行为吗?这一点恐怕在民法上也不至于如此。而很多法人犯罪的肯定者从大陆法系的某些立法规定的字里行间寻找出的有关处罚法人代表人的规定,就认为法人犯罪在大陆法系的立法中也已取得了统治地位,在我们看来,这不过与我国刑事立法不承认法人犯罪时所规定的"对直接责任人员追究刑事责任"的规定如出一辙。

我国刑法在文化渊源上属于中华法系(这一法系是否中断,理论上有不同看法),在法律性质上属于社会主义法系,在立法形式上应属于大陆法系,所有这一切都可表明,在法律文化发展过程中,我国刑法理论的现有状态和成熟程度还不足以能够充分承认法人犯罪。因为我国刑罚理论认为,刑罚的本质在于给人以痛苦后,矫正其犯罪习性。法人无意志,实难在矫正的作用下发生效果。如果说到当今世界两大法系正呈相互融合、相互吸收之趋势,那么对司法实践中的定罪量刑能起到榜样和平衡作用的判例制度的引入不是比承认法人犯罪更具有现实意义吗?

(三)"法人犯罪"的立法与司法出路

现代刑事立法的谦抑原则表明,对于某种有害于社会的行为,国家只有在动用民事的、行政的、经济的法律手段仍不足以抗衡和遏制时,才需要动用刑罚手段。而对于某种行为,即使动用刑法武器也无法体现立法目的,那么及时作出立法的变更,应当属于理性的选择。

从承认(法人)单位犯罪的多年的立法实践与司法实践来看,由于缺乏坚定的理论基础,尽管"法人犯罪"如雨后春笋层出不穷,但又有多少能成为社会的"现实"呢?尽管由于对刑法已然规定的尊重,有的刑法学者呼吁司法实践应先撇开理论的争论和进行及时的刑法观念的更新,以缩小(法人)单位犯罪的立法规定与执法现实之间的距离,但刑法观念的转变又怎么能离开社会的现实和理论的修养呢?尽管

第三章 传统犯罪构成要件的反思与重新评价

有人不时用司法实践中已出现的一两个例子来说明"法人犯罪"的"现实性",但当更多的类似案件得不到同样的处理时,只想用极少的例子来说明绝大多数却不是这样的案例,岂不给人一种啼笑皆非的感觉吗?根据马克思主义的刑法观,立法机关可以"任意地创立犯罪",司法机关也可以相对"自由地认定犯罪",问题在于立法者的这种"任意创造"是否具有坚实的理论基石,从而使之成为普遍的现实现象;执法者的这种"自由认定"是否经得起社会效果的检验,从而使之具有广泛的实践意义。

当我们回过头来考察对(法人)单位犯罪的惩罚与预防的司法实践时,我们所看到的确认(法人)单位犯罪所具有的积极意义,不过是在对"犯罪"法人中自然人(即直接责任人员)的惩罚中才能得到体现(但还没有得到充分体现,因为往往是重罪轻罚),而对(法人)单位的财产惩罚或者其他的资格惩罚,不过是变了一个名称的行政处罚或经济处罚而已。之所以如此,是由法人的本质所决定的。法人是自然人人为产生的结果,它既可以人为的"生",也可以人为的"死";既可以"生而自杀",也可以"死而复生"。它的形式、行为都是可以随着自然人意志的转移而转移的。由此说到底,(法人)单位犯罪不过是自然人犯罪的异化现象。在认识犯罪、认定犯罪和惩罚犯罪的过程中,我们不从"本体"上着眼着手,而是抓住"异化现象"不放,是否有点本末倒置?其本身是否也是一种异化的现象?

"法人犯罪"是从肯定—否定—再肯定,还是从否定—肯定—再否定,在国外的立法例中都曾出现过。笔者认为,一国是否承认"法人犯罪",关键在于是否已具备充足的理论修养和经受得起实践效果的检验。在我国,"法人犯罪"所存在的理论缺陷是显见的,在司法实践中已无法体现其立法目的,因此,笔者认为应当及时取消"(法人)单位犯罪",取消法人犯罪后定会产生两个积极的效果:

第一,更加看重自然人在"法人犯罪"中的作用,加大对利用(法人)单位名义而实施犯罪的自然人的打击力度,使任何实施犯罪的人,不管其动机如何,都应当受到应有的符合罪刑相适应原则的打击。笔者认为,只有否定了(法人)单位犯罪,将以(法人)单位名义实施犯罪的行为完全看成是自然人的犯罪,并给予坚决的打击,才能遏制自然人的这类犯罪。而能遏制和杜绝了自然人的这类犯罪,自然也就不存在所谓的"法人犯罪"了。

第二，当法人的违法行为还没有超出行政法规、经济法规或民事法规的范围时，我们可以直接动用这些法规所规定的制裁手段来加以惩罚。在我们看来，这些法规用来惩罚法人的制裁手段已是十分严厉了，甚至可以判处法人"死刑"——吊销执照、停止注册、解散等，更不用说一般的罚没、追缴和罚款了。笔者认为，通过这一界限的划分，可以更加明确各执法机关的职责范围，对扭转在法人违法问题上的执法不严现象也会有一定促动。而能够将法人的违法行为扼杀于摇篮之中，自然也就不会发生所谓更严重的"法人犯罪"了。

我们也需要特别指出，不承认法人可以作为犯罪主体并对其追究刑事责任，并不意味着不承认利用法人的名义和确实为了法人利益而实施的某些犯罪的存在。但当法律取消了法人犯罪之后，剩下的就是自然人犯罪问题了，在这种情况下，我们完全可以根据具体情况确认是单独犯罪还是共同犯罪，是为了中饱私囊的人身危险性较大的利用法人名义的犯罪，还是为了法人整体利益的人身危险性较小的以法人名义的犯罪，对此完全可以根据不同犯罪的社会危害性大小和不同犯罪人的人身危险性大小，按照罪刑相适应原则和刑罚个别化原则追究相应的刑事责任。

当然，利用（法人）单位名义和为了法人利益而实施犯罪的情况有时是很复杂的，对此应当分门别类加以区别对待：

（1）对于盗用（法人）单位名义进行犯罪的，应当直接追究行为人本人的刑事责任，这种犯罪与（法人）单位没有任何直接的联系。

（2）对于（法人）单位中的主管人员违反自己的职责范围和法人章程，背着（法人）单位而以（法人）单位名义（不管是否为了法人利益）进行的犯罪，应当直接追究这些犯罪的决策者和实施者的个人责任。当然在为了法人整体利益而由犯罪行为引起的附带民事诉讼所涉及的民事问题，法人应当根据民法原则负连带责任。正像未成年人犯罪除追究其刑事责任之外，并不排除其法定代理人、监护人的连带民事责任一样。

（3）对于（法人）单位组织中的决策机关通过集体决议的形式授权法人的主管人员或其他人员实施某一犯罪行为，成当追究犯罪意图的首倡者（造意者）和集体决议的组织者的刑事责任。应当承认这是一种特殊形式的共同犯罪,但考虑到人数众多的共同犯罪,理应以打击主犯为主,这在聚众性的犯罪中也有明确规定。对于一般的知情者、赞同者,可以根据共犯理论区别对待,特别是情节显著轻微、危害不大的,可以适用《刑法》第13条"但书"的规定。

(4) 对于利用(法人)单位名义具体进行犯罪的实施者、执行者,应当根据其是否意识到所实施的行为属于其工作范围之内的事并加以确认其行为是有害的。如已意识到,具体实施者与决策者构成共同犯罪,如未意识到,只追究决策者的刑事责任。

(5) 对于(法人)单位代表人私自授权他人以(法人)单位名义实施的犯罪,应当以教唆犯与实行犯的共犯理论为指导予以解决,其中如有为了(法人)单位的利益的行为内容而引起的民事、经济责任,应由(法人)单位负连带责任。

第三节 对犯罪客体的反思与重新定位

我国传统的犯罪客体理论一向把犯罪客体定义为为我国刑法所保护的、而为犯罪行为所侵犯的社会主义社会关系,并把这一犯罪客体纳入犯罪构成之中,视为犯罪构成首要的、独立的一个必要要件。同时,犯罪客体被视为是犯罪主体的对立物而存在于犯罪构成之中,犯罪主体通过犯罪行为作用于犯罪客体。因此,犯罪客体成为犯罪构成的必要要件。然而,究竟什么是犯罪客体?犯罪客体在犯罪构成中究竟应该如何定位?犯罪客体在犯罪构成理论体系中究竟发生何种影响?当我们对犯罪构成要件进行深入研究时,有必要对传统的犯罪客体理论进行反思和重新认识。

一、新《刑法》修改后犯罪客体理论凸显的矛盾和紊乱

我国传统的犯罪客体理论将犯罪客体划分为三个层次,即一般客体(或称之为共同客体)、同类客体(或称之为分类客体)、直接客体(或称之为具体客体)。传统刑法理论认为,一般客体是所有犯罪所共同侵犯的社会关系,它决定了犯罪行为与其他违法行为相区别的本质所在和区别标志。同类客体是某一类犯罪所共同侵犯的某一类社会关系,是《刑法》分则对犯罪进行分类的依据和各类犯罪相区别的标

志。直接客体是某一具体犯罪直接侵犯的某一个社会关系,是刑事司法对这一犯罪进行罪质定性的直接依据和个罪相区别的标志。然而,当对这种犯罪客体进行仔细考察和思索后,就会发现一般客体所揭示的全部内容与一般犯罪概念所揭示的内容完全重叠复合,所以这一客体内容在刑法理论上并没有多少独立的价值。直接客体在《刑法》分则的具体犯罪构成中,往往是被作为犯罪客体的物质承担者——一定的人或物——所替代使用的。而同类客体在传统的犯罪客体理论中被视为具有承上启下的作用,所以备受刑法理论界的重视和渲染。然而,随着新《刑法》的修订和施行,同类客体这一过去被人们长期深信不疑的理论和作用受到了极大的冲击,其自身的矛盾和混乱被凸显出来,现在已到了必须对其进行正本清源的时候了。

任何一种理论,都应当以其独立的理论品格作为其内在灵魂和生命之所在。然而,在传统的犯罪客体理论中,却丝毫看不到这一理论的独立品格,我们所看到的是随着刑事立法的变动而不断法云亦云的变化。当旧《刑法》存在反革命罪的规定时,很多人众口一词地认定反革命罪的同类客体是人民民主专政的政权和社会主义制度。而当新《刑法》"换汤不换药"地将"反革命罪"修改为"危害国家安全罪"后,很多人又开始认定危害国家安全罪的同类客体是国家的安全。其实,危害国家安全罪的绝大多数犯罪仍然是原先反革命罪的具体犯罪,在具体的构成要件,特别是行为要素上并没有发生什么变化。那么,为什么这一类犯罪的"法律语言符号"稍一发生变化,同类客体的性质也就跟着发生变化?尽管有人认为,国家的安全本身也包括人民民主专政政权和社会主义制度安全的内容,但既然这里本质未变,却又为何不能予以直接表现,反而藏头藏脑的?又如旧《刑法》分则第七章是"妨害婚姻家庭罪",很多人强调这类犯罪的同类客体是社会主义的婚姻家庭制度,这是这类犯罪区别于其他各类犯罪的本质特征,也是司法实践认定这类犯罪的根本依据。而当新《刑法》将这类犯罪并入分则第四章"侵犯公民人身权利、民主权利罪"之后,很多人又开始说公民的人身权利本身就包括婚姻和家庭的生活权利。但这种理论翻云覆雨、随波逐流的随意性却使人根本无法理解这是为什么,究竟是昨是今非,还是今是昨非?再如旧《刑法》中的贪污罪属于侵犯财产罪,受贿罪属于渎职罪,很多人就认定贪污罪的同类客体主要是社会主义公有财产的所有权,受贿罪的同类客体是国家机关的应有信誉和正常活动。然而,当新《刑法》将贪污罪与贿赂罪合并后组成新的一类独立犯罪后,很多人又开始认为贪污罪与受贿罪的同类客体主要是国家工作人员的从政廉洁性。今天的贪污罪、受贿罪的规定依然是昨天贪污罪、受贿罪的延续,其犯罪构成要素并未发生什么变化(受贿罪主体稍有调整),只是在刑法规定的分类排列上稍有变化,犯罪客体就立即出现了法变亦变的情形,丝毫不能体现理论的独立性。

我国传统的犯罪客体理论没有独立的理论品格这一特点,在新《刑法》修订并施行以后,大量的具体犯罪经过立法调整在不同章节的并入和移出问题上表现得更为突出,例如原先反革命罪之中的组织、利用封建迷信、反动会道门进行反革命活动罪,其犯罪客体被认为是人民民主专政的政权和社会主义制度。而当新《刑法》将此罪并入分则第六章"妨害社会管理秩序罪"之后(罪名稍有变动),很多人现在认为其犯罪的客体已是社会的管理秩序。又如原先的私藏枪支弹药罪被规定在妨害社会管理秩序罪之中,其犯罪客体被认为是社会管理秩序(有的表述为国家对枪支弹药的管理活动)。而当新《刑法》将此罪并入分则第二章"危害公共安全罪"之后,很多人现在认为其犯罪客体已是社会的公共安全。通过新《刑法》的修订,某些犯罪的合并与分解,具体犯罪在分则归属上的合并或移出,还可以列举更多的例子。其实人们都很清楚,私藏枪支弹药罪中的枪,仍是原来意义上的枪,私藏仍是原来意义上的行为,为什么犯罪客体就那么容易随着刑事立法的变化而变化?联系到《刑法》修订对分则第三章"破坏社会主义市场经济秩序罪"曾出现"大章制""小章制"的争论,试想如果刑事立法当时采取了"小章制"的立法建议,而不是现在的"大章制"形式,传统的犯罪客体理论又不知该做多少犯罪客体的文章?由此可见,所有这些事例都集中反映了一个显见的问题,即传统的犯罪客体理论实在经不住理论上的点滴推敲,不过是注释刑法学中一种思想教条、观念僵化的低级注释反映。科学的刑法理论独立品格应当表明,刑法理论应该是一种高居于刑事立法、刑事司法之上的具有理性指导意义的理论体系,它不能也不应随着刑事立法和刑事司法改变固有的轨道而放弃自己的理论阵地。而传统的犯罪客体理论恰恰在这里暴露出它的随意性,刑法稍有变动,它也像"变色龙"一样随之发生变动,这就无法逃避被人怀疑其理论成分和理论价值合理性的结局,要么其原先洋洋洒洒的说教没有价值,要么其现在的法云亦云的诠释没有合理的成分。无论哪一种情形都在宣告其自身理论基础的垮塌。

我国传统的犯罪客体理论在《刑法》修订过程中暴露出的另一个突出问题是,它混淆了刑事立法规定某种犯罪的立法依据和刑事司法认定某种犯罪的司法依据之间的界限。我们知道,刑事立法规定任何一种犯罪都是以保护某种现存的社会利益为目的的。刑法中任何一个犯罪的设立,都表现了刑事立法者的某种刑法价值取向。刑事立法规定某种犯罪,它并不完全以社会现实中是否已有这种犯罪行为为实在依据,它只是抽象地、预先地向全体社会成员宣告法律将禁止这种行为表现,一旦有人实施,就将承担由此产生的法律后果,以此希望保护某种现存的社会利益。当某种犯罪一旦在刑法中得到确立,刑事立法设定这种犯罪所要保护的某种社会利益作为立法根据在刑事立法上就已完成了它的应有使命,它在刑事司法实践中对认定某种行为是否构成犯罪的过程中不再具有犯罪的规格作用。这是因为刑事立法所要考虑的问题是要不要将某种行为规定为犯罪,而刑事司法所要考虑的问题是能不能将某种行为认定为犯罪。根据主客观相一致的刑事定罪原则,经过规范评价和价值评价,认定某种行为只要在行为人故意或过失的罪过支配下,其行为特征已经符合了罪刑法定原则下的刑法规定要求,那么该行为就已构成犯罪当属无疑。行为具有刑事违法性(在没有犯罪阻却性的情况下),必然具有社会危害性,也就是对刑法所要保护的某种社会利益已经造成了侵害。所以,刑法所要保护的社会利益在刑事司法的定罪过程中不再具有印证的作用。而传统的犯罪客体理论不但将刑法所要保护的社会利益看成是刑事立法设立犯罪的依据,而且还将其视为刑事司法认定犯罪的依据,严重混淆了两者的应有界限。1997年《刑法》的修订,刑事立法者增设了许多新的罪名,有的犯罪在现实社会生活中还未产生,例如危害国防利益罪中许多只有战时才产生的犯罪,对此我们不能说没有刑法所要保护的某种社会利益。但传统的犯罪客体理论却认为,没有犯罪行为,就没有犯罪客体。这不能不说是传统犯罪客体理论一个明显的矛盾和错误。

二、对刑法中客体的哲学思考和理论考察

在社会科学领域中,对一切问题的思考,只有上升到哲学的高度,才能揭示事物的本来属性。对刑法上的客体,也只有上升到一般法理的高度加以考察,才能还客体应有的面貌和内容。

客体,就哲学意义而言,它是指人们进行思维认识和社会活动的对象,或称之为人们认识活动和行为活动指向的对象。在社会活动中,人们的一切活动(包括认识活动和行为活动)只有针对具体的事物、具体的对象,才有进行的可能,才能具有社会意义。正是从唯物主义的认识论和实践论的角度上说,客体就是行为指向、作用的对象。客体与主体——具有一定认识能力和行为能力的人——是一对相对应、相依存的范畴,两者通过人的认识活动和行为活动相联系。离开了人的活动,客体的存在就没有社会意义;而离开了客体,主体的活动就没有现实基础,就无法展开。因此,在社会活动中,只要有行为主体的存在,就会有行为客体的存在,反之亦然。唯物主义与唯心主义在认识论和实践论的核心层面其本质是不同的,但是在对主体与客体这一对相辅相成、相互对应的范畴理解上却是一致的。按照唯物论的观点,作为主体认识活动和行为活动指向的客体无非就是客观世界中一种本来存在的客观事物,它是主体活动的前提和基础。在社会活动中,作为活动主体的人的行为总是具体的,所以,作为行为客体的客观事物也是具体的。这样,主体与客体的相互关系,就表现为人与人的关系、人与自然的关系,相对于行为主体的客观事物(社会的人和自然的物)就是行为客体,即被主体行为指向的对象。

这一哲学原理在我国的一般法理中得到了充分体现。我国的法学基础理论认为,法律关系中的客体是永远相对于主体而共存的。在不同的法律关系中,可以有不同的主体,相应的就可以有不同的客体;主体可以有不同的行为,相应的就可以指向不同的客体。但主体只有和不同的客观事物这一对象(即客体)发生联系,才会产生相应的社会关系。无论何种法律关系的何种主体,只有和一定的客观事物发生联系,主体才有意义,客体才有价值,法律关系才会成为现实。例如民事法律关系中,主体是一定的人(包括自然人和法人),客体就是指主体权利和义务指向的对象——人、物、行为。民事主体只是而且也都是

为了某一个客体而彼此设定一定的权利和义务,作为可以为一定行为或不为一定行为的根据,从而建立起一定的民事法律关系。离开了以一定客观事物为形式的客体,民事法律关系的发生和存在本身就无可能。这一法学原理在其他的法律关系中也同样得到反映。由此可见,在法律关系中,客体永远是相对于主体而存在的具体的客观事物。

当然我们也不可否认,在人的社会活动中,人的行为有着不同的形式和不同的层次。但一定的客体与一定的主体相对应、相联系而存在这一哲学原理却始终不变。一定的主体与一定的客体相对应、相联系才能产生一定的社会关系,"直到现在存在着的个人的生产关系也必须表现为法律的和政治的关系"[18]。马克思的这一论断表明,一定的社会关系在法制社会中不过是一定法律关系的代名词。一定的社会关系可以为法律所确认,为法律所调整,进而上升为一定的法律关系或政治关系。但这种作为法律关系或政治关系内容的社会关系仍然是人与人、人与物之间的关系,也只有在人与人、人与物之间才能发生联系。而作为法律关系或政治关系内容的社会关系只能在人与人、人与物之间发生,又必须借助于一定的法律事实(在其他法律关系中绝大多数是人的行为,在刑事法律关系中只能是人的行为),这样作为法律关系或政治关系的社会关系不过是为法律所刻意确认并加以调整,并由一定的法律行为所引起的产物,这种社会关系不可能是行为直接指向的(对象)客体。例如《中华人民共和国民法通则》第2条规定:"中华人民共和国民法调整平等主体的公民之间、法人之间、公民和法人之间的财产关系和人身关系。"这种财产关系和人身关系可以是民法调整的客体(对象),但却不是民事主体指向的客体(对象),民事主体行为指向的客体(对象)仍然能够体现这一财产关系和人身关系的人和物。

刑法学具有社会科学的属性,作为法学的一门分支学科,其理论的建立,固然有其自身的特殊性。但它同样需要以哲学的基本原理为基础,应当与哲学的基本原理相吻合,同时又必须受法学一般原理的指导和制约。在这一点上,我们不能以刑法学的特殊性,随意创造与哲学基本原理、法学一般原理相背离的客体概念与客体理论,否则既

---

[18] 《马克思恩格斯选集》(第3卷),人民出版社1972年版,第421页。

不能与其他学科理论相协调,又会使其自身的理论体系产生矛盾和紊乱,失去应有的理论价值和实践意义。

行为客体与行为主体相对应、相联系而不可分离的哲学范畴原理向表明,在不同的主体行为领域中,有着不同的行为客体。从刑法范畴而言,刑法行为可以分为刑事立法行为、刑事司法行为和刑事犯罪行为。不同行为之间有着不同的行为主体,因而也存在不同的行为客体。刑事立法行为是一种国家的精神活动,这一精神活动指向的客体就是国家通过刑事立法活动所要保护的国家利益或社会利益。刑法调整这种社会关系,实质上就是希望通过规定和惩罚犯罪行为来实现这一目的。就刑事司法行为而言,其行为主体主要是审判机关,其行为活动的客体则是由犯罪人实施犯罪而形成的犯罪事实,而犯罪事实的产生与存在,同样少不了犯罪行为与实施犯罪行为的行为人以及由犯罪行为引起客观事物的变化结果,其定罪量刑行为指向的客体(对象)就是实施犯罪行为并由此承担刑事责任的犯罪人。而就刑事犯罪行为而言,其行为主体是犯罪人,其行为客体就是受其行为指向或影响或作用的客观存在物。就这一意义上,大陆法系将刑法上的客体分为刑法的行为客体和刑法的保护客体是有一定道理的。例如日本刑法学者指出:"行为的客体与各类刑罚法规中的保护客体(即法益)是有区别的。行为客体是行为指向的有形的人或物;而保护的客体(法益)则是法律依据构成要件进行保护的利益或价值。例如妨害执行公务罪中的行为客体是公务员,保护的客体(法益)却是公务本身。这样,行为的客体与法益就未必是一致的。虽然不存在无法益的犯罪,却存在无行为客体的犯罪例如单纯的潜逃罪、重婚罪(笔者对此持不同意见)。法益虽未被直接规定为构成要件要素,但在解释构成要件上,它却有极为重要的作用。"[19]因此,也许当我们通过刑事立法行为进行价值评价时,可以将其立法活动的价值目标提升到社会利益高度上进行,而我国刑法关于犯罪概念的规定正是体现了这一精神。当我们对刑事司法活动进行考察时,就会发现没有犯罪事实和犯罪人,司法活动就无法展开。而当我们具体考察犯罪活动而涉及行为客体时,

---

[19] 〔日〕福田平、大塚仁:《日本刑法总则讲义》,李乔等译,辽宁人民出版社1986年版,第47页。

我们不能脱离犯罪行为直接指向或施加影响或发生作用的具体的客体(对象)——人或物。

由此可见,当我们涉及犯罪客体时,必须从犯罪行为与客观世界发生联系的过程中去寻找,从犯罪行为直接指向或施加影响或发生作用的客观事物中去寻找,而不是从这些客观事物背后体现的社会属性中去寻找。没有对象,行为人的认识内容何以反映?没有对象,行为人的行为实施何以进行?在犯罪活动中,一定的犯罪主体行为只有与客观世界发生接触才能产生社会关系,但这一社会关系是犯罪行为实施后的结果,而不是犯罪行为本身的指向。正是因为刑事法律关系的产生不能脱离犯罪行为,犯罪行为不能脱离一定的人或物而实施。因此,只有与犯罪主体相对应并为犯罪行为所指向或施加影响或发生作用的人或物,才能称之为犯罪的客体。但这种犯罪客体无论从何种角度加以考察,都不可能是抽象的、可以任意解释的社会关系。通过对客体的哲学思考和对法律关系中客体的法理思考,我们可以得出结论,客体不但永远与主体相对应存在于社会生活中,客体永远与主体相对应存在于法律关系中,而且客体永远与主体相对应存在于刑事犯罪活动中。刑事犯罪行为总是具体的,被这一具体行为指向或受其影响或受其作用的客体(对象)也只能是具体的客观事物——在现实生活中,除了人和物,没有其他可言。

三、对传统犯罪客体理论的质疑

传统的刑法学理论和几乎所有的现行刑法教科书对何谓犯罪客体均作了如下的表述:犯罪客体是指为我国刑法所保护而为犯罪行为所侵犯的社会主义社会关系,并认为一切犯罪都必然侵犯一定的客体,不侵犯任何客体的行为,就不会危害社会,也就不能认定为犯罪。犯罪客体可以帮助我们正确地认定犯罪性质,因此,犯罪客体是犯罪构成的基本要件之一。[20] 然而就是这样一个概念,能否揭示犯罪客体的应有本质和固有属性?给犯罪客体在犯罪构成中如此定位能否说明犯罪的性质?所有这些问题在我们看来大有可质疑之处。

---

[20] 参见高铭暄主编:《刑法学》,法律出版社1982年版,第106页、第108页。

第一,传统的犯罪客体理论首先把犯罪客体视为一定的社会关系,并认为是被刑法所保护的而为犯罪行为所侵犯的社会关系。然而何谓社会关系?马克思、恩格斯曾经指出:"生活的生产——无论是自己生活的生产(通过劳动)或是他人生活的生产(通过生育)——立即表现为双重关系:一方面是自然关系,另一方面是社会关系;社会关系的含义是指许多个人的合作。"[21]列宁也指出:"人与人的关系即社会关系。"[22]社会关系的这一原理表明了社会关系是人们在共同生产和共同生活活动过程中所形成的人与人之间的相互关系,而自然关系不过是人们在共同生产和共同生活活动中所形成的人与物之间的相互关系。社会关系包括自然关系不论以何种形式出现,它总是存在一个显著的特点,即不可能脱离一定的人或物而产生、存在,脱离了一定的人或物的社会关系从来没有,也永远不会有。所以恩格斯指出:"经济学所研究的不是物,而是人与人之间的关系,归根到底是阶级与阶级之间的关系;可是这些关系总是同物结合着,并且作为物出现。"[23]由于社会关系具有的这一显著特点,使得要认识社会关系必须从人或物着眼,要产生、变更或消灭社会关系,也必须要使一定人的行为与一定人或物发生接触或者联系。犯罪虽然是一种反社会的行为,但它同样是一种社会行为,这种行为要产生一种新的社会关系——罪刑关系,其首要的前提必须是犯罪行为与一定的人或物发生接触或联系才有可能,进而进入刑法的评价领域。把犯罪客体说成是犯罪行为侵犯的社会关系,必然是把犯罪行为看成可以超越一定的人或物直接与他人之间已存在的社会关系发生接触或者联系。然而,他人之间已存在的社会关系又无不是以一定的人或物为基础的,超越一定的人或物,犯罪行为何以与社会发生接触或联系,简直成了真空世界的行为,如此社会关系又何以能成为犯罪客体?如此,传统的犯罪客体概念一开始就给人一种无边无沿、无法把握的感觉。

主体与客体并存的哲学原理已经揭示,客体与主体是通过一定的人的行为联结在一起的,一定的行为总是具体的,因此,一定的行为主

---

[21] 《马克思恩格斯全集》(第3卷),人民出版社1972年版,第33页。
[22] 《列宁选集》(第1卷),人民出版社1972年版,第88页。
[23] 《马克思恩格斯选集》(第2卷),人民出版社1972年版,第82页。

体总是确定的,与此相对应,一定的行为客体也总是具体的、确定的。把犯罪客体说成是一定的社会关系,实际上是抽掉了社会关系中人与物的内容进行所谓无限提高抽象,但这种已失去人与物内容的社会关系,又何以能成为犯罪行为的指向呢?例如,关于犯罪行为对人的侵犯,马克思说过,人"在其现实性,它是一切社会关系的总和"[24]。在社会生活中,人身可以体现或者代表不同的社会关系,这样犯罪行为究竟侵犯什么社会关系,就可以任意概括。正因为把犯罪客体说成是社会关系存在无法自圆其说的矛盾和混乱,以致现有的刑法学理论,在总则理论体系中对犯罪客体进行无具体内容的抽象后加以大谈特谈,而在分则理论中又无法加以具体确定,出现了要么闭口不谈,要么又重新用犯罪对象加以替代。在有的对人的犯罪中,干脆用一个"人身权利"搪塞过去。然而脱离了人的现实存在,人身权利又何以依附?而人身权利又可以有许多具体的内容,那么究竟是指什么内容?这里都被一个抽象的概念给掩盖了。

违反哲学原理和法学原理的这种传统的犯罪客体概念本身包含的逻辑矛盾和知识错误,使人们无法了解犯罪行为究竟指向什么,是通过什么对象加以实施的,以致有人开始对这一概念试图作出修正,把犯罪客体说成是为刑法所保护的而为犯罪行为所侵害的社会主义社会利益[25]或者是社会主义生产力。[26] 然而这种"换汤不换药"的注释,当然不能说明犯罪行为到底指向了什么。而试图用"社会关系""社会利益"或者"生产力"来说明犯罪行为的社会性质和社会危害性,在我们看来,犯罪概念已经完成了这一性质的揭示任务,又何须劳驾犯罪客体画蛇添足呢?而在具体的犯罪中,例如杀人罪,非要再次说明行为人非法剥夺的是我国社会主义刑法所保护的人的生命权利的观点,在理论的说理上,又显得多么苍白无力。真理走过了头,也会变成谬误。因此,我们有必要还犯罪客体一个本来的含义:犯罪客体就是指被犯罪行为直接指向或施加影响或发生作用的存在于客观世界中的人或物。

---

[24] 《马克思恩格斯选集》(第1卷),人民出版社1972年版,第18页。

[25] 参见周荣生:《应当重新认识犯罪客体理论》,载《政法论坛》1989年第6期。

[26] 参见何秉松:《关于犯罪客体的再认识》,载《政法论坛》1988年第3期。

第二,传统的犯罪客体理论把犯罪客体视为可以帮助我们确定犯罪性质的依据。传统的犯罪客体理论把犯罪客体解释为一定的社会关系,不但混淆了犯罪的本质特征与作为犯罪构成内容的犯罪客体之间的区别,而且也无助于我们确定犯罪的具体性质。持传统观点的人为了说明犯罪客体与犯罪对象的区别,常常以犯罪行为侵害一定人身的时候表现的一种客观的外部特征,是杀人罪还是伤害罪,关键就看两者侵犯的客体是人的生命权利还是健康权利。然而,一定的犯罪行为指向被害人人身的时候,行为本身并不能作出直接的回答,而一定的人身背后隐藏的各种社会关系作为一种客观社会存在,本身也不能作出直接的回答,面对这种尴尬情形,传统观点又只好回过头来说,行为人主观罪过的目的内容决定了客观行为的指向,决定了行为侵犯的客体性质。然而就在这种观点的逻辑结构中,我们丝毫看不出为什么犯罪的主观罪过内容不能直接决定犯罪的性质?在笔者看来,主观罪过的内容决定了行为指向,行为作用于犯罪客体(对象)时,其犯罪过程是:(主观罪过的)目的——行为——客体(对象)。这里决定犯罪性质的依据是行为人的主观心理的罪过活动,行为性质既然已由主观罪过性质决定了,又何需由所谓的犯罪客体倒过来再来决定犯罪主观罪过的性质?持传统观点的人也试图以盗窃正在使用的通讯电料与盗窃库存的通讯电料来说明犯罪客体与犯罪对象的区别,前者属于破坏公共安全罪,后者属于侵犯普通财产罪,两者之所以不同,正是由于两者的客体性质不同。然而此时的犯罪对象性质不是正好使两者得以区别的依据吗?当行为人根本无法认识到所盗窃的通讯电料属于正在使用的通讯电料,此时当如何定性,结论恐怕也是不言而喻的。这正说明把犯罪客体说成是社会关系根本无法认定犯罪的具体性质。脱离了行为人的主观罪过,把社会关系作为犯罪客体的内容加以描述,就可以根据定罪的需要进行先入为主的性质判断,而且给人提供了一种"画人最难,画鬼最易"的可以任意发挥的想象空间。

第三,传统的犯罪客体理论把犯罪客体解释为社会关系后,把它视为是犯罪构成的一个必要要件,提出没有犯罪行为就没有犯罪客体;反之,没有犯罪客体,也就没有犯罪行为。然而在这一观点的逻辑结构中,到底是先有犯罪行为,还是先有犯罪客体?到底是犯罪行为的认定决定犯罪客体的存在,还是犯罪客体的存在决定犯罪行为的认定?认为没有犯罪行为就没有犯罪客体,显然是在说犯罪行为决定犯罪客体的存在。犯罪行为已被认定,又何需以犯罪客体作为犯罪构成的一个必要要件来说明犯罪的成立与否?说犯罪客体决定了犯罪行为的成立,那么犯罪客体本身怎么认定的?正如有的刑法学者所指出的,以社会关系的为内容的犯罪客体,要么它在犯罪构成之外,要么犯罪已在客体之外,两者根本无法互为前提。㉗ 笔者认为,犯罪行为与传统的所谓犯罪客体之间的关系,绝不像主体与客体的相互关系,是由行为作为中介而将两者联系起来的。而犯罪行为直接作用于传统的所谓犯罪客体,这里缺乏中介环节,无法互为前提,以犯罪行为决定传统意义上的犯罪客体,本身已表明犯罪客体不可能是犯罪构成的一个必要要件。

四、对传统犯罪客体理论的反思

传统的犯罪客体理论将犯罪客体视为是为刑法所保护的而为犯罪行为所侵犯的社会主义社会关系,它的形成在我国刑法学理论中至今仍然占据主导地位,这里既有历史的原因,又有现实的原因;既有对犯罪理论根据的选择错误,又有对犯罪构成功能的理解错误。

(一)对传统犯罪客体理论形成过程和理论根据选择错误的反思

众所周知,犯罪客体理论是随着资产阶级在刑法理论上提出犯罪构成的概念而出现的。早期的资产阶级刑法学理论虽然对犯罪构成的内容及其意义存在理解上的不同,但对客体就是犯罪行为所指向的对象的理解却趋于一致。例如沙俄时期的刑法学者季斯甲科夫斯基在1875年的《普通刑法初级读本》中提出了犯罪构成的四要素:"一、犯罪的主体或犯罪实施人;二、客体或犯罪加于其上的对象;三、主体的意志对犯罪行为所持的态度或是它所表现的活动;四、行为本身及其结果或是主体的外部活动及其结果。"㉘可见,季斯甲科夫斯基是将犯罪客体与犯罪对象放在同一概念中加以理解的,两者是一致的。

应当指出,早期的刑事古典学派的资产阶级犯罪构成理论是以行

㉗ 参见胡家贵:《关于犯罪构成的客体与对象》,载《政法论坛》1989年第5期。
㉘ [苏]A. H. 特拉伊宁:《犯罪构成的一般学说》,薛秉忠等译,中国人民大学出版1958年版,第99页。

为为中心而建立的,这种犯罪构成与他们提出的形式犯罪概念一样,不指出行为的社会属性,只是在犯罪范围之内兜圈子,从而使隶属于形式犯罪概念的犯罪构成与形式犯罪概念一起抹杀了犯罪的社会性质,这为它遭到后人的质疑埋下了伏笔。随着资产阶级刑事人类学派和刑事社会学派的兴起,对犯罪的研究开始从"行为"转向"行为人"。这一研究方法的转变,导致资产阶级司法活动的传统原则的中断。刑事社会学派的代表李斯特在1882年就曾提出:"应当惩罚的不是行为,而是'行为人'。"㉙这样,资产阶级的刑事实证学派从一个极端走向了另一个极端,完全破坏了犯罪构成的法律意义。

十月革命胜利后,年轻的苏维埃刑法学者以马克思主义的国家学说和阶级斗争的理论为指导,开始批判地继承资产阶级的犯罪构成理论,并加以彻底改造。他们一方面公开揭示犯罪的社会性质,提出具有所谓实质意义的犯罪概念。指出犯罪是一种威胁苏维埃制度基础及工农政权在向共产主义过渡时期所建立的法权秩序的一切社会危险的作为或不作为的行为㉚,另一方面又试图给犯罪构成赋予崭新的内容,这集中体现在将犯罪客体视为社会关系,并以此将新的犯罪客体概念与传统被犯罪行为所指向的对象——人或物分离开来。苏联刑法学者特拉伊宁指出:"按照马克思主义的理解,任何一种侵害行为的客体,都是为了统治阶级的利益所建立起来的社会关系。社会主义的社会关系是社会主义刑法体系中的犯罪的客体。"㉛自此以后,这一论断在肯定苏联以前学者的有关观点后一直成为社会主义国家刑法学理论关于犯罪客体的传统观点。

通过漫长的历史发展进程,我们不难发现,现行的传统犯罪客体理论形成的理论根据在于马克思在1842年《关于林木盗窃法的辩论》一文中的一段著名论断:"犯罪行为的实质并不在于侵害了作为某种物质的林木,而在于侵害了林木的国家神经——所有权本身。"㉜马克

㉙ 〔苏〕A. H. 特拉伊宁:《犯罪构成的一般学说》,薛秉忠等译,中国人民大学出版社1958年版,第28页。

㉚ 参见1922年《苏俄刑法典》第6条。

㉛ 〔苏〕A. H. 特拉伊宁:《犯罪构成的一般学说》,薛秉忠等译,中国人民大学出版社1958年版,第102页。

㉜ 《马克思恩格斯全集》(第1卷),人民出版社1972年版,第168页。

思的这一论断在社会主义国家刑法理论支持现有的传统犯罪客体理论时作为注解被无数次地引用。这里有一个我们如何理解马克思的这一著名论断的本质意义的问题。即使我们认为马克思的这一论断是早期的马克思在研究刑法学以后得出的结论,但是我们在理解马克思所说的犯罪行为的实质在于侵犯所有权本身的时候,并不能从中自然得出马克思已说过犯罪行为指向的客体就是所有权本身这样的结论。因为这里马克思是从犯罪行为的实质在于侵犯所有权本身现象中揭示犯罪概念的本质属性的,这与马克思后来所说的"犯罪——孤立的个人反对统治关系的斗争"[33]的含义是一致的,即使马克思在上述一文中也曾使用过"客体"一词,但这一概念的使用与对象含义却是同一的。所以笔者认为,现行的传统犯罪客体理论从它产生的第一天起,就有着一个理论根据的选择错误。尽管年轻的苏维埃刑法学者在以马克思主义为指导,公开揭示了犯罪概念的本质属性以后,又试图对犯罪构成进行彻底改造的初衷是无可非议的,但是脱离了刑法学本身的内在规律性,随意创造出别出心裁的词语形式,是无法体现相应的理论意义和实践价值的。

(二) 对传统犯罪客体理论现实存在和构成功能理解错误的反思

我国的犯罪构成理论是新中国建立后从苏联移植过来的,其中犯罪客体理论几乎就是苏联刑法理论内容的翻版。这一犯罪客体理论之所以至今仍然在我国的刑法理论中占有主导地位,其重要的原因不但在于我们长期囿于某种僵化的思维定势,认为承认犯罪客体等于犯罪对象,势必会陷入资产阶级刑法理论设下的陷阱,像资产阶级刑法学一样,掩盖了犯罪的阶级本质;而且更在于混淆了犯罪构成具有的定罪功能与犯罪概念揭示的本质属性应有的区别,把犯罪构成看成是犯罪概念的附属品,是犯罪概念具体化的产物,以至于把犯罪构成固有的定罪功能移到对犯罪行为所具有的社会危害性的揭示上,使得犯罪构成成为衡量犯罪社会危害性的尺度。而在这一点上,将犯罪客体视为社会关系,正好借此可以说明反映犯罪的本质,决定犯罪的本质。[34]

---

[33] 《马克思恩格斯全集》(第3卷),人民出版社1972年版,第329页。

[34] 参见苏惠渔主编:《刑法学》,中国政法大学出版社1990年版,第95页。

把犯罪构成等同于犯罪概念，犯罪构成不过是犯罪概念的具体化，首起于刑事古典学派的德国刑法学者费尔巴哈。费尔巴哈在1813年草拟的《巴伐利亚刑法典》第27条中专门规定："当违法行为包含依法属于某概念的全部要件时，就认为它是犯罪。"在费尔巴哈看来，这一违法行为就等于犯罪构成，而犯罪构成不过包含了犯罪概念的行为，以致后来费尔巴哈根据这一观点给犯罪构成下了如下定义："犯罪构成乃是违法的(从法律上看)行为中所包含的各个行为的或事实的诸要件的总和。"[35]费尔巴哈的犯罪概念是以行为为中心的，虽然这种犯罪概念没有指出犯罪的社会本质，但将这种犯罪概念融合于犯罪构成之中，使犯罪构成担负起定罪的功能倒是恰如其分的。后来苏联刑法学者认为，社会主义国家的刑法应当旗帜鲜明地揭示犯罪的社会属性，不应当只在法律范围内兜圈子，以致明确确立了犯罪的实质概念，这无疑是刑法史上的一个突破。但是在处理犯罪构成与犯罪概念的关系上，依然把犯罪构成看成是犯罪概念的附属品，提出了在确定两者关系时，"首先必须抛弃那种割裂犯罪概念和犯罪构成概念的政治意义和法权意义而来探讨它们之间的区别界限的做法"[36]。主张犯罪构成不能脱离犯罪的实质定义。同时对当时个别学者提出的"犯罪概念是对犯罪的政治评价，犯罪构成是对犯罪的法权评价"[37]的观点进行了无情的批判后予以摒弃，提出了"犯罪构成不只是法权评价，它永远地包含着政治评价"[38]。这样，犯罪概念要揭示犯罪的社会属性，犯罪构成也同样要揭示犯罪的社会属性，按照犯罪构成四要件的划分法，其任务自然落到经过改造后的犯罪客体身上，事实也正是如此。新中国成立后，我们在移植苏联的犯罪构成理论时，几乎是完全照搬。

将犯罪构成具有的定罪功能移到犯罪概念的揭示犯罪本质属性的功能上，从表面上看似乎抬高了犯罪构成的作用，但在实际上却降低了犯罪构成的地位。犯罪概念说犯罪是危害社会的行为，犯罪客体紧接着说犯罪是侵害社会关系的行为；犯罪概念说一切犯罪必然是危

---

[35] 〔苏〕A.H.特拉伊宁：《犯罪构成的一般学说》，薛秉忠等译，中国人民大学出版1958年版，第15页。

[36] 同上书，第50页。

[37] 同上注。

[38] 同上注。

害社会的,犯罪客体就会进一步说杀人罪之所以构成杀人罪,就在于杀人行为侵犯了社会主义刑法保护的社会关系——生命权利。事若如此,事果如此,不得不给人以一种重复、滑稽的感觉。正是这种传统的犯罪客体理论注定了在犯罪构成中必遭淘汰的结局,因此我们的结论是:传统犯罪客体理论除了重复犯罪概念的内容外,不可能具有犯罪构成要件应有的定罪功能,它不可能在犯罪构成中找到应有的位置,只有当犯罪客体恢复了本来面目,才是犯罪构成的应有内容。

五、对传统犯罪客体理论错误原因的深层反思

刑法理论研究的不断深入已经表明并且还将继续表明,传统的犯罪客体理论存在多方面、多层次的缺陷与弊端。但是我们应当看到,这一理论在我国刑法学理论体系中已时长日久,根深蒂固,如果我们不从更深的层次、多侧面地分析和揭示它的深层原因和弊端所在,很难尽快结束它的存在,它依然会发挥旧有的作用。一张白纸,可画美丽之作,然一旦先有涂鸦之作,欲除旧布新,恐非易事。一块平地,可建宏伟大厦,然一旦先有棚棚架架,必先要清除废墟,开辟场地,方可作大厦之为。不可否认,我国刑法理论目前的表面繁荣,并不能掩盖其深层的混乱和众多的瑕疵。放下没有多少实质内容的理论包袱,压挤没有多少理论价值的学术泡沫,将是我国刑法学界一项长期而艰巨的任务。时代的发展,社会的进步,法理的呼唤,科学刑法理论的历史使命已经昭示,即使付出一定的代价,也要为科学刑法理论的形成和发展扫除障碍,开辟道路。为此,我们有必要进一步分析和揭示我国传统犯罪客体理论的深层错误原因和产生的弊端,以期正本清源,除旧布新。

(一)传统犯罪客体理论存在犯罪客体政治功能和法律功能的混淆

法律是政治统治和社会秩序的产物,刑法更是如此。推开人类刑法史殿堂的大门,追寻刑法的起源和发展,我们可以看到,刑法不外乎是社会中一个集团、一个阶级、一个阶层、一个政党夺取政权形成统治秩序后,为了巩固自己已经获取的政治统治和维护自己控制领域的社会秩序而制定的用以制止混乱、预防犯罪、惩治犯罪的一种强力武器。

任何刑事立法者在制定刑法时,必定要从自己已有的统治关系出发,巩固和维护为统治者所认可的社会秩序。一句话,刑法的制定和适用就是为了保护既有的为统治者所认可的社会利益。在一个社会的法律体系中,刑法始终处于特殊的保障法地位。刑事立法者规定什么行为是犯罪,有哪些犯罪,用以保护什么样的社会利益,一切都必须从政治的角度出发,把保护为统治者所认可的现存统治关系、对统治者有利的社会利益作为刑法制定和适用的出发点和归宿点。从这一意义上说,刑法中蕴含的政治功能和法律功能是共通的,甚至可以说是同一的。但是,当社会发展到不同利益主体的各个集团、各个阶级、各个阶层、各个政党由激烈的社会对立、社会对抗开始转向彼此能够互相容忍、互相协调、和平共处的时代,刑法中的政治功能和法律功能必定逐渐分离,以刑法的政治需要功能为主的倾向必然开始向以法律公正功能为主的倾向倾斜。一部人类刑法发展史的轨迹清楚地反映了这一过程的演变。

　　刑法本来蕴含的政治功能和法律功能的相互关系,能否简单地移植到犯罪客体中来?传统的犯罪客体理论作了大胆的尝试。我国传统的犯罪客体理论来源于前苏联的刑法理论。而前苏联的犯罪客体理论形成和发展的时代背景正好处于阶级对立、对抗的历史阶段。于是"按照马克思主义的理解,任何一种侵害行为的客体,都是为了统治阶级的利益所建立起来的社会关系。社会主义的社会关系是社会主义刑法体系中的犯罪的客体"㊴的理论开始问世。既然在当时,刑法被视为是阶级利益的反映,设立一个犯罪客体的形式并把它视为阶级利益的载体,就成为最好的选择。然而,前苏联的刑法理论设立犯罪客体时,一开始就把它纳入犯罪构成结构中,把它视为最能够说明犯罪政治性质的依据。当犯罪客体被描述为社会主义社会关系后,即使一个最轻微的犯罪,也被视为是对社会主义社会关系的侵害。因为"无论是具体犯罪的任何客体,它们都与作为一般客体的社会关系有

㊴ 〔苏〕A. H. 特拉伊宁:《犯罪构成的一般学说》,薛秉忠等译,中国人民大学出版社1958年版,第102页。

着密不可分的有机联系,而且在逻辑上和实际上也都是并列的"⑩。传统的犯罪客体一开始就担负着说明犯罪政治性质的政治任务,体现着它的政治功能所在。然而,传统的犯罪客体理论在这里犯了一个结论性的错误,即某种行为是否要被确定为犯罪,在刑事立法上总是由于政治的需要。而根据政治需要在刑法中确定一个犯罪的构成要件后,某种行为在刑事司法中能否构成犯罪是由于法律的规定,而不直接来源于政治需要。法律可以随着政治的需要随时发生变化,但刑事司法不能、也不应跨越法律的规定直接随着政治的需要发生变化。如果在刑事司法中认定某种行为是否构成犯罪来源于政治需要,那么,法律的公正性、权威性和稳定性就不复存在了。这样,即使容纳了以社会关系为内容的犯罪客体的犯罪构成,只要其在法律上的功能是一种犯罪的规格,是一种定罪的依据,那么构成犯罪的事实只能是一定的主观罪过和一定的客观行为。以社会关系为内容的犯罪客体无法起到定性定量的定罪作用。犯罪构成在刑法中确立以后,刑事立法设立某种犯罪构成的政治需要依据——保护社会利益——的政治功能已经和犯罪构成在刑事司法中运行时所体现的法律功能开始分离。

然而传统的犯罪客体理论不但把犯罪客体视为刑法保护的社会关系,是刑法设立某种犯罪构成的根据,体现它应有的政治功能,而且把犯罪客体视为犯罪行为侵害的社会关系,把它纳入犯罪构成中,看成可以确定犯罪行为性质的根据,让它体现法律功能。但是,这种使犯罪客体同时具有政治功能和法律功能的传统犯罪客体理论的努力能否成功,在笔者看来是值得怀疑的。政治讲究需要,法律讲究公正。从政治需要角度而言,刑事立法设立什么样的罪名,以保护什么样的社会利益,总是根据立法者的需要和意志加以选择和确定的。刑事立法者既可以针对社会全体成员制定普遍性的刑法规范,也可以针对社会部分成员制定专门性的刑法规范。如1981年6月10日全国人大常委会制定的《关于处理逃跑或者重新犯罪的劳改犯和劳教人员的决定》、再如2011年2月25日全国人大常委会通过的《中华人民共和国刑法修正案(八)》增设的危险驾驶罪和对年满75周岁以上的人不适

---

⑩ 〔苏〕A.H.特拉伊宁:《犯罪构成的一般学说》,薛秉忠等译,中国人民大学出版社1958年版,第107页。

用死刑的规定,等等。这些刑法背后无不蕴含着一种治国治世的政治需要。法律一经制定施行,就会成为人们行为的规范。刑法面对的总是在一定罪过支配下已经进入刑法领域的各种危害行为。没有法定的危害行为的出现,就没有犯罪的成立。不管刑事立法出于什么样的政治需要,保护的是什么样的社会利益,一种犯罪的设立和处罚针对什么样的社会成员,为犯罪而设计的犯罪构成永远总是针对在一定罪过支配下的行为,犯罪构成中不可能包括政治需要这种抽象的内容。因此,以社会关系为内容的传统犯罪客体也就不可能成为犯罪构成的必要要件,也不可能体现传统犯罪客体理论所说的法律功能。

　　出于政治需要而创立的传统犯罪客体不可能体现它应有的法律功能,这是由这一传统犯罪客体的内容——为犯罪行为指向和侵害的社会关系的性质所决定的。何谓社会关系?社会关系不外乎是人们在共同的生产和生活过程中所形成或结成的一种人与人之间的相互关系。人们之间的社会关系,既可以是一种客观的存在,又可以是一种主观的选择。但是,人们之间的社会关系体现在社会生活中是多方面、多层次的。一个人欲与他人结成何种社会关系,是可以由这个人进行主观选择的。他既可以确认,也可以改变。无论是确认还是改变,都必须由这个人作出一定的行为表示才能成为现实。一个人实施一定的行为欲改变一定的社会关系,必须借助于行为与对象的联系。这是因为,一种社会关系的基础是具体的、物质的,但其表现方式都是抽象的、精神的。主体行为和客体对象的关系永远是具体的物质关系,因此行为不可能超越一定的物质对象直接和社会关系发生联系。而即使客观存在的社会关系由于不可能和一定的行为直接发生联系,因而也就不可能决定行为的性质。同时,刑事立法者从政治需要的角度出发要保护某种社会关系(实际上是社会利益),只能通过法律的规定,告诉社会成员什么行为为法律所允许,什么行为为法律所不允许。法律是一种社会行为规范,总是针对人的行为而制定的。没有人的行为,人在刑法上便没有意义。因此,刑事立法要保护某种社会利益,关键在于禁止某种行为。而刑法上的行为性质,是由行为人的主观罪过性质所决定的。因此,作为传统犯罪客体内容的所谓社会关系仍然不具有、也不体现其所谓的法律功能。

　　在传统的犯罪客体理论中所存在的政治功能和法律功能发生混

淆的深层原因,不但在于我们过去很长一段历史时期内片面地理解刑法的政治功能,而且还在于我们在司法实践中又片面地强调政治效果和法律效果的统一。为了体现刑法的政治功能,于是就产生了可以脱离哲学原理和法学原理而人为创造出一个犯罪客体的形式,把它看成是一个可以超越社会关系的物质基础———一定的人或物,直接成为社会关系的载体。为了体现犯罪客体的法律功能,于是就违背定罪要求的主客观相一致原则,把所谓的犯罪客体纳入犯罪构成中,把它看成是犯罪具有的反社会政治性质和反秩序法律性质的首要依据。其实,刑法的政治功能和政治效果本不待言,司法实践中只要严格依法办事,本身就体现了刑法的政治功能和政治效果。然而,传统犯罪客体理论通过创立所谓的犯罪客体,混淆了其政治功能和法律功能后,使得有些人更喜欢从政治的角度评定一个行为是否已经构成犯罪,更喜欢从行为所侵犯的社会关系性质上分析认定,而不是首先从行为的违法性上去分析认定。这样,依法办事、严格执法的严肃性往往让位于政治性的评价。在这方面,传统的犯罪客体理论如鱼得水、游刃有余。这是因为,在犯罪构成中增加了一个以社会关系为内容的犯罪客体,并将犯罪客体划分为直接客体、同类客体和一般客体,一旦将某一种犯罪置放于一般客体这一层面上进行分析认定,就可以对其所具有的社会危害性进行任意的演绎和概括,进而就可以为对任何一种犯罪言明对其严惩的必要性而无限上纲提供了广阔的想象空间。法律本身在成为政治需要的产物以后(当然还包括秩序需要),在发挥其法律功能过程中还得处处体现、服从政治需要,那么,所谓法律不过是徒具空文而已。过去长期存在的法律虚无主义思想,今天仍存在的某些轻视法律、法治观念淡漠的现象,在一定程度上已值得我们深思。

笔者认为,只有对传统的犯罪客体理论进行深刻的反思,认识到其所存在的政治功能和法律功能发生混淆对刑法理论和司法实践所产生的消极影响,将传统的犯罪客体还原为社会利益,把它视为是刑事立法设立犯罪构成的根据,在这方面尽显其政治功能;而将犯罪构成中的犯罪客体还原为犯罪行为具体指向、施加影响或发生作用的人或物,在这方面尽显其法律功能。这样,刑法理论才更具有科学性,刑事立法和刑事司法的运行才具有根据性和准确性。但这是传统的犯罪客体理论无法做到的。

（二）传统犯罪客体理论存在犯罪客体立法功能和司法功能的混同

刑事立法的理论是宏观的，刑事司法的实践是微观的；刑事立法的根据是抽象的，刑事司法的根据是具体的。在刑法领域中，刑事立法与刑事司法两者的关系就如在建筑领域中设计师与施工者两者间的关系一样。在建筑领域中，一幢大楼如何选址、如何设计，其基础要求是什么，其结构要件是什么，一切都在设计师的视野和思考之中。建筑设计的每一步、建筑结构的每一处，都要求设计师具有充足的理论依据，都离不开设计师的精心论证。建筑设计方案已定，对于施工者而言，其任务就是严格按照图纸精心施工，进行一砖一瓦的堆砌，以实现建筑设计的既定要求。建筑设计的根据和理由已不是施工行为本身的内容。两者的性质和任务十分明确，截然不同。刑事立法犹如建筑设计，一种行为为什么被规定为犯罪，其根据和理由是什么，不能不作出说明。刑事司法犹如建筑施工，一种行为为什么被认定为犯罪，只需要说明已有的事实材料（包括主观罪过和客观行为）是否已符合刑法的具体规定。至于这种具体规定背后的根据和理由已用不着刑事司法工作者越俎代庖地再加以论证和说明。

然而在传统的犯罪客体理论中，由于存在犯罪客体这一犯罪构成要件，使得刑事立法的应有功能和刑事司法的应有功能被混为一谈。本来由刑事立法需要论证和说明一种行为为什么被规定为犯罪的根据，在刑事司法中又被不厌其烦地由司法人员再三论证和说明。于是在大量的司法实践中，我们经常看到这样一种现象，在司法机关指控或确定一个行为已经构成犯罪时，往往不是根据已有的行为事实来分析认定行为人的主观罪过和客观行为是否符合法律的规定，而是首先大谈特谈行为侵犯了某种犯罪客体；不是首先指出行为具有违法性，而是说明行为首先具备了犯罪构成的客体要件，不过是主观先验的反映。在刑事立法过程中，一种行为具有了社会危害性，才会被纳入刑事违法性的选择之中，这是行为为什么被规定为犯罪的一种价值评价，它反映了犯罪设定过程中的立法功能。而在一定罪过支配下的危害行为已经具有了刑事违法性，具有刑事违法性的行为必定具有社会危害性,这是行为被认定为犯罪后的一种规范评价,它反映了犯罪认定过程中的司法功能。这样,以社会关系为内容的传统犯罪客体,可以成为刑事立法设立犯罪的根据,而不可能成为刑事司法认定犯罪的依据。但传统的犯罪客体理论把犯罪客体纳入犯罪构成之中,并视为首要的要件,这就意味着要求在刑事司法过程中认定每一个犯罪时,必须首先认定行为是否侵犯了某种犯罪客体。然而,没有行为首先具有的刑事违法性,又何来行为对犯罪客体的侵害?而要求刑事司法必须说明行为对某种社会关系具有社会危害性,才被认定为犯罪,事实上就是要求刑事司法必须站在刑事立法的立场上回答这一问题。这样,在刑法上设罪的立法功能和定罪的司法功能就被简单地同一化了。

但是必须指出,社会关系(实际上是社会利益)的确是刑事立法所要保护的对象。刑事立法设立每一个犯罪,其目的都是为了保护某一个既存的社会利益,表明了刑事立法的某种价值取向。刑事立法设立某一种犯罪,并不都以社会现实生活中已存在这种行为事实为前提,它只是预示性地向社会成员宣布刑法将禁止这种行为的实施。当社会生活中一旦出现这种行为,通过司法实践的严格依法认定与惩罚,实际上就已实现了刑事立法的保护目的。所以,刑事司法的功能主要体现在认定某种行为是否符合刑法的规定,而无须回答行为为什么被规定为犯罪。行为不具有刑事违法性,其社会危害性再大,也是在刑事立法的容忍范围之内,如卖淫、嫖娼、通奸、吸毒等。行为已具有刑事违法性,哪怕是过失行为,仍然要依法惩处。因此,在刑事司法实践中,当我们认定一个行为是否应当、为什么应当构成犯罪时,其实有一个很简单的理由,那就是行为符合了刑事违法性的规定。传统的犯罪客体理论试图通过犯罪客体揭示一种行为为什么构成犯罪,无非是要刑事司法转换为刑事立法重新论证犯罪的立法根据。这不但混淆了刑事立法和刑事司法不同的功能,而且也是司法成本浪费的一个重要原因。

现代法治社会有一个明确而普遍的要求,即刑事立法与刑事司法相分离。刑事立法所要解决的是设立犯罪的根据和设定犯罪的要件,刑事司法所要解决的是认定犯罪的性质和印证犯罪的要件。而传统的犯罪客体理论把犯罪客体既看成是立罪的根据,又看成是定罪的根据。从表面上看,似乎瞻前顾后,面面俱到,但实际上恰恰把司法功能混同于立法功能,让其扮演着双重角色。这种功能的混同已与现代法治的要求相去甚远。传统的犯罪客体理论所存在的犯罪客体的立法功能与司法功能不分的现象,其深层的原因不但在于我们前面揭示的犯罪客体的政治功能与法律功能的混淆,而且还在于我们过去很长一段时期内确实存在立法与司法一体化的现象。但是我们应当看到,随着依法治国的时期到来,让法律相对独立于政治,让司法绝对独立于立法,这已是一个必然的发展趋势。一旦法律相对独立于政治,司法绝对独立于立法,那么,传统的犯罪客体理论所存在的弊端就会更加明显地暴露出来。这是因为传统的犯罪客体所要揭示的社会关系是一个一直处于发展、变化过程中的现象,于是一个行为对社会关系所发生的影响,完全可以随人们任意评价。这种任意的评价也许会带来法律的变更或修改,但我们仍无法否认,法律一经制定施行,就已具有相对的独立性和稳定性。这种相对的独立性和稳定性表明,在已然的刑法之中,它对违法犯罪设立的规格、标准是固定的、明确的、具体的。一个行为是否构成犯罪,我们不必在犯罪规格之外的设立根据中寻找理由,也不必在所谓的社会关系中理解犯罪的法律性质。以主客观相一致原则为指导而设立的犯罪构成,有着明确、具体的主客观要件的内容,符合者为犯罪,不符合者为非罪。传统的犯罪客体理论把犯罪客体纳入犯罪构成中,要么产生先验的作用,把某种行为的社会危害性任意夸大后,再印证行为是否符合法律的规定性。而这种先验性的作用,无疑会对任意出入人罪产生极大的负面作用;或者在认定行为已经符合法律规定性之后,再引申出行为的社会危害性。但此时已是犯罪认定后的价值评价,与犯罪认定的规格依据没有必然的联系。传统的犯罪客体理论试图通过以社会关系为内容的犯罪客体作为犯罪构成的一个要件,来印证行为是否构成犯罪,不过是站在刑事立法的角度夸大它的刑事司法作用。长期以来,我们在很多的刑法理论和司法实践中经常看到的某些"假大空"的现象,不能不说这是传统的犯罪客体理论在其中发挥着最大化的负面作用。

随着法治建设进程的不断深入,刑事立法与刑事司法的相分离,预示着传统犯罪客体理论必然终结。即使传统的犯罪客体理论把"犯罪客体"定义为刑法保护的社会关系,也仅仅表明它是刑事立法设定某种犯罪的根据,仅仅具有立法的功能。当司法实践认定某种行为是否构成犯罪,其法律根据在于犯罪构成规格本身,而不是这种规格背后的设立依据时,"犯罪客体"已不可能再具有司法的功能了。当我们打开一部部自视为"权威"的刑法教科书,看到每一个犯罪构成中无一例外地首先排列着犯罪客体这一要件时,真不知这是从立法功能的角度提出的,还是从司法功能的角度设立的。而这种融立法功能与司法功能于一体的传统犯罪客体理论的继续存在,也正说明了我国刑法理论的幼稚和僵化。还需要指出,刑法规定的犯罪行为和其他法律规定的违法行为,在本质上都是危害社会、影响社会秩序的行为,只是由于违反不同的法律规定,而形成不同的违法性。不同的法律规定着不同的违法性行为,对立法者来说,都是为了保护既有的社会利益。保护既有的社会利益都体现着立法的应有功能。在犯罪构成中增加一个犯罪客体,以此在司法实践中体现它的定罪功能,势必意味着在其他法律规定的违法行为结构中也有着一个违法客体。然而时至今日,其他违法行为结构中并没有存在过这样一个违法客体,这既没有影响其他法学理论的科学性和完整性,也没有妨碍其他司法实践对违法行为认定的准确性。这种从比较研究中产生的启示既深刻又浅显地告诉我们,传统的犯罪客体理论该退出刑法理论的舞台了。

(三)传统犯罪客体理论存在对犯罪客体研究角度和研究目的的混乱

传统的犯罪客体理论至今仍然顽固地存在于我们的刑法理论中,还有一个我们丝毫也不能忽视的原因,这就是在认识、研究和评价犯罪客体时,传统的犯罪客体理论的坚持者经常发生研究角度的随意变换和研究目的的不时转移,从而使传统的犯罪客体以不变应万变,维持着其自身的生命力。

传统的犯罪客体一开始就是理论研究的产物,直到现在,它仍未被实在法所认可并加以明确规定。而一向被认为既具有法律属性,又具有理论属性的犯罪构成,由于容纳了犯罪客体这一要件,使得其自身的法律属性大打折扣。一定的刑法研究是和一定的刑法观联系在一起的。刑法观是关于刑法本质、刑法目的、刑法功能和刑法效果的总的观念。任何社会总是存在多层的刑法观。在社会利益主体不同,各个集团、各个阶级、各个阶层、各个政党存在严重对立、激烈对抗的状态下,统治者的刑法观总是处于主导支配的地位。而在社会各利益主体处于相互容忍、相互协调、和平共处之时,刑法就成了社会各利益主体协调的产物,甚至是社会全体成员意志的结晶。此时,公正、平和、折中的刑法观就应占据支配地位。回顾传统的犯罪客体理论的创立过程,我们可以清楚地看到,它的创立者是在阶级斗争(有时是被夸大了)的社会历史背景下,站在政治需要的高度,首先服务于立法目的,从理论研究的角度,对已有的实在法进行分析归纳后创造的。我国的犯罪客体理论是照搬前苏联的犯罪客体理论而形成的,两者一脉相承。在阶级斗争的时代背景下,站在政治的高度,服务于立法的目的,把犯罪客体视为统治阶级认可并要保护的社会关系(社会利益),以此说明犯罪的设立根据,这里研究者的研究角度与研究目的有它的同一性。然而,当犯罪客体纳入犯罪构成,成为其中的一个首要要件时,此时研究者的研究角度与研究目的又已经开始转移到司法的立场上了,是从定罪的角度来分析、研究犯罪客体,把它视为定罪的一个构成依据。于是,传统的犯罪客体理论的创立者和继承者、坚持者同时兼有立法活动发言人和司法活动发言人的双重身份,并根据需要不断地变换研究角度,以服务于不断发生转移的研究目的。当阶级对立、对抗的时代已经过去,现代法治时代已经到来,立法与司法开始分离,传统的犯罪客体理论仍然固守着旧有的战斗阵地,呈现着明显的"刻舟求剑"迹象。而伴随着这种研究角度和研究目的的混乱,犯罪客体中政治功能与法律功能的混淆,立法功能与司法功能的混同就无法得到根本解决。在这方面,我们看到了太多的传统犯罪客体坚持者一会儿站在政治的高度,从立法的角度,以权威的口吻阐述着一种行为为什么被规定为犯罪;一会儿又站在法律的阵地,从执法的角度,以虔诚的心态解释着一种行为为什么被认定为犯罪。犯罪客体就像万能良药一样,解决着立法与司法中的一切疑难杂症。[41]

其实在社会科学研究中,研究者自身的定位是十分重要的。对一个事物、一种现象的研究,研究目的应当是明确的,研究的立场应当是

---

[41] 笔者在外出授课时,经常听到有些学生提到它们在初学刑法时被告知,只要掌握了犯罪客体理论,就等于掌握了刑法的精髓。

固定的，只是采用的研究方法可以是多样的。尽管有时为了获得对某一事物、某一现象的客观公正的认识，可以变换不同的角度进行多方面的观察，但是角度的变换仍需受研究目的的支配。不然，角度的变换却导致研究目的的转移，那么得出的结论就会与研究目的相去甚远。一辆汽车在大街上行驶，物理学家从不同的角度观察，为的是研究机械运动的规律；化学家从不同的角度观察，为的是研究汽油分子的散发；交通警察从不同的角度观察，为的是掌握交通规则的执行。把机械运动看成是化学现象，把汽油散发看成是交通现象，把交通规则看成是物理现象，其研究后得出的结论只能是缘木求鱼，难成科学。然而在传统的犯罪客体理论中，研究者本来站在立法者的立场上，研究一种行为为什么要规定为犯罪，把保护某种社会利益作为自己的研究目的和刑事立法的目的。但是在其研究过程中，却又随意变换了研究角度，把对刑事立法根据的研究转移到对刑事司法根据的研究上，进而把刑法保护的客体直接纳入犯罪构成要件中来，视它为刑事司法定罪的根据。这种研究角度的变换和研究目的的转移，使研究者对犯罪客体的论述，连他们自己都无法说清楚自己到底是立法的解释者还是司法的诠释者。本来十分简单的一个行为为什么被立法规定为犯罪和一个行为为什么被司法认定为犯罪的道理，在传统的犯罪客体理论中被叙述得混乱不堪。为什么在传统的犯罪客体理论中会经常发生这种研究角度的变换和研究目的的转移，也许在研究传统的犯罪客体理论者看来，当他们站在立法者的立场提出以社会关系为内容的犯罪客体时，试图借助立法的权威性来证明自己理论的权威性；当他们站在司法者的立场论证以社会关系为内容的犯罪客体时，又试图以司法的实践性来证明自己理论的实用性。但这种研究角度和研究目的的混乱，正像立法功能和司法功能的混同，是无法体现其科学价值的。

　　在研究涉及传统犯罪客体理论研究角度和研究目的经常发生的混乱时，其研究的方法也值得我们思考。中西方文化在研究社会现象时，呈现出两种颇为不同的研究方法。西方文化的研究方法侧重于分析研究，分析成为西方法学文化研究的精髓，西方法学的很多成就，主要来源于此。即使马克思在研究资本主义现象撰写出皇皇巨著——《资本论》时，也是首先从对资本主义社会的细胞——商品——着手进行分析研究的，从而发现了剩余价值理论。恩格斯在研究家庭、私有制和国家的起源时,同样首先从对氏族社会发展变迁的分析研究中,揭示国家产生的规律。而东方文化的研究方法往往侧重于归纳,表现为一种"寻宗和归元"㊷的方法,摒弃细琐零碎、分散支离的"取向"直奔归宿。两种不同的研究方法固然各有千秋,然而分析的方法使某种结论更具有坚实的基础却是不容置疑的。反思传统的犯罪客体理论的形成和发展,我们清楚地看到,这种理论的创立者和坚持者并不是从分析研究着手,而是直接从先哲的皇皇著作中寻章摘句地寻找根据,从既定、固定的概念出发加以演绎。而我国的传统犯罪客体理论更是不假思索地照搬抄袭前苏联的犯罪客体理论并继续存在。前苏联的犯罪客体理论一开始就是在"每一个犯罪行为,无论它表现为作为或不作为,永远是侵犯一定的客体的行为""任何一种侵害行为的客体,都是为了统治阶级的利益所建立起来的社会关系。社会主义的社会关系是社会主义刑法体系中的犯罪的客体"㊸的结论的前提下展开的。为什么社会关系变成了犯罪客体,怎么变成的？通过什么样的方法来论证犯罪行为是直接指向社会关系这一客体的？在前苏联的犯罪客体理论中,除了许多空洞的政治性论述之外,我们很难看到这一理论的坚实基础。而我国的传统犯罪客体理论只是通过简单的"寻宗和归元",视前苏联的犯罪客体理论为经典,可谓以讹传讹,抽象有余,具体不足,以至于在利用这种犯罪客体理论解释犯罪时,在认定行为是否可以构成犯罪之前,经常不着边际地大谈特谈某种社会关系的重要性,并进行无限地抽象拔高,似乎不唯此不足以说明某一行为的社会危害性。而当真正衡量一个行为是否构成犯罪时,又只好用具体的犯罪对象来加以论证。即使在行为人发生认识错误,误将死尸认为活体,误将野兽认为是人而进行"杀害"时,仍然僵化地认为这里还是存在一个"社会关系",一个"人"的生命权利,而看不到此时成立犯罪的根据在于行为人在一定罪过支配下的行为已符合法律规定性。由此可见,传统犯罪客体理论赖以生存的"寻宗和归元"式的简单演绎方法,多少反映着我国刑法学领域长期以来一直存在的教条主义和僵化

㊷ 参见周汝昌:《思量中西文化》,载《文汇报》1999年5月30日,第7版。

㊸ 〔苏〕A. H. 特拉伊宁:《犯罪构成的一般学说》,薛秉忠等译,中国人民大学出版社1958年版,第101—102页。

的思维定式,并且在一定程度上为"法学幼稚和肤浅"的讥讽提供着实证材料。

传统的犯罪客体理论在我国刑法学中是根深蒂固的,对它的反思和清理,任务是沉重的,过程可能是漫长的,许多条条框框,包括许多"权威"的结论仍紧紧束缚着我们的思想。可喜的是,当传统的犯罪客体理论已经完全脱离现实生活并已不适用于司法实践时,我们的司法实践对一种行为是否构成犯罪并进行惩罚,并不是完全按照传统的犯罪客体理论进行操作的。罪刑法定的原则时时提醒我们,没有必要去理会这种犯罪客体理论对定罪的所谓重要意义,只需要根据主客观相一致原则指导下的、并以此为内容的犯罪构成加以印证即足矣。传统的犯罪客体理论不过是在行为认定犯罪之前或行为认定犯罪之后借机发挥一番"绝对正确的废话"罢了。但是我们也应该看到,我国的刑法学理论正面临着体系的重构和内容的更新。当我们的刑法学理论要以科学的体系重现于世,以科学的内容在更高层次上担负起指导刑事立法和刑事司法的重任时,指出传统犯罪客体理论的诸多弊端,并最终尽早结束它的历史命运,仍然是十分必要的,是非常迫切的。

六、犯罪客体(对象)的内容及性质的确定

我们通过上面的论证,恢复了犯罪客体的本来面目,使犯罪客体同一于犯罪对象。为了使犯罪客体(对象)更好地在犯罪构成中找到应有的位置,也为了使犯罪客体(对象)更好地起到印证犯罪行为的作用,在这里有必要就犯罪客体(对象)的三个存疑问题进行澄清。

(一)犯罪客体(对象)的内容除了人与物,是否还包括其他内容?

刑法学界有人提出,犯罪客体(对象)的内容除了人与物以外,还应当包括人的行为[44],也有人提出还应当包括事[45],但这种观点指出,所谓事即人的活动、人的行为,它是人存在和行使权利的表现。笔者认为,在承认犯罪对象已经包括人以后,再把人的行为引入犯罪对象的内容,是属多余之举。理由是:

(1)人的行为与人相辅相成,密不可分,脱离了一定的人身,人的

---

[44] 参见周荣生:《应当重新认识犯罪客体理论》,载《政法论坛》1989年第6期。
[45] 参见胡家贵:《关于犯罪构成的客体与对象》,载《政法论坛》1989年第5期。

行为无所依从。犯罪行为欲指向他人的行为,实际上是以他人的存在为前提的。我们不可能设想犯罪行为欲影响他人行为的时候,可以脱离行为对象而能够实施。例如妨害公务罪,行为人实施该罪,其目的无疑是妨害国家工作人员依法履行职责的行为,但该罪的实施必定以行为指向或影响国家工作人员这一人身为前提才有可能。因此,这里的犯罪对象还是人。

(2)人的行为,无非是一定的人在一定空间中的活动形式。从物理的角度来看,人的行为是抽象的、无形的、不可见的。我们所见到的、感觉到的人的行为,实际上是见到的、感觉到的一个个在一定空间活动、运动或移动的人。脱离这一个个活动的人,实际上是不存在人的行为的。社会主体的行为总是指向一定事物的对象化活动。犯罪,虽然作为一种与人类一般活动有别的扭曲性的表现形式,但同样也是一种指向一定事物的对象化活动。无论是从行为人的认识活动开始时,还是从行为活动进行时,它都不可能没有具体的活动对象,在人与人的行为关系上,犯罪人不可能不见到人、不感觉到人而先见到、感觉到人的行为,正是从这一意义上说,犯罪对象中的人已经包括了人的行为,我们没有必要再引入人的行为作为犯罪对象的一个内容。

(3)我们承认很多犯罪的实施,犯罪人的目的是以引起、变更或消灭他人的行为为目的内容的。但他人的行为与他人的人身紧密相连。他人的行为受到影响是以他人的人身受到影响为前提的。而犯罪行为也只有作用于他人的人身,才能使他人的行为发生变化。因此,犯罪行为指向的对象只能是他人的人身即人,而不可能是他人的行为。

(二)是否存在没有犯罪对象的犯罪?

在刑法理论上,不但传统的持犯罪客体与犯罪对象相分离的观点认为某些犯罪并不存在犯罪对象,而且有的持犯罪客体等同于犯罪对象的观点也认为:"对于某些行为来说就是不存在其作用的对象。根本没有必要硬给安上一个对象。"㊻这些所谓没有犯罪对象的犯罪通常是指我国现行刑法中的组织、领导、积极参加黑社会性质组织罪,脱

㊻ 陈兴良:《刑法哲学》,中国政法大学出版社1992年版,第70页。

逃罪,偷越国(边)境罪,重婚罪等罪名。其实这些观点实际上只看到行为本身,却没有看到行为基于什么而得以实施进行。笔者认为,在社会活动中任何行为主体的实践活动都是基于一定客观事物的活动,必然是具有一定对象性的活动。我们很难想象,缺乏一定的客观对象,人们的认识活动从何而起,人们的行为活动从何而为。犯罪行为虽是一种反社会行为,但其行为原理却是同一的。有犯罪行为,就必定有犯罪对象,而且必定先有客观对象,然后再有犯罪行为。没有犯罪对象,犯罪行为就无所指向,也就没有犯罪行为的发生与存在。要知道在社会生活中,是客体决定了主体的存在和价值,是客体决定了行为的发动。在笔者看来,在上述被认为没有犯罪对象的犯罪中,例如组织、领导、积极参加黑社会性质组织罪,被组织、被领导的人就是犯罪对象,在积极参加黑社会性质组织过程中,向已在犯罪组织中的成员靠拢,提出加入要求时,这个已是犯罪组织成员的人就是积极参加黑社会性质组织的犯罪对象。至于积极参加后又进行其他犯罪,其所侵犯指向、施加影响或者发生作用的一定的人或物就是新的犯罪对象。在脱逃罪中,一定的监管场所就是脱逃行为的犯罪对象。没有这些可以剥夺、限制在押人犯人身自由的监管场所的铁窗、牢门、警戒线,就不会有什么脱逃行为。在偷越国(边)境罪中,一定的界桩、界碑以及介于界桩、界碑之间的国(边)境线,就是偷越行为的对象,没有这些对象,就没有偷越行为。在重婚罪中,双方都以对方为犯罪对象。因此,一切犯罪必定有犯罪对象,没有犯罪对象的犯罪是不存在的。

在如何认识一切犯罪必定有犯罪对象这一原理时,传统的看法是只有被犯罪行为所侵害的对象才能属于犯罪对象的观点必须要加以纠正。其实,在犯罪行为与犯罪对象的相互关系中,犯罪行为对犯罪对象的侵犯加害仅仅是这一相互关系中的一部分,如对人的杀害、伤害,对物的毁损、破坏,但不是两者相互关系的全部。例如在窝藏、包庇罪中,就不可能发生对人这一犯罪对象的侵犯加害;在窝赃、销赃罪中,就不可能发生对物这一犯罪对象的毁损、破坏。从这一意义上说,应当把犯罪对象理解为是受犯罪行为指向、侵害、作用或影响的人或物才是全面的,只有这样,才能正确揭示犯罪行为与犯罪对象的全部关系。

(三) 犯罪对象是否需要并能否为刑法保护

刑法理论上有的学者认为,犯罪对象只有被犯罪行为所侵害而为刑法所保护时才能成立。将犯罪对象视为需要并且能够为刑法所保护才能成立[47],实际上是把犯罪对象简单地等同于传统的犯罪客体,进而把犯罪对象提高到一个不恰当的高度,把它看成是决定行为是否构成犯罪的一个重要因素。笔者认为,犯罪对象作为一种客观事物,作为一种客观存在,通过人们的价值评价,可以确认其本身是有好坏之分的,但这一好坏之分并不能作为是否为刑法保护的依据。刑法规定某些行为为犯罪并惩罚这些行为,其目的在于禁止这种行为的实施,而不是在于最终对受犯罪行为指向、侵害、作用或影响的犯罪对象进行全面的保护。因为在有些犯罪中,刑法根本不可能对犯罪对象去加以保护,反而是需要加以消灭的。例如所有伪造的东西,都不可能在刑法保护之列。也许有人认为,伪造性的犯罪其犯罪对象不应该是伪造的,如伪造货币罪,其真正的对象是真币。对此笔者认为,这里与犯罪行为发生关系的只能是伪币。然而在有关毒品犯罪当中,我们说犯罪对象只能是毒品本身,但毒品本身绝不可能为刑法所保护。因此笔者认为,犯罪对象本身的好坏并不在刑法的评价之中。行为是否构成犯罪,是由该行为是否为刑法所禁止决定的。某种行为之所以为刑法所禁止,是由犯罪概念所揭示的行为的社会危害性所决定的。而犯罪对象属于犯罪构成的内容,它主要解决行为构成什么罪,解决犯罪的法律性质问题。因此,盗窃合法财产是犯罪,窝藏非法赃物也是犯罪;伪造非法的假币是犯罪,变造合法的真币也是犯罪。尽管刑法禁止某些行为的实施,本身意味着是对某些犯罪对象的保护,但犯罪对象的认定却不能以是否受刑法保护为标准。

---

[47] 参见周荣生:《应当重新认识犯罪客体理论》,载《政法论坛》1989年第6期。

第四章　科学犯罪构成的重新构建

我国现行的犯罪构成理论是从前苏联移植引进的,是前苏联犯罪构成理论模式的翻版,尤其是1958年我国刑法学界翻译出版了前苏联著名刑法学者A.H.特拉伊宁的《犯罪构成的一般学说》一书,更是对我国现行的这一传统犯罪构成理论体系的确立和发展产生了深远的影响,直至今天,我国刑法的犯罪构成理论仍然深深地打上特拉伊宁理论模式的烙印。尽管这一犯罪构成理论模式在解决刑事司法实践的定罪方面已经包含了诸多实质内容,在某种意义上已经开始起到了定罪的规格和定罪的模式作用。但这一犯罪构成模式到底是属于法律的犯罪构成还是属于理论的犯罪构成?到底是属于刑事立法上的犯罪构成还是属于刑事司法中的犯罪构成?其理论的阐述和说理都还存在许多模糊性。特别是这一犯罪构成是以犯罪概念为基础,以阐述和论证行为的社会危害性为己任,从而使这个犯罪构成成为从属于已经揭示了犯罪社会危害性的犯罪概念的附属品,不过是已经揭示了犯罪本质特征的犯罪概念的具体化。同时,由于这个犯罪构成体系存在机械、僵化等缺陷,在许多问题上还没有明确界定罪与非罪的区别,以致呼吁对现行传统的犯罪构成理论模式进行重新构建的建议被提到刑法学研究的议事日程上来。

第一节　犯罪构成重构的原则和设想

一、犯罪构成重构的理论依据和指导原则

提出重构犯罪构成的理论依据主要在于现行传统的犯罪构成过分强调以犯罪概念为基础,以犯罪概念为内容,以致使自己仅仅成为犯罪概念的具体化表现,这样就混淆了犯罪构成与犯罪概念的应有区

别,严重影响了犯罪构成自身的定罪功能,因此,犯罪构成的重构势在必行。在笔者看来,犯罪概念的基本意义在于揭示犯罪的本质属性和基本特征,以表明在我国刑法中所规定的所有犯罪,其本质都是对我国现有社会制度、社会秩序和社会利益的侵害。犯罪概念解决的是犯罪行为的政治内容问题,所以犯罪概念一经高度抽象,任何犯罪都不可能跳出这一范畴。而犯罪构成的基本功能在于明确犯罪的成立条件和表现特征,以解决犯罪行为的法律评价问题。犯罪构成实际上是刑事立法规定的犯罪的"规格",应当是刑事违法性的具体体现,并且是刑事司法进行法律评价的定罪模式。因此,犯罪构成的内容(要件)都应该为这一基本功能服务,同样任何事实特征也只有符合这一基本功能需要才能成为犯罪构成的内容(要件)。

犯罪构成的基本功能既然是刑事立法设立犯罪的规格,是刑事司法认定犯罪的模式,那么犯罪构成在重构时必须受定罪的原则所制约。也就是说,我们对犯罪构成的重构,必须以犯罪构成应有的基本功能为出发点,以主客观相一致的定罪原则为指导,以能够在司法实践中解决危害行为能否构成犯罪、是否构成犯罪为归宿点。主客观相一致的定罪原则作为我国刑法定罪的一个基本原则,其本身表明,一个人的行为要构成犯罪并追究其刑事责任,必须认定行为人不但在客观上实施了危害社会的行为,而且在主观上存有犯罪的罪过,同时其罪过的内容与行为的形式具有高度一致性。这两个方面的内容缺一不可,否则就不能认定该行为构成犯罪,也不能追究行为人的刑事责任。犯罪构成不但应当受主客观相一致的定罪原则的制约,而且其内容(要件)也应当体现这一原则的应有内容,即能够反映行为人主观罪过和客观行为的内容才应当是犯罪构成的要件。

二、两种犯罪构成的比较对重构的影响

现行传统的犯罪构成所存在的明显缺陷,使得很多刑法学者对犯罪构成的重构跃跃欲试,提出了种种新方案。有的提出犯罪构成三要件说,此说认为犯罪主观方面和犯罪客观方面二者本来就是不可分的有机整体,如果抛开危害行为中包含、渗透的行为人的主观罪过这一特殊性,就难以正确解决刑法的因果关系,所以此说主张把主观方面与客观方面合并为"危害社会的行为"这样一个要件。这样,犯罪构成

的要件就是三个:主体;危害社会的行为;客体。也有的提出犯罪构成五要件说,此说认为没有提到犯罪行为就先提到犯罪客体,在逻辑上是不通的。因此,此说认为,犯罪构成的要件应当是:犯罪的行为;犯罪的客体;犯罪的客体方面,即犯罪的危害结果及其与犯罪行为之间的因果关系;犯罪的主体;犯罪的主观方面。[1] 应当承认,这些探索是可贵的,但这种探索成功的可能性是值得怀疑的,正像有的刑法学者一针见血地指出:"在一些人那里,所谓犯罪构成新体系只不过像玩弄积木游戏那样,对旧的内容(要件)作新的排列组合。"[2]正因为如此,这几种对现行犯罪构成提出修正重构的观点,并没有对它产生伤筋动骨的影响,犯罪构成四要件说至今仍然在刑法学上占据统治地位。

笔者认为,犯罪构成重构过程中要件的组合与取舍,不但应当以犯罪构成应有的基本功能为出发点,以主客观相一致的定罪原则为指导,以能够在司法实践中帮助解决危害行为能否构成犯罪、是否构成犯罪为归宿点,同时对当今世界刑法学上两种主要的犯罪构成体系进行必要比较也会给我们应有的启迪。

当今世界刑法学上有两种主要的犯罪构成体系:一种是指前苏联和我国现行的犯罪构成模式,它由犯罪客体、犯罪的客观要件、犯罪主体、犯罪的主观要件四个要件组成。另一种是指德国、日本等大陆法系国家的犯罪构成模式,它是由构成要件的符合性(该当性)、违法性和有责性三个要件组成。在大陆法系国家的犯罪构成体系中,构成要件的符合性(该当性)是指行为人的行为已经符合法律对某一具体犯罪规定的客观外部要素要求;违法性是指行为人违反刑法要求禁止实施的规定;有责性是指行为人在具有责任能力的前提下,在主观上具有故意或过失罪过时应当承担的责任。这两种犯罪构成的功能都是要为刑事司法实践提供一个正确定罪的模式。但是在具体定罪的方法上或构成适用的方式上,两者是有显著区别的。有的刑法学者将前苏联和我国现行的犯罪构成四要件模式称为是一种耦合式的逻辑结构,将大陆法系国家的犯罪构成三要件模式称为是一种递进式的逻辑

---

[1] 参见高铭暄主编:《新中国刑法学研究综述》,河南人民出版社1986年版,第117—118页。

[2] 陈兴良:《刑法哲学》,中国政法大学出版社1992年版,第549页。

结构。③

两种犯罪构成在逻辑结构上的表述不同和构成适用于定罪时的方法不同,使得支持、主张其中之一的学者都津津乐道地认为只有自己主张的一种才是最好的,而对另一种则嗤之以鼻。然而,两种犯罪构成模式基本功能的同一性,表明了两者之间存在可比性,特别是当我们对某些具体的杀人、放火、抢劫等犯罪行为,放在这两种不同的犯罪构成模式中去衡量认定,其结果却是惊人的相似,都不会出现有罪变为无罪、无罪变为有罪,此罪变为彼罪、彼罪变为此罪的令人担心的结果。这种殊途同归的结果,使我们能够清醒地认识到,不经过深入地研究、仔细地比较,武断地认为谁是谁非,以致盲目地赞颂一个、排斥一个的认识是多么的浮浅。

两种几乎不同的犯罪构成模式为什么对同一种行为的认定会得出如此惊人相似的结果?原因何在?实际上这种殊途同归、异曲同工的现象表明,这两种犯罪构成模式结构中必定存在共通共有的内容。比较的方法常常能使人获得新的启示。只要我们对这两种构成模式进行比较时将两者重叠起来加以考察,就会发现在这两种模式中,四要件说中的犯罪的客观要件与三要件说中的符合性(该当性)完全是如出一辙,而四要件说中的犯罪的主观要件与三要件说中的有责性有共通之处。这就告诉我们,任何一种犯罪构成的建立,都必须以犯罪的主观罪过与犯罪的客观行为作为各自模式的核心内容,它们对于任何犯罪的认定都是绝不可缺少的,缺少其中之一要件,犯罪构成就不成为犯罪构成,在解决如何定罪的问题面前将变得一事无成。这种比较的结果同时还告诉我们,除去完全重叠的要件之外,其余要件对于任何一种构成模式来说,都是可有可无的。

由此笔者认为,在我国现行的犯罪构成模式中,犯罪主体不能作为犯罪构成的必要要件,作为犯罪主体的资格是犯罪构成得以成立的基础,作为犯罪主体的身份是犯罪构成得到确认后的结果。这是因为,犯罪构成是犯罪事实的特征表现,犯罪主体不属于犯罪事实的组成部分,因此它不作为犯罪构成的应有内容。同样,传统的犯罪客体所指的社会秩序、社会利益也不能作为犯罪构成的必要要件。任何犯

---

③ 参见陈兴良:《刑法哲学》,中国政法大学出版社1992年版,第549页。

罪都是对社会秩序、社会利益的侵犯,这是犯罪概念所要揭示的价值内容,也已被我国刑法的犯罪概念所揭示,是社会危害性的集中体现,并且是刑事立法对犯罪进行主观规定和分类时的必要依据。犯罪概念既然已经解决了社会秩序、社会利益在刑法保护中的地位,没有必要再成为犯罪构成的累赘。

而在大陆法系国家的犯罪构成模式中,从构成要件的符合性(该当性)着手,以有责性为印证确定行为是否构成犯罪时,再引入违法性要件也是多余的。在笔者看来,行为的刑事违法性不是一种事实特征,而是一种规范评价。是否违法,是司法活动评价的结果。因此,将违法性作为犯罪构成的一个具体要件,实际上降低了违法性在刑法中的地位和意义。同时,违法性作为犯罪的一个基本特征,又是司法评价的结果,而不是评价的对象,也就是说不是犯罪行为本身的事实内容。对这一点,大陆法系的刑法学者也已看到,例如台湾地区刑法学者韩忠谟教授指出:"行为之违法性与行为之侵害性同属犯罪成立要件而其性质有异,侵害性乃行为所具侵害法益之情状,而违法性则系侵害法益之行为所示之消极之价值。"④尽管韩忠谟仍把违法性作为犯罪构成的成立要件加以论述,但他已经指出违法性实际上是规范评价的结果。这样,违法性就不应该成为犯罪构成的一个要件。

三、犯罪构成的重构设想

通过以上对犯罪构成基本功能的认识,对犯罪构成重构的理论依据和指导原则的确定,对现今两大犯罪构成模式的比较,笔者认为,犯罪构成归根到底是要解决什么样的行为能够构成犯罪、构成什么罪的问题,所以犯罪构成的重构自始至终都要为这一目的服务。同时笔者认为,对犯罪构成的重构论证应当是深入详尽的,但重构以后的犯罪构成应当是浅出简洁的。笔者不赞成把犯罪构成塑造成一个庞大的结构体系,把它看成既是一个无所不包的理论体系,又是一个对所有问题都有灵验的妙药。

笔者认为,犯罪构成是指在主观罪过支配下的客观行为构成某一犯罪时所应当具备的主客观要件的有机整体。这种犯罪构成既是刑

---

④ 韩忠谟:《刑法原理》,台湾雨利美术印刷有限公司1981年版,第137页。

事立法设定某一犯罪时设立的具体模型标准,又是刑事司法认定某一行为是否构成犯罪的定罪模式。在这个犯罪构成中只有两个必要的构成要件,即作为主观要件的主观罪过和作为客观要件的客观危害。主观要件是定罪的内在依据,客观要件是定罪的外在依据。

在这个犯罪构成中,有一个问题需要特别指出,即以人或物为内容的犯罪客体(对象)能否作为一个独立的构成要件而存在?对此,刑法理论界有人持肯定意见。笔者认为,以人或物为内容的犯罪客体(对象)作为一种客观存在,在被犯罪的认识活动和犯罪的行为活动指向、作用之前,不具有刑法上的任何意义。而当它一旦被犯罪的认识活动和犯罪的行为活动指向、作用时,作为犯罪的主观罪过,其形成过程和形成特征应当是:意识—客体(对象)—意志;作为犯罪的客观行为,其实施过程和实施特征应当是:行为—客体(对象)—结果。它是行为人意识活动和行为活动的共同对象,但不具有独立的意义。因此,笔者认为,犯罪客体(对象)不应当是犯罪构成一个独立的构成要件。

第二节 犯罪构成在刑法理论中的地位

犯罪构成理论在我国刑法理论体系中具有十分重要的地位,但这一重要地位到底重要到什么程度,在刑法理论体系中如何给它正确定位,随着对我国刑法理论的深入探讨和我国刑法理论体系面临更新的现状,有必要予以重新审视。

一、犯罪构成在刑法理论中的地位现状及其思考

我国的刑法学是在充分借鉴、吸收前苏联刑法学研究成果的基础上建立起来的,而犯罪构成理论几乎是前苏联刑法学中犯罪构成理论的翻版。审视犯罪构成在我国刑法理论中的地位,我们不得不回顾一下犯罪构成在前苏联刑法学中的地位。前苏联刑法学者 A.H.特拉伊宁在《犯罪构成的一般学说》一书中写道:"犯罪构成的一般学说,在社会主义刑法理论中占据核心的地位。犯罪学说中的一切问题——关于犯罪行为及其结果的问题,关于应受惩罚的行为的范围及其组成因素的问题,都是同犯罪构成这个总的问题的解决密不可分地联系着

的。其次,对刑法中的许多重要制度——罪过、共同犯罪、预备行为和未遂——的研究,也必须预先对犯罪构成及其因素有明显的了解;这里特别会发生这样的一些问题,如关于社会危害性和违法性的意义问题,关于故意的范围的问题、关于未遂与预备行为二者之间的界限问题等。"⑤特拉伊宁的这一论断,在整个社会主义国家阵营的刑法理论中产生过十分深远的影响,我国刑法学理论在过去很长一段时期内,更是对此深信不疑,打开现有的众多教科书,几乎是众口一词。然而当我们对这一论断细细探究之时,就会感到这里大有可质疑之处:

第一,如果犯罪构成处于"核心地位",那么刑法上的一切规定和一切问题自然都应以此为中心展开。但是犯罪构成的基本功能主要在于规定犯罪的规格,以此作为认定犯罪的标准。这样犯罪构成的这一功能必然受制于犯罪概念,离开了犯罪概念,犯罪构成就无能为力,无所依存。而犯罪概念本身揭示了危害社会的行为,只有具有刑事可罚性,才有可能在刑法上作为犯罪而被规定在刑法之中。刑法本身就是关于规定犯罪与刑罚的法律规范,犯罪与刑罚彼此不可分离,行为的社会危害性和刑事可罚性通过刑法的规定被有机地联系在一起。然而在犯罪构成这一封闭性的结构中,我们只看到犯罪是被怎样规定的,犯罪是被怎样认定的,刑罚的内容在现存的犯罪构成中没有任何位置,刑罚的内容不过是作为犯罪构成的法律后果而存在于刑法理论中。于是在犯罪论体系之外又必然产生一个刑罚论体系,出现了以刑罚论体系与犯罪论体系相并列并以此作为两大板块基本格局的刑法学体系。在这样一个刑法学体系中,将犯罪构成作为刑法理论体系的"核心地位"的地位本身就不摇已动。

第二,将犯罪构成视为刑法理论体系的"核心地位",就必然得出只要解决了犯罪构成问题,量刑问题就自然得到解决的结论。然而犯罪构成的基本功能主要在于规定犯罪的规格,其主要解决犯罪标准的特点,决定了犯罪构成是承担刑事责任的基础。从犯罪构成的宏观角度来说,诚然解决了认为行为符合犯罪构成而构成犯罪,就必然要承担刑事责任,但是从犯罪构成的微观角度来说,行为构成某一具体犯

---

⑤ 〔苏〕A.H.特拉伊宁:《犯罪构成的一般学说》,薛秉忠等译,中国人民大学出版社1958年版,第2页。

罪,怎样量刑才能体现罪刑相适应的等衡关系,犯罪构成却无法作出正确的回答。例如同是贪污罪,数额较大的贪污与数额巨大的贪污,情节较轻的故意杀人与情节严重的故意杀人,同存于一个犯罪构成中,此时量刑的轻重是与行为的社会危害性大小相适应的,然而社会危害性的大小程度在犯罪构成中找不到应有的位置。由此看来,认为解决了犯罪构成,解决了犯罪的性质,解决了承担刑事责任的基础,就等于解决了量刑问题,显然是无法自圆其说的。

第三,现有的犯罪构成是以既定的犯罪规格为全部内容,这就决定了对适用刑罚轻重的人身危险性依据无法予以包容,例如累犯制度、自首制度等,但正是这样一些涉及人身危险性大小的因素却是量刑时必须加以考虑的。由此我们可以看出,犯罪构成至多能够解决已然犯罪行为的刑事违法性,或者顺便连带解决了社会危害性的性质问题,它只是解决了量刑基础的一部分,而以此认为犯罪构成是刑法的核心问题,显然不够全面。

由于犯罪构成"核心地位说"存在上述致命的缺陷,其"核心地位"就发生了根本性的动摇,于是摒弃这一"核心地位"的观点便应运而生。⑥ 更有刑法学者提出建立以罪刑关系为中心的刑法学体系的观点。⑦ 这些观点的提出无疑是对犯罪构成"核心地位说"的有力否定,具有一定的合理性。

二、犯罪构成在刑法理论中的重新定位

否认犯罪构成的"核心地位说",并不是全面否定犯罪构成在刑法学体系中的应有地位,这里有一个怎样给其合理定位的问题。给犯罪构成合理定位,必须以犯罪构成应有的功能为基础。

犯罪构成理论在刑法理论上的提出,一开始就肩负着实现罪刑法定原则如何确定犯罪规格的使命,在现有的刑法理论中,离开了犯罪构成,就无法正确地体现犯罪概念中刑事违法性的应有内容,无法正确界定行为是否构成犯罪的问题,犯罪构成在规定和认定犯罪方面的

---

⑥ 参见张智辉、赵长青:《建立具有中国特色的刑法学体系》,载《政法论坛》1993 年第 6 期。

⑦ 参见陈兴良:《刑法哲学》,中国政法大学出版社 1992 年版,第 673 页。

作用,至今仍然是其他理论和其他标准所无法替代的。但是有一点我们始终不应疏忽,即犯罪论理论体系的内容在刑事法律的规范上、在犯罪行为的事实结构上、在刑事司法的规范评价上有着不同的体现。在罪刑法定原则的前提下,先有法律对犯罪的规定(这不是以犯罪与法律产生的历史发展角度加以考察的),后有行为人的行为是否具有违法的事实,再有司法实践依据法律进行司法规范评价,由此判断违法的行为是否构成了犯罪。尽管有的刑法学者提出,应当"把刑法上规定的犯罪构成称为法定的犯罪构成,把社会现实中客观存在的犯罪构成称为现实的犯罪构成或犯罪构成事实"[8]。但是作为犯罪规格的犯罪构成只能是指刑法规范上的一种犯罪结构形式。

随着刑法理论研究的不断深入,各种具有理论支撑的犯罪论新体系纷纷被提出。笔者认为,在一个开放性的刑法学研究领域,承认并允许多元化的刑法学理论体系的存在,是我国刑法学发展和成熟的必然结果。刑法学理论体系的多元化,也就是指刑法学可以像其他社会学科一样,可以有不同的体系和可以进行多侧面、多方位的思考方式,目的只有一个,以探求刑法的科学性和真理性为终极目标。条条大道通罗马,只要能到达理想的目的地,无论是捷径还是曲径,大可不必强求一致。然而,无论在以社会危害性为中心的刑法学体系之中[9],还是在以罪刑关系为中心的刑法学体系之中[10],或者是在以刑事法律关系为核心的刑法学体系之中[11],犯罪构成只能是罪刑规范结构中属于"罪"的组成部分。犯罪构成起着法律对犯罪规定和司法对犯罪认定的规格作用,它是刑事立法对某种行为规定犯罪的意志体现,但它不可能是"罪"的全部内容。它只是刑事立法对犯罪的法律规定,在刑事司法实践中对犯罪可以认定的一个逻辑起点。认识到犯罪构成在刑法学理论体系中的这一合理位置,我们再也不应过分夸大它在刑法学理论体系中的作用。犯罪构成的这一位置应当是犯罪构成理论在刑法学理论体系中的合理回归。

---

[8] 何秉松:《犯罪构成系统论(导论)》,载《政法论坛》1993年第3期。
[9] 参见张智辉、赵长青:《建立具有中国特色的刑法学体系》,载《政法论坛》1993年第6期。
[10] 参见陈兴良:《刑法哲学》,中国政法大学出版社1992年版,第673页。
[11] 参见杨兴培:《论刑事法律关系》,载《法学》1998年第2期。

第三节 犯罪构成的结构要件及其基本要素

犯罪构成作为刑事实体法上的专有概念和专门理论问世以来,经过众多刑法学者的精心思考和设计,呈现过百家争鸣、百花齐放的局面,应当承认,这是一种可喜的刑法理论现象。一个学科出现多样性的理论体系和不同观点,其本身就是人类社会从不同角度认识世界的必然反映,丰富多彩的犯罪构成体系和理论将有助于推动刑法科学的进一步发展。

一、犯罪构成的结构形式及其表现形式

前面我们对犯罪构成重构的理论依据和指导原则、两种犯罪构成体系的比较及其对犯罪构成重构的影响作了专门分析、思考,提出犯罪构成的结构要件(也即基本要件)只有两个,即作为主观要件的主观罪过和作为客观要件的客观危害,指出主观要件是定罪的内在依据,客观要件是定罪的外在依据。但是,刑事司法中的定罪活动是以刑事立法上的立罪规格为前提的,这样在刑事立法上就有一个对犯罪构成基本要件如何设置和如何表现的问题。

在这方面,综览现有的各种教科书和论著,对这一问题的表述存在不同的形式。有的称之为主客观要件,如主观要件、客观要件[12];有的称之为主客观方面,如主观方面、客观方面[13];有的称之为主客观特征,如主观特征、客观特征[14]。也许这些不同的表述仅仅是文字符号的不同,我们也深深理解学者们在编撰普通教科书时,对这些不同的表述形式并未给予过多的注意。但当我们对犯罪构成进行深入研究时,不能不对这种现象所反映的某种思维定势作细致的分析、揭示。

其实,犯罪构成从理论的角度去透视,它具有两个方面的定位作用:一是刑事立法设定犯罪的模式;二是刑事司法认定犯罪的规格。

---

[12] 参见苏惠渔主编:《刑法学》(修订本),中国政法大学出版社1999年版,第111、152页。

[13] 参见喻伟主编:《中国刑法学新教程》,武汉大学出版社1988年版,第54、55页。

[14] 参见高铭暄主编:《刑法学》(新编本),北京大学出版社1998年版,第256页。

刑事立法设定犯罪的模式,无非是刑事立法对某一种行为是否需要规定为犯罪,在犯罪构成的主观要件和客观要件方面确立一个明确的标准;刑事司法认定犯罪的规格,无非是刑事司法将查明、查实的具有各种表现特征的犯罪事实作为一种"原材料",通过犯罪构成这一模型标准去衡量,以便确认是否符合刑事立法上的模式要求,也即将这种具有各种表现特征的犯罪事实的"原材料",往犯罪构成这一"犯罪模型"中填装。材料充足者、填装符合者,结合规范评价和价值评价即评定为某种犯罪。刑事立法在设置犯罪构成时,实际上是根据以往的社会现实和经验,预示性地告诉社会成员,什么样的行为可以成为犯罪。而刑事司法在认定某种行为是否符合犯罪构成时,实际上是根据行为事实反映出的表现特征,通过倒溯的方式告诉行为人,其行为特征已符合了某种犯罪构成。从这一深层意义上说,将刑事立法过程中确立的犯罪构成的应有内容分解为主观要件、客观要件,才具有犯罪构成这一"规格模型"的零件意义,才能体现"零件"的作用。而将犯罪构成的应有内容表述为主观特征、客观特征,实际上已是在描述行为的客观事实,即在分析、认定犯罪事实的"原材料"了。两者在这里有着泾渭分明的界限。而所谓的犯罪构成主观方面、客观方面的表述形式实际上根本混淆了作为表述刑事立法上的犯罪构成规模型结构和描述刑事司法中的犯罪构成内容事实之间的应有区别。

　　为什么在我国众多的刑法教科书中和传统的刑法理论中,经常发现对犯罪构成内容的不同表述形式?究其原因,实际上是由学者们常常把刑事立法中的犯罪构成与刑事司法中符合犯罪构成的犯罪事实混为一谈所引起的。例如,有的理论这样论述:"犯罪构成要件是表明某种行为构成犯罪所必需的诸事实特征,即具有不可缺少的必备特性。任何一个犯罪都可以用很多事实特征来表明,但并不是每一个事实特征都是犯罪构成的要件。"[15]有的理论这样描述:"任何一种犯罪都可以由许多事实特征来说明,但并非每一个事实特征都是犯罪构成的要件;只有对行为的社会危害性及其程度具有决定意义而为该行为成立犯罪所必需的那些事实特征,才是犯罪构成的要件。犯罪构成与案情这两个概念虽有联系,但不是同一个意思。犯罪构成是案情中最

---

[15] 喻伟主编:《中国刑法学新教程》,武汉大学出版社1988年版,第53页。

重要的部分,是基本的案情。"⑯还有的理论这样叙述:"众多的犯罪事实特征,并非都是犯罪构成所必需的要件。""犯罪构成就必须是由成立犯罪所必需的一些最基本的事实要件去组成,就必须经过提炼与精选。"⑰之所以不厌其烦地引用多种理论表述,不过是想要揭示在现存传统的刑法理论中,很多理论观点已将犯罪构成看成是由众多的最主要、最重要的犯罪事实特征所组成的,犯罪构成就等于犯罪事实特征,即犯罪事实。其实,这里已发生了认识上的错误。刑事立法根据以往的社会现实和经验,在刑法中设定了犯罪构成的模型标准,与刑事司法根据现实的生活材料认定某种事实已符合犯罪构成的模型标准,是两个不同的范畴。以往的刑法理论在对犯罪构成的认识和描述过程中,将这两个层面上的问题搅在了一起,不加区别地进行同样描述。但作为一个科学的刑法理论,仍应该从认识论上将两者剥离开来。

从刑事立法角度而言,在刑法中设立的犯罪的规格和标准,总是面向未来的社会生活。此时,社会生活中是否已发生了符合犯罪构成的事实,对于刑事立法者来说,他是不管的。从某种意义上说,犯罪构成的模型标准是刑事立法者根据以往的社会现实和经验,是对未来社会生活中将要发生的某种事实先行作出的一种价值判断和规范设定。在罪刑法定原则的指导下,它实际上预示性地告诉刑事司法者乃至整个社会成员,什么行为可以为,什么行为不可以为;什么行为一旦实施就可以构成犯罪,什么行为不可以构成犯罪。法律标准只有先于事实发生之前加以确立,才具有标准的作用。罪刑法定原则的核心精神就在于此。

从刑事司法角度而言,就是根据刑法中已有的犯罪构成这一模型标准,对已经发生的行为事实进行筛选和判断,进而运用犯罪构成的模型标准进行衡量,以确定这些行为事实是否符合犯罪构成的模型标准。用一句形象的语言加以概括,也就是在"按图索骥"。从某种意义上说,行为事实是否符合犯罪构成,实际上是刑事司法对已有的某种行为事实事后作出的一种事实判断和规范评价。在罪刑法定原则指导下,它实际上倒溯性地告诉行为人乃至整个社会成员,这种行为事

---

⑯ 高铭暄主编:《刑法学》(新编本),北京大学出版社1998年版,第51页。
⑰ 苏惠渔主编:《刑法学》(修订本),中国政法大学出版社1999年版,第93页。

实已经符合刑法中某个犯罪构成,因而构成了犯罪。刑法对某种犯罪设立的模型标准是一次性的,而现实生活中符合这种犯罪构成模型标准的行为事实将是千千万万个。将犯罪构成等同于犯罪构成这一模型标准将要衡量的行为事实混为一谈,是否也可以说某一种犯罪构成也存在千千万万个?这样,其中的谬误不言已现了。

通过上述分析,我们可以看出,犯罪构成不过是刑事立法对刑事司法将要评价的行为事实先行作出的一种模型标准。在现代认识论上,一个人的行为只有在行为人具有自觉的心理活动支配下实施的,才有社会意义,才能进入法律评价的领域。一个人的行为事实具有客观性,因此在犯罪构成中要包含客观的内容;一个人的心理活动具有主观性,因此在犯罪构成中要包含主观的内容。犯罪构成实际上就是这一客观内容和主观内容的有机统一体。这样,将这种在刑事立法上先行设立的主客观模型标准表述为犯罪构成的主客观要件,无论在形式上还是在内容上,再也合适不过了。

二、犯罪构成主观要件的基本要素

主观要件是刑事立法对行为人将要实施某种行为所具有的心理活动内容的规格要求,也即行为人具有了什么样的心理活动内容才符合刑事立法对某一具体犯罪所要求的模型标准?

任何一种模型标准,就其内部而言,是由一定数量的基本要素构成的。犯罪构成的主观要件在其内部也是由若干个基本要素构成的。犯罪构成是法律规定的一种模型标准,犯罪构成的基本要素也就离不开法律的规定要求。我国《刑法》第 14 条、第 15 条对犯罪构成中主观要件的基本内容作了明确规定。其中《刑法》第 14 条对犯罪的故意规定为:行为人明知自己的行为会发生危害社会的结果,并且希望或者放任这一结果发生所持有的一种主观心理状态;《刑法》第 15 条对犯罪的过失规定为:行为人应当预见自己的行为可能发生危害社会的结果,因为疏忽大意而没有预见,或者行为人已经预见自己的行为可能发生危害社会的结果,因为轻信能够避免,以致发生这种结果所持有的一种主观心理状态。刑法的这种明文规定,表明了行为人的心理罪过内容具有两种形式,即故意和过失。

对于犯罪的故意来说,它应当具有两个基本要素,即意识要素和意志要素。所谓意识要素,是指行为人应当具有明知自己的行为性质、行为对象和行为结果的认识能力。所谓意志要素,是指行为人在意识要素基础上应当具有的希望或者放任行为结果发生的心理活动。

对于犯罪的过失来说,它同样应当具有两个基本要素,也即意识要素和意志要素。过失的意识要素,是指行为人应当具有的能认知或者应当具有的已知自己行为性质、行为对象和行为结果的认识能力。过失的意志要素,是指行为人在意识要素基础上应当具有的不要求或者不希望行为结果发生的心理活动。

由于行为人的主观心理活动是行为人心理内在的活动因素,对行为人来说,是处于一种自觉的心理过程中。而对于他人来说,则是一种不自觉的现象。在司法实践中,如何认识行为人已经具有的内在心理活动,主要是通过对已有的行为事实加以判断和推定来完成的。但是,在刑事立法上则有一个预先设定的规范要求。如何从刑事司法的层面上认识刑事立法在设定犯罪构成时所要求的主观要件基本要素,在刑法理论中存在这样一些值得探讨的问题:

(一) 刑事责任能力是否是主观要件的基本要素

刑事责任能力,是指行为人实施犯罪和承担刑事责任所必需的、行为人具备刑法意义上的辨认和控制自己行为的能力,也即行为人辨认和控制自己行为的能力。前苏联刑法学者特拉伊宁曾指出:"没有责任能力,刑事责任问题本身就不会发生,因而犯罪构成的问题本身也就不会发生。正因为如此,所以责任能力并不是犯罪构成的因素,也不是刑事责任的根据;责任能力是刑事责任的必要的主观条件,是刑事责任的主观前提;刑事法律惩罚犯罪人并不是因为他心理健康,而是在他心理健康的条件下惩罚的。"⑱但是,特拉伊宁的观点在我国刑法学界受到有些人的批评,认为特拉伊宁的观点无以立足。这种观点认为:"责任能力及责任年龄和其他构成要素都具有有机统一起来反映社会危害性的特性,这是共同点。不同点在于反映社会危害性的方面不同。将责任能力、责任年龄置于犯罪构成之外而视其为前提,不仅抹杀了责任能力、责任年龄与其他构成要素的共同点,而且人为

---

⑱ 〔苏〕A.H.特拉伊宁:《犯罪构成的一般学说》,薛秉忠等译,中国人民大学出版社1958年版,第60页。

地使犯罪构成理论复杂化。"[19] "无论立足于理论还是司法实践的层面,犯罪构成要件实际上是互为前提、互相依存的;在司法实践中,有些案件可能主体缺乏责任能力和责任年龄的特征较为明显,因而先排除了主体资格的符合性而确定行为人无罪,而不必考察行为人有无罪过;但有的案件,则是根据法律规定认定行为人有事实上的故意与过失,尔后查明行为人缺乏刑事责任能力因而认定行为人不构成犯罪。可以说,罪过与行为人主体方面的特征属于不同性质的要素,说明的是行为不同的特征,谁也包容不了谁。"[20]这种批评,我们实在看不出在否定特拉伊宁观点时具有逻辑上的说理性和事实上的说服力。说责任能力与其他构成要素具有共同点,不知道共在何处,同在何方?说责任能力与其他构成要素互为前提,这样的前提还能称之为前提?说责任能力与罪过等其他构成要素谁也包含不了谁,包含了的东西都可以成为犯罪构成的基本要素,那犯罪构成不就成了具有无限内容的包容器了吗?在这里不想作无谓的争论,但指出上述观点的错误在于:把犯罪构成本身具有的基本要素与这些基本要素得以产生、存在的前提混为一谈,却还是十分必要的。正像这种观点是出于矛盾心情认为的:"如果不考虑行为人的刑事责任能力,而是根据行为人的罪过来认定犯罪,是相当危险的。"[21]

刑事责任能力想要说明什么?无非是表明社会成员从事犯罪活动前的一种资格,表明了一种客观的事实。它是一种中性的现象,根本不反映社会危害性的任何特性。一个人具有了刑事责任能力,即使在他睡觉休息的时候,仍然不能自动消失,但不能说在人睡觉休息时仍具有的刑事责任能力,同样可以反映社会危害性。行为人在具有刑事责任能力的基础上,通过具有罪过内容的心理活动的支配,进而实施犯罪事实,这是在创造一种新的事实。我们对犯罪的认定,是站在行为人具有刑事责任能力的基础上,以行为人具有罪过内容的行为事实为根据的。刑事责任能力不是行为事实的组成部分,因而它必然不可能成为犯罪构成的基本要素。符合法定条件的社会成员人人都有

---

[19] 肖中华:《犯罪构成及其关系论》,中国人民大学出版社2000年版,第166—167页。
[20] 同上书,第168页。
[21] 同上注。

刑事责任能力,而具有罪过内容的行为事实不可能人人都有。这样,把刑事责任能力引入犯罪构成中来没有任何理论意义和实践价值。

当然,还需要进一步指出,从刑事立法层面分析、认识犯罪构成与在刑事司法实践中运用犯罪构成、认定构成犯罪,属于两个不同的范畴。正像在建筑施工过程中,制作建筑蓝图与建筑施工虽有一定联系,但又有区别的两个不同过程一样,根本不能同义而语。以往的刑法学理论正是在这一问题上犯了一个将认识简单视为同一的错误。将犯罪构成问题上的这种一元化认识还原为两个基本的不同层面,是刑法理论重新从头做起的基本要求。我国的刑法理论再也经不起这种简直幼稚的一元化认识论的折腾了。正是从这一意义上说,笔者认为,刑事责任能力是犯罪构成中主观要件得以产生、存在、发展的前提,但不是犯罪主观要件的基本要素。确认了刑事责任能力这一前提,在我们评价犯罪构成时,无论是立法层面上犯罪构成的模型标准,还是司法实践中犯罪构成的事实特征,都不再具有规格作用。

(二)行为的目的与动机是否是主观要件的基本要素

在社会生活中,人们的行为都是一种有意识、有意志的心理活动。这种有意识、有意志的心理活动尽管来源于社会的客观存在,但又可以反映人们的主观需要。在社会生活中,人们必定具有各种各样的需要,这种需要会促使人们进一步认识客观世界,以求通过改变客观世界来满足自己的需要。为了改变客观世界,人们必定先于行为之前在头脑中形成一个明确的计划,即需要什么、改变什么、满足什么。犯罪作为一种反社会的行为,同样也反映了行为人需要什么,这种需要就形成了行为人思想动机的内容,在这种动机的推动下,行为人进而形成了想要改变什么,这种想要改变什么就形成了行为人的目的内容。这种目的的内容一旦转变成客观现实,就是犯罪行为的危害结果。这是一般生活的基本原理,也是我国刑事立法在设定犯罪构成主观要件时的理论依据。因此,行为人的动机和目的是与行为人的意识和意志紧密相关的两个心理学概念。当刑事立法已明确要求意识和意志应当成为主观要件的基本要素后,我们还有必要继续探讨行为动机与行为目的与主观要件的关系,以确定它们是否是犯罪构成中主观要件的基本要素吗?

1. 行为的目的是否是主观要件的基本要素

行为的目的,是指行为人在主观上希望通过实施行为想要追求某种客观结果的一种心理愿望。行为目的表明了行为人对将要实施的行为可能导致的客观结果的追求,它是基于行为动机而形成,但又是行为动机有选择的发展,它直接支配着行为的实施方向、实施进程,进而决定行为的社会性质和法律性质。行为目的具有这样一些基本特征:

(1) 行为目的是行为人希望和追求行为结果的一种主观愿望,因此,它是行为人实施行为的内在心理力量。行为人基于自身的主观需要形成了动机内容,这一动机内容只有转化为目的内容,才能使行为人在主观上有选择地实施一定的客观行为,以求改变客观世界来满足自身的需要。从这一意义上说,行为动机仅仅表明了行为人的被动需要,而行为目的则已成为行为人的主动选择,从而成为行为的内在支配力量。

(2) 行为目的表明行为人对行为结果的追求和希望,行为目的的内容包含了对客观世界改造、改变的结果内容。因此,行为目的与行为对象、行为结果有着密切的联系。行为目的的本质在于行为人在行为之前已选择了一定的客观事物作为其行为的实施基础,行为结果不过是行为目的内容的客观反映。

(3) 行为目的表明行为人希望通过改变什么样的客观现实来满足自己的需要,它赋予行为人实施某种行为的自觉性,在整个行为活动中起着导向作用。因此,行为目的直接决定了行为的价值取向、实施方向、实施进程、方法手段,从而决定了行为的社会性质和法律性质。

正因为行为目的是一种具有确定内容的心理活动,它是行为人自觉选择行为对象、努力追求行为结果的心理表现。因此,行为目的当然存在于犯罪的直接故意之中。在犯罪构成的主观要件中,行为目的就转化为犯罪目的。犯罪目的完全包容于行为人的主观希望之内,它与行为人的希望内容具有同一性。这样,行为目的——也即犯罪目的的必然成为直接故意犯罪构成中主观要件的基本要素。

关于间接故意是否要求犯罪目的这一要素,理论界存在不同见解。笔者认为,犯罪目的表明了行为人明确的希望,具体的追求。在间接故意中,立法的要求是行为人对自己的行为可能导致的危害结果持一种漠不关心、随意放任的态度,这种结果的出现虽不违背行为人的意志,但绝不是行为人主动追求、积极希望的结果。对结果的不希望、不去追求,就不可能成为行为人的犯罪目的。当然,间接故意犯罪的行为人在实施既定目的的行为过程中,由于导致其他危害结果而构成犯罪。在这种犯罪中,行为人也具有某种既定的行为目的,但这不是间接故意的犯罪目的。例如行为人持枪打猎,明知开枪会误伤行人,仍置之不顾,执意开枪,以致将行人打伤或打死。这里的行为也有一定的行为目的,即获取猎物,但他人的死伤结果绝不是他的行为目的所在。因此,在故意犯罪中,行为人是否具有确定的犯罪目的这一要素,是刑事立法者设定直接故意犯罪构成和间接故意犯罪构成的一个显著区别标志。基于同样的原理,在过失犯罪中,行为人对危害结果持有明显的否定态度。因此,刑事立法对过失犯罪构成的规定,排除了犯罪目的这一要素。

2. 行为动机是否是主观要件的基本要素

行为的动机,是指引起行为人实施某种行为的内心起因。行为动机作为反映行为人主观需要的一种心理活动,总是与行为人的行为目的紧密相连的。现代心理学原理表明,人们的行为总是由一定的心理动机引起的,而动机又是由一定的心理需要引起的。但只有当动机形成目的开始支配行为,改变客观世界,才可能满足自身的需要。从这一意义上说,行为动机总是与行为目的紧密相连的。没有动机,目的就会成为无源之水;而动机没有进一步形成目的从而发生支配行为,也只不过是一种纯粹的心理活动,对客观世界不可能发生任何影响作用,更谈不上有益还是有害于社会。行为动机与行为目的具有紧密的联系表现在:一定的行为目的总是由一定的动机所引起的,动机的需要内容往往就是目的的追求前提和基础;而一定的行为动机又总会形成一定的目的,从而使动机借助于目的的形成和追求而满足自身的需要。但是,行为动机与行为目的毕竟具有严格的区别,主要表现在:

(1) 行为动机是行为目的,因而也是行为的内心起因,行为动机的内容往往是抽象概括的,它与客观世界不发生直接的联系,因而不能决定行为的性质;而行为目的是行为动机,因而也是行为的具体指向,行为目的的内容往往是具体确定的,它与客观世界发生着直接的联系,因而能够决定行为的性质。

(2) 行为动机表明了行为人内心的一种主观需要,而行为目的则是行为人希望通过改变客观世界来满足这种需要的。因此,行为动机往往反映了行为人的被动需要,这种需要往往具有内倾性、隐蔽性,是行为人针对自身主观性而言的;而行为目的则反映了行为人的积极追求,这种追求往往具有外向性、暴露性,是行为人针对客观外界而言的。

(3) 行为动机与行为目的虽同属于行为人的心理活动,但两者形成的时间顺序不同。动机在前,目的在后,目的基于动机而形成。动机的需要决定了目的的追求,而不是目的的追求决定动机的需要。

正是由于行为动机与行为目的具有严格的心理学上的区别,行为目的一旦转化为犯罪目的,就可以反映行为人的主观恶性,它与犯罪对象、犯罪结果具有紧密的联系,直接决定了犯罪行为的价值取向、实施方向、实施进程、方法手段,从而决定了行为的社会性质和法律性质,成为直接故意犯罪构成中主观要件的基本要素。而行为动机则不可能成为故意犯罪构成中主观要件的基本要素。在认识和运用犯罪构成时,有无行为动机,是何行为动机,均不影响犯罪构成的模型标准和犯罪构成的实际成立。当然,行为动机,抑或称之为犯罪动机,在价值判断上仍然具有反映行为人主观恶性大小的参考作用,对合理量刑产生一定影响,但这不是犯罪构成中的问题,而是在犯罪构成的模型标准之外和在犯罪构成成立之后的量刑活动中的价值评价。

(三) 疏忽过失的主观要件是否具有意识和意志的要素

故意犯罪构成中主观要件具有意识和意志的基本要素,通过刑法的明文规定,已为整个刑法理论所认可,基本不发生争议。而轻信过失的主观要件,刑事立法通过"已经预见"和"轻信能够避免"的明文规定,在刑法理论中也都确认为具有意识和意志的基本要素。对于疏忽过失的主观要件,刑事立法用"应当预见自己的行为可能发生危害社会的结果,由于疏忽大意而没有预见"的文字加以规定。以往的刑法理论在认识疏忽过失的主观要件时,往往着眼于"没有预见"的规定,所以往往众口一词地认为不存在意识因素,没有意识因素,也就没有意志因素。粗略一看,这似乎符合一般认识论的基本原理,但是,我们在认识和分析疏忽过失的主观要件时,千万不能忽视我国刑法规定中,没有预见是以应当预见为前提的。应当预见既表明了一种预见的义务,又表明了可以预见的一种可能性。正是存在这样的前提条件,行为人即使没有预见,也要承担刑事责任。问题在于没有预见是否是什么都没有预见?什么都没有预见,意味着不存在意识;没有意识因素,才谈得上不存在意志因素。然而,从刑法的明文规定来看,应当预见不但已经要求行为人必须履行预见的义务,而且认可了行为人具有预见的能力。所以,行为人是具有意识能力的,因而也就在疏忽过失的主观要件中具有意识的要素。行为人一旦发生了"没有预见",只是没有预见法律所规定的客观事实,属于认识上的错误。错误认识不是没有认识,认识因素依然存在。在认识因素存在的基础上,行为人依然支配行为实施的主观活动,已经进入了意志因素的范畴。因此,笔者认为,疏忽过失的主观要件同样具有意识要素和意志要素这两个基本要素。有关疏忽过失主观要件中这两个基本要素的分析、认定,将在后面犯罪构成主观要件中加以详述。

三、犯罪构成客观要件的基本要素

客观要件是刑事立法对行为人将要实施的某种行为所具有的客观外在表现的模型标准,也即行为人的行为具有什么样的客观外在表现就符合刑事立法对某一具体犯罪所要求的模型标准。

在犯罪构成的客观要件中,其居于核心的基本要素是危害行为。当然,我们在这里表述为危害行为,已经表明一定的价值评价、价值判断和价值选择。作为一种表述事实的规格要求来说,它不过是一种反映于客观的行为。在犯罪构成中,缺少行为这一基本要素,就表明犯罪构成的客观要件不存在,因而犯罪构成本身也就不存在。马克思曾指出:"我只是由于表现自己,只是由于踏入现实的领域,我才进入立法者支配的范围。对于法律来说,除了我的行为以外,我是根本不存在的,我根本不是法律的对象。我的行为就是我同法律打交道的唯一领域,因为行为就是我为之要求生存权利、要求实现权利的唯一东西,而且因此我才受到现行法的支配。"为此,马克思宣称:凡是不以行为为法律评价的对象,"就是对非法行为的公开认可"[22]这一论断,对于我们认识行为在犯罪构成中的作用极具指导意义。从刑事立法上说,无行为原型就无犯罪构成的模型标准;从刑事司法上说,无行为表现就无符合犯罪构成的事实特征。

从物理现象上说,行为纯粹是一种人的客观表现,是见之于客观的人的身体活动。但从刑法意义上说,行为是一种心素和体素相结合的人身体的客观表现。正因为如此,刑法理论将危害行为划分为作为的行为与不作为的行为。作为是指行为人通过积极的身体活动而见之于客观的运动表现,是心素与体素相结合后的客观表现。不作为是指行为人通过消极的身体不活动而见之于客观的静止表现,是心素与体素相结合后的没有活动的客观表现。无论是作为行为还是不作为行为,它们都作为行为的有机组成部分,成为犯罪构成中客观要件的基本要素存在于犯罪构成之中。除了行为这一被整个刑法理论所认可的犯罪构成客观要件的基本要素外,如何从刑事立法层面认识刑事立法在设定犯罪构成时所要求的客观要件的基本要素,在刑法理论上还存在这样一些值得探讨的问题:

(一) 危害结果是否是客观要件的基本要素

危害结果,是指行为人在其主观罪过支配下所实施的危害行为对行为直接指向、施加影响或发生作用的对象造成在形体、物理、方位等方面的变化,进而对刑法所保护的社会利益和社会秩序所造成的直接损害事实。

犯罪结果曾经是、现在还是一个在刑法理论上极有争议的问题,争议的缘起在于它到底是一种事实现象还是一种法律评价。其实,当我们在司法实践中运用犯罪构成评定犯罪诸事实时,作为犯罪结果,它既是一种事实现象,又是一种法律评价,但是从认识论上,我们同样可以将两者人为地割裂开来,否则就会造成理论上的误解和混乱。例如在早期的前苏联刑法理论中,特拉伊宁一方面认为:"客体与结果是彼此不可分离的;没有作为构成因素的客体便没有犯罪,同样没有作为构成因素的结果也没有犯罪。因此,如果承认客体是犯罪构成的必

---

[22] 《马克思恩格斯全集》(第1卷),人民出版社1972年版,第16—17页。

要因素,但却否认结果具有这种意义,那么就要陷入不可调和的内在矛盾中。"[23]但特拉伊宁又认为:"缺少结果(更确切地说,没有发生结果),同样也使整个犯罪构成不能成立,但这里所指的只是既遂(故意)罪的构成;在缺少结果时,就产生了一种特殊情况,这种情况是未遂负刑事责任的根据。"[24]可以看出,特拉伊宁所讲的前一个结果是就法律评价而言的,而其所讲的后一个结果实际上是就事实现象而言的。特拉伊宁自己并没有分清犯罪结果在事实现象和法律评价上具有两重性,因而在批评他人陷入不可调和的内在矛盾中时,自己先已在不可调和的矛盾旋涡中挣扎不出来了。不幸的是,这种认识上的误解和混乱,在我国的刑法理论上也将长期存在。但是当我们认识和分析刑事立法在设定犯罪构成客观要件基本要素时,得出其所涉及的犯罪结果其实仅仅是就事实现象的结果而言的。例如,《刑法》第 14 条关于"明知自己的行为会发生危害社会的结果,并且希望或者放任这种结果的发生"的故意犯罪的规定;《刑法》第 15 条关于"应当预见自己的行为可能发生危害社会的结果,因为疏忽大意而没有预见,或者已经预见而轻信能够避免,以致发生这种结果"的过失犯罪的规定,都是指属于事实现象的结果。正是站在刑事立法关于犯罪构成设计的角度来分析,我们可以肯定地得出结论:过失犯罪构成中,结果是一种必要的基本要素。只有发生这种结果,才能符合犯罪构成的模型标准而构成犯罪。但是对于故意犯罪构成来说,只要在明知的意识因素基础上,希望或者放任这种结果发生的,结果是否发生,法律未作进一步规定。因此,对于故意犯罪来说,结果已不是必要的基本要素了。只是刑法理论根据心理学原理和刑法学原理,已经认定行为人放任的结果不是行为人目的的内容。因此,放任的结果在客观上没有出现,无法认定其行为的客观危害性,因而难以构成犯罪。这样,刑法虽没有明文规定结果是间接故意犯罪构成客观要件的基本要素,但在刑法理论上和司法实践中还是认可了结果是一个基本要素。

---

[23] 〔苏〕A.H.特拉伊宁:《犯罪构成的一般学说》,薛秉忠等译,中国人民大学出版社 1958 年版,第 116 页。
[24] 同上书,第 126 页。

（二）因果关系是否是客观要件的基本要素

刑法上的因果关系是指危害行为与危害结果之间所存在的一种内在的、事实上的必然联系。因果关系是否是犯罪构成客观要件中的一个基本要素，在刑法理论上一向有肯定说与否定说之争。[25] 笔者认为，这一争论的关键原因在于如何正确界定结果的性质与范畴，因果关系是依附于结果才能存在的。同样，因果关系在犯罪构成客观要件中的作用和地位，也是依附于结果的。当我们解决了危害结果在犯罪构成客观要件中是否属于基本要素后，因果关系的问题可以说也随之得以解决了。直接故意犯罪构成的客观要件不包含结果的这一基本要素，没有结果不影响直接故意犯罪的成立。没有结果，当然就无所谓因果关系。因此，因果关系不是直接故意犯罪构成中客观要件的基本要素。而过失犯罪构成（包括间接故意犯罪构成）则以结果为必要的基本要素。要求有结果，就必然要求结果与引起结果的行为之间的因果关系。因此，因果关系必然是这些犯罪构成客观要件的基本要素。当行为与结果之间不存在因果关系，就意味着客观要件内容还未充足齐备，这就不符合刑事立法对于某一具体犯罪构成的规格要求，因而也就谈不上构成犯罪。

（三）犯罪构成客观要件中其他选择要素

在众多的刑法教科书中，关于犯罪构成客观要件的其他选择要素往往认为还包含了行为的时间、地点、方法、手段等内容。笔者认为，对于时间和地点作为客观要件的选择要素，应该不存在疑问。这是因为，行为作为一种物质存在形式，它不但是在一定的时间和空间内存在，而且时间和空间对于行为形式的形成和性质的评价产生着一定的影响。所以当刑事立法在设定某一具体犯罪构成时，包含了对时间、空间的特定要求时，这种时间、空间要求就成为这些犯罪构成客观要件的选择要素，缺乏这些选择要素，同样不能充足齐备客观要件的模型要求。

但是，作为行为的方法、手段能否成为客观要件的选择要素，却不

---

[25] 参见樊风林主编：《犯罪构成论》，法律出版社1987年版，第62页。〔苏〕A. H. 特拉伊宁：《犯罪构成的一般学说》，薛秉忠等译，中国人民大学出版社1958年版，第147页

无问题。一定的行为总是通过一定的方法和手段加以实施的。可以说，一定的方法和手段，就是一定行为的形式。试想当一定的行为形式都不存在时，还能有什么行为内容呢？例如抢劫行为，缺乏了暴力、胁迫等方法手段，还能称之为抢劫吗？非法捕捞水产品罪、非法狩猎罪，缺乏了禁用的工具、方法，还能称之为非法吗？所以在犯罪构成客观要件中根本没有方法、手段(包括工具)这样一些选择要素，它们已经完全包含在行为这一基本要素之中了。

当然，在客观要件中自然还应该包含行为对象这一基本要素，因为没有对象，行为就无所指向。但正像我们在前文已详细论述过的，对象是行为人意识活动和行为活动的共同对象，它不仅仅属于客观要件的基本要素，它同样属于主观要件的基本要素所涉及的内容。因此，把它看成是客观要件的一个必要要素应当是没有疑问的。

第五章　犯罪构成的立法依据

刑事立法者在刑法规范中设立一个个的犯罪构成,其目的是什么?刑事立法者依据什么来设立一个个的犯罪构成?是什么力量推动着刑事立法者去设立一个个的犯罪构成?没有发现,没有发明,整个世界就会在守旧中消沉;没有争论,没有创新,整个世界也会在沉寂中滞步。当我们首先从刑事立法的角度观察犯罪构成、研究犯罪构成时,就必然会发现,是既存的社会利益、社会秩序在其中发挥着决定性的作用。也就是说,刑事立法者是为了保护既存的社会利益、社会秩序才设立犯罪构成的;刑事立法者是依据社会利益的内容来设立犯罪构成的;刑事立法者是被社会利益的需要推动着去设立犯罪构成的。

第一节　社会利益的本质透视

一部刑法要设立什么样的犯罪构成和要设立多少个犯罪构成,关键取决于刑事立法者对犯罪构成的立法依据——刑法所要保护的社会利益的本质属性、社会利益的内容和社会利益的需要的认识。没有需要保护的社会利益,犯罪构成在刑法规范中就没有存在的必要。

何谓社会利益?这似乎是一个很简单的问题。然而,社会生活的经验和教训告诉我们,越是在我们身边司空见惯的现象,人们似乎越是觉得结论不证自明当然而成,无须观流溯源。然而,当我们回到以往的犯罪构成理论认为的犯罪构成是犯罪概念的具体化,犯罪概念揭示了犯罪的本质特征,犯罪的本质特征在于行为的社会危害性,而社会危害性就是对社会利益危害的立场上,也会发现,如果我们不能确定什么是社会利益,就无法确定一个行为的社会危害性。

一、社会的本来含义

社会利益当然首先存在于社会之中。社会,从其本义上说是指人与人结合或者人与人关系存在的空间观念领域。鲁滨逊一个人留置于荒岛之上时,从哲学角度而言,也许还存在人与自然相联系的社会关系空间领域。但从社会本身的严格意义上来说,这里并不存在社会。只有当星期五也来到了荒岛,才真正产生了社会本身意义上的"社会"。当然,社会的产生,是以猿变为人、从人产生的那一刻才开始的。社会是人的社会,社会又是一定空间存在的众多人的社会。社会的主体是人,国家不过是一定区域的人们形成社会后,经过选择组成的一种社会存在形式。众所周知,人类有了社会,就有了村落,进而发展到部落;就有了氏族,进而发展到民族。国家是所有这些社会存在的最高形式。即使有一天没有了国家,并不等于就没有村落、部落、氏族、民族,并不等于就没有以这些村落、部落、氏族、民族为基础,以从中分裂出来的人为了一定的利益而结成的利益集团的社会。

二、社会利益的本来含义

人类有了社会,作为社会的人就有了自己的物质追求和精神追求。但是,作为社会的人一开始总是隶属于一定的村落、部落、氏族、民族,在这些社会存在形式的内部又可划分为一定的阶层、阶级,甚至出现脱离原有村落、部落、氏族、民族,超越一定的阶层、阶级形成一定的集团。一定的集团随着自身的不断扩大,在控制了一定地域以后,就会开始向国家这种社会形式发展。人类结成了社会,就有了社会利益。人们在一定区域范围内,经过选择,经过斗争甚至战争结成了国家形式,就有了国家利益。在人类社会发展到国家的历史阶段,在一定程度上可以说,社会利益就是国家利益的代名词,而国家利益则是一定历史时期社会利益的最高代表。恩格斯曾经指出:"以血族团体为基础的旧社会,由于新形成的社会各阶级的冲突而被炸毁;组成为国家的新社会取而代之,而国家的基层单位已经不是血族团体,而是地区团体了。"[①]社会发展到今天,所有的区域内都已经被国家所代

---

① 《马克思恩格斯选集》(第4卷),人民出版社1972年版,第2页。

替。在今天,我们已经很少再能够看到一个家庭,一个家族,一个村落,一个部落,一个民族,可以冠以政治学上的社会名义进行社会活动了。即使是一个民族,也往往是在国家的允许下,以"国家"的名义进行着各种社会活动。社会发展到国家形式的阶段,意味着"和人民大众分离的公共权力"的产生。② 这种公共权力的产生,并不意味着是社会全体成员自由意志的产物,但这种公共权力必然意味着它自以为上可替天行道,下已经代表了社会全体成员的意志和利益。

当人类告别伊甸园,走出深山莽林后,踏进了文明时代的门槛,国家就成为社会发展的必然选择。恩格斯在详细研究了氏族制度日益崩溃的过程,在这些废墟基础上兴起的三种国家形式后说道:"国家绝不是从外部强加于社会的一种力量。国家也不像黑格尔所断言的是'道德观念的现实''理性的形象和现实'。毋宁说,国家是社会在一定发展阶段上的产物;国家是表示:这个社会陷入了不可解决的自我矛盾,分裂为不可调和的对立面而又无力摆脱这些对立面。而为了使这些对立面,这些经济利益互相冲突的阶级,不至于在无谓的斗争中把自己和社会消灭,就需要有一种表面上凌驾于社会之上的力量,这种力量应当缓和冲突,把冲突保持在'秩序'的范围之内,这种从社会中产生但又自居于社会之上并且日益同社会脱离的力量,就是国家。"③根据恩格斯的观点,国家具有以下特点:第一,它是按地区来划分它的国民;第二,是公共权力的设立,这种公共权力已不再同自己组织为武装力量的居民直接相符合了。恩格斯描述国家产生过程时,是站在阶级冲突、阶级对抗、阶级斗争甚至是阶级战争的历史发展过程的背景下进行的,因此他说:"国家并不是从来就有的。曾经有过不需要国家、而且根本不知国家和国家权力为何物的社会。在经济发展到一定阶段而必然使社会分裂为阶级时,国家就由于这种分裂而成为必要了。现在我们正在以迅速的步伐走向这样的生产发展阶段,在这个阶段上,这些阶级的存在不仅不再必要,而且成了生产的直接障碍。阶级不可避免地要消失,正如它们从前不可避免地产生一样。随着阶

---

② 参见《马克思恩格斯选集》(第4卷),人民出版社1972年版,第114页。
③ 同上书,第166页。

级的消失,国家也不可避免地要消失。"④但是我们应当看到,社会的发展仍然具有不完全以人的意志为转移的特点,阶级对立、阶级对抗甚至阶级斗争沉寂下去了,但社会各种利益集团、利益群体依然存在,并将长期存在下去,社会整体利益与社会成员个体利益不相协调、不平衡时,国家的对内功能就必然要被人为地强化。只要人类社会还存在利益不同的各社会主体,只要各社会主体之间的利益还存在冲突,只要各社会利益主体不愿意看到自己与社会在无谓的冲突中归于消灭,必然要从中找出相同之处,于是必然会产生社会的整体利益。而国家在一定阶段上如能像恩格斯所说的"是以生产者自由平等的联合体为基础的"社会,那么国家利益将与整个社会利益具有一定意义上的完全相同含义。

三、社会利益应有含义的历史发展

社会利益就其本义而言,它是对整个社会有利的事物总称。因为利益本身就是指人的"从物质上和精神上得到的好处"⑤,但是,社会无论发展到怎样的阶段,整个社会总不可能是铁板一块。一个社会总是会存在一个个既相对独立又相互依存、相互联系的利益主体。即使社会发展到一定阶段,国家成为社会存在形式的集中表现时,国家总是由大多数社会成员、大多数利益主体进行利益平衡、利益协调的产物。在这种社会存在形式的条件下,社会大多数成员、大多数利益主体与以此相对立的社会另一较少部分的社会成员、利益主体之间存在利益的矛盾、甚至是利益的冲突。利益与利益之间的矛盾、利益与利益之间的冲突,势必导致利益主体之间的对立,甚至是斗争。少数人与多数人的抗争,必然使之要么被多数人所征服,要么不得不依附、甚至归附于多数人。这样,社会利益势必成为以一定地域为范围,为大多数社会成员为基础的以一定的价值观念为标准的社会发展取向。人类社会从无天下到有天下,从家天下到集团天下的历史发展过程,清楚地表明了人类社会就是这样鹅行鸭步地一步步走过来的。但是,有民才有国,国以民为本。水能载舟,亦能覆舟。中国历代的古训颇

---

④ 《马克思恩格斯选集》(第4卷),人民出版社1972年版,第170页。
⑤ 《辞海》,上海人民出版社1977年版,第1858页。

能说明,国家最终要朝着民天下的历史方向发展。尽管从家天下到民天下,人类注定要走过一个漫长的历史过程。一旦国家成为全体社会成员真正认为是自己存在、发展的自由形式,那么国家利益才能成为真正意义上的社会整体利益,社会整体利益与社会个体利益就会处于一种彼此承认公正的相互和谐的关系之中。摩尔根曾说:"社会的瓦解,即将成为以财富为惟一的最终目的的那个历程的终结,因为这一历程包含着自我消灭的因素。管理上的民主,社会中的博爱,权利的平等,普及的教育,将揭开社会的下一个更高的阶段,经验、理智和科学正在不断向这个阶段努力。这将是古代氏族的自由、平等和博爱的复活,但却是在更高形式上的复活。"⑥这样,也许我们能够稍微理解早期马克思主义曾经关于通过阶级斗争来达到消灭阶级,从而达到使国家消亡目的的论断。因为在这个意义上,社会利益实际上就成为世界各国和全体人类的共同利益了。但人类历史的发展道路注定是曲折的。当国家仍然是一定区域范围内社会存在的主要形式时,国家利益必定是一定区域范围内的社会利益。当一定区域范围内社会存在形式下的各社会成员、利益主体发展不平衡时,社会利益很难真正成为每个社会成员、利益主体的共同利益。因此,社会利益在相当长的历史阶段,注定只能成为社会一部分成员(这一部分社会成员可以是绝对的大多数,也可以是相对的大多数,甚至可以是少数人)的利益。特别当我们放眼整个人类世界时,看到一个个国家日益重视并采取现实主义政策,日益强调自己国家的利益,说明整个社会利益将长期表现为一定区域范围内一定成员的利益。人类社会的发展进程各异,但人类社会的发展规律有其共通性。所以说到底,社会利益要成为社会全体成员绝对平等的共同利益,应当是一个人类将为之奋斗的理想目标,但不可能一下子成为现实。

第二节 社会利益分配中形成的社会秩序

社会有利益,就会有一个利益分配的问题;如何进行分配,就有一个规则问题。尽管人类初始之时,曾经存在过"弱肉强食"的无序现

---

⑥ 《马克思恩格斯选集》(第4卷),人民出版社1972年版,第175页。

象,但我们宁愿把它看成是自然界动物圈内的"物竞天择、适者生存"规律的反映。人类进入社会形态以后,无论是人类早期的习惯规范、道德意识、良心约束,还是中期的宗法制度、等级制度或者晚近时期的契约精神、法律制度、社会规范,无不处处体现人类总想通过形成一定的社会秩序,来保证社会利益的有序分配和有效享用。

一、社会秩序的本来内容

秩序,从其最基本的含义而言,是指人或事物处于整齐规则的位置[7],也即事物存在和发展所具有的稳定性、连续性和一致性的现象。[8] 在整个自然界和人类社会,自始至终都存在秩序和无序相互作用、相互交替的现象。但当我们深入到自然界和人类社会的内部去透视,会发现有序总是一种主流现象,无序总是一种暂时的非主流现象。只是有序和无序在相互作用的条件下,有时无序会压倒有序,经过事物新的组合,在新的、更高程度上重新回归有序。在自然界,我们经常能看到大雁南飞、驯鹿北徙。大雁南飞,一会儿排成"人"字形,一会儿又排成"一"字形。无数大雁总是融合在雁群中,遵守着它们中间的秩序规则,群体飞翔。尽管我们现在还不能破译动物的语言系统和秩序规则,但我们可以肯定,雁阵中个体大雁的体能、飞翔技巧各不相同,更有可能还存在某些年老体弱、年幼无识的个体大雁。于是在雁群南飞时,总会发生掉队现象。那些掉队的大雁必然会被雁群所抛弃,成为"可怜物"。但是当掉队的大雁并不是个别的,而是日益增多时,这些掉队的大雁又可组成一个新的雁群,通过调整飞翔速度,中途增加休息次数和时间,形成新的秩序规则,又可以作群体飞翔。与此同时,先前的雁群也会出现个别的大雁,自恃体能强壮、飞速较快而超前飞翔。虽然这种大雁可以成为整个雁群的开路先锋,但也会因其过分超前,无视雁群既有的秩序规则,成为离群索居的个体,随时会遇上不测,而成为另一类牺牲品。

人类群体告别了动物界进入社会以后,由于意识活动和意志追求的精神作用,自然具有了远远超越动物的秩序规则。这种秩序规则在

---

[7] 参见《辞海》,上海人民出版社1977年版,第1872页。
[8] 参见曲新久:《刑法的精神与范畴》,中国政法大学出版社2000年版,第1页。

人类社会与自然界的斗争中,保证了人类自身的生存和促进了人类社会的发展。同时人类社会内部不同群体的组成和划分,群体内部所具有的秩序规则又可保证一个群体在与另一群体发生矛盾冲突甚至对抗争斗中能够进行整体行动,从而保证在对抗争斗中占据有利的条件去征服对手,取得社会支配地位。人类社会的秩序规则不仅是一种客观现象,而且也是一种价值表现。"这是因为人们遵守为社会所普遍承认和接受的社会规范而行动便形成了社会秩序,而客观存在的社会秩序作为一种社会事实,同时也必定蕴藏着对人们有益的东西,从而满足人们的需要,成为人们所共同追求的价值。"⑨人类社会在其存在和发展过程中必然形成的社会秩序,一方面,人类为了保证其自身整体的生存和发展,因此又必然通过精神活动(包括意识活动和意志活动)的交流、协调,制定出各种具体的社会规范,建立起预想的社会秩序规则,从而为人类社会的发展指明方向;另一方面,人类社会不同群体、集团的形成和划分,表明人类社会也是一个永无止境的各种矛盾发生冲突、甚至对抗争斗的世界,每一个群体、集团都希望自己内部成员与整个群体、集团步调一致地行动,但现实的生活现象表明,超前者和落伍者总是难免的,甚至会存在有意捣乱者、破坏者。为了群体队伍的协调性,清除捣乱者、破坏者,警告超前者和落伍者,也就成为社会秩序规则的必要内容。

二、社会秩序与社会利益的相互关系

在任何社会中,人们的一切活动总是深深地植根于社会的经济关系之中,而"每一个社会的经济关系首先是作为利益表现出来的"⑩。"人们奋斗所争取的一切,都同他们的利益有关。"⑪因此,人们都要为衣食住行等生存条件去进行生产和劳作,为争取物质利益的享用去进行奋斗和抗争。物质利益成为人们进行各种社会活动的最基本的动力,又是人们进行各种社会活动的最根本的目标。在人们为争取物质利益而奋斗的过程中,又总伴随着精神利益的获取和满足。于是大千

---

⑨ 曲新久:《刑法的精神与范畴》,中国政法大学出版社2000年版,第3页。
⑩ 《马克思恩格斯全集》(第1卷),人民出版社1972年版,第82页。
⑪ 《马克思恩格斯全集》(第2卷),人民出版社1972年版,第537页。

世界,芸芸众生,熙熙而至,皆为利来;攘攘而往,皆为利去,便不足为奇了。然而,社会的物质利益在整个人类面前总是显得有限,而人类的精神欲望又总表现为无限。因此,在社会利益的分配和享用过程中,必然要产生人类社会内部无数的纷争和抗斗,直至用战争的方式来解决社会利益的分配和享用。但每一次大的人类战争,每一次剧烈的社会动荡,无疑都是以消耗既有的社会利益内容(这一点在物质利益方面表现得尤为突出)为代价的。如果说古代的战争,社会各阶级、各阶层、各集团间的冲突都是小打小闹、局部的,那么随着社会科技力量的进步、人类智慧的开发,对于人类的战争、社会的动荡任其发展下去,其灾难可能是无限的,会使争夺社会利益的各冲突方与社会利益本身同归于尽。于是人类必然要从宏观上产生对建立广泛社会秩序必要性的认识和要求。与此同时,即使在涉及人类社会内部局部社会利益的分配和享用方面,人们根据各自的需要,任意分割社会利益,也会导致和加剧局部地区人们的矛盾冲突和抗斗争战。于是,即使在社会的局部地区,人们也必然渴望有一个正常稳定的社会秩序来保证社会利益的有序分配和享用,不允许个别成员、个别集团任意地侵犯社会利益。

但由人类的本性所决定,社会成员对社会利益的占有和享用,天然地有一种多占多用的欲望,人们很难自然地建立起一种在社会利益面前人人平等占有和享用的社会秩序,培育人类的自然界所具有的弱肉强食、物竞天择规律在人类中间依然存在,于是强权制度就产生了。从大的方面,人类内部不断组成一个个集团,通过征伐、战争征服其他集团,从而为本集团攫取更多的社会利益,甚至独占全部的社会利益。从小的方面,集团内部成员也会通过偷盗抢掠,来获取为他所需的社会利益。尽管人类对平均占有和享用社会利益的和谐秩序的渴求,一而再、再而三地寄希望于天命和上帝,但天命和上帝本不存在,这就注定了人类首先要为真正平等的秩序付出血与火的代价。人类无数次的战争和攻伐不外乎是人类内部为了获取更多、更大的社会利益而展开的。在这些战争和攻伐中,一些阶级、阶层、集团胜利了,一些阶级、阶层、集团失败了,甚至被消灭了(阶级、阶层、集团的消灭,并不等于其内部成员的人身全部被消灭,他们仍然可以以个体的身份作为社会的对立面存在于这个社会之中),与"这个社会陷入了不可解决的自我矛盾,分裂为不可调和的对立面而又无力摆脱这些对立面。而为了使这些对立面,这些经济利益互相冲突的阶级,不致在无谓的斗争中把自己和社会消灭,就需要有一种表面上凌驾于社会之上的力量,这种力量应当缓和冲突,把冲突维持在'秩序'的范围之内;这种从社会中产生但又自居于社会之上并且日益同社会脱离的力量,就是国家"[12]。国家产生了,社会秩序的建立就有了强大的政治背景。尽管以国家为形式建立起来的社会秩序,并不必然蕴含着公正、平等的内容和意义,但这种社会秩序的建立与运行,毕竟使社会利益的分配和享用有了依据。正是从这一意义上说,社会秩序是社会利益得以有序分配和享用的保证,任何一种社会秩序的建立和运行,无非是为了保障社会利益的分配和享用不受无序的侵害和干扰,而任何违反既定社会秩序的规则,侵害社会利益的行为,理所当然地会被视为具有社会危害性的行为。

第三节 社会利益存在形式和社会秩序运行中衍生的社会危害性行为

有社会利益的存在,就有社会利益为社会成员分配和享用的问题;有社会利益的分配和享用,就有一个社会秩序建立和运行的问题。由于社会秩序的内容永远无法实现绝对公正、自由的目标,社会利益的分配永远无法达到绝对公平、平等的结果,于是在芸芸众生中,必然会产生一些人为了觊觎既存的社会利益,逾越既定的社会秩序规则而实施违反社会秩序的行为。一旦这种行为为整个社会所不容,就会被贴上社会危害性的标签而受到社会的否定评价和应有的制裁。

一、社会危害性的本质所在

社会利益具有多层次、多方面的内容,保护社会利益的社会秩序也具有多层次、多方面的内容,因而违反社会秩序、侵犯社会利益的行为同样也具有多层次、多方面的表现。

自从人类社会从自然界分离出来后,自然界一方面不断给人类社

---

[12] 《马克思恩格斯选集》(第4卷),人民出版社1972年版,第166页。

会制造麻烦,制造灾难,另一方面又可以被人类利用。自然界可以被人类利用,经过人们的不断发现、发明和创造,人类社会就有了社会利益;有了社会利益,就会有社会利益的分配和享用,有社会利益的分配和享用,人类社会就会建立起相应的社会秩序。"有社会生活,便会有社会制度。社会制度是对立的统一,也是一种肯定。有肯定,便会有否定。否定是统一的破裂。既有否定,便会有否定的否定。否定的否定是对立统一破裂后的再统一,也是社会制度的肯定和高层次发展。这就是说:社会制度—犯罪—刑罚,原来是个不以人们意志为转移的客观规律,也是社会历史发展的辩证法。"[13]人类社会领域无论其区域范围大小如何,总是有着与其相适应的社会利益,与此相适应,也总是有着各种各样的社会规范,形成多层次、多方面的社会秩序结构形式。从人类社会的早期发展进程来看,从家族到氏族,从村落到部落,每个阶段所存在的各种习惯规范,都可以说是一定区域范围内建立和形成的社会秩序的反映。但是,当一定的氏族、部落在其发展过程中结成民族,进而形成和建立国家以后,国家就开始把各个区域相对独立的社会秩序连成一片,形成一个整体的社会秩序(从绝对意义上说,我们仍不能完全排除某些区域在一定时期内享有的相对独立性)。然而,即使在一个整体国家领域中,我们仍可以看到到处存在不同的阶级、不同的阶层、不同的党派、不同的集团都有着自身相对独立的社会利益。当个体的社会成员、个别的社会团体与整个社会在社会利益上存在矛盾冲突的时候,违反整体既定社会秩序的观念与行为就必然会产生。这样就有了一个需要站在社会整体利益角度观察和评价某一具体行为价值所在的要求。在某种意义上说,国家就是顺应这种要求而产生的。按照马克思主义的观点,国家是阶级斗争不可调和的产物,这同样表明是大多数人压服了少数人而建立起来的一种社会秩序的形式,社会秩序就成为多数人认可的一种价值选择。少数人想从自身的利益出发,"通过行为所追求的利益一旦与多数人的利益严重冲突时,则这种行为最终就可能被多数人以国家和法律的名义施加上'社会危害性'的属性并受到制裁——社会危害性应该说就是从这里产生

---

[13] 蔡枢衡:《中国刑法史》,广西人民出版社1983年版,第1页。

出来的"⑭。因此,说到底,行为的社会危害性本质上就是对一个国家内整体社会利益和既定社会秩序的损害。

但是,在人类社会漫长的历史发展过程中,除了原始社会存在朦胧的民主形式以外,我们很少看到对社会危害性的评价是通过大多数人的参与而进行的,我们看到的是绝大多数时候是通过少数人的强权意识和强权手段加以评价的。历史好像和人类社会开了一个大玩笑。那么其深蕴的内涵到底是什么？我们有时会从一些影视画面中看到,几个士兵,只要荷枪实弹就可以将一大群俘虏押往指定的地点（虽然中间偶然会发生集体强逃和反抗的情形,但毕竟为数不多）,几个士兵与一大群俘虏相比,是一种少数人与多数人的关系,但这全部呈现出多数人服从少数人的局面。但这里少数人的背后又有着强大的军事力量做后盾。然而,即使强大的军队,与整个社会成员相比较,仍是少数人对多数人的关系。而历史一再表明,有时候（甚至以往的绝大部分历史过程）是多数人服从少数人的意志,因为这里有一个少数人掌握着国家这一强权的形式。在这种强权形式下,少数人轻而易举地宣称自己代表多数人的意志在行事。同样在这种强权形式下,多数人中只有少数人敢于表明自己的意志,并实施反抗另一些少数人制定的社会秩序规则的行为。当这两个相互对立的少数人发生严重冲突的时候,谁能战胜对方,谁就能取得对多数人的控制,多数人跟着走就是了。在中国历史上出现过无数次"逐鹿中原"的局面,都清楚地表明这一历史进程。（其更深层的原因,甚至可以追溯到人类自然性中表现出的"弱肉强食"的本能）因此,历史上的社会秩序总是以少数人的意志在强权的形式下建立的,这种社会秩序一旦建立,由于强权的作用,又变成了多数人在表面上只能遵守的社会秩序,尽管这种社会秩序"绝不可能达成一个人人都签字接受的契约"⑮。而另外一些少数人试图违反这种既定的社会秩序,就当然被视为具有社会危害性的本质属性。

然而,人类毕竟是有理性的精神动物。人类的理性告诉自己,有民才有国,有国才有权。国家和权力的真正来源还在于民。尽管中国

---

⑭ 冯亚东:《刑法的哲学与伦理学》,天地出版社1996年版,第31页。
⑮ 同上书,第30页。

古代(相当程度上也是整个世界以往的历史)的政治主题是:"君主专制主义;臣民意识;崇圣观念。"⑯但随着历史的发展和变迁,最终会发生不以少数人的意志为转移的历史超越,即:"由君主专制主义向民主主义的转变;由臣民意识向公民意识的转变;由崇圣观念向自由观念的转变。"⑰一旦国家成为人民的国家,是一定区域内全体社会成员自由意志选择的存在形式,那么这个国家确定的社会秩序更是全体社会成员抽象意志的社会利益所在。个体社会成员、个别团体要想违反这种社会秩序,势必就侵犯全体社会成员的利益,这样就当然被视为具有了社会危害性。即使像杀人罪这样的个体成员对个体成员的行为,一旦杀人行为违反了社会秩序规则,就断然不会被看成是个体成员之间的私事了,因为这种行为若得不到国家以大多数人意志建立起来的社会秩序规则的否定,就意味着其他社会成员的生命安全无法得到保证。所以,个体社会成员之间的杀人行为仍然是一种侵犯社会整体秩序和整体社会利益的行为。基于此,社会危害性的本质根源在于对社会秩序保护的社会利益的侵犯,在于对社会全体成员(包括未实施违法行为之前的个体社会成员本身)意志决定的价值选择的背反。

二、刑法对社会危害性行为的遴选

社会危害性行为的本质在于违反既定的社会秩序,侵犯社会全体成员的整体社会利益(包括未实施违法行为之前的个体社会成员本身的价值选择),这就为刑法根据社会危害性行为的属性设立犯罪提供了坚厚的理论依据和实践依据,并从制裁的需要程度上规定各种刑罚手段。刑法就是关于犯罪和刑罚的法律规范。但社会利益多方面、多层次的特征,决定了社会秩序的多方面和多层次,这同样也决定了违反既定社会秩序和侵犯社会利益的社会危害性行为的多方面和多层次的特征。这就使得刑法在规定哪些具有社会危害性的行为可以成为刑法中的犯罪行为时面临一个如何遴选的要求。

中国古代的法律(一定程度上与世界刑法史的发展进程具有相同性)表现出一种"刑民不分,诸法合一"的立法形式,任何类别的社会

---

⑯ 刘泽华主编:《中国政治思想史》(先秦卷),浙江人民出版社1996年版,小序。
⑰ 同上注。

危害性行为都可以入（刑）律。但由于价值观念的内涵和价值选择的方法不同，很大程度上又信奉一个"出乎礼而入于刑"的原则。所谓礼，是基于人类早期社会人们之间相互交往的需要，在长期的生活和生产活动过程中自然形成的行为规范和礼尚仪式，它包括人们在生活和生产活动中诸多的习俗和惯例。礼的特点在于内在地教化人心，唤起人们树立起良好的道德意识和良心约束。尽管礼对人们的行为也有一定程度上的约束作用和强制作用，但是这种约束力和强制力很大程度上来源于社会成员的道德观念和舆论力量。随着社会的不断发展，人们生活内容和生产形式的不断变化，礼的内在作用和外在强制必然会发生冲突，当礼无法全面、深入教化所有社会成员的内心世界，无法强制规范所有社会成员的言行举止、进退行动，社会必然要从礼规中分裂出一部分被人们视为具有危害整个公众利益的行为，通过高于礼的约束和强制作用的新式规范加以规定，于是法就出现了。法自产生的第一天起，就担负着从更强制的角度维护社稷安稳、社会安宁的社会秩序。尽管礼与法的目的相同，但其表现出的作用却各不相同。礼为体、刑为用。道之以德，齐之以礼，"先王之治，以礼为本"[18]。但"法者，天下之至道也"[19]，"治国无法，则民朋党而下比"[20]，"以法治国，则举措而已"[21]。从礼和法的关系上，我们可以看出两者都是作为一种社会秩序规则，以限制社会成员在其自由意志的支配下对维护社会利益的社会秩序的侵害，但礼强调对人心的教化，对社会危害性行为的预防；而法则强调借助于国家的强制力惩恶治凶，施以严厉的制裁，以使违法者不再重犯。并通过法的制裁，儆戒其他社会成员，以儆效尤，使人们服从法律，遵守法律，以便在更高层次上维护社会秩序，保护社会利益。

从"出乎礼而入于刑"的这一基本原则出发，不同社会形态下的不同时期，对不同礼制下的违制行为能够进入法的领域，都有着有层次遴选的过程。这种遴选过程时时处处反映和体现着那个时代的代表

---

[18] 《仪礼》义疏卷首上。
[19] 《管子·明法》。
[20] 《管子·君臣》。
[21] 同上注。

统治者阶层、统治者集团的价值观念和价值选择。无论"杀人者死,伤人及盗者罪"的约法三章也好,还是"十恶、八议"之罪也好,不过是这个时期对社会危害性行为入律时的一种价值反映。

从人类古代做表面文章的法制社会向现代法治社会的历史发展过程中,对各种危害社会的行为经过多层次的遴选,将其中严重危害社会的行为规定在刑法之中,作为犯罪施以刑罚,是刑事立法者的一个基本要求和重要任务。在现代法治社会中,存在多方面、多层次的法律规范,它们有机地组成一个完整的法律体系。每一个具体的法律规范都担负起调整特定领域内社会关系的重任。它们在法律功能的总和上达到了维护社会整体秩序、保卫社会整体利益的需要。但是在这个完整的法律体系中存在一种严格的阶梯关系。在这个阶梯关系中,刑法是保证多种法律规范得以实施贯彻的最后一道屏障,它始终处于保障法的地位。如果说犯罪行为是各种具有社会危害性行为中危害社会的一种最极端的表现形式,那么适用刑罚不过是社会进行自身防卫所采取的最后一种极端手段。只有当其他法律规范再也无法容纳已经超出其既定界限的某种危害社会行为时,只有当其他法律制裁手段再也不能、也不足以制止和惩罚触犯其规定的行为时,国家才不得已而动用刑法来宣布这种行为为犯罪,并动用刑罚来加以惩罚。如果说古代社会制定刑法设立犯罪时,遵循"出乎礼而入于刑"的基本原则,那么在现代社会制定刑法设立犯罪时,就应遵循"出于他法而入于刑法"的立法基本原则。

那么"出于他法"的标准是什么?这实际上涉及社会价值判断和价值选择的问题。即使在同一社会的同一时代,每一个具体的社会成员都会因他自身的利益不同和观察社会时所选择的立场、角度不同,会对同一个社会行为产生不同的感受,从而导致不同的价值评判。对你来说是好的,对我来说并不见得好;对我来说是可以接受的,对你来说未必同样如此。在一个社会中,"根本就不存在可以代表整体的公众,如果要理解法律文化,你就必须谨慎地确定一个有关公众的概念,在涉及不同问题时,这将是一群不同的人"[22]。"不同的阶级、不同的党派、不同的阶层、不同的民族、不同的利益集团对同一事物的看法合

---

[22] 〔英〕科特威尔:《法律社会学导论》,潘大松等译,华夏出版社1989年版,第163页。

理地可能有差异,甚至会激烈冲突。"[23]因此,"就法律领域内讨论社会危害性来说,其判断主体应当是限制在特定的国家、特定的法律秩序下才是最有意义的。"[24]但是当我们从刑事立法过程的另一方面来考察,一个国家要制定刑法,不可能确保每一个社会成员都能真正地自始至终地参与,并最终做到人人签字画押,以表同意。于是,"在利益关系密切的国民之间建立起某种组织,依靠组织力量来维护和促进自身利益,并从政治上排除各种阻挠其追求利益的障碍。如果大大小小的压力团体形成势力抗衡,对国家的政策决定起到影响作用,那么国民的要求就会在国家政治中得到反映,就能防止政策决定者实行只满足于部分人要求的不公平政治"[25]。当然,由于受一个国家的历史原因的影响和现实条件的限制,要做到这一点也是相当困难的。于是我们想到,在现实的条件下,新闻媒体已无处不在地发挥作用,能否利用新闻媒体的中介作用,将某些肯定会有争议的社会危害性行为是否要纳入到刑法之中,让那些愿意参加讨论的社会成员去尽情地发表自己的看法,这总比由某些人一拍脑袋、一锤定音而更能够反映社会成员的价值选择。果真如此的话,无论结果如何都只能被社会成员心悦诚服地接受。在这方面,我国的《婚姻法》修订起到了一个榜样作用。2000年,《婚姻法》修订草案在第九届全国人大的两次常委会上未能通过,于是全国人大常委会决定在2001年1月将《婚姻法》修订草案全文刊登在全国的各大新闻媒体上,广泛听取社会成员的意见。这不但是一种理想的立法方法,而且也代表一种先进的立法模式。我们完全有理由认为,刑法的制定和修改也应当采取这种理想模式,使刑法的内容,特别是刑法对社会危害性行为的遴选,更能体现社会成员的价值选择。

基于"出于他法而入于刑法"的刑事立法对社会危害性行为进行遴选的基本原则,循着上面所述的价值选择方法的思路,我们又想到了在对各种社会危害性行为如何选择而进入刑法时,还应当引入谦

---

[23] 冯亚东:《刑法的哲学与伦理学》,天地出版社1996年版,第25页。
[24] 同上注。
[25] 〔日〕西原春夫:《刑法的根基与哲学》,顾肖荣等译,上海三联书店1991年版,第14页。

抑、节俭思想，以减轻刑法自身的负担，同时更好地、更大限度地发挥其他法律对特定社会关系的调节力度。谦抑，是指缩减或者压缩刑法的谦抑性，又称刑法的经济性或者节俭性[26]，是指立法者应当力求以最小的支出——少用甚至不用刑罚（而用其他刑罚替代措施），获取最大的社会效益——有效地预防和抗制犯罪……刑法的谦抑性表现在：对于某种危害社会的行为，国家只有在运用民事的、行政的（还有经济的——引者注）法律手段和措施，仍不足抗制时，才能运用刑法的方法，亦即通过刑事立法将其规定为犯罪，处以一定的刑罚，并进而通过相应的刑事司法活动加以解决。[27] 在这方面，我国现有的刑法即使通过设立罪刑法定原则，取消了类推制度后，仍然有诸多值得检讨和需要重新思考的地方，例如，大的方面如"法人犯罪"问题，中的方面如近似于严格责任的"持有行为"等行为，小的方面如强奸罪没有明确排除丈夫的成分而导致司法实践处理时混乱不堪等现象。面对这样一些本来就极有争议的问题，如果引入谦抑原则，是能够剔除出刑法领域的。

在论及刑法对社会危害性行为如何进行遴选时，我们还想到刑法是否应当体现一种适当的宽容精神。宽容精神既是谦抑思想的现实反映，又是体现人类追求自由的理想欲望。"在一个正义的法律制度所必须予以充分考虑的人类需要中，自由占有一个显要的位置。要求自由的欲望在人类中是根深蒂固的。"[28]"每个人的自由发展是一切人的自由发展的条件。"[29]刑事立法通过体现宽容精神，从社会观念上说，社会成员一旦进入监狱，甚至看守所，就已经加入犯罪者队伍。当社会成员一不小心就会陷入犯罪的陷阱，加入犯罪者行列，那社会成员就会时时从犯罪人的身上看到自己的影子。虽然在罪刑法定原则下，什么行为是犯罪而应当受到刑罚，什么行为不是犯罪而不应当受到处罚，国家已经有言在先，有教而诛。在正确处理保护社会秩序和保障个人自由的这一矛盾关系时，国家已经发挥了公正、公平、公开原

---

[26] 参见甘雨沛、何鹏：《外国刑法学》（上册），北京大学出版社1984年版，第175页。
[27] 参见陈兴良：《刑法哲学》，中国政法大学出版社1992年版，第6—7页。
[28] 〔美〕博登海默：《法理学——法哲学及其方法》，邓正来译，华夏出版社1987年版，第272页。
[29] 《马克思恩格斯选集》（第1卷），人民出版社1972年版，第273页。

则的应有作用,但是在犯罪不断增加的情况下,我们一方面在司法实践中必须依照现行有效的法律进行必要的处理,对于执法者来说这应当是坚定不移的立场和态度。然而在另一方面,对于立法者来说,是否有一个重新审视现有刑法的宽严程度和界限,以致在刑事立法中清除一些罪与非罪两可的即使具有一定社会危害性的行为呢?尽管我们有足够的理由申明牺牲一部分人的个人自由来换取社会秩序的稳定和大多数人自由的做法的正确性,但不可否认的是,随着"一部分人"的绝对数量的不断增加,本身就意味着这是对多数人个人自由的蚕食。因此,"适中宽和的精神应当是立法者的精神"[30]。不管我们在多大程度上宣称已经这样做了,但作为一种立法精神还是应当时时被考察和提及。当然,从整个刑法对社会危害性行为的遴选活动、遴选标准、遴选结果的全部过程来看,它实际上已反映出这样一个特点:对于社会成员来说,关键在于尽量站在国家和大多数社会成员的角度认识行为的社会危害性,有害于社会的行为不能干;对于刑事执法者来说,关键在于必须站在国家的立场上认识行为的刑事违法性,行为触犯了刑法就必定具有社会危害性,必须依照刑法动用刑罚措施;而对于刑事立法者来说,关键在于应当站在全体社会成员的立场上,认识行为的社会危害性程度,并适当地通过宽容精神剔除"两可"行为的犯罪规定,把能够通过国家的帮助爬出陷阱的社会成员拯救出来。在人类发展史上,先有观念上的犯罪而后有刑法;从刑法发展史来说,是先有刑法的规定而后有犯罪的产生和成立。在对待社会秩序和个人自由的相互关系上,我们有必要从犯罪的"源头"——刑法的规定上,对犯罪的产生和成立严加控制。

三、刑事实在法上行为社会危害性的虚拟评价

刑法是关于犯罪和刑罚的法律规范,犯罪在刑法中是通过犯罪构成的形式加以体现的,犯罪构成又是刑事立法者根据社会利益的保护需要,根据危害社会的行为可能对社会利益、进而对社会秩序的危害程度,通过价值评价和价值判断设立的。犯罪构成一旦在刑法中确

---

[30] 〔法〕孟德斯鸠:《论法的精神》(下册),张雁深译,商务印书馆1963年版,第286页。

立,就成为对社会危害性行为的一个评价标准和认定规格。但是,犯罪构成作为侵害既存社会利益和既定社会秩序的具有社会危害性的行为经过价值选择和价值判断后的产物,与犯罪构成本身是否具有社会危害性,是学者们经常发生混淆但又必须加以澄清的两个理论范畴。在随处可见的各种千篇一律、千人一面的教科书中,把犯罪构成本身看成是一种社会危害性体现的观点比比皆是,这实在是一种人云亦云的不正常理论现象。刑法学发展到今天,犯罪构成的理论争论从其一开始诞生延续到今天,我们实在已没有必要再陷入这种争论的沼泽泥潭而不能自拔。在这方面,我们只要稍稍一瞥刑法中已经设立的一两个具体的犯罪构成,就可以指出犯罪构成本身就是一种社会危害性体现观点的错误所在。例如,《刑法》第395条设立的隐瞒境外存款罪,这一犯罪构成的设立,无疑是在客观上存在有的国家工作人员故意违反国家的申报规定,对数额较大的境外存款隐瞒不报。这种隐瞒不报的行为,一方面隐匿了财产的可能不合法来源,另一方面也给国家工作人员应当光明磊落、廉洁从政、取信于民的信念蒙上阴影。因此说这种行为当然具有社会危害性并不过分,刑法因此通过价值选择和价值判断设立了这一犯罪构成。然而时至今日,司法实践还没有处理多少类似的案件(也许是笔者孤陋寡闻,事实已有而却未能收集到)。㉛ 没有构成犯罪的事实,并不能否定犯罪构成的法律规定存在事实。但犯罪构成的法律规定存在事实也并不能因为构成犯罪的事实具有社会危害性,其本身也就具有社会危害性,更不能连具有社会危害性的事实还未出现,就认为犯罪构成本身仍然具有社会危害性。把客观的事实等同于主观的法律规定,恐怕是这种错误存在的认识根源。

我们还是回到犯罪构成的本身功能上来讨论这一问题。犯罪构成的功能表明它是一种刑事立法设定犯罪的模型、模具,是一种犯罪的规格、标准,当现实生活中的违法事实与此相等同时,通过刑事司法

㉛ 2007年4月,上海市人民检察院第二分院向媒体披露了上海市查处的首例隐瞒境外存款案,嘉定区检察院在查处中发现,张伟民曾在香港开设账户并向美国转移资金,张伟民涉嫌犯有隐瞒境外存款的个案在上海尚属首例。经查,张伟民在担任嘉定区供销合作总社主任期间,违反国家规定,于2002年至2005年间,以其妻潘学华的名义在香港汇丰银行账户内存有253万余元港币,并通过他人将253万元港币汇给其在美国某大学读书的女儿。

活动的评判,就可以宣告现实生活中具有社会危害性的违法事实就构成了犯罪。一个犯罪构成的模型、模具,可以"生产"出无数个相同类型的犯罪。犯罪事实被处理掉了,犯罪构成的模型、模具犹在。没有违法犯罪的事实,犯罪构成的模型、模具仍然还在。因此,犯罪构成的模型、模具并不等于构成犯罪的事实。构成犯罪的事实具有社会危害性,并不等于犯罪构成的模具也具有社会危害性。思想的误区一旦被澄清,长期以来一直笼罩在人们聚讼问题上的烟云就会立即散去。这样,我们很自然地得出结论,刑事实在法上设立犯罪构成所依据的行为具有社会危害性是刑事立法者观念上的产物,是一种虚拟的评价。刑事立法不等于刑事司法,它是先于刑事司法而出现的主观活动,它根据以往的社会生活经验,通过价值选择和价值判断对具有社会危害性的行为进行遴选后设立犯罪构成,与刑事司法面对正在发生并已成为事实的具有社会危害性的行为进行价值评价,依照法律运用犯罪构成,是两个不同领域的活动。在我国的刑法理论中,长期以来自觉或不自觉地将刑事立法与刑事司法混为一谈的现象,久而久之,容易使人感觉到这两者好像就是同一事实。真是差之毫厘,失之千里。这一理论现象产生的教训,至少对我国整个刑法学来说是极其深刻的。

将刑事立法和刑事司法这两个过去长期被人们认为有着天然有机联系的活动,稍微进行一下隔离和撕裂,我们就会立即发现,一种行为之所以被刑事立法者通过设立犯罪构成被规定为犯罪,是因为这种行为具有严重的社会危害性。这是某种行为为什么被规定为犯罪的一种价值评价和价值选择。犯罪构成设立后,以往设立犯罪构成前的社会危害性的评价在设立后的犯罪构成中并不继续存在,因而就成为虚拟评价。犯罪构成设立后,又是在刑事司法中被运用的,它所面对的违法行为事实符合犯罪构成自身的要求,行为具有社会危害性就成为一种规范评价,即有刑事违法性的行为必定具有社会危害性。价值评价和规范评价往往搅和在一起,甚至被认为是同一回事。但是当我们把它们还原为两个不同的领域,它们还会是同一回事吗?基于此,我们完全有理由作出如下结论:犯罪构成的法律规定与构成犯罪的行为事实所讨论的社会危害性是两个不同范畴的问题。我们再也没有必要就社会危害性这两重性的特征作无谓的争论了。

早在一百多年前,德国刑法学者贝林格就曾指出过:"犯罪构成是一个没有独立意义的纯粹的概念。违法的有罪过的行为在形成犯罪构成后,就成了犯罪行为。犯罪构成本身存在于时间、空间和生活范围之外。犯罪构成只是法律方面的东西,而不是现实。"㉜这里我们撇开繁琐的概念争论,不得不承认这一说法具有的合理内核。我国刑法学者冯亚东在讨论应受惩罚性和社会危害性何者才是犯罪的本质时,通过大量的论证,借用了沙俄时期刑法学者基斯特雅考夫斯基的一段语录,表明我国刑法学曾长期停留在表面层次上来讨论刑法问题,然后深刻地指出:"刑法学喧闹了一个世纪,除了近距离地服务于实际生活的需要之外,在自身基本理论的建构方面究竟又有多少长足的进步呢?"㉝这一评价在涉及犯罪构成的一些基本问题时,恐怕同样切中时弊。

㉜ 〔苏〕A.H.特拉伊宁:《犯罪构成的一般学说》,薛秉忠等译,中国人民大学出版社1958年版,第16页。

㉝ 冯亚东:《刑法的哲学与伦理学》,天地出版社1996年版,第115页。

第六章 犯罪构成的主观要件

犯罪构成的主观要件,在刑法理论上也称为主观罪过。主观罪过,作为现代刑法学上的一个专用术语,它是指犯罪主体对其实施的危害社会的行为及其导致的危害结果所持有故意或者过失的一种主观心理态度。这种心理态度之所以被称为罪过,是由于它深刻地反映了犯罪主体对刑法所要保护的社会利益的深刻蔑视或者极度漠视,并且通过犯罪行为这一中介加以表现,以致使现存的社会秩序受到危害。正因为如此,主观罪过是犯罪构成的必要要件,它是行为人承担刑事责任的主观基础和内在根据。

第一节 主观罪过的心理特征及其本质

一、主观罪过在犯罪中的作用

主观罪过反映了行为人在实施危害行为时的一种心理态度,从而表明犯罪行为是一种行为人有意识、有意志的活动。一个人实施危害社会的行为,为什么只有在他具有主观罪过的情况下才能承担刑事责任,这是由人的意识和意志具有相对的独立性和人的思想具有能动性,以及人们应当对其具有自觉的、有意志的社会活动承担相应社会责任的基本原理所决定的。从人的社会实践活动来看,人的意识和意志是社会存在的反映,人们的行为总是要受社会客观条件的制约。但是人的意识和意志在客观世界面前不是完全消极被动的,而是积极主动的。恩格斯曾经指出:"人离开动物愈远,他们对自然界的作用就愈带有经过思考的、有计划的、向着一定的和事先知道的目标前进的特征。"①人们在认识客观世界的基础上,想干什么,能干什么,是能够凭借自己的意志进行相对自由的选择的。"在社会历史领域内进行活动的,全是具有意识的、经过思虑或凭激情行动的、追求某种目的的人;任何事情的发生都不是没有自觉的意图、没有预期目的的。"②在社会生活中,人们的行为只有在其有意识和有意志的心理活动支配下实施,才具有社会意义。犯罪活动尽管是一种反社会的行为,但它同样是行为人有意识和有意志的自觉活动,因此具有社会政治意义,必然要受到国家法律的否定评价。

人的行为具有客观危害并且达到一定程度的时候,行为人是否要对其行为承担刑事责任,首要的依据就在于行为人在实施这一危害行为时是否具有主观罪过。具有主观罪过,就应当承担刑事责任;不存在主观罪过,就无须承担刑事责任。正因为如此,例如精神病患者在其不能辨认或者不能控制自己行为的时候,不论其行为造成多大的客观危害,都不能要求其承担刑事责任。再如现代各国的刑法都有意外事件的特别规定,即行为人虽然在客观上给社会造成了损害结果,但是行为人在主观上不是出于故意或者过失,而是由于不能抗拒(违背行为人意志的)或者不能预见(行为人缺乏意识的)的原因所引起的,都不认为是犯罪,因而无须追究其刑事责任。同时,一个人对客观世界的认识能力和对自己行为的控制能力,必须达到国家认可的程度,才能认定其已有具备主观罪过的可能性。不然,即使在一定心理活动支配下的行为已经给社会造成了一定的危害,仍然不能承担刑事责任。例如我国刑法对未满14周岁的人规定其不具备具有主观罪过的产生基础。

主观罪过作为行为人对其实施的危害行为及其可能导致的危害社会的结果所持有的一种主观心理态度,可以反映出行为人主观恶性的大小。人们的主观心理活动,包括对客观世界的主观认识活动和对客观行为的自由选择活动,在此支配下的行为才能够实现预期的目的,才能够具有社会意义。同样,主观罪过也包括行为人对客观世界的认识能力和对自己行为的控制能力,从而赋予犯罪行为的社会意

---

① 《马克思恩格斯选集》(第3卷),人民出版社1972年版,第516页。
② 《马克思恩格斯选集》(第4卷),人民出版社1972年版,第243页。

义。在故意犯罪的情况下,行为人明知自己的行为会发生危害社会的结果,仍然希望或者放任这一结果的发生,这正说明行为人在主观上存有深刻的反社会性。即使在过失犯罪的情况下,行为人应当预见自己的行为可能发生危害社会的结果,仍然由于疏忽大意而没有预见,或者已经预见自己的行为可能发生危害社会的结果,仍然不予以积极预防,而是毫无科学根据地轻信能够避免,致使这一危害结果得以发生,同样说明行为人在主观上具有一定的危险性。因此,行为人在主观上具有一定的罪过内容,是其行为具有社会危害性的内在根据。而行为人主观罪过的内容不同,又可以反映出行为人主观恶性的大小不同。

当然,我们说主观罪过是支配行为人实施危害行为的内在动力,其实已不是指单纯的思想活动,而是超越了单纯思想活动的领域,与行为人随之而实施的客观行为发生了密切的联系。行为人的主观心理活动在前,其客观行为实施在后,正表明行为人主观罪过对客观行为的支配作用。也正因为如此,犯罪的主观罪过才纳入刑法的评价领域,成为犯罪构成的必要内容。而深入研究犯罪的主观罪过,对于我们确定犯罪行为的性质,衡量犯罪人的主观恶性,从而对解决犯罪人的刑事责任具有重要的意义。由于行为人的主观罪过已不是单纯的思想活动,它必然要在客观行为中表现出来,因此,我们在认定行为人的主观罪过时,必须根据和借助行为人所实施的全部客观行为并结合实施这一客观行为时的全部客观情况加以全面分析、判断,以确定行为人主观罪过的性质和测定其主观恶性的大小。

二、主观罪过的心理特征

主观罪过作为行为人实施危害行为时的一种心理态度,它和社会生活中人们实施其他行为时所持有的心理态度具有同一性,即它是人一系列心理活动的产物,它反映人在一定的需要和欲望的刺激下,开始对自身周围的客观世界进行认识,在产生意识后,进而决定自己的行为方向和价值取向。当然,犯罪人的心理活动是一个永远不会停止的发展过程,因为犯罪人的一定的需要和欲望本身也是在一定的意识基础上产生的,在危害行为实施并在危害结果出现之后,有时主观罪过还会支配行为人实施与危害行为有关的其他行为,甚至还会实施新的危害行为,即又产生一个新的主观罪过。但是,现代刑法理论与刑事司法是研究和评价一个又一个的危害社会的行为,支配这一危害行为的主观罪过总是具有相对的独立性。因此,产生支配危害行为主观罪过的内在需要和欲望(即动机)以及危害结果出现后的心理活动都不属于主观罪过的必要内容。

根据社会生活的一般原理,人的心理状态,主要是由他的意识活动和意志活动组成的。而人的意识和意志,是高度组织化了的物质即人脑的产物。这就是说,人的心理活动作为一种精神现象是从物质世界中产生并依赖于物质世界的。因此,人们的感觉、意识、观念、概念以及整个思想活动,作为一种心理事实,是客观世界的反映。但是,人能够通过自身的主观能动作用,即能够将意识到的内容通过人们的实践活动加以检验,从而可以反作用于客观世界。主观罪过虽然是一种应受到人们道德谴责和法律否定评价的心理状态,但它作为一种主观心理活动,同样是由意识因素和意志因素这两大基本要素构成的。

(一) 意识因素

意识因素是指人们在进行社会活动时,对客观世界的认识活动,人们的行为活动只有在认识活动的基础上,才会有明确的指向对象,才能有确定的行动方向,才能实现理想的目的。因此,意识因素是主观罪过的首要内容,主观罪过的成立与否首先取决于意识因素的有无。作为意识因素的认识活动具有两层含义:一是由于客观世界作用于人体,通过人的被动感觉、知觉而为人所感知;二是人由于受某种需求欲望的支配,主动去认识客观世界,从而产生认知。无论是感知还是认知,实际上都反映人这一社会活动主体对外界客体的一种反应。由于人是有意识、能思维、能按照自己意志行动的社会活动主体,因此,人的认识活动最终还是体现为人的一种自觉的心理活动。也正因为如此,包括意识因素在内并在意识因素基础上成立的主观罪过能够反映危害行为的基本性质。

现代刑法理论几乎都把主观罪过分成故意与过失,我国刑法理论又把故意罪过分为直接故意和间接故意,过失罪过又分为疏忽过失和轻信过失。在故意罪过(无论是直接故意还是间接故意)和过失罪过的轻信过失中,以"明知"和"已经预见"为内容的认识活动作为意识因素成为这样一些罪过构成要素的反映是十分明显和确定的。没有"明知",就没有犯罪的故意。明知故犯,正是表明犯罪人的危害行为是完全建立在对客观世界的认识(包括错误的认识)基础上的。所以,同一犯罪的故意罪过主观恶性要远远大于过失罪过的主观恶性。而轻信过失的"已经预见"也相等于"明知"。与间接故意相比较,只是两者的行为人对发生危害结果的预见程度和意志性质不同而已。对于间接故意来说,行为人对于危害结果发生的预见性质属于一种既定可能性,即行为人明知只要自己实施既定的行为,就有可能导致危害结果的发生,可能性即可变为现实性,行为对于结果发生的促成和发展趋势是十分显见的。而对于轻信过失来说,行为人对于危害结果的预见性质则属于一种假定可能性,即行为人认为自己的行为虽有可能导致危害结果的发生,但又认为有可能不会发生,只要自己的行为得当,发生危害结果仅仅是一种假定的可能。因此,行为人对于结果发生的认识,始终处于一种不确定的状态。由此可见,没有意识因素,就没有故意的罪过和轻信过失的罪过,应当是确定无疑的事实。

然而,我们如何看待疏忽过失?以我国刑法规定的情形来看,疏忽过失是指应当预见而没有预见。类似的规定在国外也大量存在。问题是"没有预见"是不是一种认识?能不能成立罪过的意识因素?如不能成立,罪过的两大要素原理是否会发生动摇?这些都值得我们作进一步的研究思考。

关于疏忽过失的主观罪过有无意识因素的问题,刑法理论有过多种观点:一种观点是无认识,此说认为过失实际上是缺乏对事实和结果的认识。③ 另一种观点是不注意,此说认为过失是因违反注意义务而导致结果发生的。④ 根据无认识的观点,疏忽过失的罪过就是缺乏意识因素;根据不注意的观点,应当预见,但由于疏忽大意而没有预见,就是疏忽过失罪过的意识因素。然而上述两种观点都缺乏一种最起码的说服力。按不注意的观点,"应当预见"表明了一种可能性,而"没有预见"则反映了一种现实性。既然客观现实表明的是没有预见,那怎么能说是具有意识因素?按无认识的观点,没有预见,就是缺乏

---

③ 参见苏惠渔主编:《刑法学》,中国政法大学出版社1994年版,第163页。
④ 参见陈兴良:《刑法哲学》,中国政法大学出版社1992年版,第37页。

意识因素,而缺乏意识因素,罪过照样能够成立,那罪过的一般原理则大可责难。为了解决这两难之题,从而使过失罪过的理论科学化,有人开始借用心理学上的潜意识理论来阐述疏忽过失的心理事实。然而问题又在于,潜意识是不是有意识的意识?因为根据弗洛伊德过失犯罪心理的无意识理论,无意识和意识始终处于斗争之中,意识抑制着无意识,而人的错误行为则是在无意识战胜意识时才产生的,是由潜在的动机和欲望所驱使的。⑤ 这一理论实际上并没有解决过失罪过的心理特征,无意识能够战胜并且已经战胜意识,那么此时即使本属于无意识的心理状态恐怕也已成了有意识的心理状态了。前苏联刑法学者乌格列赫里捷也曾试图从承认人的心理存在无意识或下意识心理的现代心理学概念出发,认为过失的心理事实是不受意志和意识控制的冲动定势,但是乌格列赫里捷的努力是不成功的,因为其对过失罪过的最终结论还是归结于未意识。例如,乌格列赫里捷认为疏忽过失中主体有意识地作为或不作为,却没有认识到危害结果发生的可能;主体有意识地破坏法规,但未意识到这种破坏可能导致危害结果;主体瞬间意识到行为的某些事实,但未意识到行为的社会危害性质;等等。⑥ 在乌格列赫里捷的理论中,有意识与无意识还是那样的泾渭分明,疏忽过失的实质在于未意识。那么未意识是否就是缺乏意识因素?如真这样,罪过两大要素的原理显然岌岌可危了!

笔者认为,疏忽过失作为罪过的一个组成部分,必然要受罪过的一般原理的制约,这是不容推翻的原则。而主观罪过作为一种心理活动的反映,又必然要受心理活动一般规律的支配,这也是不容置疑的事实。由此承认疏忽过失同样存在意识因素和意志因素,不过是承认心理活动的一般规律而已。作为过失犯罪,过失行为与危害结果之间存在内在的、现实的必然关系是一种客观事实;任何一种过失行为,都是在行为人有意识、有意志的心理状态支配下才得以实施的,这也是一种事实;任何一种过失行为只有针对一定的对象才能发生危害结果,以致两者之间存有因果关系,这同样也是一种事实。从众多的客

---

⑤ 参见蔡卫平:《过失犯罪的心理状态及其形成原因》,载《华东政法学院法学硕士论文集》,上海社会科学院出版社1988年版,第275页。

⑥ 同上书,第278页。

观事实中,断言行为人都未意识到显然是脱离事实的。其实我们可以从任何一个疏忽过失的犯罪中都可以发现,行为人对自己的行为性质(即在干什么)是有认识的,并始终处于自己的意志控制之下,对这种有意识的行为作用于什么对象也是有认识的,只是对这种行为有可能导致什么结果,即对行为与结果之间的可能性因果关系的预见和认识发生了错误,即意识到可能发生其他结果,而偏偏没有意识到发生的是这种危害结果。因此,笔者认为,疏忽过失的主观罪过同样存有意识因素,即行为人已意识到自己在干什么,意识到在针对什么对象在干什么(如果这两点都未意识到,不是行为人无刑事责任能力,就是行为属于意外事件),只是对可能导致而且最终事实上已经导致的危害结果,由于疏忽大意产生错误认识,以致没有正确认识到。正是从这一意义上,疏忽过失的主观罪过同样具有意识因素,这一意识因素的实质是错误的认识,而不是没有认识。

(二) 意志因素

意志因素是指人们在进行社会活动时,对即将要实施或正在实施的行为具有支配和控制的心理活动。在主观罪过的心理活动中,意志因素是在意识因素基础上形成并直接决定着行为的发展方向和行为的价值取向。所以在主观罪过中,意志因素是最终决定主观罪过性质的内在依据。

在一般心理活动过程中,意志实际上表明了人的一种随意。正如前苏联心理学家彼得罗夫斯基所指出的:"意志行动是一种特殊的随意行动,意志行动是自觉的行动,指向于一定的目的,并与努力克服达到目的道路上的障碍相联系。"⑦人不但能够认识世界,还能改造世界。人的意志力量对行为的控制、支配和调节作用,在犯罪过程的主观罪过中同样存在。正如没有意识因素就没有主观罪过一样,没有意志因素也就没有主观罪过。而且意志因素比意识因素更能反映主观罪过的性质,反映行为人主观恶性的大小。

在故意犯罪的主观罪过中,其意志因素有两种情形:一是希望,即行为人明知自己的行为会发生危害社会的结果,并且希望这一结果的

---

⑦ 〔苏〕彼得罗夫斯基主编:《普通心理学》,朱智贤等译,人民教育出版社1981年版,第427页。

发生;二是放任,即行为人明知自己的行为会发生危害社会的结果,仍然放任这一结果的发生。故意犯罪主观罪过的意志本质是对危害结果的肯定。刑法理论根据这种意志因素的表现形式的不同,将犯罪故意划分为直接故意与间接故意。持希望意志的是直接故意,持放任意志的是间接故意。当然,从一般意义上说,持希望意志的直接故意在主观恶性上较持放任意志的间接故意要大些,但这不是绝对的。我国刑事立法对两种故意未作处罚上的区别对待是有深刻道理的。因为从根本上来说,意志因素主要反映罪过性质,而不在于主要反映主观恶性的大小。

在过失犯罪的主观罪过中,其意志因素也有两种情形:一是不追求,即行为人由于疏忽大意不能正确预见自己的行为可能发生危害社会的结果,因而在意志方面表现为不追求危害结果的发生;二是不希望,即行为人已经预见自己的行为可能发生危害社会的结果,但轻信能够避免,因而在意志方面表现为不希望危害结果的发生。过失犯罪主观罪过的意志本质是对危害结果的否定。刑法理论根据过失罪过意识因素的不同并结合意志因素,将犯罪过失分为疏忽过失和轻信过失。

三、主观罪过的意志自由问题

追究一定行为人的刑事责任,之所以必须要以行为人具有主观罪过为内在依据,这是因为主观罪过最全面、最深刻地反映了人的行为的社会属性、社会意义和社会价值。人的犯罪行为不管其形式多么复杂多样,不管其导致的危害结果多么深重巨大,其实不过是主观罪过客观物化的外在表现而已。国家依据犯罪行为进行法律评价进而对犯罪人进行必要的惩罚,实际上就是在对犯罪人具有的主观罪过进行谴责和否定,进而对人们行为的意志支配力量和自由选择方向产生影响作用。从这一意义上说,罪过的心理本质是意志自由。

然而人的意志是否是自由的?人的意识来源于存在,意识不过是客观世界在人的主观世界中的反映。在意识基础上产生的人的意志是否也仅仅是客观世界的被动产物?中世纪的欧洲,由于受宗教思想的统治,人们丝毫不曾怀疑过人是上帝创造的,人的思想(包括意志)也是由上帝决定的。所以人的意志是不自由的,犯罪不过是违反了神的意志,因而要受到神意报应的惩罚。近代资产阶级革命的兴起,天赋人权的思想盛行,人有与生俱存的自由,于是人的意志自由成为刑事古典学派刑法理论赖以建立的心理基础。近代资产阶级革命启蒙思想的传播,把人从上帝的支配下解放出来,认为人是独立于上帝的。⑧ 刑事古典学派把意志自由看成是天赋的绝对自由意志,认为任何人达到一定年龄(除精神病患者之外)都具有这种自由的意志,并由此建立了以自由意志为主观基础、以犯罪行为为客观依据、以罪刑相等为刑罚原则、以报应刑为刑罚目的的旧派刑法理论。但随着资本主义制度确立以后各种社会矛盾的急剧增加,犯罪大量上升,旧派刑法理论变得束手无策,以刑事人类学派、刑事社会学派为代表的新派刑法理论又重新鼓吹人的意志是不自由的,是受到个人性格或者社会条件等因素制约的,否认自由意志的存在。⑨ 可以看出,上述刑法学派不是从科学的立场,而仅从阶级的立场或者利益出发,来讨论人的意志自由问题,当然无法得出科学的结论。

其实,辩证唯物主义原理从存在与意识、物质与精神的相互关系中,已经揭示了意识与意志的心理品质,认为意识和意志是受客观世界制约的,绝对自由的意志是不存在的,但人的主观能动性又决定了人的意志具有相对的独立性,即存在相对的自由。正如恩格斯所指出的:"意志自由只是借助于对事物认识来作出决定的那种能力。"⑩

意识的被动性表明,人的意识不会突然地毫无原因、毫无根据地产生,它只能是物质的产物,是存在的反映。在此基础上形成的意志也就不可能是绝对自由的,它必然要受客观世界的制约,一定的意志也只能是一定社会存在的反映。但意志的相对独立、相对自由又表明,人在客观世界面前并不是消极被动的,人能够通过自己的意志调节,有选择地获得对客观世界的认识,并运用这种认识支配自己的行为,以达到预定的目的。而且,意志的相对独立、相对自由同时反映了人在实施自己的意志支配下的行为时,是能够明确知道自己的行为内

---

⑧ 参见〔日〕西原春夫:《刑法的根基与哲学》,顾肖荣等译,上海三联书店1991年版,第101页。

⑨ 参见朱华荣:《略论刑法中的罪过》,载甘雨沛主编:《刑法学专论》,北京大学出版社1989年版,第81—82页。

⑩ 《马克思恩格斯选集》(第4卷),人民出版社1972年版,第154页。

容、行为结果和行为意义的。正因为如此,任何一种危害社会的行为产生,都可以从中寻找出实施这一行为的内在意志力量。对于这种行为,他可以凭自己的意志实施,也可以凭自己的意志放弃,甚至可以凭自己的意志作其他的选择,而行为人最终仍然决定实施犯罪,正说明其意志因素中具有危害社会的内容,社会也因此要谴责他、否定他、惩罚他。也正因为如此,有些行为虽然在客观上给社会造成损害结果,但导致这一损害结果的行为是违背行为人的自由意志,例如,是由于不能抗拒或不能预见的原因所引起的,在这种导致损害结果的行为中看不到人罪恶的意志作用。因此,国家有理由、有根据地不认为是犯罪,无须追究刑事责任。

当然,科学的发展永远是无止境的,反映科学的真理永远是相对的。但辩证唯物主义关于意志是相对自由的观点是经得起时间检验的。在刑法理论中占有重要地位的意志自由问题近来又面临新的挑战。日本当代著名刑法学家西原春夫先生在总结了西方新近犯罪学研究成果后,提道:"我们不得不承认素质性的环境因素对包含犯罪的人的行动有着非常大的作用。不妨说,在欲求的深处,存在着这些因素。另一方面,我们不得不把以下因素作为前提,即一定的遗传素质和环境相结合,就会不断地产生一定的心理状态,这种心理状态又和环境互为作用,最终产生欲求。只是这一正确的程序还未被完全证明。如果将来它被自然科学的方法完全证明了,或许会说明人的欲求,进而是人的行动,全部是素质和环境的必然产物。……只要看一下……犯罪学成果,就不能再持有原先的启蒙主义时代的人类观,即人的行动是全由理性支配的有目的的行动。"[11]西原春夫先生提到的问题在当前西方的刑法学和犯罪学方面有一定的代表性,以至于有人对意识(志)自由是现代刑法理论的心理基础提出疑问,认为把未被证明的意识(志)自由等内容作为前提是不科学的,也是不容许的。[12]但是这些疑问在辩证唯物主义面前还不是问题,因为根据辩证唯物主义的观点,意志不是绝对自由的,但也不是绝对不自由的,而是相对自由

---

[11]〔日〕西原春夫:《刑法的根基与哲学》,顾肖荣等译,上海三联书店1991年版,第100—101页。

[12] 同上书,第108页。

的,这是由人的社会性所决定的,也是社会化的人与动物相区别的最重要标志,是人的行为品质所独有的。由于辩证唯物主义正确解决了意识与存在、自由与必然的关系,回答了意志自由的问题,因此,以辩证唯物主义为指导思想的刑法理论才真正解决了人的刑事责任问题。承认人的意志是自由的,实际上就是说人要不要犯罪,可以由其意志自由决定。关于这一点,有的西方学者虽然还不是真正接受,但多少已承认这是"确定不移的事实"。正如西原春夫经过长期思考后所说的:"人在通常的状态下,在进行意识(志)决定时,这种意识(志)决定是不考虑自己的素质以及环境的必然归结的,而只是考虑以自己的独立的意识(志)来完成。那是确定不移的事实。因此,一般正常人在实施违法行为时,虽然可以实施合法行为,却在自己意识(志)的支配下干了违法行为。"[13]尽管西原春夫先生用推测的方法得出上述结论,尽管他认为人在选择其他行为可能性的意义上,意识自由还没有被精神医学及心理学所证明,但他的结论实际上已与辩证唯物主义的观点十分接近了。这正说明人的意志相对自由原理的正确性。由此我们可以得出结论,人的任何行为只有在人的意志支配下才具有社会政治和法律意义,才有可能进入刑法的评价领域,一旦构成犯罪,国家才有根据要求其承担刑事责任,这为我们彻底杜绝客观归罪提供了科学依据。

第二节 《刑法》总则结构中的罪过形式与内容

主观罪过作为犯罪构成的必要要件,全面而深刻地反映了行为人实施某一具体犯罪时所持有的一种主观心理态度,从而成为行为人承担刑事责任的主观基础和内在根据。正因为如此,现代刑事立法都在刑法总则结构中明确规定了主观罪过的形式与内容,我国刑法也不例外。我国《刑法》第 14 条、第 15 条就是对犯罪主观罪过的专条规定,没有主观罪过,就应当阻却犯罪的成立。而《刑法》第 16 条有关意外事件的规定,"行为在客观上虽然造成了损害结果,但是不是出于故意

---

[13] 〔日〕西原春夫:《刑法的根基与哲学》,顾肖荣等译,上海三联书店 1991 年版,第 109 页。

或者过失,而是由于不能抗拒或者不能预见的原因所引起的,不是犯罪",从另一方面明确表明,缺乏主观罪过这一必要要件,犯罪构成就不能得到充足。

一、《刑法》总则结构中犯罪故意的形式与内容

我国《刑法》第14条第1款规定:"明知自己的行为会发生危害社会的结果,并且希望或者放任这种结果发生,因而构成犯罪的,是故意犯罪。"这一规定表明,犯罪故意是指行为人明知自己的行为会发生危害社会的结果,并且希望或者放任这种结果发生所持有的一种主观心理状态。犯罪故意是以认识因素为基础的,在认识因素基础上形成的意志因素是决定行为实施、行为方向的内在心理动力。

(一)"明知"认识因素的解读

我国《刑法》第14条对故意犯罪的规定,将行为人在明知自己的行为会发生危害社会的认识因素基础上,将所具有的意志因素区别——是希望还是放任,区分为犯罪的直接故意和犯罪的间接故意。在刑法的规定结构中,这两种故意共享一个"明知"认识因素,因而这一"明知"对于两种故意来说具有共同的形式与内容。没有"明知"这一认识因素,就谈不上是直接故意还是间接故意。

1. "明知"的认识形式与判断

"明知"作为一种认识的形式,它与不能明知和没有明知相对应而存在。知与不知是人们处于客观世界中的一种心理事实。现实生活中的每一个人,出于其先天的智商差异,后天所处的环境不同,其认识的能力必定有高低之分。我已认识了,并不等于你也认识了;你已认识的,并不意味着我也必定认识。而且人的认识不通过行为表达出来(如眼神、身体动作等),知与不知,他人是无法知晓的。这一再简单不过的事实实际上已向人们提出了一个极为深邃的问题:除了人的行为,我们按什么标准去认识人的"认识"呢?但如果仅以人的行为来推导人是否已认识,一旦发生行为与认识的偏离,岂不要掉进纯客观主义的泥潭了吗?睁眼不见,张耳未闻的事例在现实生活中多得很呢!

面对这一难题,现代心理学为我们提供了认识的基础。现代心理

学表明,人的认识过程是由感觉、知觉和记忆三部分组成的,在认识基础上通过思想、想象,就形成了意志。"物质作用于我们的感觉器官而引起感觉。"⑭"感觉是最简单的心理过程,它在物质刺激物直接作用于相应感受器时反映物质世界物体和现象的个别属性,也反映机体的内部状态。"⑮感觉是客观世界的主观映象,但"感觉不仅仅是感性映象,或者更精确些说,不仅是它的成分,而且也是活动或者活动的成分"⑯。"当物体或者现象直接作用于感觉器官时,人的意识对它们的反映叫做知觉。在知觉过程中个别感觉被整理结合成物体和事件的完整映象。"⑰人的认识在感觉、知觉基础上往往会自觉或不自觉地向前延伸(当然不排除个别的停止),于是就形成认识心理活动中的一个最重要特点:"对外界影响的反映被个体在他以后的行为中经常不断地利用。……个体对其经验的识记、保持与随后的再现称之为记忆。"⑱人在客观世界中完成了这一心理活动,就意味着他对客观世界已具有了认识。

当然,这是问题的一个方面。问题的另一方面是,个别人的认识又怎么能被他人所认识?个别人自己的心理事实,对于他来说当然再清楚不过了,然而对于他人来说未必就如此简单。这里我们不得不借助经验规范评价这一中介活动。经验,既有人类个体的经验,又有人类整体经验。整体的经验一旦形成,就会转化为一种规范。通过这种规范再对个体经验进行评价,就产生了规范评价。

在罪过心理中,是否存在规范评价的因素?我国刑法学者陈兴良在其《刑法哲学》一书中作了综合的介绍和评析。大陆法系刑法理论中存在心理责任论和规范责任论之争。心理责任论认为,责任的实体存在于行为者对自己行为的关系之中,它是只对应于非难的作为责任本质心理状态中的心理侧面进行分析的理论。心理责任论把罪过仅

---

⑭ 《列宁选集》(第2卷),人民出版社1972年版,第50页。
⑮ 〔苏〕彼得罗夫斯基主编:《普通心理学》,朱智贤等译,人民出版社1981年版,第250页。
⑯ 同上书,第253页。
⑰ 同上书,第271页。
⑱ 同上书,第306页。

仅看成是一种心理事实,完全排斥规范评价的因素。规范责任论认为,责任并不是对结果的认识(预见)或认识可能性这种心理事实本身,而是反映了事实(心理事实)与规范(价值判断)的具体结合关系,责任的本质就是从规范的角度对事实施加非难的可能性。[19] 我们无意加入这样的客观讨论。但规范评价对于人们认识个体的"明知"与否无疑具有不可忽视的作用。

从刑法的规范性角度来说,任何人只有达到刑法规定的可以承担责任的年龄以后,除经法定程序鉴定确认排除以外,都属于"聪明人",无一例外(当然在事实上,聪明的程度绝对有差异)。如果说现代心理学的研究成果为我们进行规范评价提供了事实判断依据,那么刑法规定就为我们进行规范评价提供了经验评价依据。行为人的自我辩解可以作为参考,行为人的沉默缄言(一旦我国实行沉默权制度,这种现象将会大大增加)也无碍大局。尽管认识的心理活动属于主观的精神范畴,但仍可以通过心理活动的外部表现加以认识和评析,"除了行为的内容和形式而外,试问还有什么客观标准来衡量意图呢?"[20]但这一评价的活动方式就是人们依据自己个体的社会生活经验体会上升为社会经验规范要求而展开的。

思考了良久,犹豫了再三,笔者还是决定写下如下一段话:通过人类社会整体的经验体会和规范要求来评价个体的"明知"与否,当个别人的认识能力远未达到或大大超越人们的整体经验,是否会发生冤屈或放纵的个别现象?这是一个显见的问题,也许可能,也许绝对。但当我们将考察的目光和思考的触须延伸到整个人类的发展过程,撇开人们经验体会的价值取向和规范要求的政治目的,我们真能从心底完全相信"天网恢恢,疏而不漏""明察秋毫,冤屈绝无"之类理想描述与现实之间毫无差距、完全同一的结论吗?人类的经验体会是一个无止境的过程,人类的认识也是一个永远发展的过程。于是我们想到了社会利益,想到了社会秩序的本质含义,想到了少数人和大多数人的利害关系,人类社会每前进一步,注定要建立在牺牲一部分人利益的基础上,尽管这里包含着少数人的血泪,包含着多数人在一定程度上的

---

[19] 参见陈兴良:《刑法哲学》,中国政法大学出版社1992年版,第42页。
[20] 《马克思恩格斯全集》(第1卷),人民出版社1972年版,第138页。

强权和专横。尽可能缩小两者之间的距离,一个可供选择的途径是,必须保证进行规范评价主体的优秀性、独立性、公正性、无自身的利益性,并尽可能体现现代刑法的谦抑思想和宽容精神。

2."明知"的认识内容和程度

在明知的形式下,具有什么样的内容才符合明知的法律要求,其明知的程度达到什么样的高度才算明知?对此,刑法理论曾展开激烈的讨论。笔者坚定地认为,我国刑法对犯罪的规定,是以主客观相一致的犯罪构成为规格、模型要求的,犯罪构成的必要要件只有主观要件和客观要件。主观的"认识"已经属于人对客观世界认识的产物,当然不可能再在认识的内容之中。因此,笔者认为,明知的认识内容仅仅包括对客观要件的诸要素的认识。

(1)"明知"的认识内容

我国《刑法》第14条对明知是这样规定的,行为人"明知自己的行为会发生危害社会的结果"。由此我们得出一个结论,明知的认识内容应当以行为人在实施行为之前或之时对所涉及的诸客观事实的认识为全部内容,这些事实包括:

① 对行为性质的认识。犯罪行为是犯罪构成的核心内容,没有行为就没有犯罪。行为性质对犯罪性质的认定具有决定意义。所以,犯罪故意的成立,必须首先要求行为人对犯罪行为的性质有所认识。当然需要指出的是,这里所说的行为性质是指行为的自然性质、物质性质,而非法律性质、社会性质。行为的法律性质、社会性质是由司法机关依据法律作出评价的结果。例如,行为人明知自己在实施杀人、偷窃,至于这些行为在法律上怎样评价,其社会危害性如何,是不以行为人的认识为转移的。所以,这里对行为性质的认识也可称之为对行为形式的认识。

② 对行为对象的认识。犯罪对象是指为犯罪行为直接指向,施加影响或者发生作用的人或物。犯罪行为总是通过犯罪对象而发生作用的。例如开枪杀人,明知对象是人,才能实施杀人的行为;秘密窃取,明知所窃之物不是自己的财物才属非法占有。只有当行为人对犯罪对象有所认识时,才能决定即将实施的行为与之相联系。因此,缺乏对犯罪对象的认识,就应当阻却犯罪故意的成立。例如开枪打猎,不知有行人经过而误中,就不能成立杀人的故意。

③ 对行为结果的认识。行为结果是对犯罪对象造成的损害或者导致客观世界的变化,这也是犯罪危害性的集中体现。行为人明知自己的行为性质,明知自己行为指向的犯罪对象,就已知道行为会导致的犯罪结果。因此,犯罪结果必然已在行为人的认识内容之中。需要指出的是,这里的结果是指行为人在观念认识上的结果,而不是指现实中已经产生的结果。这是因为人的认识永远先于现实结果的产生而存在于主观心理过程中,这一认识不会因事实上没有发生结果而改变。因此,即使由于行为人意志以外的原因而未得逞,也不影响故意犯罪的性质,只是在犯罪状态上属于未遂。同样,即使行为人因过失造成危害结果后在主观上已有了认识,仍不能以此认定为故意犯罪。

但由于我国刑法对明知认识因素规定为"明知……会……危害社会……"于是将对社会危害性的认识纳入明知认识内容中来的观点和理论随处可见。在这里需要指出,在刑事立法过程中,一种行为经过立法者的价值评价和价值选择,被认为具有社会危害性,才被规定在刑事禁止性规定中。这是行为为什么被规定为犯罪的价值评价。而当行为实施后,只要符合刑事违法性的规定,就必定具有社会危害性,这是行为为什么被认为犯罪的规范评价。在这一价值评价和规范评价之间,行为人作为社会的一个个体成员,无论他对自己行为的法律性质、社会性质如何认识,既不能为刑事立法的价值评价所容纳,也不能为刑事司法的规范评价所容纳。有无认识,对犯罪的成立都没有任何印证作用(当然主观恶性的大小有印证作用)。社会危害性的本质在于刑事违法性,刑事违法性的本质在于应受刑罚性,应受刑罚性的本质在于国家对社会危害性的否定评价。由此,国家对行为社会危害性的否定评价就当然不以行为人的认识转移而转移。也正因为此,行为人对行为的应受刑罚性的否认无效,行为人对行为的刑事违法性的否定也无效,行为人对行为的社会危害性的否认也就同样无效。当然,如果刑事立法能够将《刑法》第14条对明知认识因素的规定,调整为"明知自己的行为会发生某种在事实上危害社会的结果",就能更好地反映立法意图和刑法原理,因为事实上的社会危害性是出现在行为实施之后,行为在事实上是否具有社会危害性不可能在行为实施之前产生,行为人对此有无认识已不影响明知认识因素的成立。

(2)"明知"的认识程度

明知认识内容的核心是对结果发生的认识,在行为实施之前,结果的发生仅仅处于可能的状态。行为人的认识永远先于结果的发生而存在于行为人的主观心理状态中。结果事实上发生与否,与先前的认识已不发生关联。由于在现行刑法中,直接故意与间接故意共享一个"明知……会发生……"的认识因素,因此从法律规定的层面上不发生疑问,但是对于这个问题在刑法理论上却有不同看法。较通行的观点认为,直接故意的明知是指结果发生的必然性和可能性,而间接故意的明知是指结果发生的可能性。[21] 这种观点表明两种故意的认识程度是有差异的,法律的同一规定应当作不同的理解。这里实际上涉及两个问题,即对刑法规定中的"会"如何解读和破译? 如何理解必然性和可能性的相互关系?

① 对刑法规定中"会"的理解。会,从文字本意上说,是指能、可能,应当。[22] 能与不能,可能与不可能,应当与实在,不管这些词语用在什么场合,都表明一种可能性与现实性的关系,它是客观世界在发展过程中的联系。现实就是指现在存在的客观实在。可能性是和现实性相对而言。某种事物和现象在还没有成为现实之前,只是一种可能性。在一定条件下,它才会转变为现实。任何必然性都是通过由可能性变为现实性的过程而实现的。这一转变过程在社会生活中通常是通过人的行为这一中介实现的。

会,按英文的含义,一是 can,二是 be able to。can 表明了客观的可能性;be able to 表明了主观的能力。从词义上理解,"会"一般是作为 can 存在于对客观事物的描述中。

行为人的认识因素是先于现实结果的发生而存在的。行为人明知"会",结果发生了没有? 没有。有没有发生的可能? 有,但不一定。这就是现实性和可能性的最根本关系。可能性向现实性转化,需要行为的中介作用。行为的实施其动力来源于意志,意志的形成来源于对客观世界的认识。意识与意志的关系,是基础和上层的关系。意识形

---

[21] 参见高铭暄主编:《刑法学》(新编本),北京大学出版社1998年版,第98—99页;苏惠渔主编:《刑法学》(修订本),中国政法大学出版社1999年版,第158—159页。

[22] 参见《辞海》,上海人民出版社1977年版,第296页。

成了,就被作为一种状态记忆固定下来,不管在此基础上形成什么意志,都不可能再改变先前存在的意识状态。我们承认意志可以对意识的发展有推动作用,那实际是又一个认识过程的开始。由此可见,"会"只能表明一种属性,即可能,行为人在认识结果是否发生的过程中,只能停留在可能性之上,与现实性无关。现实性的实现是行为的作用,而不是认识的作用。既然认识先于结果(不管发生与否)而产生,它与意志的怎样形成不发生反作用,那么它在人的整个心理活动中停留在可能性阶段,两种故意的意志因素同享一个认识因素,从基本意义上说是不会发生逻辑混乱的,在哲学上符合人的思维过程,在现实生活中,又可以找到太多的事例予以佐证。

② 如何理解认识中"必然性和可能性"的关系? 把两种故意的认识程度,通过必然性和可能性加以区分,是当前刑法理论中通行的观点和理论。其实,当我们把思维过程稍微提高一个层次,放在哲学的层面上思考时,就会发现这种立论犯了一个低级的哲学错误。必然性与偶然性结成一对范畴,可能性与现实性结成一对范畴。客观世界中各种范畴事物之间当然也有着关联,例如,任何必然性都是通过由可能性变为现实性的过程而实现的。但是,哲学中不但每一对范畴本身是对立的统一,而且它们各自有着自身的独特内容,它们与其他范畴之间有着严格的区别。正因为如此,它们各自才有可能从不同的角度和不同的内容上揭示客观世界的存在和具有的某种联系和矛盾。不然,这些范畴不但不能揭示什么问题,而且连它们自身存在的余地也会丧失。同时,对每一对范畴进行思考和运用时,必须建立在实证分析和逻辑思维的基础上,这样才能获得坚实的实践根基和理论支撑。

必然性和偶然性是什么? 它们是指客观事物发生联系和发展过程中的一种可能性趋势。必然性是指客观事物发生联系和发展过程中一种不可避免、一定如此的趋向。偶然性则表明客观事物发展过程中存在的一种有可能出现、也有可能不出现的趋向。客观事物发展过程中存在的必然性和偶然性,既可以为人们在某种现象和事物出现以前在观念上进行预测,又可以在某种现象和事物发生以后在事实上进行倒溯。明知认识因素中的结果在行为实施之前事实上还未发生,这时运用必然性和偶然性这一对范畴考察客观事物时,仅仅具有观念上的预测。这一范畴如果和可能性与现实性这一对范畴发生联系,仅仅局限在可能性上。结果会不会发生?有可能。结果是不是一定发生?不一定。是否可能、一定,取决于行为的性质与作用。行为的性质与作用达不到发生结果的要求,不能否认行为人在观念上具有的必然性认识(犯罪未遂的原理就来源于此);结果能不能发生,又得借助诸多偶然性的因素。但无论是必然性还是偶然性的认识,对于结果的发生与否,都只有可能性的属性。拿枪对着他人的脑袋开枪,行为人当然会有某种发生结果的必然性认识。但由于被害人机敏,及时躲避,或者枪械发生故障,子弹未能击发,死亡结果就不一定发生。说到底,在观念预测的认识过程中,无论是必然性还是偶然性,不过是一种可能性。既然明知的认识因素已达到"可能性"的程度,再去纠缠到底是明知了必然性还是可能性,又有多大的实践价值和理论意义?而一旦陷入这种纠缠不清的泥潭不能自拔,一旦明知结果发生的必然性,结果发生了,行为与结果之间就是必然的因果关系;而明知结果发生的可能性,行为与结果之间是一种什么因果关系?我们实在推导不出来。

因此,只要行为人认识到结果会发生的可能性,是直接故意还是间接故意,已不取决于认识因素和认识程度,而是取决于意志因素,刑法规定的希望和放任这两种不同的意志因素足够帮助我们正确地区分这两种故意的界限。是希望者、追求者为直接故意;是放任者、听任者为间接故意,其中目的的内容又起到了进一步的界定作用。至于说只有区分认识上的必然性(实际也是一种可能性)和可能性,才能更好地区分两种故意,例如,认识到了结果发生的必然性,就不再认定是放任了。笔者也曾长期为这一命题所困惑。念由心生,心随境转。当我们放眼现实生活,如果拿着枪对准他人的脑袋开枪,边开枪边说"我不要他死,只要闹着玩玩",这是放任吗?达到什么标准可以认定是放任?而如果被害人在百米开外,行为人自知枪法不准,仍执意开枪,又能认定是放任吗?这与行为人的认识程度又有多少联系呢?

(二)犯罪故意中意志因素的解读

我国《刑法》第14条规定,行为人在明知认识因素的基础上,并且希望或者放任这种结果发生所持有的心理态度,就是犯罪故意的意志因素。意志因素直接影响着行为的方向、行为的进程和行为的结果,深刻地反映着行为人的价值取向。因此,意志因素比意识因素更能反映行为人主观罪过的性质,更能反映行为人主观恶性的大小。

1. 意志因素的希望形式与内容

(1) 意志因素的希望形式与判断

"希望"作为行为人的一种心理活动,不通过外在的行为表现,他人是无法知晓的。而"希望"一旦通过外在的行为表现出来,就转化为行为的追求。有人说过,科学是大胆地假设,小心地求证。由此,我们先假定"希望"的意志形式就是行为的追求。

但是,外在行为的追求,仅仅表明行为的方向、行为的进程和行为可能导致的结果。它们都属于客观事实的组成部分,客观的事物无法直接回答主观的性质问题,主观的心理性质应当由主观的心理事实来回答。行为人如能据实道来,一切问题便可以迎刃而解。但任何一个被指控犯罪的行为人,都会自觉或不自觉地避重就轻,这也在情理之中,不足为怪。外在的客观行为不能回答,内在的主观心态不肯回答,这势必给我们认识和认定"希望"的形式造成困难。但是,辩证唯物论和唯物辩证法给我们提供了两个可供借鉴的事实判断和价值判断的思路:

① 实践是认识的基础,人的外在行为是认识和判断"希望"形式的基础。社会生活最显著的特点之一,就是它的实践性。认识是从实践中产生,随着实践的发展而发展的,它反过来为实践服务,并在实践中得到检验和证明。人的外在客观行为不能直接回答行为人内在的主观意志性质,但它却反映了行为人内在的主观意志活动。正如马克思所说的:"除了行为的内容和形式,试问还有什么客观标准来衡量意图呢?"[23]行为人的客观外在行为不但是行为人认识因素和意志因素交互作用的产物,同时又是他人认识和判断的事实来源。人作为有意识、有意志的社会人,任何行为的实施不是无缘无故的。行为人在什么时间、空间,以什么方法、手段,指向什么对象、部位,都是人有意识、有意志的活动。这些客观行为为我们进行事实判断提供了认识基础。

② 实践是经验的基础,又是经验的延伸。人的外在行为中的经验成分是我们认定和判断"希望"形式的标准。经验是实践的抽象。

---

[23] 《马克思恩格斯全集》(第1卷),人民出版社1972年版,第138页。

列宁曾说过:"物质的抽象,自然规律的抽象,价值的抽象及其他等等,一句话,那一切科学的(正确的、郑重的、不是荒唐的)抽象,都更深刻、更正确、更完全地反映着自然。"[24]人们获得的理性认识,很大程度上属于反复证明有效的一种经验结晶。在经验之中,本身蕴含着一个客观规律性的东西。恩格斯指出:"事实上,一切真实的、详尽无遗的认识都只在于:我们在思想中把个别的东西从个别性提高到特殊性,然后再从特殊性提高到普遍性;我们从有限中找到无限,从暂时中找到永久,并且使之确定起来。"[25]撇开唯心主义的唯理论和经验论不说,唯物主义的唯理论和经验论,虽然也有着片面的成分,但其两者具有的片面真理却可以帮助我们对已经获得的客观行为事实作出价值判断。即使中间也会因个别现象的特殊性,而出现判断失误,但其错误的概率不会很高。回到我们前面的论述,在社会生活中,绝对正确的价值判断是不可能存在的,问题是我们如何把错误控制在最低限度和最小范围内。

(2) 意志因素的"希望"内容与认定

"希望"作为行为人的一种心理活动,充满行为人的意志内容。个人的心理活动是由自然和文化、物质和精神的需要所引起的,并具有目的方向性;这种积极性体现在各种各样的行动中,人借助这些行动实现对周围环境的改造。从现代心理学上说,"人的行动可以分为两类:不随意行动和随意行动。不随意行动是由于产生没有意识到的,或者没有十分清楚意识到的动机(意向、定势等)的情况下而实现的。这种行动带有冲动性,没有明确的计划(这对我们认识放任意志有帮助——笔者注)。人处于激动、不安、恐惧和惊奇状态时的举止都可以作为不随意行动的实例(这对我们认识过失有帮助——笔者注)。随意行动的前提是意识到目的,预先想象出能保证目的实现的操作。所谓意志行为是一种特殊的随意行动,意志行动是自觉的行动,指向于

---

[24] 〔苏〕列宁:《黑格尔〈逻辑学〉一书摘要》,载《列宁全集》(第38卷),人民出版社1960年版,第181页。

[25] 〔德〕恩格斯:《自然辩证法》,转引自《马克思恩格斯全集》(第3卷),人民出版社1972年版,第554页。

一定的目的,并与努力克服达到目的道路上的障碍相联系"[26]。"希望"的意志实际上是一种有目的的心理活动,正是这种目的促使行为人通过实施犯罪行为追求某种结果。由此可以确定,目的就是"希望"意志的全部内容,没有目的内容的意志(指在特定行为的场合)就不可能是"希望"的意志因素。只要我们根据前面提到的辩证唯物论和唯物辩证法有关认识和判断的原理,只要能够正确确定行为人的目的内容,就能够正确认定犯罪故意中"希望"的意志因素。

2. 意志因素的"放任"形式与内容

(1) 意志因素的"放任"形式与判断

"放任"是犯罪故意中的另一种意志因素,它是指行为人对行为的性质、行为的对象和行为的结果已有所认识,但是对结果的发生却不抱有希望的态度。行为人对结果不抱有希望的态度,那么只要他不实施既定的行为,结果自然不会发生。然而问题在于,行为人仍然将行为实施到底,致使结果仍然按原有的行为规律性而发生,这就产生了一个极为矛盾的事实。于是,如何分析这一矛盾的事实和破译行为人在这一矛盾事实背后的矛盾心态,就成为刑法学理论的一个难题。

已如前述,行为的进程和行为导致的结果,是属于客观事实的组成部分,它们本身无法直接回答属于主观的心态问题。但是,行为作为人的心理活动的外部表现形式,或多或少体现着行为人对行为性质、行为对象和行为结果的认识程度和意志状态。行为人对明知可能发生的结果不抱有希望的心态而实施既定的行为,意味着他另有所求。这一另有所求的结果与行为最终实际导致的结果,实际上属于一种孪生现象,同存于客观世界之中。行为人认识到其另有所求的结果,实际上也就意味着已认识到另一结果发生的可能性。行为人在追求另一结果的同时,也就意味着他已经在心理上容忍了另一个结果的内容。马克思曾指出:"凡是把理论导致神秘主义方面去的神秘东西都能在人的实践中以及对这个实践的理解中得到合理的解决。"[27]行为人在追求一个结果的同时,行为又会导致另一个结果发生的孪生现

---

[26] 〔苏〕彼得罗夫斯基主编:《普遍心理学》,朱智贤等译,人民教育出版社1981年版,第427页。

[27] 《马克思恩格斯选集》(第1卷),人民出版社1966年版,第18页。

象,从另一个方面表明了行为性质的两重性,行为对象的多个性,从而才会导致行为结果的两可性。即使在行为对象的单一性之中,无论是故意伤害还是间接故意杀人中,仍然存在一个打击部位的多位性。这样的行为、对象、结果的多样复杂现象就为我们判断行为是否属于间接故意提供了可靠的事实基础。恩格斯曾指出:"对于头脑正常的人说来,判断一个人当然不是看他的声明,而是看他的行为;不是看他自称如何如何,而是看他做些什么和实际是怎样一个人。"㉓因此,行为性质的两重性、行为对象的多个性(包括打击部位的多位性)、行为结果的两可性是判断"放任"形式的主要标准。

(2)意志因素的"放任"内容与认定

"放任"作为行为人的一种复杂心理活动,充满行为人对行为结果选择、控制、容忍的矛盾心态。行为人在明知行为性质的两重性、行为对象的多个性、行为结果的两可性基础上,应当承认他对行为的实施是有所选择的。没有选择,就不发生间接故意的问题(以往的刑法理论涉及这一问题,总是试图通过行为人的明知到底是属必然性还是可能性,来判断行为是属于直接故意还是间接故意,实际上违背了意识和意志的相互关系,在这里其实我们只要引入"选择原则",问题即可迎刃而解),那只能是直接故意。行为人在行为选择过程中,在明知"会"的前提下,又有一个如何控制他所不希望、不追求的结果不被发生的问题。这样表现在行为人心理活动中,必然存在一个是否防范结果发生的心理准备,表现在行为的客观上,必然存在一个是否采取避免结果发生的防范措施,这是区别间接故意与轻信过失的重要依据。如果行为人在主观上毫无防范准备,只是侥幸认为结果不会发生;在客观上毫无防范措施,听任行为的自然发展而导致结果的发生,就说明结果的发生已在行为人的容忍范围之内,其性质当然已属间接故意。由此可以认定,"放任"的意志内容其实质在于行为人对可能发生的结果在主观心理活动中不做任何控制的心理准备。不控制,就是不否定;不否定在心理上虽然不等于肯定,但这种不否定放在行为人仍有意识、有意志地去实施既定的行为中,就产生了容忍心态。我国刑法正是根据行为人在明知的意识基础上的不同心态,将肯定的意志心

㉓ 《马克思恩格斯选集》(第1卷),人民出版社1966年版,第560页。

态界定为直接故意,将否定的意志心态界定为轻信过失,而将容忍的意志心态界定为间接故意。

二、《刑法》总则结构中犯罪过失的形式与内容

我国《刑法》第15条第1款规定:"应当预见自己的行为可能发生危害社会的结果,因为疏忽大意而没有预见,或者已经预见而轻信能够避免,以致发生这种结果的,是过失犯罪。"这一规定表明,犯罪过失是行为人应当预见自己的行为可能发生危害社会的结果,因为疏忽大意而没有预见,或者已经预见而轻信能够避免,以致发生这种结果所持有的一种主观心理态度。刑法与学理根据行为人预见的程度和内容不同,将犯罪过失划分为疏忽过失与轻信过失两种类型。

(一) 疏忽过失中"应当预见"的判断与认定

疏忽过失是以行为人的行为在客观上造成了危害社会的结果为承担刑事责任的客观基础,以行为人主观上具有应当预见的能力为承担刑事责任的主观基础,从犯罪构成的规格要求来看,已具备了主客观相一致的刑事责任基础。但是,应当预见不等于已经预见。而没有预见,行为人主观上是否还具有罪过内容?这是疏忽过失犯罪面临的必须首先解决的问题。

1. "应当预见"的心理本质

如果说犯罪故意中直接故意的心理本质在于对危害结果的希望和追求,间接故意的心理本质在于对危害结果的放任和容忍,犯罪过失中轻信过失的心理本质在于对危害结果的否定和避免,那么疏忽过失的心理本质是什么呢?疏忽过失的行为人在主观心理上是否存在像一般罪过所具有的意识因素和意志因素?对此刑法理论曾展开过激烈的讨论。

第一种观点是无罪过说。这种观点从罪过心理的反社会性出发,例如,英国刑法学者威廉指出:"尽管过失被视为罪过的一种形式,但是对此存在着激烈的争论……将过失说成是一种心理状态,实在是咬文嚼字地描述那本不是罪过的东西而令人讨厌。"[29] 这种观点不但在

---

[29] 蔡卫平:《过失犯罪的心理状态及其形成原因》,载《华东政法学院硕士论文集》,上海社会科学院出版社1988年版,第272页。

英美法系的刑法理论中存在,而且在前苏联的刑法理论中也有反映。例如前苏联刑法学者乌格列赫里捷认为:"疏忽大意过失的责任基础是个人主义色彩的利益观念,要想在人与行为、结果之间的心理联系中寻找过失的责任基础,往往是一无所获。"㉚上述观点实际上排除了疏忽过失的主观罪过性。

第二种观点是无认识说。这种观点从疏忽过失中行为人没有预见的客观事实出发,认为疏忽过失就是缺乏意识因素,是对犯罪事实或犯罪结果没有认识。㉛ 无认识说与犯罪故意中的有认识相对而言。根据认识说,凡是对犯罪事实和犯罪结果有认识便是犯罪故意,那么缺乏认识就不是犯罪故意,只能是犯罪过失。而缺乏认识只存在于疏忽大意的过失中,因此,疏忽过失的心理本质就是无认识。

第三种观点是不注意说。这种观点从疏忽过失的意志因素出发,认为"过失犯罪的'不注意'缺乏积极的心理活动,疏忽大意过失由于不注意本应认识、能认识的犯罪事实"㉜。

第四种观点是结果避免说。这种观点也是从疏忽过失的意志因素出发,认为疏忽过失"是行为人希望避免犯罪结果,但因违反注意义务……而导致犯罪结果的心理态度"㉝。

刑法理论关于疏忽过失的不同观点,为我们从多侧面认识疏忽过失的心理本质提供了可供借鉴的地方。但是至少在笔者看来,上述观点并未真正揭示疏忽过失的心理本质,都存在一定的缺陷。无罪过说排除了疏忽过失犯罪的主观心理内容,把它看成是与意外事件完全相等同的纯粹由行为引起的客观损害,而把无罪过的行为也作为犯罪认定,又无法说明刑法主客观相一致的定罪原理,从而混淆了疏忽过失与意外事件之间的根本区别。这不但不符合犯罪过失的罪过理论,而且也不符合疏忽过失的心理事实。无认识说把疏忽过失视为缺乏意识的因素,实际上是把疏忽过失看成是一种无意识的心理活动。但现

㉚ 蔡卫平:《过失犯罪的心理状态及其形成原因》,载《华东政法学院硕士论文集》,上海社会科学院出版社 1988 年版,第 272 页。

㉛ 参见甘雨沛主编:《刑法学专论》,北京大学出版社 1989 年版,第 66 页。

㉜ 蔡卫平:《过失犯罪的心理状态及其形成原因》,载《华东政法学院硕士论文集》,上海社会科学院出版社 1988 年版,第 277 页。

㉝ 陈兴良:《刑法哲学》,中国政法大学出版社 1992 年,第 179 页。

代心理学成果表明,无意识就等于无意志,这样疏忽过失也就成了一种没有心理内容的"活动"。不注意说虽然注意到行为人的注意问题,但这一观点只是从消极的意义上揭示行为人因存在潜在的主观意愿而不注意,以致不认识本应认识、能认识的犯罪事实,而没有从积极的意义上去揭示行为人的行为本身仍然是在意识和意志的支配下所实施的,以致这种观点最后无法跳出无认识说的圈子。结果避免说混淆了轻信过失与疏忽过失的区别界限,只是简单地将轻信过失的心理本质移植到疏忽过失中来,这当然无助于问题的解决。因为轻信过失是在"已经预见"的意识因素基础上,才有避免结果发生的意志因素。而疏忽过失还没有预见到发生结果的可能性,何来避免结果发生的意志因素。

应当承认,在上述多种观点中,无认识说和不注意说具有较典型的代表性。按照无认识说的观点,没有预见,就是缺乏意识因素;而缺乏意识因素,罪过照样能够成立,罪过的一般原理则大可责难。而按照不注意说的观点,"应当预见"表明了一种可能性,而"没有预见"则反映了一种现实性。既然客观的事实表明的是没有预见,那怎么能说具有意识因素?可见这两种观点还缺乏足够的说服力。为了解决这两难之题,有人开始借用心理学上的潜意识理论来阐述疏忽过失的心理事实。奥地利社会心理学者弗洛伊德曾将人们的心理结构分成意识、半意识和无意识三部分。弗洛伊德认为,无意识是由人们天生的本能和种族回忆组成的,这种遗传因素受社会规范的强大压力而被意识排除出去,但它始终作为一种潜在的心理能量而保留下来。无意识与意识始终处于斗争之中,意识抑制着无意识,而人的错误行为则是在无意识战胜意识时才产生的,是由潜意识的欲望和动机所驱使的。[34] 然而问题还在于潜意识是不是一种有意识的意识?笔者认为,弗洛伊德的无意识过失理论,并不能揭示疏忽过失的心理本质。因为无意识能够战胜并且已经战胜意识,那么此时即使本属无意识的心理状态恐怕也已成为有意识的心理事实了。

笔者认为,疏忽过失作为罪过的一个组成部分,必然要受罪过的

---

[34] 参见蔡卫平:《过失犯罪的心理状态及其形成原因》,载《华东政法学院硕士论文集》,上海社会科学院出版社1989年版,第273页。

一般原理的制约。而主观罪过作为一种人的心理活动的反映,又必然要受心理活动的一般规律所支配。疏忽过失作为一种主观心理活动事实和活动过程,它与一般的心理活动事实和活动过程一样,行为人也是存在意识因素和意志因素。疏忽过失作为一种心理活动,疏忽过失的犯罪作为一种在一定意识和意志支配下的行为,表明行为人对自己的行为性质、行为方向和行为指向的客观世界是有认识的。如果行为人对自己的行为性质(这里指行为的自然性质、物质性质)尚不认识,那就表明行为人是属丧失了认识能力的人,因此谈不上存有主观罪过的问题。如果行为人对自己的行为方向和指向的客观世界尚无认识也无法认识,那已属于不能预见的意外事件了,也就谈不上刑事责任问题。疏忽过失正是在这两个基本问题上,完全有别于无责任能力和意外事件,从而使行为人具有了承担刑事责任的主观罪过基础。行为人对行为性质、行为方向或行为指向的认识,并不意味着他对行为可能导致的危害结果的认识。实际上正是在这一点上,行为人在意识上"自以为不是这样、不会这样"的错误认识,才导致对行为发展进程的不加约束、放任自流。由此可见,疏忽过失的心理本质在于行为人能够预见而不去预见,没有预见不过是能够预见而不去预见的客观反映。疏忽过失的能够预见而不去预见的心理本质表明:行为人负有应当预见的义务,不是不需要预见;行为人具有能够预见的能力,不是不能够预见;行为时已具有可以预见的客观条件,不是不可以预见。之所以仍然没有预见,是由于他错误的认识导致了他认识的偏差,以致不再去进一步正确认识。而这种不再去进一步正确认识,又是受他的自由意志所支配的,是以其认识和意志的相对独立性和主观能动性为条件的。疏忽过失正是由于这一心理本质的存在,才使它作为一种主观罪过成为承担刑事责任的主观基础有了可靠的、坚实的心理事实支撑。同时也正是这一心理本质,使得疏忽过失与意外事件、轻信过失和犯罪故意等各种心理本质能有效地区别出来。已去认识仍无法预见以致没有预见,致使发生客观的损害结果,是意外事件。已去认识而且已经预见,属于轻信过失或者犯罪故意。而疏忽过失恰恰是应当预见、能够预见、可以预见,而行为人不去预见以致没有预见,从而最终导致危害结果的发生。

需要指出的是,这里所说的能够预见而不去预见,已不是单纯的意识内容,它是一种有意志参与的活动,以至于这种在行为实施之前的"能够预见而不去预见"的心理事实是意识和意志相互作用的统一体。这种统一性表现在:客观世界反映于疏忽过失的行为人意识之中的印象是不可能发生某种危害结果的,但人的意志的相对独立性和主观能动性可以支配行为人从自身的经历、技能、认识水平和当时当场的客观环境中再去进一步认识到底有无发生某种结果的可能性。然而行为人基于"不会发生"的错误认识和初次认识而不再去认识。换句话说,尽管行为人已获得了某种意识反映,初次认识认为某种行为"不会发生"某种结果,但只要在自由意志支配下再去认识一下,是可以预见的。所以,不去预见实际上又是不去再认识的反映。以往的刑法理论关于疏忽过失心理本质的种种观点,因为仅仅是疏忽过失的意识方面或者仅仅是从其意志因素方面来试图描述其心理本质,忽视了在疏忽过失中意识和意志相互作用的特殊性和统一性,以致最终都无法正确揭示出来。

2. 应当预见的判断依据和判断标准

行为人具有应当预见的能力,这是疏忽过失承担刑事责任的主观基础。疏忽过失的犯罪是行为人的行为在客观上发生了危害社会的结果后,通过对其在行为之前所具有的应当预见能力的倒溯来追究其刑事责任的。应当预见的能力是指行为人在行为之时,对其行为有可能导致的结果,凭着其自身的年龄阅历、生活经验、知识程度、技术水平等因素所具有的完全可以预见到的能力。行为人所具有的应当预见的能力,对于行为人来说是主观的,是其他任何人都无法替代的。然而如何认识和确定行为人是否具有应当预见的能力,只有通过一定的客观评价后才能具有社会意义和法律意义。行为人不能成为对自己行为进行评价的法官。这种评价活动,评价的标准对于行为人来说又是客观的。行为人对于危害结果能否预见、应否预见,是疏忽过失能否成立的关键所在。正因为如此,如何正确认识和确定行为人的应当预见能力,成为刑法理论解读法律规定的一大难题,也成为司法实践中确认疏忽过失的一大难题。长期以来,围绕这一问题展开的刑法讨论曾出现过主观说、客观说、主客观折中说等多种观点,聚讼纷争,莫衷一是。

主观说,亦称个人或行为人标准说。这种观点是以行为人个人的预见能力为标准来确认行为人在行为时能否预见。客观说,亦称社会或多数人标准说。这种观点是以社会多数人即与行为人处于同一层次、具有同一经历、掌握同一学识、使用同一技能的社会大多数人的预见能力为标准来确认行为人在行为时能否预见。主客观折中说,亦称混合标准说。这种观点主张把具有相应情况的某些人的预见能力进行抽象后,作为一个类型的标准,以此来确认同一类人员的预见能力。

上述三种观点既存在同一性,又存在矛盾性。存在同一性时,无论采取何种标准,其结论是殊途同归。但存在矛盾性时,主客观标准得出的结论就截然相反。个别人能预见的,社会多数人并不一定能预见;个别人不能预见的,社会多数人并不一定不能预见。孰是孰非,各有不同。此时即使引入折中说也无济于事。因为在这个折中标准中,主客观标准本身在打架,在最终决定行为人有无预见能力时,总不能各打五十大板,然后各取一半生搬硬套后组成一个水火不相容的混合标准。其结果不是偏向主观说,就是迁就客观说,折中说本身就不具有独立性。

无疑,主观说与客观说各具所长,又各存所短。笔者在先前的某一段时间内曾倾向于主观说,认为它能够杜绝客观归罪的嫌疑,以此能较好实行严格的个人罪责原则。但笔者又长期困惑于我们自始至终都不能、也不应忽视的问题,即行为人能不能预见决不能以其任意表示、声明为标准。不然,主观说就成了一种游离不定、变幻莫测、不可捉摸的纯主观心理活动,他人根本无法、也无标准加以确认行为人在行为之时究竟能不能预见。这是因为,对行为人应当预见能力的确认,总是在其行为之后才进行的。行为人在行为之前确实没有预见,才有必要在事后对其应当预见的能力进行评估和确认。一般来说,在疏忽过失的意识因素问题上,在同一条件下,同一行为的同一行为人,不可能像其他事件的侦查实验一样可以获得同一感觉和感受。从另一个方面来说,同一个人在同一个条件下不大可能重犯同一个完全相同的错误。由此,笔者开始意识到并确信,主观说在个别意义上有其合理性。但这种合理性无法转变为社会意义和法律意义上的合理性。从法律层面上说,个别意义只有转变为社会意义,才能获得法律的肯定或否定。因为法律从相对意义上说,其本身就是社会大多数人认同的产物。

不可否认,行为人能否预见,具有主观属性,其他任何人都不能替代。有一个典故颇能说明这一现象。典故的内容大意是:庄子与惠子游于濠梁之上。庄子曰:"儵鱼出游从容,是鱼之乐也。"惠子曰:"子非鱼,安知鱼之乐?"庄子曰:"子非我,安知我不知鱼之乐?"惠子曰:"我非子,固不知子矣;子固非鱼也,子之不知鱼之乐,全矣。"㉟这样看来,能否预见只能以行为人的主观认识能力为标准。然而我们还应当看到,人们在确定某一行为人是否具有预见能力时,又总得根据其已有的多种主客观因素作为较为符合客观的结论。这似乎是矛盾的,但这种矛盾又意味着统一。因为行为人本人能否预见,不经过客观的评价和确定,就不具有社会意义,进而也就不具有法律意义。而经过客观的评定,怎么能不包含他人客观的因素(这种评价和确定对于评价来说是属于主观的,但对于行为人来说又是属于客观的。这里是取后一意义而言的)?社会生活中在事实上不包含他人客观因素的客观评定是从来都不存在的,也永远不会有。基于此,笔者认为,行为人具有能否预见的能力,不能以行为人本身的预见能力(特别是不以行为人自身声明的预见能力)为标准,而应当以行为人所具有的多种主观条件为依据,并以此为标准,检测和确定社会上与此相同的同一类的预见能力,再以检验出和确定了的预见能力标准来衡量和确认行为人有无相应的预见能力。其最终的结论是:同样的他和我能够预见,为什么同样的你就不能预见?在这一问题上,我们无论如何不要忘记,正是这种多因素、多方位的能力比较,最终反映出的是能够预见,因而也就是应当预见,但确实不是已经预见。也许在这里还是留下了一点点"客观归罪"之嫌,但是,这种客观标准本身是以行为人的主观能力为依据建立的,其中当然包含行为人预见的应然性。不然完全用行为人主观的能力标准来衡量其主观能力的有无,正像用尺的刻度来衡量其自身的长度,一旦尺的刻度发生问题,是不可能给出正确的结论来的。而尺的功能不在于衡量自身。从盖然性角度而言,这种标准的错误概率远比主观说的随意性要小得多。同时,它比主观说的多元化标准等于无标准而言,应当是一个进步。疏忽过失中,没有预见只是个客观事实,它是以能够预见、应当预见为主观罪过的成立基础的,这本身就

㉟ 《庄子·秋水》。

是疏忽过失的一个特点。现实生活中只要有疏忽过失的事实存在,司法实践中只要有疏忽过失的评定需要,最终就必须通过客观评价判断来确定行为人是否具有能够预见、应当预见的能力。

(二) 轻信过失中"已经预见"的解读与评价

轻信过失是以行为人已经预见自己的行为可能发生危害社会的结果为意识因素的。这里的所谓已经预见,当然是指行为人对自己的行为性质、行为涉及的客观对象和行为可能导致的结果有所认识。从心理学上说,已经预见就是已知;从刑法学上说,已知可以等于明知。因此,无论是从心理学上还是从刑法学上说,只要站在质的角度而言,轻信过失中的"已经预见"与犯罪故意中的"明知"应当具有同一性。但这种质的同一性是否意味着在量的方面不存在差异性,这是我们在解读刑法中轻信过失规定时必须要解决的问题。

由于已经预见、已知和明知,都是心理学上的意识反映,要解决已经预见、已知和明知在心理的意识方面是否存在量的差异性,我们还得借助于现代心理学的成果作为我们的认识基础。

从心理学上讲,人的认识过程是一个多阶段、多层次的渐进过程。客观世界映象于人的心理,自然会产生意识。人的意识映象具有两重性:一方面是客观世界自然地映象于人的心理,人的心理就会产生被动性的意识;另一方面也是心理活动过程进行的最重要特点,就是心理活动具有选择性和指向性。人在自身需要的动机刺激下,有选择、有指向地注意客观世界,通过感觉、知觉获得对客观世界的认识。感觉是认识过程的初级阶段,也是最简单的心理过程,它在物质刺激直接作用于相应的感受器时反映物质世界物体和现象的个别属性,也反映了机体的内部状态。"物质作用于我们的感觉器而引起感觉。"㊱人通过对感觉而获得的感受进行整理,就形成知觉。知觉是当物体或现象直接作用于感觉器官时,人的意识对它们的反映。在知觉过程中个别感觉被整理结合成物体和事件的完整映象。"与反映刺激物个别属性的感觉不同,知觉反映对象的整体,反映对象各属性的综合性。同时,知觉不能归结为个别一些感觉的总和,知觉是本质上新的感性认

㊱ 《列宁选集》(第 2 卷),人民出版社 1972 年版,第 50 页。

识阶段,有其固有的特点。知觉最重要的特点是对象性、整体性、结构性、恒常性和意义性。"㊲

知觉的对象性表现为客观化动作,即把从外界获得的信息归属于这个世界。没有这种归属,知觉便不能在人的实践活动中执行其定向和调节功能。知觉的整体性表现为它与感觉不同,是从对象中获得整体的反映形象。知觉的整体性是与它的结构性相联系的。知觉在很大程度上并不与我们的瞬时感觉相符合,也不是这些感觉的简单总和。我们的感知实际上是从这些感觉抽象出来的概括结构。知觉一旦获得对客观外界对象整体性的概括结构映象,就在人的心理中形成一定时间内的恒常性。在对象性活动过程中形成的知觉整体的恒常性,是人进行社会活动的必备条件。没有这一点,人就不能在丰富多样和多变的世界中定向。恒常性可以保证人对客观世界认识的相对稳定性。虽然知觉是由于刺激物直接作用于感受器而产生的,但是感知的映象总是具有一定的意义。人的知觉与思维,与对对象本质的了解密切相关。有意识地感知对象,意味着在内心中说出它的名称,也就是把感知的对象归入一定类别的对象之内,用词语或概念来概括它。即使对未知的对象,也是力求从中把握住与我们已知客体的类似之处,把它归入某个范畴。"知觉不仅依赖于刺激,而且也依赖于感知主体本身。感知者的个人特点,他对被感知物的态度,他的需要、兴趣、爱好、愿望和情感,总是在一定程度上影响着知觉。知觉对人的心理活动内容,对人的个性特点的依赖性,称之为统觉。"㊳包含了统觉在内的知觉实际上也是一个利用信息提出假设和检验假设的主动过程。这种假设的性质决定于个人过去经验的内容。在这一过程中,人在知觉某个对象时,过去的知觉痕迹也活动起来。人的经验越丰富,人的知识越广博,知觉就越丰富,他从对象中看到的东西就越多。

现代心理学的这些研究成果对我们认识和评价轻信过失的"已经预见"与犯罪故意的"明知"在量的差异上是很有启发的。行为人根

㊲ 〔苏〕彼得罗夫斯基主编:《普遍心理学》,朱智贤等译,人民教育出版社1981年版,第271页。

㊳ 同上书,第275—276页。

据自身需要的动机刺激不同,根据自身过去的知识经验不同,他对客观外界的认识所获得的认识程度就有所不同。例如,同是开枪射杀猎物,猎物旁边不时有行人来往。对于一个神枪手来说,他有丰富的知识经验确信自己会打中猎物而不会误伤行人;而对于一个初次打枪的新手来说,他也会相信自己只要细心瞄准,就会射中猎物而不会误伤行人。尽管在开枪行为实施之前,射中猎物而不会误伤行人也好,射不中猎物而会误伤行人也好,都只是一种可能性,在行为人对客观外界进行认识时,都不属于现实的。但是对这两种具有不同知识经验的人来说,意识中的两种可能性程度应当是不同的。对于神枪手来说,只有万一子弹打偏,才有可能误伤行人。因此这种可能性仅仅属于假定可能性。在对行为的选择、定向过程中,只要发挥正常,是不可能会误伤行人的。而对于打枪新手来说,尽管他也不希望误伤行人,但他的知识经验告诉他,他在主观上无法排除会误伤行人的可能性。因此这种可能性属于既定可能性,即行为人已明知只要自己实施既定的行为,行为对于结果的引起和促成的趋势是十分明显的,极有可能导致危害结果的发生。由此可见,可能性在转变为现实性之前,本身包含可能转变为现实性,也可能不会转变为现实性。对这两种不同可能性的确信程度不同,就为我们正确认识和评定轻信过失和犯罪故意(特别是间接故意)的意识因素提供了可鉴别的心理依据。只要现实存在的行为人心理事实中具有不同的预见程度,结合随之产生的意志内容,就可确定出哪一个属于轻信过失,哪一个属于犯罪故意(特别是间接故意)。

(三) 轻信过失中"轻信避免"的解读与认定

轻信过失与疏忽过失一样,也是以发生了实际危害结果作为追究刑事责任的客观基础的。但是从轻信过失的意志因素来说,它对结果是持否定的意志态度的。避免结果的发生是这种意志内容的集中体现,之所以在客观上最终还是没有避免,是由行为人主观意志成分中"轻信"的内容所决定的。如果说想要避免表明了轻信过失中意志因素的核心成分,那么"轻信"就是轻信过失中意志因素的表现形式。轻信不是放任。轻信的内核是对结果的否定,放任的实质是对结果的容忍。因为对于间接故意的放任来说,一旦发生危害结果,已是意料之中的内容,行为人在主观上具有足够容忍的心理准备。而对于轻信过失的避免来说,行为人不但不希望、不追求危害结果的发生,而且能够确信这一结果不会发生。尽管这一"确信"是建立在不科学、不合理、不可靠的"轻信"基础之上的,但行为人自始至终对危害结果的发生都持坚决否定的心理态度。因此,轻信具有的心理基础和客观依据,具有两个明显的表现特征:一是行为人在主观上确信自己拥有避免结果发生的知识经验,例如以往也遭遇到类似的情形,但却没有发生危害结果;二是行为人在主观上为即将实施的行为设计了一定的防范措施,从而使避免结果的发生有了客观的可能。只是行为人在主观上过分依赖自身过去的知识经验,过高地估计了自己的防范能力,客观上即要采取的防范措施也是建立在不科学、不合理、不可靠的基础之上的,以致随着行为的实施,还是导致危害结果的发生。如果行为人在主观上毫无防范能力,只是侥幸认为结果不会发生;客观上毫无防范措施,听任行为的自然发展而导致结果的发生,那么已属于间接故意的犯罪,而非轻信过失犯罪。

第三节 《刑法》分则结构中的罪过性质与形式

犯罪构成在刑事立法上是一种设定犯罪的模型,是一种犯罪的规格,在刑事司法中是一种认定犯罪的依据和操作手段。刑事立法预先设立了各种犯罪模型后,刑事司法就可以根据现实社会生活中的各种行为现象和行为事实,通过按图索骥的操作方法,去"生产"出一个又一个的犯罪产品来。犯罪构成是由主客观两个基本要件所组成,主观要件是指行为人对其所实施的危害行为及其可能导致的危害结果所持有的一种主观心理状态,它包括了两种罪过形式,即犯罪的故意与犯罪的过失。如果刑事立法在刑法分则的条文结构中,明确规定了某种犯罪的主观罪过性质与形式应当是故意或者是过失,那么对于刑事司法来说,只要依据支配行为实施的主观罪过心理事实,认定是否符合刑事立法的预先规定,就可以得出是否构成犯罪、是故意犯罪还是过失犯罪的结论来。然而,当我们阅读《刑法》分则条文时,就会发现很多条文对犯罪结构中主观罪过的性质和形式,并未明确言明是故意还是过失,于是无论是在刑法理论上还是在刑事司法实践中,到底如何确认条文结构中的主观罪过性质和形式,颇有争议。而这一争议直接影响定罪理论和定罪实践的正确与否,这已成为一个不应再被忽视的重要问题。

一、《刑法》分则条文结构中主观罪过形式与内容的规定

我国《刑法》总则对何谓故意、何谓过失等主观罪过的形式与内容都作了明确的规定。《刑法》总则和分则存在一般与特殊、抽象与具体、共同与个别的关系,总则统帅着分则的具体内容,分则体现着总则的一般要求。既然《刑法》总则已经明确了任何具体犯罪构成中必须要具备的主观罪过、主观罪过是由故意和过失这两种形式组成的,那么刑事立法就应该在《刑法》分则的具体犯罪的条文结构中明确规定这种犯罪的主观罪过性质与形式应当是故意还是过失。但事实上我国刑事立法在《刑法》分则条文结构中对主观罪过的性质与形式,不但存在多元化的规定形式,而且还存在许多模糊不清、容易引起歧义的规定。这里我们就《刑法》分则条文结构中主观罪过的规定形式作一概览。

(一) 对犯罪主观罪过只能是故意的多元化明确规定

1. 以"故意"的语言文字明确规定故意罪过形式

例如,《刑法》第232条的故意杀人罪、第234条的故意伤害罪、第275条的故意毁坏公私财物罪、第277条的妨害公务罪、第305条的伪证罪等。这种规定形式清楚地表明,刑事立法已经明确规定这类犯罪的主观罪过形式只能是故意。在现实生活中,如果行为人主观上不存在故意的主观心理状态,要么不构成犯罪,要么只构成《刑法》分则规定的其他过失犯罪。

2. 以"明知"的认识因素明确规定了故意罪过形式

明知是犯罪故意必备的基本要素,也是犯罪故意在《刑法》分则条文的规定形式中的专有术语,凡是在条文结构中已有"明知"的明文规定,在刑法理论上和司法实践中认定刑事立法已明确要求只有故意才能构成犯罪,一般不存在异议,例如《刑法》第171条的运输假币罪,第

172条的持有、使用假币罪,第214条的销售假冒注册商标的商品罪,第258条的重婚罪,第259条的破坏军婚罪等。这种规定形式,行为人不具有明知,就意味着行为人不具有犯罪故意的成立基础——意识因素,因而就不能构成故意犯罪。

3. 以某种"犯罪目的"的意志因素规定故意罪过形式

犯罪故意有直接故意和间接故意之分。直接故意必定具有犯罪目的,没有犯罪目的的直接故意犯罪在现实生活中是没有的,也是不可能的。直接故意的犯罪目的与行为人意志因素中的希望内容在心理活动中具有内在的一致性,在表现过程中也存在逻辑结构的一致性。因此在条文结构中,刑事立法已明确要求行为人具有某种犯罪目的,就意味着这种犯罪主观罪过的性质和形式只能是故意。例如《刑法》第102—112条的危害国家安全罪,这类犯罪是从原《刑法》反革命罪修改转化而来的。反革命犯罪是以反革命为目的的犯罪,因而只能是直接故意犯罪。《刑法》修订后,危害国家安全罪几乎就是原反革命罪的全部内容。因此,整个这类犯罪都是具有犯罪目的的犯罪,因而也只能是故意犯罪。除此以外,再如一些以牟利为目的的犯罪、以非法占有为目的的犯罪、以营利为目的的犯罪,等等。

4. 以与另一过失犯罪条款相对应的规定方式规定故意罪过形式

这种规定形式的条文有些本身没有明确规定故意的文字表述,例如《刑法》第114条、第115条第1款的放火、决水、爆炸、投毒或者以其他危险方法危害公共安全的犯罪,第116条、第119条第1款的破坏交通工具罪,第117条、第119条第1款的破坏交通设施罪,第118条、第119条第1款的破坏电力设备罪、破坏易燃易爆设备罪,等等。但是,当这些条款之后的另一条款已经明确规定了过失犯前述之罪的,也要负刑事责任,那就意味着这些前述之罪都只能是故意的性质和形式。类似的规定还有《刑法》第324条的毁坏文物的犯罪等。

5. 从行为的性质和人们长期形成的社会观念明确故意罪过形式

例如《刑法》破坏社会主义市场经济秩序罪中的伪造之类的犯罪,侵犯公民人身权利罪中的强奸、猥亵之类的犯罪,侵犯财产罪中的非法占有之类的犯罪,妨害社会管理秩序罪中的带有暴力之类的犯罪等,这类犯罪从行为性质上表明,行为人主观不具有故意,很难会实施如此行为,从人们长期形成的社会观念上看,也都已认可这些都属有意识、有意志的行为。一国法律对某些犯罪行为的文字表述,既是一国传统文化的反映,又是一国社会观念的体现,从这些对客观行为的贬义性文字表述中,人们可以窥视刑事立法对这些犯罪在主观罪过上要求应当是故意性质的规定内容。

(二) 对犯罪主观罪过只能是过失的多元化明确规定

1. 以"过失"的语言文字明确规定过失罪过形式

例如《刑法》第 115 条第 2 款的失火罪、过失决水罪、过失爆炸罪、过失投毒罪、过失以危险方法危害公共安全罪,第 119 条第 2 款的过失损坏交通工具罪、过失损坏交通设施罪、过失损坏电力设备罪、过失损坏易燃易爆设备罪,第 124 条第 2 款的过失损坏广播电视设施、公用电信设施罪,第 233 条的过失致人死亡罪,第 235 条的过失致人重伤罪,第 324 条的过失损毁文物罪,等等。这些规定形式清楚地表明构成这些犯罪的主观罪过只能是过失,如果行为人主观上属于故意,则另构成他罪。

2. 以只有造成"严重后果"或"严重损失"的结果为条件的方法规定过失罪过形式

过失犯罪不但在刑事立法上明确规定了"法律有规定的才负刑事责任"的形式要求,而且在刑法理论上已经形成了只有发生危害结果才负刑事责任的实质要求。根据这一不会被推翻、不易被推翻的刑法原理和刑法原则,可以得出结论:凡是《刑法》分则条文结构中,在没有故意罪过多元化明确规定的情况下,而刑事立法却又要求只有客观上造成严重后果、造成严重危害、遭受重大损失才负刑事责任,其本身基本上已蕴含了刑事立法对这些犯罪的主观罪过要求应当属于过失的性质和形式。例如,危害公共安全罪中的第 131 条、第 137 条、第 139 条的违反规章制度、管理法规而构成重大事故的犯罪,第 331 条的传染病菌种、毒种扩散罪,第 334 条第 2 款的采集、供应血液、制作、供应血液制品事故罪,第 335 条的医疗事故罪,第 338 条的重大环境污染事故罪,第 339 条第 2 款的擅自进口固体废物罪,等等。这些犯罪规定表明,只有当行为已经发生了严重后果,才能构成犯罪,需负刑事责任。没有严重后果,就不属于犯罪,不负刑事责任。

(三）对犯罪主观罪过既可以是故意又可以是过失的多元化明确规定

1. 在同一条文中不分款项明确规定该罪的主观罪过既有故意又有过失的内容

例如《刑法》第 398 条的泄露国家秘密罪。司法实践中，针对行为人主观上的不同罪过内容，可以分别认定故意泄露国家秘密罪或者过失泄露国家秘密罪。

2. 在同一条文中通过分款的方式明确规定该罪的主观罪过既可以是故意又可以是过失的性质和形式

例如前述所提到的《刑法》第 115 条第 1 款和第 2 款、第 119 条第 1 款和第 2 款、第 124 条第 1 款和第 2 款，等等。尽管司法解释已将这些不同条款规定的罪过形式分别确定为不同的犯罪，但在刑事立法上仍属于既有故意又有过失的多元化规定。

3. 在同一条文中以混合的规定形式蕴含该罪的主观罪过既可以是故意又可以是过失的性质和形式

例如《刑法》第 138 条的"明知校舍或者教育教学设施有危险，而不采取措施或者不及时报告，致使发生重大伤亡事故的"教育设施重大安全事故罪，第 219 条第 2 款的"明知或者应知前款所列行为，获取、使用或者披露他人的商业秘密的，以侵犯商业秘密论"的规定。对于第 138 条和第 219 条同样的"明知"规定，现有的注释刑法学作了不同的注解，例如对《刑法》第 138 条的主观罪过认定为只能出于过失[39]，但对第 219 条的主观罪过却认定为必须出于故意[40]，有的注释理论进一步认为过失不能构成该罪[41]，当然也有的认为《刑法》第 138 条不排除出于故意。[42]《刑法》总则的规定告诉我们，明知属于犯罪故意的意识因素，当然不可能再是过失；应知等于应当预见，它属于疏忽过失的应有内容，是应知当然就可以是过失——疏忽过失。可见一般的

---

[39] 参见高铭暄主编：《刑法学》（新编本），北京大学出版社 1998 年版，第 308 页。
[40] 同上书，第 384 页。
[41] 参见苏惠渔主编：《刑法学》（修订本），中国政法大学出版社 1999 年版，第 561 页。
[42] 同上书，第 464 页。

注释理论既不是从《刑法》总则和《刑法》分则的相互关系中揭示这些犯罪主观罪过的法律含义，又不通过深厚的理论底蕴来分析这些犯罪的行为人具体心理状态来确定这些主观罪过的性质，只是想当然地说是故意或者过失，显然难以令人信服。但是这两条条文结构中又规定了"致使发生重大伤亡事故的""给商业秘密的权利人造成重大损失的"，才负刑事责任，这意味着刑事立法要求行为人在明知的罪过支配下实施规定的行为所构成的犯罪，属于间接故意的犯罪，而在应知的主观心理状态支配下实施规定的行为所构成的犯罪，则属于疏忽过失的犯罪。除非刑事立法在条文结构中对主观罪过的设计要求重新进行必要的调整和修正，不然逻辑的分析结果只能如此。

应当指出，也是本书将要重点探讨的，那就是我国《刑法》分则除了上述对主观罪过是故意还是过失作了多元化的明确规定之外，还存在大量没有明确规定是故意还是过失的模糊不清、容易引起分歧的规定。对这些规定，如何适用刑法的基本原理去分析、确定刑事立法的基本含义，然后再依据这一刑事立法的基本含义去分析、确定实施刑法规定行为的行为人心理状态，进行"对号入座"，已是刑法理论和司法实践再也不能有丝毫忽视、耽误的重要问题和迫切任务。

二、《刑法》分则条文结构中主观罪过性质与形式的法理分析

刑事立法在分则条文结构中没有明确规定某种犯罪的主观罪过的性质和形式，而刑事司法在实践中却需要对每一个刑事案件的行为人的主观罪过作出分析认定。行为人的主观心理状态不管如何复杂多样，其性质在法律上和事实上不外乎是故意、过失或者意外。在法律上，故意有直接故意与间接故意之分，过失有疏忽过失与轻信之别。当刑事立法在《刑法》分则条文结构中对某种犯罪的主观罪过要求是故意时，那么在司法实践中分析出行为人的主观心理状态是属直接故意，即使没有发生行为人预期的危害结果，也已构成犯罪，只是在犯罪状态上属于犯罪未遂。如果分析出行为人的主观心理状态是属间接故意，那么只有在客观上发生了行为人意志上放任的危害结果时，才能构成犯罪。否则不能构成犯罪。当刑事立法在《刑法》分则条文结构中对某种犯罪的主观罪过要求是过失时，那么在司法实践中如果分

析出行为人的主观心理状态已存在过失,并且在客观上已经发生了法律规定的危害结果,就可以构成犯罪。如果行为人的主观心理状态超出过失的范畴,进入故意的领域,那就需要按照与这一过失犯罪相对应的故意犯罪论处。如果行为在客观上虽然造成了损害结果,但是不是出于故意或者过失,而是由于不能抗拒或者不能预见的原因所引起的,那就是意外事件,依法不负刑事责任。刑法规定的逻辑精神和刑法理论的基本原理就是如此。

然而问题在于,刑法已经明文规定故意犯罪应当负刑事责任;过失犯罪,法律有规定的才负刑事责任。在刑法中惩治故意犯罪属于通例,惩治过失犯罪属于例外。当刑法规定某种犯罪的基本罪过形式为故意,刑事立法在这种基本罪过形式外又通过另一条款规定过失犯"前款罪"或"前条罪"也要负刑事责任,此时刑法对犯罪的罪过要求已是泾渭分明,在司法实践中也就可以分门别类地认定处理。例如危害公共安全罪中的以危险方法危害公共安全的犯罪,侵犯公民人身权利罪中的杀人罪、伤害罪,妨害文物管理罪中的损毁文物罪等,均应不发生任何疑义与异议。但是我国《刑法》分则的条文结构中,更多的犯罪并没有被明确被规定为故意或者过失,在这些条文后也没有附属条款规定过失犯罪也要负刑事责任,以表述前款犯罪的主观罪过要求属于故意。在社会现实中,行为人实施这种法律规定行为的主观心理状态当然既有故意也有过失。例如破坏社会主义市场经济秩序罪中的生产、销售伪劣商品的犯罪,生产、销售伪劣商品是一种客观的行为,行为人在主观上既有可能是故意也有可能是过失,是绝对存在的。然而一般的教科书都明确无误地界定为该罪的主观罪过只能是故意。[43]之所以作出如此认定,主要有两个根据:第一,认为生产、销售伪劣商品的行为人必定具有非法牟利的目的或者营利的目的,但该种观点又补充道,营利不是构成本罪的必要要件[44];第二,从法律的逻辑规定上看,该类犯罪并没有明确规定过失也要负刑事责任,因此,过失行为不

---

[43] 参见高铭暄主编:《刑法学》(新编本),北京大学出版社1998年版,"破坏社会主义市场经济秩序罪"部分。
[44] 参见苏惠渔主编:《刑法学》(修订本),中国政法大学出版社1999年版,"破坏社会主义市场经济秩序罪"部分。

能构成本罪。⑮ 然而,正是这两个似乎在社会法律观念上很容易被人接受的根据,却在法律规定和刑法理论上暴露出难以解决的矛盾。

(一) 从法律规定上看

我国刑法以规定和惩罚故意犯罪为通例,以规定和惩罚过失犯罪为例外。在《刑法》中,如果某一条文,刑事立法明确规定"故意"或者"明知"为必要构成要件,则表明该条犯罪规定为故意犯罪,或者刑事立法用相应的条款明确规定"过失犯前(条)款罪",也要负刑事责任,则意味着前(条)款之罪为故意犯罪已属无疑。前者如《刑法》第399条徇私枉法罪、枉法裁判罪;后者如《刑法》第114条、第115条放火等犯罪。然而,这种规定形式在《刑法》分则中毕竟不是普遍的,普遍的倒是刑事立法在某一条文中既未明确规定"故意"或者"明知"等必要构成要件,也未用相应的条款表明前一(条)款为故意之罪。例如《刑法》第141条生产、销售假药罪,该条并没有相应条款规定过失犯前(条)款也要负刑事责任的内容,据此认定该条犯罪只能是故意犯罪,那么如果出现过失实施生产、销售假药的行为怎么办?如果以法无明文规定不为罪的罪刑法定原则来解释,岂不是要放纵过失犯罪?如果出现过失生产、销售假药,致人死亡或者对人体健康造成严重伤害的,就以过失致人死亡罪或者过失致人重伤罪论处,因罪过形式不同,直接导致行为形式的不同认定,那罪刑法定原则就成了一句空话。与此同理,诸如《刑法》第146条生产、销售不符合安全标准的产品罪,因没有其他相应条款规定过失犯罪,从而认定该条犯罪为故意,那么该条规定只有造成严重后果,才应负刑事责任,这在法律逻辑结构上又作何解释呢?而依只有造成严重后果才负刑事责任,就应属过失犯罪的范畴,那么《刑法》第397条的滥用职权罪又必然是过失犯罪。更有甚者,以《刑法》分则同一条文没有相应条款规定过失犯罪,该条犯罪就是故意犯罪为立法精神,那么《刑法》分则中诸多刑事立法本身没有明确规定为过失而被一般注释刑法学断言为过失的犯罪,其过失的结论岂不又成了无源之水?

---

⑮ 参见高铭暄主编:《刑法学》(新编本),北京大学出版社1998年版,第314、316、318页。

（二）从刑法理论上看

在刑法明文规定之外，以生产、销售伪劣商品罪的行为人在主观上必定具有牟利或者营利的目的，就断言必然属于故意犯罪，显然存在以偏概全之嫌。在市场经济条件下，牟利或者营利，不外乎表现为对物质利益的追求。人们的活动总是植根于社会的经济关系中，"人们奋斗所争取的一切，都同他们的利益有关"[46]。牟利或者营利（在词义解释上，一般认为谋利是褒义的、牟利是贬义的、营利是中性的）本身并没有太大的过错，有错的是在什么条件下、以什么方法和手段、追求什么样的利益。生产、销售优质商品和生产、销售伪劣商品，行为人主观上都会具有追求一定利益的目的。而《刑法》规定了生产、销售伪劣商品罪，其原因在于伪劣商品对于市场经济秩序的破坏与危害，其目的在于禁止社会成员去生产、销售伪劣商品。而生产、销售作为一种客观行为，已如前述，在行为人主观上当然既有可能是故意，又有可能是过失。在过失的情况下，我们仍然不能排除行为人主观上具有营利的目的。由此看来，以牟利或者营利为目的来解释生产、销售伪劣商品罪的主观要件只能是故意，不具有坚实的理论根据。同时，以牟利或者营利为目的来认定生产、销售伪劣商品罪是故意，必然意味着只能是直接故意。而刑法除对少数犯罪明确规定了只能由直接故意构成外，对绝大多数犯罪并没有限定在只能是直接故意。这样，当刑事立法在生产、销售伪劣商品罪中没有明确规定故意的情况下，就断言只能属于故意[47]，显然缺乏充分的根据。循着这一思路向前延伸，我们还会发现诸如《刑法》第187条用账外客户资金非法拆借、发放贷款罪，第188条非法出具金融票证罪，第189条对违法票据承兑、付款、保证罪。一般教科书以《刑法》第188条、第189条规定的犯罪有造成较大或者重大损失的条件，断定为过失犯罪，第187条规定的犯罪因为有牟利的目的，就断定为故意犯罪。但《刑法》第187条规定的犯罪同样有造成重大损失的条件，这一规定与第188条、第189条没有多大本质的区别。这样按故意论原则，只要行为人不具有牟利的目的

---

[46] 《马克思恩格斯选集》（第2卷），人民出版社1972年版，第537页。
[47] 参见苏惠渔主编：《刑法学》（修订本），中国政法大学出版社1999年版，第525—527页。

（在现实生活中很难精确界定），即使明知故犯也不是犯罪，更不用说过失了。更有甚者，诸如《刑法》第219条侵犯商业秘密罪，刑事立法已明文规定"明知或者应知"，有的教科书断言只能是故意。㊽ 这样理解"应知"的法律含义和法理原则留下了很大的商榷余地。

通过上述对《刑法》分则条文结构内容的概览和剖析，我们不难看出，除了刑法已有明文规定和刑法理论已趋于一致的认定以外，刑事立法对某种犯罪的主观罪过性质本身并没有规定为故意还是过失，仅凭《刑法》没有相应的条款规定过失构成犯罪或者仅以行为人有无某种目的，就以为是故意，不可能有过失，多少有点先验的反映。是故意还是过失，需要我们从实际的案件事实中去考察。对《刑法》分则条文结构越深入透视和剖析，我们越会容易发现，许多条文结构、构成内容到底包含了什么意思，恐怕连立法者自己也难说清楚，注释刑法学不通过详细的法理论证，不通过复杂多样的实践考察，简单地、有时甚至是武断地说这是故意，那是过失，也许还难以令人信服。正是从这一法理分析出发，霍尔姆斯所说"法律的生命不是逻辑，而是经验"的名言有其合理的内涵。我国有刑法学者指出："立法在有些情况下只是凭着大体的感觉作出大体的规定，其具体的内容尚待于生活自然而然地将它展现，有待于法官和法学家们去努力地挖掘。"㊾博登海默也曾指出："现在我们知道，由国家确立的实在法制度必然是不完整的、支零破碎的，且到处是模糊不清的含义。有些观念、原则和标准同正式的法律渊源资料相比，可能也不太明确，但它们不管怎样还是给法院裁决提供了某种程度的规范性指导，而只有诉诸这些观念、原则和标准，才能克服实在法制度的缺点。"㊿由此笔者认为，刑事立法对某种犯罪没有明文规定是故意还是过失时，有司法解释的按司法解释，无司法解释的按理论解释。但理论解释必须通过逻辑分析和实证分析得出的结论才是合理、可靠的。从实证分析的角度来看，任何一种行为都有可能是故意，也有可能是过失。是故意还是过失，应当从行为

㊽ 参见苏惠渔主编：《刑法学》（修订本），中国政法大学出版社1999年版，第561页。
㊾ 冯亚东：《刑法的哲学与伦理学》，天地出版社1996年版，第136页。
㊿ 〔美〕博登海默：《法理学——法哲学及其方法》，邓正来译，华夏出版社1987年版，第425页。

人的心理状态中分析考察。从逻辑分析的角度来看,是故意,只要有危害行为(法律明文规定须造成某种特定结果或以情节严重、恶劣为条件的除外)就可以构成犯罪,是过失(间或也包括间接故意)时,须以造成某种实际危害结果为条件。

三、《刑法》分则条文结构中主观罪过性质与形式的立法模式选择

理论解释再严密、再合理,它毕竟属于理论现象,属于理论的范畴。既然属于理论,那么存在多元化的现象也是难免的。百家争鸣,可以推动理论的向前发展,形成理论的丰富繁荣。但刑法不仅属于刑法理论研究的对象,更是司法实践的依据。由此我们想到了"恶法亦法"的至理定律。刑事立法在罪刑法定原则的指导下,在《刑法》分则中设立一条又一条的罪状,形成一个又一个的犯罪构成,就是要为司法实践提供一个又一个的定罪规格。刑事立法先于刑事司法制定出实在规定,预示性地告诉社会成员什么行为为法律所允许,什么行为为法律所不许。不仅如此,它还必须明确告诉执法机关和执行人员,什么行为在怎样的心理状态支配下实施才好定什么罪。犯罪构成的要件内容确立后,只要现实生活中的具体行为现象与这一犯罪构成的要件内容相吻合,犯罪就成立了。不管这种法定的犯罪构成合理或不合理,法律的权威性、划一性和强制性在执法过程中是不应怀疑的,"恶法亦法"在执法层面的合理性、现实性正是基于此而产生其应有的含义的。

但是,法律的权威性、划一性和强制性,须臾离不开它的明确性,它必须以明确的语言文字告诉执法者某一个规定包含什么意思和要求,否则,一句罪刑法定的口号仍然难以消除"罪由我定,刑由我出"的混乱现象。司法实践中,能见之于客观外化的某种行为现象,有的判决为有罪,有的认定为无罪,例如夫妻间的"强奸",夫妻间因家庭琐事发生争吵而导致一方配偶自杀、另一方见死不救的案件,等等,更不用说藏之于主观深处的心理状态。因此,对于刑事立法者来说,能够在犯罪构成的主观要件中,明确规定哪些犯罪应由故意构成,哪些犯罪即使过失也能够构成,从而为刑事司法指明方向,使得他们只要本着兢兢业业的工作态度,细心地从实际案件中寻找材料加以印证即可。

人类社会的法律发展史告诉我们，刑事立法不免带有先验的色彩。但现代法制社会的立法过程同样告诉我们，现代法律不但是社会价值选择的产物，更是人类实践经验的结晶。刑事立法根据国家政治统治和社会秩序管理的需要，从行为与社会的联系中通过价值评价和价值选择，预示性地作出某种行为不为法律所允许。但这还不够，作为在整个法律体系中处于特殊的保障法地位、需要动用刑罚作为制裁手段的刑法，不能不涉及行为人的主观心理状态。因此，刑事立法者必须要把支配行为人实施某种行为的主观罪过性质和形式通过尽可能明确的语言文字揭示出来。不然，抽象的法律规定，再加上执法者的抽象思维，落实到具体案件时，不是面目全非，就是南橘北枳甚至南辕北辙了。

回过头来再看我国刑法，既然《刑法》总则已经规定"故意犯罪，应当负刑事责任"，那么落实在《刑法》分则中，意味着行为只要符合法律明文规定，且主观上是故意的，就都是故意犯罪，都要负刑事责任。行为符合明文规定，罪刑法定原则已发挥了制约作用；但犯罪符合明文规定，罪过性质和形式不能缺乏。通观整个《刑法》分则条文，刑事立法对"故意"两字可谓惜墨如金。如果说同一客观行为，另有条款表明过失犯罪也要负刑事责任，从而意味着前一条款的犯罪只能是故意的性质和形式的话，那么是否也意味着凡是没有另一条规定过失犯罪的罪状，其主观罪过都是故意？这无论如何不符合常理，也难为刑事司法所贯彻。同样，既然《刑法》总则已经明文规定："过失犯罪，法律有规定的才负刑事责任。"那么落实到《刑法》分则中，只有法律明确规定哪些犯罪属于过失时，才能追究行为人的刑事责任。然而在这方面，我们看到只有少数几个罪被法律语言标上"过失"的文字符号，绝大多数被人们通过通常的思维定势认定的过失犯罪，结论仅仅来源于对行为的传统认识和对只有造成某种危害结果为条件的法律规定的理解。但对只有造成某种危害结果为条件的犯罪，人们为什么轻易忽视了间接故意也是以结果为条件这一基本的刑法原理？在这方面，《刑法》第138条教育设施重大安全事故罪，到底是故意还是过失，让司法者难以从刑法原理上说清楚。诸如此类的还有《刑法》第403条滥用管理公司、证券职权罪，如果认定为故意，恐怕仅限于间接故意，因为这是一个以重大损失为条件的犯罪。但直接故意却不能构成犯罪,从常理上又难说得过去,而"上级部门强令"的规定,又可表明只能是故意,那同一"强令"的《刑法》第134条重大责任事故罪又难以得出只能是过失的合理解释了。

在现有《刑法》分则条文结构中,无论是司法实践还是刑法理论,对某些犯罪的主观罪过性质和形式的理解,产生如此不统一的理解,多少表明我国刑事立法的不完善,这也已严重影响到司法实践的划一性和合理性。诚然,先验性的刑事立法要准确无误地表明一个犯罪构成的主观罪过的性质与形式,多少有一点"作茧自缚"。但对于刑事司法来说,却不啻是明灯高照,方向更明。而对于专攻注释的学者们来说,在这方面更可节省大量的人力、物力和财力。由此笔者认为,当《刑法》分则对同一行为规定既可由故意构成,也可由过失构成犯罪时,刑法应当分条设置,如杀人与伤害。而根据《刑法》总则规定的过失犯罪,只有刑法有明文规定的才负刑事责任,因此,对过失犯罪的罪名均应表明"过失"两字。在对《刑法》作出如此修改完善前,《刑法》没有明文规定故意或者过失的犯罪,从刑法理论上说,很多被人们理解为只能是过失的犯罪,还不能排除间接故意的存在,因为间接故意也是以结果为条件的犯罪。而究竟是故意还是过失,在司法实践中实证材料会清楚地告诉我们。

第七章　犯罪构成的客观要件

犯罪构成的客观要件，在刑法理论上也称为客观危害。犯罪的客观危害相对于犯罪的主观罪过而言，它是指犯罪主体在主观罪过的支配下所实施的行为及其所导致的结果对客观世界所造成的危害。行为人具有的主观罪过只有通过危害社会的行为及其所导致的结果才能加以客观物化，而行为人在主观罪过支配下所实施的危害社会的行为及其所导致的结果，又反过来可以印证行为人的主观罪过，反映行为人所具有的人身危险性。正因为如此，客观危害是犯罪构成的必要要件，它是行为人承担刑事责任的客观基础和外在根据。

第一节　客观危害的表现形式及其本质

一、客观危害在刑法上的意义

客观危害反映了行为人所实施的行为在与客观世界发生联系时对社会的危害性，从而表明犯罪行为是一种为刑法所禁止的行为，而犯罪结果则是一种使社会利益遭受损害的事实状态。一个人具有了意欲犯罪的主观罪过，为什么只有在其事实上实施了危害社会的行为的情形下才能承担刑事责任？这是由唯物主义关于物质的东西只有通过物质的手段才能加以改变的基本原理所决定的。历史上所有的唯心主义者都曾片面地强调精神的绝对作用，以致出现了不问有无客观行为，纯粹以人的心理活动为依据认定犯罪的荒唐事例。唯物主义一改以往所有唯心主义的观点，认为"社会生活在本质上是实践的"[①]。"批判的武器当然不能代替武器的批判，物质力量只能用物质

[①]　《马克思恩格斯选集》（第1卷），人民出版社1972年版，第18页。

力量来摧毁。"②在唯物主义看来,精神力量可以转变为物质力量,但精神力量不能代替物质力量。精神力量不变成物质力量,精神力量不借助物质力量,这种精神力量不过是一种纯粹的空气震荡而已,不可能对物质世界产生什么影响作用。犯罪行为是一种反社会的实践活动,它是行为人有意识、有意志的一种实践活动。但是,行为人这种有意识、有意志的主观罪过,如果不通过具体的实践活动——实施行为,是不可能对客观世界有所影响的,也无法改变现实世界的任何内容,因而也就无法满足行为人的主观需要。我国刑法正是根据社会生活的这一基本原理,不但明确规定缺乏意识、违背意志的意外事件不负刑事责任;而且还明确规定,只有犯罪意图但没有付诸实施的犯意表示不是犯罪,不需要追究刑事责任。只有当行为人在具有犯意的主观罪过支配下,已开始付诸实践——犯罪的预备和犯罪的着手,才规定可以认定为犯罪,需要追究刑事责任。

在刑法学的发展史上,承认犯罪的认定不但要有行为人的主观罪过作为内在依据,而且必须要有行为的客观危害作为外在依据的观点也早已存在。刑事古典学派代表人贝卡里亚从刑罚与犯罪的均衡性原理出发,提出:"使民族遭受到的危害是衡量犯罪的唯一真正的标准。因此,那些认为犯罪人的意图是衡量犯罪的真正标准的人的想法是错误的。意图是以现时的印象和在这以前的情绪为转移的,而印象和情绪对所有人和每个人来说,都是随同观念欲望和情况的特别迅速的更换而变化。"③虽然贝卡里亚对犯罪的认定和对犯罪的惩罚过分依赖于对客观危害的评定,但贝卡里亚提出的"犯罪使社会遭受到的危害是衡量犯罪的真正标准",却十分正确地揭示了客观危害在犯罪认定中的作用。随着人们认识水平的提高和刑法科学的发展,主客观相一致已日益成为今天人们评定犯罪的准则。客观危害作为犯罪的一个必要组成部分,在现代刑法中已确立了不可动摇的位置。

客观危害作为行为人在其主观罪过支配下进行反社会实践活动的外在体现,实际上包含两部分内容:一是危害社会的行为。危害行为是客观危害得以产生的基础,没有危害行为,就没有客观危害的实

---

② 《马克思恩格斯选集》(第1卷),人民出版社1972年版,第9页。
③ 〔意〕贝卡里亚:《论犯罪与刑罚》,西南政法学院1980年刊印,第18—19页。

际存在。二是危害社会的结果。危害结果是客观危害的最终体现,没有危害结果,就没有实际损害的现实存在。客观危害中的危害行为与危害结果在不同的犯罪评定中有着不同的意义。对于故意犯罪来说,只要行为人在主观罪过的支配下实施了危害行为,其犯罪即意味着已经成立,危害结果是否实际发生对于犯罪的成立来说已不发生影响,至多只影响犯罪的既遂与未遂。而对于过失犯罪来说,行为人在具有过失罪过的前提下,行为只有实际造成了具体的危害结果,且行为与结果之间存有内在的必然联系,犯罪才能够成立。

当然,我们说客观危害是行为人在其主观罪过支配下所进行的反社会实践活动的外在体现,不但是说客观危害是行为在与客观世界发生接触联系时对社会的危害,而且危害行为与危害结果的性质还必须与行为人主观罪过的性质完全一致。因此,我们在评定客观危害时,不但必须根据行为人的主观罪过性质来分析研究客观危害的性质,而且还必须分析研究危害行为是否符合刑法规范的要求。这是因为,客观危害的行为只有当其以规范的行为形式和规范的行为内容表现时,才能称之为刑法上的行为。也只有这样,才能实现主客观相一致的立罪原则和定罪原则的全部要求。

二、客观危害的内容体现

客观危害的内容体现,即是指行为人在其主观罪过支配下的反社会实践活动应有的构成要素。揭示客观危害的内容体现,对于印证和认定行为人的主观罪过,评估行为的社会危害性具有十分重要的意义和作用。

(一)危害行为

危害行为,是指行为人在其主观罪过支配下所实施的作用于客观世界并危害一定社会利益的人的活动,它包括人的积极的作为行为和消极的不作为行为。危害行为在客观危害中居于核心地位,整个客观危害首先是基于危害行为而产生、存在的。危害行为向前与行为人的主观罪过相联系,向后与危害结果相连接,在危害行为实施时又与犯罪对象相接触。缺乏危害行为,行为人的主观罪过永远停留在犯罪意图的框框内而不会客观外化,社会利益也不会受到任何实际损害。所以,危害行为不但是犯罪构成中客观要件的必要要素,而且也是刑事立法设立犯罪构成和刑事司法认定犯罪成立时首先要评价的对象。正如马克思所指出的:"我只是由于表现自己,只是由于踏入现实的领域,我才进入立法者支配的范围。对于法律来说,除了我的行为以外,我是根本不存在的,我根本不是法律的对象。"④由此可见,危害行为对于犯罪构成的重要性。

由于危害行为在社会政治和法律的评价上与一般的社会行为有着不同的品格和属性,因此对危害行为的认定,我们必须要注意它的三个基本特性:

1. 危害行为的客观性

危害行为的客观性表明危害行为是一种行为人针对客观世界并与客观世界发生联系的身体活动。这种身体活动是一种客观存在,它不以他人的意志为转移。任何危害行为,都必须表现为一种身体的活动才能成立。这种身体活动可以表现为积极的运动,也可以表现为消极的静止。没有人体活动的存在,就没有危害行为的存在。危害行为的客观性同时还表明,一种危害行为一旦实施和存在,就作为一种客观现象固定在客观世界之中。不管行为人在行为之后其主观心理活动发生怎样的变化,都不能改变先前的行为形式、行为性质和行为内容。

2. 危害行为的主观性

危害行为的主观性表明危害行为不是单纯的人的身体活动,它是行为人的一种有意识和有意志的活动。危害行为就其社会本质而言,是受行为人意识和意志支配的产物。因此,没有反映行为人意识和意志的行为不应当成为刑法上的危害行为。例如刑法上意外事件的行为人没有意识和违背意志的行为,虽然在客观上也会给社会造成一定的损害结果,但这绝不是刑法意义上的危害行为,其原因就在于这种行为不能体现行为人的主观意图。危害行为的主观性,表明危害行为不过是行为人主观罪过的客观外化。因此,认定危害行为的主观性,必须是主观罪过在前,危害行为在后,而不是相反。当然,在司法实践中,一般先进行行为的事实判断,再倒溯行为人的主观心理状态,这是

---

④ 《马克思恩格斯选集》(第1卷),人民出版社1972年版,第16—17页。

危害行为主观性的验证过程,应当别论。

危害行为的主观性与前面所述的危害行为的客观性是否发生矛盾?笔者认为,危害行为的客观性强调的是危害行为是一种客观现象,是相对独立于人们意识之外的并独立存在于客观世界之中的一种客观现象,以此表明危害行为已不是行为人单纯的思想活动,是不以人们的意志为转移的。而危害行为的主观性则表明危害行为是行为人意识和意志的反映,已打上行为人主观罪过的色彩和烙印。实际上,一个危害行为就是行为人主观罪过和客观活动的统一体。因此,没有刑事责任能力的精神病患者的身体活动,不管他给社会造成怎样的损害结果,都不属于刑法上的危害行为的范畴。

3. 危害行为的对象性

危害行为的对象性表明危害行为在实施过程中必然与客观世界的某一对象发生联系和接触才有实施的可能。在现实生活中,没有具体对象指向的行为是不存在的,危害行为也同此理。危害行为的对象性与行为人认识活动的对象性是一致的,具有同一性。正像没有对象的认识活动是不存在的一样,没有对象的危害行为也是没有的。尽管在实际的犯罪过程中,行为人的危害行为的实际指向会发生错误,但这不影响行为人在观念上的一致性。但是,当行为人主观上认识的对象在客观世界中根本不存在时,就意味着行为丧失了对象性要求,这种行为既永远不可能产生危害,更不应当成为刑法上的危害行为。了解和掌握危害行为的对象性特征,对于我们认识危害行为的自然性质和物质性质,进而帮助我们认识和认定危害行为的法律意义具有十分重要的依据作用。

(二) 危害结果

危害结果是指行为人在其主观罪过支配下所实施的危害行为对体现刑法保护利益的物质承担者——人或者物这一行为对象所造成的引起客观变化的直接损害事实。在犯罪的客观危害中,危害结果占据特殊的地位。这是由危害结果是行为客观危害的最终体现这一特点所决定的。正因为如此,危害结果在整个刑法中具有十分重要的意义。

(1) 危害结果的有无是所有过失犯罪甚至间接故意犯罪能否成

立的客观基础。我国《刑法》第 15 条明文规定"以致发生结果"是成立过失犯罪的必要条件,《刑法》分则对所有过失犯罪都具体规定了危害结果的内容。没有法律规定的危害结果,就没有法律规定的过失犯罪。同时,间接故意犯罪不像直接故意犯罪,行为人对危害结果持一种放任的态度,不发生危害结果并不违背行为人的意志内容。因此,根据刑法学原理,没有危害结果,就不能成立间接故意犯罪。

(2) 在直接故意犯罪中,犯罪目的所追求的并为犯罪构成中客观要件所要求的特定危害结果是否发生是区分犯罪既遂和未遂的显著标志。对于直接故意犯罪而言,有无危害结果的发生,并不影响犯罪的成立。但有无危害结果的发生,却直接影响犯罪既遂的成立与否。例如直接故意杀人,不管有无死亡结果,都已构成故意杀人罪;没有发生死亡结果,犯罪只是处于未遂状态。

(3) 危害结果的大小轻重是量刑轻重的重要依据。危害结果最集中地反映了行为的社会危害性程度。量刑的合理性首先在于根据罪刑相适应原则,做到刑罚的轻重与行为的社会危害性大小相一致。因此,危害结果的大小轻重,在很大程度上决定着刑罚的轻重程度。

三、客观危害的本质

刑法规定某一行为为犯罪,之所以不但需要规定和要求这一行为是在行为人主观罪过支配下所实施的,而且还规定和要求这一行为必须具有客观危害,是因为客观危害最集中、最直观地反映了犯罪的社会危害性。在现代刑法中,一种行为如果从行为形式、行为性质和行为内容上永远不可能造成客观危害,那么这种行为就不能成立犯罪。例如,张三因怨恨李四,每日通过诅咒希望其死亡。但由于诅咒行为不可能产生死亡结果而造成客观危害。因此,这种诅咒行为因没有客观危害而不能成立犯罪。在刑法中,危害行为可以是形形色色的,危害结果也可以是多种多样的。然而,无论何种危害行为或者何种危害结果,它们所反映的客观危害都是对刑法所要保护的社会利益的损害,这是价值评价的必然结果。所以,客观危害的本质就在于社会危害性。国家制定刑法对犯罪行为进行惩罚,其实质就在于希望通过动用刑罚惩罚来制止客观危害的产生,预防客观危害的形成。法律不能禁锢思想,所以"法律不惩罚意图"⑤。但法律可以禁止行为,所以法律也能够惩罚犯罪行为。我国刑法坚持客观危害是构成犯罪的必要要件,坚持行为人在具有主观罪过的情况下,只有实施一定行为并呈现出客观危害,才可能进入刑法的评价领域,这为我们彻底杜绝主观归罪提供了科学依据。

第二节 认识错误的行为对客观要件的影响

刑法上的认识错误,是指行为人对自己行为实施时所涉及的客观情况和对自己行为在法律上如何评价发生了认识上的错误。根据刑法理论,刑法上的认识错误可以划分为两种类型:一是对事实的认识错误;二是对法律的认识错误。在传统的刑法理论中,认识错误是作为犯罪构成中主观要件的一个组成内容加以讨论的,并认为行为人对自己的行为在法律上做怎样的评价,不影响行为的实际性质,因此没有任何法律意义,也不影响实际的定罪量刑。而对于行为人实施行为时对所涉及的客观情况发生的认识错误,一般以"从其所知"的原则加以认定和处理,即行为人不欲犯罪,由于发生了认识错误而在客观上造成了实际的损害结果,应当阻却其故意的成立。如有过失,以过失犯罪论;如无过失,以意外事件论。行为人本欲犯罪,由于发生了认识错误而未造成预想的实际损害结果,不影响其故意的成立;未造成预想的实际损害结果,以犯罪未遂论。这种观点由来已久,各种刑法教科书中比比皆是。

一、认识错误的行为在犯罪构成中的地位归属

认识错误的行为在犯罪构成中应归属于主观要件,还是应当归属于客观要件?这在传统的刑法理论中似乎已有定论。众多的刑法理论都是将其视为主观要件的内容展开分析和认定的。从认识本属于人的主观心理活动这一属性来分析,似乎没有问题。人总是先有一定的主观心理活动,然后才能支配行为的实施。但是,人在主观心理活动过程中即使发生了认识错误,却没有实施任何行为,这种认识错误

---

⑤ 〔意〕贝卡里亚:《论犯罪与刑罚》,西南政法学院 1980 年刊印,第 84 页。

在刑法的评论中是没有任何意义的,这是因为我国的刑法理论不承认单纯的"主观归罪"。因此,只有在"认识错误"发生了继起的在认识错误支配下的行为,才能进入刑法的评价领域。这样,认识错误的行为应当把它归入犯罪构成的客观要件中加以评价更为合适。当然,这是问题的一个方面,问题的另一方面是,当行为人主观上不发生认识错误,也不存在故意和过失,而是由于不能预见或不能抗拒的原因,但行为在客观上造成了损害结果,即刑法中的意外事件。对此,人们通常也是从主观方面加以分析后,认定为不构成犯罪。这似乎又给人一种感觉,类似的问题我们只有把它放在犯罪构成的主观要件中进行分析,才能解决行为的法律性质。但问题的本质还在于,当行为在客观上并没有造成损害结果,显然我们是没有必要讨论分析行为人的主观心理状态的。看来,问题还是要回到行为的客观表现上来。

当然,从刑事立法设计的犯罪构成来看,是先设计行为人的主观要件,即故意和过失,然后再设计客观要件,即刑事违法性的行为。但是,行为人的认识错误和认识错误的行为已是两个不同的问题。当我们讨论分析行为人的认识错误时,它应当属于主观要件的内容,这里着重要解决的问题是行为人在主观上是否具有形成罪过的意识因素和意志因素。而当我们讨论分析认识错误的行为时,它应当属于客观要件的内容,这里着重需要解决的问题是行为在客观上是否具有造成危害的结果形式和结果内容的物质作用力。正是从这一意义上说,笔者认为,认识错误的行为形式和行为性质应当归属于客观要件的范畴。

二、认识错误的行为是否具备客观要件的基本要素

事实认识错误的行为具有多种多样的形式。从最基本的方面加以划分,可以分为两种类型:一类是其行为已经在客观上造成了损害结果,如误将人为兽加以射杀,结果导致他人的死亡,或者误将毒药为白糖喂食小孩,结果导致小孩的死亡。另一类是其行为在客观上并未造成实际的损害结果,如误将兽为人加以射杀,结果是死了兽而非人,或者误将白糖为毒药毒杀他人,结果他人仍安然无恙。前一种认识错误的行为由于事实上已产生了客观的损害结果而具备了犯罪构成中客观要件的行为要素、结果要素和行为与结果的因果联系要素,剩下的问题是分析评价行为人在主观上是否具备犯罪构成中主观要件的

基本要素。既然是认识错误,这种行为的行为人在主观上不具备故意的罪过内容是显而易见的。因此,有过失以过失犯罪论,无过失以意外事件论,一般来说不存在多少疑惑和歧义。而后一种认识错误的行为虽然缺乏结果的基本要素,但直接故意犯罪构成中的客观要件并不必然包含结果这一基本要素,没有结果的要素,行为仍然可以构成犯罪的未遂。于是要认定这种行为能否构成犯罪未遂,关键在于这种认识错误的行为是否具备客观要件中的行为要素。本书要讨论的认识错误的行为仅就这一行为形式而言。

行为人在主观上已具有了故意罪过的意识因素和意志因素,只是在认识错误的情况下,行为才未发生预想的结果。从形式上看,行为人主观上有罪过,客观上有行为,似乎具备了主客观相一致的犯罪构成的主客观基本要素。但深入分析,这一行为是否符合客观要件中的行为要素,我们只有事先确定了行为要素的基本内容后才能得出结论。怎样的行为才能具备客观要件中的行为要素?德国刑法学者贝林格曾认为,通常谓犯罪为违法(即违反规范)之行为,其意义尚欠明确。事实上,此违反规范之行为犹须适合于刑罚法规之具体规定,然后方构成犯罪。⑥ 对于一个完整的犯罪构成,为了说明其主客观要件的各自要素,将其分解,先分析其各自的要素内容,然后整合认定。日本刑法学者团藤重光曾说过:犯罪实则为一整体观念,其中各要素相互关联,本无从强绝对的区分。但法律学为阐明其概念,除非将整体观念加以分解,求得其构成因子。⑦ 行为作为犯罪构成客观要件中的一个基本要素,其本身由行为的客观性、行为的主观性色彩和行为的对象性三个基本要素所组成。行为的主观色彩主要是说明行为的社会意义,我们在分解过程中可以忽略不论。但行为的客观性本身又是借助于一定的方法、手段,甚至借助于一定的工具表现出来的,以此表明行为的外在形式和客观特征,而一定的行为必须与一定的客观对象发生联系和接触,才有实施的可能。

---

⑥ 参见韩忠谟:《刑法原理》,台湾雨利美术印刷有限公司1982年版,第83页。关于刑罚法规之具体规定,贝林格即以 Tatbestand 一词称之。就文意诠释,本为"行为情况"之意,用以表示刑法分则上各个抽象的构成犯罪事实(即法定构成事实)。

⑦ 参见〔日〕团藤重光:《刑法纲要总论》,创文社1990年版,第62—63页;参见韩忠谟:《刑法原理》,台湾雨利美术印刷有限公司1982年版,第86页注。

第七章 犯罪构成的客观要件

具有故意罪过的认识错误的行为,尽管其本身具有多种内容的认识错误,但在其中最主要的是对对象的认识错误和对工具的认识错误。这种认识错误是否会引起行为性质和行为作用的根本变化呢?这一点可以从行为与客观外界的联系中得到说明。例如前面所述的误将兽为人加以射杀,结合主观罪过,似乎可认定为"杀人"行为,然而当我们暂时撤开主观罪过,剩下的行为还能称之为"杀人"吗?误将白糖为毒药加以投放,结合主观罪过似乎可以认定是"投毒"行为,然而当我们暂时撤开主观罪过,剩下的行为还能称之为"投毒"吗?这种行为我们不否认结合行为人的主观罪过产生观念上的危害性,但行为作为犯罪构成中具有相对独立性的要素,还不可能产生客观的危害性。

科学是一个大胆假设、小心求证的过程。我们从上述分析中产生的深层疑惑和得出的粗浅结论,能否在举一反三的事例中加以求证和得到验证?例如有这么一个常被提起的案例,被告人陈某领着5岁的女儿在外散步。中途陈某要上厕所,便将女儿留在外面。等陈某上完厕所出来,发现女儿正倒在地上,脸上有很多鸡屎猪粪,便疑是站在一旁的一个6岁小男孩所为,心中不由怒火冲天,抓住小男孩的衣领猛力一推。小男孩站立不稳,连连倒退后摔倒在地,不巧正撞到一块石头上,昏死过去。陈某一看四下无人便把小男孩抱进厕所,然后用稻草覆盖其身。正当陈某离去之时,稻草下的小男孩手脚还在动弹。陈某感到十分恐慌,于是一不做二不休,陈某复从外面捡起一块石头往小男孩脑部再次砸下。受此重击,小男孩再也不动弹了。事后经法医鉴定,小男孩倒地撞在石头上便已发生了死亡结果。小男孩死亡后被陈某抱进厕所覆盖上稻草后仍有动弹,是属尸体的生理机械反应,陈某再次用石头猛砸小男孩,不过是针对实际的死尸而为。对于陈某的前一推人行为导致死亡结果,应认定为过失致人死亡罪,论者意见较为一致。唯对陈某后一石头砸人行为如何评价,意见较为分歧,但多数论者比较倾向于故意杀人未遂,并用认识错误的理论加以论证,即行为人主观上已有杀人的故意,客观上已实施了杀人的行为。未能再发生死亡结果,实属认识错误所致。此案可谓是认识错误的一个典型案例。这里行为人主观上已具有故意的罪过,无需再讨论,唯本案的行为是否具有杀人行为的性质却不无疑问。杀人者,须行为具有杀人的属性,这一属性是由行为针对人这一对象所决定的。这是发生行为人的认识错误因属的一种客观事实,但人的对象已不复存在,也就意味着行为已丧失了杀人的客观属性。行为丧失了杀人的客观属性,也就意味着不可能再导致死亡的结果。小男孩的死亡结果只能分配给前一推人的过失行为。这样后一个砸人行为就难以符合客观危害的基本要求。人死了就只能是尸体,不管行为再如何针对它,不可能再有导致死亡的客观危害。此时对行为仍以杀人认定,其主要的根据已不在行为本身,则在于行为人的主观罪过。这样在理论上留下了一个困惑:仅凭行为人的主观罪过,即使存在认识错误,能否将不具有客观危害的行为,按犯罪未遂认定?

以往的刑法理论对待这种行为,强调行为人主观罪过方面的居多,而细究行为这一犯罪构成客观要件基本要素的不多。但是行为作为客观要件的基本要素,其本身具有特定的内涵,即行为必须通过一定的方法、手段(包括借助于一定的工具)针对一定的对象,才有实施的可能,才能在客观上体现出改变客观世界的力量。由于认识错误,客观上根本不存在这样的对象(这里指永远不可能),就意味着行为永远不可能具有客观危害的属性,不具有客观危害的行为,就不可能充足客观要件。而不具备犯罪构成的客观要件,要认定某一行为构成某一犯罪(认定为犯罪未遂也是构成了犯罪),就缺乏了充分的理论依据。

以往的刑法理论认定类似的行为可以构成犯罪未遂,其理论基础是建立在行为人主观罪过这一基石上的,也即建立在行为人发生了认识错误这一基点上。认定行为人主观上发生了认识错误,其途径不外乎来源于两个方面:一是从行为的逻辑发展过程中加以推导;二是从行为人的自我交代描绘中得到反映。然而正是从这两个途径中我们已看到问题的困惑存在。从行为的逻辑发展过程中加以推导,不能离开行为的表现形式和表现内容。而行为的表现形式和表现内容又不可能离开行为的对象。如果行为对象是永远不可能存在的,就表明不可能存在行为的表现形式和表现内容。这样,行为的性质属性就难以认定。从行为人的自我交代描绘中得到反映,是以行为人愿意真实交代为前提,并以不允许"沉默"为保证。一旦行为人"懂法知法",不肯如实交代描绘自己的真实心理活动,那剩下的恐怕就是评定人的主观判断。而这种主观判断的基础是否坚固,就显得有问题了。

其实,在以往讨论认识错误的行为时,往往存在一种先验性的意向,即以行为人如果不发生认识上的错误,要么行为不会被实施,要么行为就能产生实际的客观危害。但正是这种先验性的意向,在行为实际不会被实施的情况下变得毫无用武之地,而只是在行为有可能产生客观危害的情况下被尽情发挥。这种可能产生的实际客观危害,它只是建立在行为人的认识错误基础上,而不是建立在行为本身的事实和属性基础上。而这种先验性的意向,尽管在理论上似乎头头是道,但在实践中却无法贯彻到底的现象比比皆是。问题的本质还在于,当行为本身不符合刑法对某一具体犯罪所设定的规范要求,即行为本身不符合刑法所要求的行为要素时,就意味着这种行为还不是作为犯罪构成客观要件的行为。

当然,认识错误的行为其表现形式是极其复杂的。误以兽为人加以射杀,误将白糖为毒药加以投放,由于行为的属性决定了这一行为难以成立"杀人"和"投毒",以不属于"杀人"和"投毒"的行为而认定为杀人和投毒,是以主观罪过为主要依据的,而不是以主客观相一致的原则为基础的,一旦从客观证据中无法获悉主观罪过的内容,那么离"主观归罪"就只有半步之遥了。但是,当认识错误的行为本身已反映了行为的客观危害属性,只是没有出现法律规定的结果要素,则是另一回事。例如,被告人张某在其妻上夜班之后,乔装打扮后出外伺机作案。当张某来到一灯光昏暗的弄堂,看到前面有一妇女单身行走,便从后面突然袭击,将该妇女击昏后实施奸淫,并抢走妇女的手表后逃离现场。事后被害妇女立即去公安机关报案。当该妇女报案回家后,发现自己被抢的手表就在家中桌上,便恍然大悟,原来是自己丈夫所为。第二天,该妇女到公安机关要销案,公安机关不予允许,此案便告侦破。这里同样发生了认识错误,但就行为而言,已经具有行为的基本要素,由于对象的错误,不存在法律所规定的结果要求。然而其行为的表现形式和表现内容已经具备了客观危害性。对于直接故意的强奸罪来说,是否是犯罪,是依据主客观一致的行为表现加以认定的,只是在犯罪是否达到既遂的状态问题上才要求法定的结果。因为这里的行为形式和行为内容与行为对象已发生了密切的联系,行为的要素已经具备,这样的认识错误才能不影响行为的属性。至于行为人对行为的属性并未发生错误,只是对结果是否发生产生了认识的错误。例如,甲企图强奸乙,因乙反抗未能成奸,便恼羞成怒产生杀人灭口歹念,用手紧掐乙的脖子,致乙昏迷。甲以为乙已死亡,遂即松手后逃离现场。乙苏醒后马上报案,甲被擒拿归案。这种对结果的认识错误不在认识错误的行为之列。因为这里的行为表现形式和行为内容通过与行为对象的联系,已具备了行为的要素。死亡结果未发生只是属于犯罪未遂,当然不影响犯罪的成立。

认识错误的行为在刑法理论上似乎已成定论,但并非没有任何疑惑。科学的刑法理论有必要向一切还存有疑惑的定论提出挑战,通过讨论和辩理,进一步明辨是非才能达到进一步解惑的境地。笔者在这里就认识错误的行为提出疑问时,虽也已左右盼顾,前后对照,观点比较,但不过是一家之言而已。笔者还欲继续思考关注这一问题。

三、认识错误行为的规范评价与价值评价

对认识错误行为进行法律评价,首先是一个对认识错误行为的规范评价与价值评价的问题。这里所说的规范评价,是把它限定在将事实放在是否符合法律规定的规范要求中进行的评价,也就是事实判断;这里所说的价值评价,是指在事实判断基础上所作的符合评价主体既定价值标准的评价,也就是价值判断。在社会生活中,人们对事物的认识,总是需要先知道它是什么,然后再根据自己的价值需要和价值标准作出评价。而在刑法领域,人们需要认识的对象具有两个方面的内容:一方面是刑法规定了什么;另一方面是现实生活中发生了什么。就刑法规定而言,犯罪构成是由主客观两个基本要件组成的一个有机的整体,从而具有规格标准的作用。从社会现实生活而言,行为人的主观罪过必须借助其客观的行为表现才能外化,而客观外化的行为必须符合行为的质的规定性,才能进入规范的评价领域。行为一方面须受主观心理活动的支配,才能具有社会意义;另一方面行为又必须受质的规定性制约,才能体现出规范评价的意义。例如,张三怨恨李四,每天进行诅咒。由于诅咒行为不具有致人死亡的物质力量。即使行为人由于认识上的错误,自以为诅咒也是可以致人死亡的,由此产生观念上的损害,但诅咒行为本身不具有致人死亡的质的规定性,因而从事实判断上仍不能符合杀人行为的规范要求。当行为的事实判断不符合行为的规范评价时,就意味着行为不能进入刑法的规范

评价领域,即实际的行为事实不能与刑法规定的行为要求进行匹配。而刑法领域中行为的价值评价只有建立在行为的事实认定基础上,才有符合刑法规定的社会危害性的性质要求。

这一基本原理反映在对认识错误行为的评价上,同样需要在已有刑法规定的前提下,首先对行为事实进行规范评价,即这种行为是否属于刑法上所要求的行为。正因为这样,即使行为人没有犯罪的故意,但其行为已有某种质的规定性,如致人死伤,或已造成某种具体的损害,我们才需要分析研究行为人的主观心理状态,无故意但有过失,仍可构成某种法律规定的过失犯罪。只有连过失都不存在,才可以认定为属于意外事件。将虽具主观罪过的认识错误的行为,认定为可以构成犯罪,实际上是撇开了行为质的规定性的事实判断,直接依据行为人主观罪过的性质进行价值判断,往往会陷入主观归罪的怪圈之中。而缺乏事实支撑的主观心理活动,本身不可能对客观世界发生实质性的影响作用。司法实践中的犯罪预备的案例少之又少,不在于行为人的主观心理是否缺乏,而主要在于行为事实的难以认定,就是一个很好的说明。即使在因认识错误的行为可以构成的犯罪未遂中,并不因为仅仅是有某种客观的行为,而在于行为的形式和行为的内容借助于行为的表现方式,借助一定的工具、手段和想要针对的对象具有了符合规范要求的行为事实,只是由于认识错误,使行为人所使用的工具、手段不能体现应有的作用,或者行为针对的对象当时暂不存在,以致不能发生行为人预想的结果。这种认识错误的行为并没有改变行为质的规定性。因此,即使没有发生预想的结果,当然仍在犯罪未遂的范围之内。只有在这样的事实判断的基础上,价值评价才有需要,才能成为可能。

第三节 客观要件中行为危险犯的理论评价

在丰富的刑法理论盛宴上,危险犯理论无疑是一道引人注目的"大菜"。在各种刑法教科书和众多的刑法论著中,人们对于危险犯的理论并不陌生。然而,危险犯在法律上的本质是什么?危险犯本身又如何界定?危险犯对定罪量刑的作用与影响到底有多大?却可以引起学者们对它深深的理性思考,并通过实践检验来证明它是否具有科学性。审视已有的危险犯理论,我们可以看出它是介于注释刑法学和法理刑法学之间的一种刑法理论现象。当它证明这一理论的合法性时,往往引用既有刑法的规定作为法律的支撑。当它证明这一理论的合理性时,又往往冲破现有刑法的某些框框,指出现有刑法对危险犯规定的不周全之处。然而,笔者在本书中明确指出并试图努力证明,危险犯的理论既不合理也不合法,更不科学,值得商榷。

一、危险犯的理论透视

何谓危险犯,目前持危险理论观点者较为一致的看法是:行为人实施的行为足以造成某种实害结果的发生,但实害结果尚未发生即构成既遂的犯罪,或者说,是以行为人实施的危害行为造成的危险结果作为犯罪构成条件的犯罪。⑧ 这一概念认为我国刑法已明确规定了危险犯的内容,如危害公共安全犯罪中的破坏交通工具罪、破坏交通设备罪,妨害社会管理秩序犯罪中的传播检疫传染病罪,等等。这一理论的提出,一般认为具有坚实的实践基础和充足的理论根据,因为在现代社会,由于科学技术的迅猛发展和工业社会的日益发达,许多违法行为对于社会公共安全、公共秩序造成的危险越来越大,对于这些危险性十分严重的行为,我们不能只有等到行为发生了实害结果才动用刑罚。为了进行预防,有必要对具有危险性的行为,即使尚未发生实害结果,也应当作为犯罪论处。然而,危险犯在刑法理论上能否站得住脚,在笔者看来大可质疑。

(一) 危险犯的本质

危险犯是相对于实害犯提出的,并且是与行为犯和结果犯相区别的一种犯罪形式。何谓实害犯,一般的刑法教科书认为是指以出现刑法规定的实害结果为构成要件的犯罪,实害结果就是指实际存在的危害结果。⑨ 如杀人把人杀死,盗窃把他人之物非法处于自己的控制之下,破坏交通工具把列车炸翻,破坏交通设备把铁轨拆毁,等等。把危险犯视为与实害犯相对立的一种犯罪,显然是把危险犯看成是还没有造成实际危害的一种情形,是一种处于产生实害结果之前的危险状

---

⑧ 参见鲜铁可:《新刑法与危险犯理论研究》,载《法学研究》1998 年第 5 期。
⑨ 参见苏惠渔主编:《刑法学》,中国政法大学出版社 1997 年版,第 83 页。

态,一种可能的状态。传统的过失犯罪,均为实害犯,即以过失行为造成一定的实害结果为必要要件。⑩ 从实害犯的这些理论中,可以推导出,危险犯本质上是一种危险的行为犯,这种危险的行为并不要求它必须造成实际的危害结果就可以成立犯罪。同时,从实害犯的基本概念中,又可以推导出,实害犯等于结果犯,因为结果犯本身就是指以侵害行为产生了相应的法定结果为构成要件的犯罪,或者是指以侵害结果的出现而成立犯罪既遂状态的犯罪。⑪ 这样,相对于实害犯而出现的危险犯,实际上又是属于相对结果犯而成立的一种行为犯,危险犯实际上就是危险行为犯应属无疑。当我们把危险犯界定在危险行为犯的范畴时,就可以先得出这样一个结论:危险犯就是只要实施了具有危险性质的行为,即使没有造成实在的危害结果也可以构成犯罪的情形。这样,危险犯理论就暴露出第一个矛盾之处,即危险的本质在于其行为的危险,而行为的危险是否可以直接构成犯罪?现代刑法中的犯罪构成理论表明,犯罪构成是行为主客观要件相统一的整体。行为具有危险性,并不必然构成犯罪。危险的行为能否构成犯罪,还必须借助于行为人在主观上是否存有罪过为条件。如果是行为人在主观上仅仅有过失的罪过,那么根据过失犯罪的通识,只有当危险行为造成了实害结果时才能构成犯罪。如果是行为人在主观上存有故意(这里主要是指直接故意)的罪过,那么行为已构成犯罪已无问题,接下来的问题仅仅是归属于犯罪的既遂还是犯罪的未遂。行为具有危险性,实际上就等于行为具有社会危害性。行为具有社会危害性,是一切犯罪的必要特征。刑法正是基于行为的社会危害性,才会把某种行为规定为犯罪。但行为的社会危害性必须借助于行为人在主观上存有罪过的支持,才具有刑法上的意义。因此,当我们要讨论危险犯这一犯罪现象时,必须把它放在行为人基于何种罪过支配下实施才有理论意义和实践价值。从一般的危险犯理论来看,都是把危险犯限制于故意犯罪之中加以研究的。而故意犯罪(这里主要是指直接故意犯罪)的理论本身已表明,只要行为人主观上有故意,客观上有行为,其行为本身已经构成了犯罪。通过危险犯的理论,欲证明行为只要具有

---

⑩ 参见刘仁文:《过失危险犯研究》,载《法学研究》1998年第3期。
⑪ 参见苏惠渔主编:《刑法学》,中国政法大学出版社1997年版,第83页。

危险性质就可以作为犯罪构成的要件而认定犯罪的成立,其本身纯属多余。

面对这样的矛盾,危险犯理论开始修正其观点,认为危险犯的本质不在于其危险行为,而在于其行为已造成了某种危险状态。有观点提出:根据《刑法》分则的特别规定,行为人着手实施的某种犯罪行为,只要具备了某种客观危险状态,不要求实际损害结果发生就告既遂。[12]这里危险犯的理论把危险犯看成是介于犯罪行为与实害结果之间的一种状态。状态在哲学上可以说是一种客观现象、一种客观情形,是一种行为现象引起的结果现象。但由于这里的危险犯理论是把它看成与实害结果相对立的一种现象,我们只能把它看成是一种可能的结果,而非实在的结果。社会危害性的行为在与社会发生联系、接触的过程中,必然会对既存的社会利益、社会制度和社会秩序产生危害,这一危害既可以是实在的,也可以是可能的。这一危害性是行为的本质所在。然而问题是,这一危险性是属于行为状态的内容,还是属于结果状态的内容?由于一般的危险犯理论把危险状态看成是与实害结果相对立的一种状态加以阐述的,危险状态与实害结果还存在时间和空间上的距离。危险是指具有发生某种实际危害结果的可能性,可能性是相对于现实性而言的。现实危害是事物现象与本质的统一、形式与内容的统一。可能危害是事物在发展过程中成为现实危害之前的一种趋势。现实危害结果可见可摸、可计可数,其认定存在一个客观的标准,如杀人,人是否已死亡;盗窃,偷到了多少东西;列车是否倾覆;铁轨是否炸毁,这些犯罪结果都是看得见的。可能危害并非现实危害,危险有多大,危害会多重,还得依赖于人们的主观评价。主观评价须臾不能脱离客观基础。这样,对危险的评价又得借助于行为本身,危险状态本质在于行为性质的危险。把危险状态看成是介于危险行为与危害结果之间的一种特殊状态,本质上仍然没有超越危险行为状态的范畴,危险犯还是危险行为犯或者是行为危险犯。行为没有造成实际危害,并不等于行为没有危险。从逻辑上说,危害的概念内涵大于危险的概念内涵。两者可以被看成是有程度上的差异,但在本质

---

[12] 参见叶高峰主编:《故意犯罪过程中的犯罪形态论》,河南大学出版社1989年版,第34—35页。

上还是一致的。危害是属概念,反映了行为的本质所在;危险是种概念,反映了行为的表现形式,仍属于危害的范畴。犯罪的本质特征表明,任何犯罪都是对社会有危害的。当我国刑法借助于主观罪过把一切危害社会的(指达到可罚的严重程度)行为都规定为犯罪时,那么具有危险性的行为当然也已在犯罪之列。这样,在危害行为之外再提出危险行为又有多大的理论价值和实践意义?这是危险犯理论的第二个矛盾之处。

面对危险犯的第二个矛盾,危险犯理论又开始进行第三次修正改造,认为危险状态不属于行为范畴,而是属于结果范畴。有学者提出:"危险犯不是行为犯,而与实害犯同是结果犯。因为危险犯也要求一定的结果,只是它要求的结果是某种危险状态,实害犯要求的结果则是实际的损害。"[13]也有学者提出:"我国刑法的犯罪结果不应局限于现实性损害,还应该包括危险状态。犯罪行为使刑法所保护的社会关系(应为社会利益——笔者注)处在即将受到实际损害的危险状态时就是危险结果。"[14]这种观点一反我国传统刑法关于"结果犯的危害结果指行为人的危害行为给犯罪客体——我国刑法所保护的社会主义社会关系造成的实际损害,所以结果犯也称实害犯"的观点[15],直接把危险状态视为结果犯的一种形式。然而,这一理论的修改必然产生诸多无法自圆其说的矛盾。

(1)把危险状态视为危害结果的内容,并以行为人实施的危害行为造成的危险结果作为犯罪构成必要条件的犯罪,那么是否可以得出逻辑上的结论:危害行为还没有造成危险结果,就视为不具备犯罪构成的必要条件。如是,行为人故意实施危险的行为但还没有造成危险的状态(笔者认为这实在无法科学地界定),这种行为是否还被认为不具备犯罪构成的必要条件而不构成犯罪?如不是,把这样的危险状态引入到危害结果中,它的理论意义和实践价值何在?

(2)把危险状态视为危害结果的内容,并与危险行为相对应,那么这个已属危害结果的危险状态的评价标准是什么?已如前述,危险

---

[13] 高铭暄主编:《中国刑法学》,中国人民大学出版社1988年版,第169页。
[14] 鲜铁可:《危险犯研究》,武汉大学出版社1995年版,第27页。
[15] 参见姜伟:《犯罪形态通论》,法律出版社1994年版,第119页。

是一种可能,而非现实。这样对可能的评价又得转向危险行为本身,但这与危险犯理论竭力把危险结果犯放在相对于危险行为犯对立面的观点相矛盾,却又无法否认。然而,脱离了行为的危险本质所在,作为结果犯的危险状态从何而来?同时在这里也必须指出,把危险状态作为危害的结果内容加以认定,这一结果如何与行为人实施犯罪行为时的意识内容和意志内容相统一?故意犯罪的行为人必定先知其行为结果的性质,后追求其行为结果的发生。把危险状态视为犯罪结果,势必认定为行为人只知其行为结果的危险(可能)性,而不追求其行为结果的现实性。这里暂且不说这种观点只是想象的产物,而不是实际的反映,而且这种观点的错误还在于把危险状态看成是一种静止的现象。试想,一个本欲实施破坏交通工具犯罪的行为人把炸药置放在铁路上,这一现象被危险犯理论视为已造成了危险状态,结果已经出现,然而这一炸药被置放在铁路上,是否就是犯罪过程的终结,这一状态是否就不再向前延伸发展?当然不是。一旦发生炸药爆炸,我们无论如何不会把炸药置放在铁路上这种状态视为犯罪的完成。而行为人之所以要把炸药置放在铁路上,也绝不会以制造某种危险状态为满足。

(3)把危险状态视为结果的内容,并以这一结果作为犯罪既遂的认定标准,实际上已经与危险犯理论的初衷发生了严重冲突。结果犯的传统理论认为,只有出现了属于行为人目的内容并为犯罪构成所要求的结果时,才属于犯罪的既遂。而危险犯理论的提出,本来就是想否认这一既遂标准的合理性,指出犯罪既遂标准的多元化。但是当他们把危险状态引入犯罪结果内容中,反而为结果犯既遂标准作了最好的注解,同时又反过来宣告自身理论大厦的垮塌。只要危险犯的理论不从危险状态就是危害结果的旋涡中挣扎出来,那么它永远是结果犯理论的附属品。而当它能从危险状态就是危害结果的旋涡中挣扎出来时,那么它又必然会被行为犯的理论洪流所淹没。危险犯的理论实在没有独立性。

笔者认为,概念的统一、定义的确切,是我们进行理论思考和科学研究的基础,当我们面对危险犯各种不同的概念和不同的理解时,我们不得不得出这样一个结论:危险犯的理论不科学,在行为犯和结果犯之外再提出危险犯的理论是画蛇添足,纯属多余。因为它不具有理论上的独立性,无论是被视为危险行为的必要内容,还是被视为危害结果的必要内容,最终都得依附于行为犯或者结果犯。而我们通过对危险犯概念和危险犯理论的透视,我们更愿意把危险犯看成是行为犯的一个组成部分。因为危险犯的理论基础是奠基在与实害犯相对应、相对立的基点上的。

（二）危险犯是否法定

提出这一理论质疑,实际上我们要暂时回到注释刑法学的理论层面加以探讨了。提出危险犯观点和危险犯理论的一个十分重要的理由,就是我国《刑法》分则的特别规定中,有着众多的危险犯的犯罪存在。例如典型的有《刑法》第116条的破坏交通工具罪,第117条的破坏交通设施罪,第118条的破坏电力设备罪、破坏易燃易爆设备罪,等等。还有人提出《刑法》第330条的妨害传染病防治罪、第332条的妨害国境卫生检疫罪也是危险犯。⑯ 注释刑法学既是简单的,又是复杂的。它的简单性在于注释者只不过是按图索骥、法云亦云罢了。它的复杂性在于一旦注释者偏离刑法的原意,谁来定夺？当刑事立法者不通过立法解释澄清是非,或未授权司法解释进行确认,注释刑法学的注释仍然是一种理论的见解。涉及危险犯的理论时,当我们查看《刑法》就会发现,它是一种理论的概括和一种理论的见解。如《刑法》第116条规定:"破坏火车、汽车、电车、船只、航空器,足以使火车、汽车、电车、船只、航空器发生倾覆、毁坏危险,尚未造成严重后果的,处……"第119条规定:"破坏交通工具、交通设施、电力设备、燃气设备、易燃易爆设备,造成严重后果的,处……"持危险犯理论观点者据此认为,前一种情形属于危险犯,后一种情形属于实害犯。危险犯的性质根据来自于法律本身有"危险"两字的规定,并有着独立的决定刑。我们注意到,这里的"危险"跟"尚未造成严重后果"的表述是一致的,危险表明可以造成严重后果,但尚未造成严重后果。根据危险犯的理论,造成严重后果的是实害犯,尚未造成严重后果的就是危险犯。由于危险犯的理论来自于法律的"危险"规定,所以危险犯的理论试图把危险犯局限于法律的"危险"规定,从而得出我国《刑法》第116

---

⑯ 参见刘仁文:《过失危险犯研究》,载《法学研究》1998年第3期。

条、第117条、第330条、第332条的规定都是危险犯。然而,根据危险犯的理论,危险等同于尚未造成严重后果,并与已经造成严重后果相对应,因此似乎又可以得出这样一个结论,凡《刑法》分则条文中已有"尚未造成严重后果的"规定的,例如《刑法》第118条的破坏电力设备罪、破坏易燃易爆设备罪,都可以视为危险犯。由此及彼,《刑法》第114条的放火罪、决水罪、爆炸罪、投毒罪,第123条的暴力危及飞行安全罪等,都可以视为危险犯。但是在这方面,危险犯的理论很少把它们视为危险犯加以论述。危险犯的理论更愿意把危险犯局限于法律本身有"危险"规定的范围内。然而问题在于,如果把危险犯仅仅局限于法律本身已有的"危险"规定,那么《刑法》第114条"放火、决水、爆炸以及投放毒害性、放射性、传染病病原体等物质或者以其他危险方法破坏危害公共安全,尚未造成严重后果的"犯罪,必然就是危险犯,而《刑法》第118条"破坏电力、燃气或者其他易燃易爆设备,危害公共安全,尚未造成严重后果的"犯罪,未必就是危险犯。但《刑法》第114条关于"危险"的规定,究竟是指行为而言,还是指结果而言,理论上不无疑问。而如果把危险犯的基础着眼于"尚未造成严重后果的"规定,那么《刑法》分则中凡与"造成严重后果的"相对应的"尚未造成严重后果的"犯罪,又都是危险犯。但是在这方面,我们却看不到危险犯的更多论述。由此可以看出,危险犯理论把危险犯归结于法律的明确规定,显然还缺乏充足的法律根据。看来还得跳出注释刑法学的圈子,回到理论刑法学的层面上讨论危险犯的性质和范围。危险犯的理论把危险犯的性质视为可以造成严重后果,但尚未造成严重后果。已如前述,尚未造成严重后果是与已经造成严重后果相对应的。根据刑法原理和司法实践,已经造成严重后果都是从可以造成严重后果的危险发展而来的。在已经造成严重后果状态之前,犯罪都有一个足以造成严重后果的危险状态,这样,任何一个已经造成严重后果状态的犯罪,都有一个危险犯的存在。即使是一个故意杀人既遂的犯罪,在既遂之前,也同样存在一个足以造成既遂的危险状态。这样,故意杀人罪也有一个危险犯的问题。面对这样的问题,恐怕危险犯的理论已是难圆其说了。

其实,危险犯的理论错误来源于它力图从注释刑法学的角度出发,通过刑法本身具有的"危险"规定,来解释危险犯的法律根据,但却在法理刑法学的角度,无力否定危险等同于足以造成严重后果的含义,因此又把危险犯界定在尚未造成严重后果的基础上。然而正是在法理刑法学的层面上,尚未造成严重后果和已经造成严重后果,在同一个犯罪过程中,并不是两个截然不发生联系的独立阶段,它们完全可以随着犯罪进程的深入发展,从尚未造成严重后果向造成严重后果的状态发展。一旦出现已经造成严重后果的状态,那么尚未造成严重后果的状态,不可能是一个独立的状态。这样,危险犯理论把尚未造成严重后果视为一个独立的犯罪形态,认定是危险犯就丧失了它的现实基础。而在任何一个造成严重后果的犯罪之前,都有一个足以造成严重后果的可能状态,从而把危险犯扩大到所有这些犯罪,危险犯又必然丧失它的理论基础。面对这种尴尬,危险犯理论只好又回过头来认定,危险犯的本质在于行为人实施的行为是足以造成某种实害结果的发生,但实害结果尚未发生,即构成既遂的犯罪,或者说,是以行为人实施的危害行为造成的危险结果作为犯罪构成必要条件的犯罪。然而恰恰在这一问题上,危险犯的理论把危险犯的法定形式与犯罪既遂的法定形式(危险犯是否是法定的既遂形式,后文将详细论述)混为一谈了。因为在危险犯的法定形式上,什么行为是危险犯,什么行为不是危险犯,应当由法律明文规定,正像在罪刑法定原则制约下,什么行为是犯罪,什么行为不是犯罪,都由刑法明文规定一样,不允许任意概括和扩大。而在犯罪的既遂、未遂的法定形式上,只有犯罪已经得逞,才可认定为犯罪的既遂。而故意犯罪的既遂、未遂并不影响犯罪的法定形式。犯罪的直接故意只要通过行为付诸实施,见之于客观外化,犯罪就已成立,所谓的危险犯当然也不例外。

    刑法理论的任务在于用科学的理论解释刑法、评判刑法,而不是用不科学的法律规定解释刑法理论的不科学性。危险犯的理论正是试图把断断续续、零零碎碎的刑法规定,作为建立危险犯理论的根基。然而当我们用系统的刑法原理对现有的刑法规定进行深刻的透视,就会发现所谓的危险犯既不是什么法定的,也不是合理的。所以我们得出的结论是:危险犯不是法定的犯罪形态,危险犯的理论也不是对刑法规定的科学概括。所谓的危险犯不外乎是一种有危险的行为,是一种有危害的行为。而有危害的行为是犯罪的本质所在。所以,刑法中只有危害行为的法定形式,而不存在危险犯的法定形式,因为刑法中不存在没有危害的危险行为。

（三）危险状态是否犯罪构成的必要要件

危险犯理论的一个显著特点是，把危险状态看成是犯罪构成的必要要件，没有危险状态，该罪的犯罪构成就不能具备，或曰就不能齐备。而且综观危险犯的理论，是把危险状态看成是犯罪构成的齐备条件加以认定的，进而把危险状态视为是犯罪既遂的一种形式。这里需要指出，犯罪构成的具备与犯罪构成的齐备在不同主观罪过的犯罪构成中具有不同的含义。在直接故意的犯罪构成中，行为人只要具有客观的行为（包括不作为），就已经具备了某罪的犯罪构成，不问有无结果，不问得逞与否，构成犯罪已不发生问题。在过失罪过的犯罪构成中，行为人不但要有客观的行为，而且必须要有法定的结果（持过失危险犯观点者也不否认），才被视为具备了某罪的犯罪构成，并已属犯罪构成的齐备。然而，危险犯的基本理论是把危险犯放在故意犯罪中加以考察并阐述的，这样，危险状态被视为与危险行为相对应的一种状态现象，只有危险的行为而没有危险的状态，被认为还不具备危险犯的犯罪构成。这样就产生了一个无法自圆其说的问题：一个决意用炸药炸毁交通工具的行为人，在他购买炸药时被擒获，还算不算已具备了破坏交通工具罪的犯罪构成？如果在他携带炸药接近交通工具时被擒获，此时还算不算已具备了破坏交通工具罪的犯罪构成而被认定为已构成犯罪？说此时已具备了破坏交通工具罪的犯罪构成，那提出只有存在危险状态才可认定具备危险犯的犯罪构成，岂不是纯属多余又自相矛盾？而如果此时把危险状态看成是与危险行为相对应的一种结果，那么提出只有存在危险状态才可认定具备了危险犯的犯罪构成，不过是把犯罪构成的具备看成是犯罪的既遂，其概念和理论已发生了错位异化。这是因为根据犯罪构成的基本理论，犯罪构成是主客观要件的统一体，犯罪的既遂、未遂同存于一个犯罪构成之中，它们不过是同一种犯罪构成的两种不同表现形态。对于所谓的危险犯来说，只要具备了危险行为，就已具备了某种犯罪的犯罪构成，即使诸如炸药还未放在交通工具上，当然仍不影响破坏交通工具罪的成立。而把炸药已放进交通工具，才视为具备破坏交通工具罪的犯罪构成，不过是把这一犯罪构成具备看成一种犯罪结果而视为犯罪构成的齐备，即已构成既遂。然而这种既遂现象又如何解释行为人进一步点燃导火线、炸毁交通工具的行为现象呢？我们至今不得而知。但要危险犯理论彻底否认点燃导火线、炸毁交通工具在犯罪既遂中的意义，恐也难圆其说。于是在危险犯犯罪构成的解释中，出现了有炸毁结果和无炸毁结果在犯罪既遂中具有同一价值，无炸毁结果可以等同于有炸毁结果。进而可以引申出同一种犯罪有两种不同的既遂形式。这样，危险犯理论的提出，是否意味着我国刑法理论的本身不完善？然而问题还在于把危险状态看成是一种结果形式，而不是一种行为内容，犯罪构成的基本理论并没有错误。只要具有危险行为，犯罪构成仍然成立无疑。而只有出现危险状态才属犯罪既遂，那么犯罪既遂在直接故意犯罪中，仍然是一种以结果为条件的犯罪，它与犯罪构成的具备不发生影响。这样，要完善的不是犯罪构成的基本理论，而是危险犯的自身理论。而危险犯理论把危险状态看成是一种结果形式，显然又把这种结果看成是行为人明知的内容和希望的对象，如何解释这种犯罪构成的内容，值得危险犯理论的深思。把危险状态看成是一种静止的现象，不再向前发展，不会向前延伸，不可能是运动的，是否属于一种机械僵化的思维定势？

为了说明问题，我们再回到注释刑法学的层面上考察刑法的规定。《刑法》第116条规定："破坏火车……足以使火车……发生倾覆、毁坏危险，尚未造成严重后果的，处……"第119条规定："破坏交通工具……造成严重后果的，处……过失犯前款罪的，处……"从这一规定可以看出，《刑法》第119条规定的"造成严重后果的"，是一种有犯罪结果的犯罪。虽有过失行为，但未造成严重后果的，不处罚。这一"造成严重后果的"结果是过失犯罪的必要构成要件，无此结果，过失犯罪不成立。然而，当我们把"尚未造成严重后果的"也看成是一种结果，就必然意味着过失行为也已有了犯罪结果，仍不是犯罪，仍不要处罚。这样过失犯罪的理论基础就发生了动摇（这也许正是提出过失危险犯的理论基础，后文将详细评述）。但是从犯罪构成的理论出发，尚未造成严重后果的，并非指还没有尚未造成严重后果的行为。有故意，有行为，当然已具备了构成法定犯罪的犯罪构成。这里我们丝毫看不出为什么只有把"尚未造成严重后果的"危险状态看成是一种结果形式，再让其充当法定犯罪的犯罪构成。也许危险犯理论的深层含义在于把"尚未造成严重后果的"看成是一种结果,进而可以把这种犯罪提高到既遂状态,动用重刑。然刑罚的轻重是与行为的社会危害性程度成正比的,而不是简单地与是否构成犯罪相等同。根据最高人民法院关于使用罪名的司法解释,《刑法》第116条与第119条的破坏交通工具行为同属于一个犯罪,即具有同一个犯罪构成。以危险状态作为危险犯的构成必要要件,既在理论上无法获得支撑,又在法律上无法寻得根据。把危险状态看成是行为的内容而作为犯罪构成的必要要件,那么在犯罪的成立上,故意犯罪都是法定的行为犯,有行为就已具备犯罪构成的原理已经揭示了所谓危险犯的理由。把危险状态看成是结果的内容而作为犯罪既遂的必要内容,那么在犯罪的既遂上,故意犯罪都是以出现犯罪的结果(指符合行为人目的内容,并为某一犯罪构成客观要件要求的结果)为条件的犯罪既遂理论也已揭示了所谓危险犯的理由。而把危险状态作为与实害状态相对应的一种结果形式,我们至今还没有看到评价这一危险可供操作的主客观标准。在笔者看来,在犯罪的成立上,所有故意犯罪都是行为犯,有行为就已成立犯罪;在犯罪的既遂上,所有故意犯罪都应是结果犯,有结果就是既遂,这与行为人目的性质相一致,某一具体犯罪构成客观要件所要求的结果内容多少、在客观方面所出现的时间长短,对犯罪既遂的成立均不发生影响。而无论在行为犯中划分出危险行为犯和非危险犯,还是在结果犯中划分出危险结果犯和实害结果犯,既没有理论意义,也无实践价值。当危险犯的理论在犯罪构成的具备(即犯罪的成立)与犯罪构成的齐备(即犯罪的既遂)方面不能作出明确的划分时,危险犯理论本身就很难体现其科学性。

二、危险犯对定罪的作用与意义质疑

危险犯理论的提出,首先是一个如何对危险犯定罪的问题,即对某些虽然尚未造成严重后果,但已有足以造成严重后果危险可能的行为如何定罪的问题。从危险犯理论认为危险犯是以行为人实施的危害行为造成的危险结果作为犯罪构成必要条件的犯罪基本观点,可以清楚地看出其关于危险犯对定罪的作用与意义所在。定罪是人们根据违法行为的各种事实,依据法律的规定,作出是否构成犯罪、构成什么犯罪的一种司法评价活动(人民法院的定罪评价在法律上具有最高和最后的效力)。定罪的事实依据在于行为人的罪过和行为,定罪的法律依据在于法定的犯罪构成。犯罪在法律上可以划分为故意犯罪、过失犯罪,不同的犯罪形式有着不同的构成要求。犯罪构成不但决定行为是否构成犯罪,而且还决定行为构成什么犯罪。根据犯罪构成的基本原理,故意犯罪实质上是不以结果为条件的犯罪,在犯罪故意的支配下,行为人只要在客观上将犯罪主观罪过付诸实践,即可构成犯罪。故意犯罪一经成立,是预备、未遂,还是既遂,对于已经成立的故意犯罪性质来说,是不发生影响的。所以,故意杀人的预备是杀人,故意杀人的未遂也是杀人,故意杀人的既遂在犯罪性质上还是杀人。这是因为在故意犯罪中,犯罪的性质是由行为人的主观罪过性质所决定的。只是在过失犯罪中,犯罪的成立,除了行为人在主观上具有过失的罪过之外,在客观方面还必须要求具有结果的存在。当我们把危险犯局限于故意犯罪中加以考察时,无论是把危险状态看成是行为的性质还是结果的内容,它们对于行为已经构成犯罪均不发生影响。所以危险犯的理论无论如何强调危险犯对于定罪的作用与意义,最终还是归结于危险犯实际上是对行为是否构成既遂发生影响。然而,当危险犯的理论最终强调实害结果尚未发生,也即构成犯罪既遂,抽象地认为危险犯对于定罪的作用与意义就不具有理论价值了。把危险状态界定于行为性质,所有故意犯罪都是行为犯的理论已经解决了定罪问题。把危险状态界定于结果内容,至多解决了犯罪是处于既遂状态还是未遂状态,它们不再具有犯罪性质的区别。这样,危险犯的理论再复杂、体系再完整,对定罪都无法起到作用。

然而,近来在刑法理论中出现了过失危险犯的观点与理论。[17] 这种观点提出我国刑法实际存在过失危险犯的规定,并进一步提出应当根据过失危险犯的理论,在刑法中扩大对过失危险犯的规定。这样,危险犯的定罪作用与意义就被凸现出来了。何谓过失危险犯,根据过失危险犯的理论,是指行为人由于过失使行为引起危险状态,因而构成犯罪并给予处罚的情形。[18] 提出过失危险犯的理论根据与提出一般危险犯的理论根据一样,就是要求将预防犯罪的时间阶段向前延伸,

---

[17] 参见刘仁文:《过失危险犯研究》,载《法学研究》1998 年第 3 期。
[18] 同上注。

这种理论指出,过失危险犯在国外的立法例中并不鲜见。国外刑法如何规定,我们暂且不论,就我国刑法而言,有两个问题必须直面。

(一)我国刑法是否已有过失危险犯的实在规定

主张过失危险犯观点者认为,我国《刑法》第330条妨害传染病防治罪、第332条妨害国境卫生检疫罪就是两个典型的例子。⑲ 首先,我们来考察一下《刑法》第330条的规定,违反传染病防治法的规定:"(一)供水单位供应的饮用水不符合国家规定的卫生标准的;(二)拒绝按照卫生防疫机构提出的卫生要求,对传染病病原体污染的污水、污物、粪便进行消毒处理的;(三)准许或者纵容传染病病人、病原携带者和疑似传染病病人从事国务院卫生行政部门规定禁止从事的易使该传染病扩散的工作的;(四)拒绝执行卫生防疫机构依照传染病防治法提出的预防、控制措施的……"我们首先需要指出,刑法的这一条规定是从《中华人民共和国传染病防治法》(以下简称《传染病防治法》)中一字不漏地移植过来的,刑事立法与行政立法完全重合,这在立法技术上是否科学合理,值得思考。其次,根据《传染病防治法》的规定,原先这种行为构成犯罪是依照《刑法》第178条妨害国境卫生检疫罪的规定追究刑事责任的,也就是该罪与妨害国境卫生检疫罪属于同一性质的犯罪。而根据旧《刑法》第六章"妨害社会管理秩序罪"的立法规定和刑法理论的通论,该章犯罪是不存在过失犯罪的。主张过失危险犯的观点者首先先验地认为本罪的主观罪过是过失性质,然后把传播危险视为一种结果形式,这样验证了过失危险犯也是以结果为条件的犯罪。然而,这种过失的结论是来自于立法的规定,还是来自于对立法表述的理论推敲,抑或来自于对司法实例的考察,令人费思费解。立法规定并没有明确本罪的罪过性质,那么过失的结论只能来自于理论概括。问题是该条规定中的"拒绝""准许""纵容"的表述,很难认定行为人还处在疏忽大意和轻信避免的状态之下。何谓拒绝,是指经再三说明、再三劝说下仍不顺从。这样,拒绝的行为不可能是过失的。从司法实例来考察,如果行为人明知故犯怎么办?如以危害公共安全罪论处,那么同一种类的犯罪,因主观罪过的性

---

⑲ 参见刘仁文:《过失危险犯研究》,载《法学研究》1998年第3期。

质不同就可以认定刑法保护的社会利益性质的不同,这样就根本无法解释危害公共安全罪中的诸多犯罪。从我国《刑法》分则的具体犯罪规定来看,除了刑法已明文规定和刑法理论已趋于一致的认定以外,《刑法》没有明文规定犯罪的主观罪过性质,是故意还是过失,还需要我们从犯罪的具体情况出发加以考察,更何况在具体的同一个条文的犯罪中,立法有时也同时规定,既可以是故意,也可以是过失。例如《刑法》第397条的滥用职权罪和玩忽职守罪,第398条的泄露国家秘密罪等。根据刑事立法的原则,某一种犯罪规定为故意是通例,规定为过失是例外。所以,《刑法》第330条的犯罪,当立法者没有明文规定是故意还是过失时,对其主观罪过性质的认定原则是有规定按规定,无规定按司法解释,无司法解释须按理论解释,而理论解释不能脱离实际情况与固有原则。为此,笔者认为,《刑法》第330条规定的犯罪,既可以是故意,也可以是过失。是过失时,须以造成实际危害结果为条件;是故意时,只要有行为(当然是有危险,也就是有危害的行为)就可构成犯罪。不通过对实践的考察,就断言该条犯罪的主观罪过只能是过失,无法令人信服。立法的不科学再也不能用不科学的理论去解释。主张《刑法》第330条是过失危险犯的观点,实际上是主观先验地把该条犯罪界定在过失罪过内提出的,但这既得不到法律的支持,也得不到理论和实践的支持。同此原理,《刑法》第332条规定的犯罪,同样也是一个既可以是故意也可以是过失的犯罪,是故意时,只要行为有危险即可构成犯罪;是过失时,只有行为引起检疫传染病传播才可构成犯罪。也正是从这一意义上说,笔者认为我国刑法不但不存在过失的危险犯,而且持过失危险犯的观点最终没有解决好危险到底属于行为性质还是结果内容,因为行为抽掉了危险性质,何能产生危险的结果?脱离了对危险性质的正确揭示,仅仅想从刑法的个别条文中寻找某种结论的合法性,进而想证明其合理性,无异于缘木求鱼。看得出,提出过失危险犯的出发点和归宿点,就是想把危险行为同时也看做危险结果,进而说明过失危险犯实际上已是有结果的犯罪,而当危险结果还没有成为实害结果时,实际上又是在惩罚过失的行为。而过失的行为也可成为惩罚的对象,那整个过失犯罪理论的根基就会发生动摇,这又是过失危险犯理论根本无力匡正的。

(二) 我国刑法是否有必要设立过失危险犯

持过失危险犯观点者不但认为我国刑法已有了过失危险犯的规定,而且还提出应当扩大过失危险犯的规定范围。[20] 这一观点的理论根据是刑法为了护卫社会,对过失危险行为应当提前介入预防;过失危险行为的主观方面已具有了可责性根据,即主观恶性;扩大过失危险犯可以震慑负有特殊义务者更加谨慎行事。持过失危险犯论者还作了众多具体的犯罪设计,例如"严重违反规定引起重大交通肇事罪;有严重的超速行驶;严重的超载;明知交通工具有肇事隐患仍继续行驶;其他严重的违章行为"的,就可构成这一过失危险犯。然而需要指出的是,这种观点把行为人对结果的过失与对行为的故意已混为一谈了。正像持这种观点者自己承认的,对过失危险行为的犯罪化,相应地要求将具有较大社会危害性的故意危险行为予以犯罪化,以此保证整个刑法典的统一和协调。[21] 这里所提到的故意危险行为,是指行为人故意实施某些具有社会危害性的行为,应以犯罪论处。而过失危险行为是指行为人过失实施具有社会危害性的行为。众所周知,我国刑法中的过失犯罪,并不排除行为人对违章行为的故意性。行为人对违章行为的故意性并不等于对违章结果的故意性。而提出过失危险犯观点者在这里把行为人对违章行为的故意性,看成是违章行为状态的过失性。这种故意如何转变为过失呢?过失危险犯论者没有揭示。但是从明知是"三超"现象、"明知交通工具有隐患仍继续行驶"的设计中,我们只能看到行为人对违章结果可能持有过失,却丝毫看不出行为人对违章行为的过失。立法者能否将故意违规行为作为一种犯罪加以规定进行惩罚?回答是肯定的。立法者完全可以根据自己的需要,"任意"地规定某种行为为犯罪。我们甚至可以设想,将来也可以把在公共场所污染环境的行为都看成是一种犯罪行为。但是,立法者的这种规定却不能任意改变行为人实施这种行为的主观心态。任何一个从事交通运输的人,不可能不知醉酒状态不能驾驶,更不可能不知到有"三超"现象、有肇事隐患的交通工具不能行驶的简单道理。既明知就不可能有疏忽过失,已明知仍为之,其行为已属故意当然无

---

[20] 参见刘仁文:《过失危险犯研究》,载《法学研究》1998年第3期。
[21] 同上注。

疑。"过失危险犯"的本质就在于其本身就是故意行为犯。不管这种行为是否会实际造成实害结果,立法者通过立法禁止无可非议。但把故意行为犯偷梁换柱为过失危险犯,其根据是什么,实在难以推导。而把过失危险犯界定在已知违章行为的危险性,只是对违章结果仍持轻信避免的心理状态,无违章结果的发生也已构成犯罪,那么违章结果的危险性和违章结果的现实性,行为人轻信避免的是哪一个结果呢? 是前者,那么行为人难道不能直接避免违章行为的实施? 是后者,那么不又掉进了过失犯罪要以实害结果为条件的结论中了吗? 当过失危险犯论者无法正确区分行为人对违章行为的故意性和对违章结果的过失性之间的应有界限时,就提出设立过失危险犯,无疑是要把负有特殊注意义务的人的不注意行为都视为一种犯罪,不管这种观点给过失危险犯添上多少限制性的条件,都无法消除犯罪的无限扩大化。因为可能的危险并不等于现实的危害。可能的危险转变为现实的危害,还得取决于诸多客观的因素。而把过失危险犯的认定最终寄托在行为人自身主客观因素之外的其他因素,这种定罪的准确性和科学性就值得怀疑。

当然问题还得回到行为人对于危险的心理状态是故意还是过失上面来。行为人不但对违章行为是明知故犯,而且对违章结果也是故意追求或者放任的,此时的犯罪性质已是故意了。而行为人对违章行为是明知故犯的,但对违章结果是否定的,此时作为犯罪认定,还是在故意犯罪的范畴之内。对违章的结果已持过失心理状态,仍然将其拖进过失危险犯的范畴内,那么,脱离了故意违章的行为,违章结果的危险性何以立足? 由此我们可以得出这样一个结论,即过失危险犯的"危险结果"是虚拟的、不现实的,因而在理论上是没有价值意义的。

在这里还需要进一步指出,提出设立过失危险犯理论的根据还有一个错误在于,它自始至终把危险看成是一种结果,是把介于行为与实害结果之间的一种独立状态固定下来,其逻辑结构是:危险行为→危险状态→实害结果。在这种逻辑结构中,危险状态的危险性质来自于危险行为,危险状态的危险程度来自于实害结果。然而就在这种逻辑结构中,危险状态的性质依赖于危险行为,危险状态的程度依赖于实害结果。当实害结果还没有成为现实,危险程度就丧失了现实基础。当危险行为已经实施,危险性质已先于危险状态而存在,这样危险状态就不可能是一种独立的状态。既然危险不可能是一种独立的状态,也就不可能成为结果的一个组成部分。这样行为人也就不可能对危险状态有独立的心理态度,由此,过失危险犯想以可能的结果作为危险犯得以成立的主客观基础也就都不存在了。

笔者不赞成刑法研究中把深刻的理论思考停留在表面的感性认识上,一见到刑法中有"危险"的规定,就提出危险犯的概念,一见到刑法中有"情节"的规定,就提出情节犯的概念。以此类推,刑法中有"后果严重的"规定,就可以是后果犯?刑法中有"造成重大损害的"规定,就可以是损害犯?但所有这些"犯",与犯罪的行为与结果究竟是一种怎样的关系?它们与行为犯和结果犯究竟如何区别?如果赞同者不从理论上作出明确的、令人信服的分析研究结论,那么就很难说这些观点和理论具有科学性和理论价值。

第四节 客观要件中的因果关系

刑法上的因果关系是犯罪客观危害中的一个重要内容,也是犯罪构成客观要件中的一个选择要素,它反映了危害行为与危害结果之间的一种内在联系。正确解读刑法上的因果关系,对于正确解决危害应当承担的刑事责任具有重要的意义。为此本节将着重讨论研究四个问题。

一、必须坚持因果关系的客观性原理

辩证唯物论认为,因果关系是客观世界普遍联系和相互制约的表现形式之一。自然界和人类社会中的任何一种现象,都会引起另一种现象。引起其他现象的现象是原因,由其他现象引起的现象是结果。因果关系就是指由包括时间先后顺序在内的一种现象必然引起另一种现象的具有本质的内在的联系。唯物主义同时认为,现象之间的因果联系具有客观的性质,因果关系的客观性表现在因果之间的联系是不以人的主观意志为转移的。刑法上的因果关系是客观世界普遍存在的因果关系的一种表现形式,正确认识刑法上的因果关系,必须遵循哲学有关因果关系的基本理论,首先必须坚持危害行为引起危害结果是一种客观的现象,是不以行为人的意志为转移的。正如列宁所指

出的:"我们通常所理解的因果性,只是世界性联系的一个极小部分,然而——唯物主义补充说——这不是主观联系的一小部分,而是客观实在联系的一小部分。"是"物本身中"含有"因果依存性。"[22]因此,认识和判断危害行为与危害结果之间是否存有因果关系,既不能以行为人是否认识和意志为转移,也不能以其他人的认识和意志为转移。例如,后母讨厌丈夫前妻的女儿,经常持棒追打女儿。而女儿一见后母持棒追打,便会产生条件反射,夺门而逃。某日,女儿又为了躲避后母的追打,在夺门逃到马路上时,被迎面开来的汽车当场撞死。在这一案例中,我们可以认定后母追赶女儿是女儿被撞的一个条件,而司机驾车相撞是女儿致死的一个原因,即司机的驾车相撞与女儿致死之间存有因果关系。因为只有司机驾车相撞的行为才发生了女儿致死的结果。这种因果关系作为一种客观存在的联系,它不是由人们主观地根据自己的想象创造的,而只是客观地反映在人们的头脑中。

然而,在认识和评价因果关系的客观性过程中,并不是不存在任何障碍的。当我们假设,如果后母工于心计,早就知道某时某刻有汽车经过,于是故意持棒将女儿赶上马路,以致女儿被撞致死。面对此情此景,不知还有多少人能够坚持女儿之死仍然与司机的驾车相撞行为存有因果关系。很多人自然地会得出结论,是后母的追赶行为与女儿之死存在因果关系。但是,认定后母的行为与女儿之死存有因果关系,就意味着后母的行为属于故意杀人既遂。女儿已死,后母就是故意杀人既遂。然而如果司机驾车相撞仅仅撞伤女儿,那就意味着后母属于故意杀人未遂。这样,后母的故意杀人是既遂还是未遂,完全取决于司机的驾车行为,而不是后母本身的追赶行为,这又不符合刑法的基本理论。

为什么有的人在理论上承认因果关系的客观性特征,然而在实践中很难贯彻到底?为什么有的人在抽象的角度上承认因果关系的客观性,然而在具体的应用上又否认因果关系的客观性呢?问题在于,有的人在认识刑法中因果关系的时候,首先从人的主观方面着手,查明确定行为人的行为是否是危害行为,然后再确定行为与结果有无因果关系,这样,因果关系就必然随着行为人的意志转移了。例如有的

---

[22] 参见《列宁全集》(第38卷),人民出版社1972年版,第170页。

刑法学者提出,在刑法学上有意义的原因是危害社会的行为,有意义的结果是危害社会的结果。不具有危害性的行为与危害社会的结果间没有因果关系。如窃贼慌忙逃窜,违章横穿马路被司机驾车撞死,如果司机主观上无罪过,便不存在刑法上的因果关系。[23] 但在这个案例中,如果司机发现窃贼正是自己的仇敌,以致能刹车而不为,故意将窃贼撞死,按照有的人的观点,此时司机的行为与窃贼之死就存在因果关系。这种貌似将刑法因果关系具体化的观点,却完全违背了因果关系必然是客观的最一般原理,把刑法上的因果关系看成是可以随着行为人的意志而转移的一种主观联系。

笔者认为,如果作为客观世界普遍联系中的因果关系是纯客观的,它不以人们的意志为转移,那么作为刑法中的因果关系同样也是纯客观的,它也不以行为人和其他人的意志为转移。这就要求我们认识刑法中的因果关系,不能先从行为的法律性质着手判断其是否属于危害行为,然后再确定与结果之间有无因果关系,而是应该先从行为的物质性质着手确定行为与结果有无因果关系,然后再结合行为人的主观罪过确定其行为是否属危害行为,进而确定其刑事责任的有无和轻重。按照先确定行为的法律性质、后确定因果关系的观点,具有因果关系等于存在刑事责任,行为人的主观罪过在因果关系中已得到充分体现。然而这种观点恰恰在这一点上有意无意地否定了因果关系的客观性特征。

那么如何才能正确地坚持刑法中因果关系的客观性呢?我们知道,当一个犯罪事实或者客观事件发生之时,促成这一事实或事件发生的行为是否构成犯罪,必须借助犯罪构成的主观罪过要件和客观危害要件的评价才能得出正确的结论。主观罪过与客观危害有着密切的联系,但两者又有相对的独立性。而刑法上的因果关系是犯罪客观危害中的一个构成要素,同样与主观罪过有着相对的独立性。笔者认为,判断和评价刑法上的因果关系,正是借助这种相对的独立性而注重其客观性。因此,在我们确定因果关系的时候,丝毫不能受行为人和其他人的意识和意志的影响。只有在确定行为与结果之间有无因果关系之后,再结合行为人的主观心理状态,以确定有无刑事责任和

---

[23] 参见龚明礼:《论犯罪的因果关系》,载《法学研究》1981年第5期。

有多大的刑事责任。怎样才是坚持了因果关系的客观性,对于上面两个例子来说,后母无意中持棒追赶女儿与后母有意持棒追赶女儿致死,司机因不能预见或不可抗力而撞死窃贼与司机有意追求或放任窃贼被撞死,就像两幕被抽掉了心理活动和语言表达内容的"无声电影"重现在我们面前,我们纯粹从行为的自然属性和物质力量中去寻找行为对结果的影响作用或促成作用。如果两幕"无声电影"中的一个场景被确认为存有因果关系,那么另一个场景也应当同样被确认为存有因果关系。反之亦然。由此我们可以得出结论,认识、判断和评价刑法中的因果关系,应当坚持因果关系的客观性原则,就意味着必须将行为人的主观心理状态暂且搁置一旁不予理睬,将因果关系纯粹看成是客观世界中的一种客观联系。完成这一客观事实的认定后,再结合行为人的主观心理罪过确定相应的刑事责任。当然,我们研究刑法中的因果关系、坚持它的客观性,并不是说社会上的所有行为都可以无限地进入刑法评价领域。我们说刑法上的因果关系是危害行为与危害结果的一种客观联系,此时的"危害行为"实际上是我们在对这一问题进行独立研究时的一种合乎逻辑规律的暂时假设,而是不是危害行为,只有通过揭示行为人的主观罪过才能加以证实。但这一证实过程是在因果关系的认识、判断和评价之外进行和完成的。正是这样,我们才可以毫不迟疑地说,刑法上的因果关系,仅仅属于犯罪客观危害中的一个构成要素。解决了刑法上的因果关系,只是解决了行为人对特定危害结果负相应刑事责任的客观依据,但并不等于解决了刑事责任问题。行为人最终是否要承担刑事责任,是以行为时行为人在主观上具有一定罪过为主观依据的。只有主客观要件同时具备并一致时,刑事责任的根据才完全具备。那种有意无意把刑法上的因果关系与刑事责任混为一谈的观点,都是不正确的,也是经不起推敲的。而把刑法上的因果关系与刑事责任混为一谈的深层错误,就在于违背了因果关系的客观性属性,把刑法上的因果关系看成是属于行为人意识与意志支配下的客观产物。

当然还需要提出,坚持因果关系的客观性,并不等于在认识、判断和评价因果关系时,一点不介入评价人的主观能动性。笔者认为,因果关系是客观的,司法人员可以认识它、评价它、反映它,但不能以自己主观的臆想创造它、消灭它,也不能以自己的意识和意志替代它。

然而在客观世界复杂的普遍联系中,司法人员截取哪一联系环节作为评价对象,这多少是由人的意志决定的。但是被截取的一节事实,本身仍是客观的反映。这同样体现了因果关系的客观性。同时,因果关系不以行为人的意志为转移,也并不等于说行为人的主观心理活动对行为的发展一点不起作用。这里需要指出的是,行为人的这种精神力量实际上已经化为行为中的物质力量。所以,因果关系归根到底是一种独立于行为人意志以外的客观联系,在行为之中本身已蕴含了结果发生的依赖性。

二、正确认识因果关系的性质

由于因果关系的复杂性,使得因果关系成为刑法理论中最有争议的问题之一,而争论的焦点主要集中在如何认识和理解刑法上因果关系的性质和由此而产生的如何正确区分对结果都有影响的原因和条件,即刑法上的因果关系除了必然因果关系之外,是否还存在偶然因果关系。持一分法的学者认为,刑法上的因果关系只有必然的因果关系一种形式。这种观点指出,危害行为总是在一定条件下产生的,如果行为人所实施的危害行为对所发生的危害结果起着引起和决定作用,那这就是原因,它和所发生的结果之间的联系是一种内在的、必然的联系。如果所实施的危害行为对所发生的危害结果虽然起到一定的作用,但并不能引起和决定这一结果的发生,那这就是条件,它和所发生的结果之间的联系是一种外在的、偶然的联系。无论必然现象还是偶然现象,都是一定原因引起的结果,都包含有因果性。但不能因此就认为因果关系也应当分为必然因果关系和偶然因果关系两种形式,把必然联系与偶然联系和因果关系混为一谈。因此,刑法中的因果关系是一种内在的必然联系。[24] 持二分法的学者认为,刑法上的因果关系除必然因果关系之外,还必然包括偶然因果关系。刑法上的偶然因果关系是由这一个必然因果关系环节与那一个必然因果关系环节(即一对因果关系与另一对因果关系),在连续的形式下交错和巧遇所间接产生出来的结果,这不是单一的而是复杂的因果关系的形式——偶然因果关系的特点。这种情况是由行为人的行为同社会危

---

[24] 参见张令杰:《关于刑法中因果关系的几种意见》,载《法学动态》1982年第12期。

害结果之间这种特殊对象所决定的。因为行为人的行为这一特殊形式的因,对于社会危害结果来说,它所起的作用,不限于直接的,还包括间接的,不限于直接造成前一因果环节中的果,还包括间接造成后一因果环节中的果。如果前一因果环节的因同后一因果环节的果之间发生了间接关系,这种关系就是犯罪中的偶然因果关系。㉕ 这两种截然不同的观点都从大量的哲学原理中寻找根据,并试图证明自己观点的正确性,而认为对方没有正确理解哲学原理中有关必然性、偶然性与因果关系的关系。持必然因果关系的学者认为:把一个完整的因果关系拆开后分为必然的因果关系与偶然的因果关系,"这实际上是把哲学上的必然性与偶然性这一对范畴,与因果关系这个概念混淆起来了"㉖。持偶然因果关系的学者认为:"认为因果关系只有必然因果关系一种形式,是把因果关系等同于必然性,不能正确理解因与果,必然性与偶然性这些哲学范畴之间的相互关系的结果。"㉗由此看来,要解决刑法中有无偶然因果关系的存在问题,首先要正确认识哲学原理中相关范畴本身的属性和相互之间的关系。

我们知道,在揭示、描绘和总结客观世界普遍联系的现代哲学中,包含有大量的基本范畴。而在有着普遍联系的客观世界,反映客观世界事物普遍联系的这些基本范畴之间也存在或多或少、或明或暗、或紧或疏的相互联系。就因果关系这一对范畴而言,它不但与必然性、偶然性存在一定的联系,从而表明因果关系产生的必然性与偶然性,而且它还与其他范畴发生联系。例如,结果反映了某种事物存在的现象,而原因揭示了这一事物之所以存在的本质;结果可以表明某种事物成为客观存在的现实性,而原因则可以揭示这种事物会产生某种现象的可能性。因果关系作为一个紧密结合的实体现象,它的产生固然有其必然的原因,又有其偶然的原因。然而,哲学中的每一对范畴不但它们本身是对立的统一,而且它们本身各自有着自身的独特内容,它们与其他范畴之间有着严格的区别。正因为如此,它们各自才有可

㉕ 参见李光灿:《论犯罪中的因果关系》,载《辽宁大学学报》1980年第3期。

㉖ 梅泽浚:《哲学上的因果关系及其在刑法中的运用》,载《华东政法学院学报》1956年第1期。

㉗ 龚明礼:《论犯罪的因果关系》,载《法学研究》1981年第5期。

能从不同的角度和不同的内容上揭示客观世界存在和具有的某种联系和矛盾。不然,这些范畴不仅不能揭示什么问题,而且连它们自身存在的余地也会丧失。

原因与结果这对范畴揭示了客观世界中怎样的一种联系?它们之间的关系其本质是什么?因果关系实际上是指客观世界普遍联系和相互制约的一种表现形式,即自然界和人类社会中的任何一种现象的存在与出现,都是由其他现象所引起的并又能够引起其他现象的产生。由于客观世界是普遍联系的,一定的因果关系现象的产生又是在一定现象作用下产生和形成的,所以因果关系是由一种现象在一定现象作用下必然引起另一种现象产生的两种现象之间的本质、内在的联系。前一现象为因,后一现象为果,对这一因果关系实体现象产生一定影响作用的一定现象可以称之为原因的原因。

必然性与偶然性指的是什么?它们是指客观事物发生联系和发展过程中的一种可能性趋势。必然性是指客观事物发生联系和发展过程中一种不可避免、一定如此的趋向,必然性产生于事物的内部根据、本质的原因。偶然性则表明客观事物发展过程中存在的一种有可能出现、也有可能不出现的趋向。偶然性产生于客观事物的外在条件、非本质的原因。必然性和偶然性在客观事物发展过程中有着不同的地位并起着不同的作用。必然性是事物发展过程中居支配地位的、一定要贯彻下去的趋势,它决定着事物发展的前途和方向。偶然性则相反,它对事物的发展只是起着加速或者延缓的作用。必然性和偶然性是对立的统一。任何一个事物的发展过程中既包含着必然性的趋势,又包含着偶然性的情形。这种矛盾现象的产生是由客观事物的发展过程本身存在的普遍联系的客观世界中的复杂性所决定的。事物发展的必然趋势主要是由它的内在根据所决定的,然而这种必然趋势能否实现而成为现实,又取决于这一事物与其他事物的许多偶然的联系,以致在事物发展过程中会产生多种多样的摇摆与偏差。恩格斯曾指出:"偶然的东西正因为是偶然的,所以有某种根据,而且正因为是偶然的,所以也就没有根据;偶然的东西是必然的,必然性自己规定自己的偶然性。而另一方面,这种偶然性又宁可说是绝对的必然性。"[23]

---

[23] 《马克思恩格斯选集》(第3卷),人民出版社1972年版,第543页。

正因为偶然性和必然性之间存在如此辩证的关系,恩格斯又指出:"被断定为必然的东西,是由纯粹的偶然性构成的,而所谓偶然的东西,是一种有必然性隐藏在里面的形式。"㉙由此可见,在事物的联系和发展过程中,必然性和偶然性是同时存在的。必然性通过偶然性为自己开辟道路,必然性通过大量的偶然性表现出来。偶然性是必然性的补充和表现形式。没有脱离了必然性的偶然性。凡看来是偶然性在起作用的地方,偶然性本身又始终服从于内部隐藏着的必然性。

辩证唯物主义揭示的这些基本原理告诉我们:

第一,因果关系表明了客观事物之间存在的一种内在联系。任何一对因果之间的联系由于是它们内在的联系、本质的联系,因而也就是一种现实的联系,而因果之间由于现实的联系又必然使它们成为一个现实的结合后的独立体,两者彼此不可分离。有结果必然就有原因,我们不但能够找出这一原因,而且要解释因果联系也必须要找出这一原因。尽管就因果关系的客观性而言,必定先有因,后有果。但就唯物主义的实践论而言,人们的认识是从结果着眼,由果溯因,有果必有因。从这一意义上说,因果关系不但是现实的,也是必然的。但是,当一种新的现象出现之前,无所谓有原因的存在,正所谓无结果就无原因。原因是以结果的产生而"产生",是以结果的存在而"存在",正因为如此,因果关系才是现实的,现实的又才是必然的。因果关系的必然性是以有结果必然有原因为前提基础的,而不是相反。因为任何一种现象能否必然引起另一种现象的产生,又取决于许多偶然性因素。例如开枪击头,其发展趋势是必然导致死亡,但死亡是否成为现实,又取决于子弹会不会打偏、被害人有没有躲避等因素。而开枪死人存有因果关系,是以死亡存在为前提的,没有死亡就不发生开枪与死亡之间的因果关系。因此,原因与结果永远是一对现实的不可分离和分割的关联现象,因果关系永远是一种现实的联系。而有死亡的存在就必然有导致死亡的原因存在又表明,因果关系永远是一种现实存在的实体现象内部之间的必然联系。

第二,因果关系是作为客观世界的一个实体关系而存在的一种客观现象,这一客观现象的产生和存在又有其复杂的原因,也就是说,这

㉙ 《马克思恩格斯选集》(第3卷),人民出版社1972年版,第249页。

里包含许多必然性和偶然性的因素。但必然性和偶然性本身反映的是事物发展的趋势,这种发展趋势能否成为现实性,又包括多种可能性。因此,必然性、偶然性就事物的发展趋势而言,它永远表明了一种客观事物有引起另一种客观事物的可能性,是站在可能性成为现实性之前的一种前瞻。因此,现实的是必然的,但必然性并不等于现实性。例如开枪击头,既包含必然导致死亡的可能性,也包含因偶然因素不产生死亡的可能性,比如子弹打偏、子弹失效、被害人反应敏捷及时将枪打落等。在一切事物蕴含的可能性发展趋势成为现实性之前,这一事物发展趋势的必然性和偶然性都是一种可能性。而当这一事物蕴含的可能性已经转化为现实性时,那么这种现实性不但是必然性和偶然性统一的产物,而且也是必然性的最终反映,所以现实的都是必然的。因果关系是一种现实的联系,所以因果关系是一种必然的联系。

我们说因果现象是必然性和偶然性统一的产物,是就因果关系作为一个有关联的实体现象而言的,就因果关系实体内部的联系而言,其本质不但是现实的,而且又只能是必然的。正如有的学者所说的,研究犯罪因果关系"是在已经发生危害结果的情况,去查明这一结果是由谁所实施的行为造成的。无论这种因果关系原来是必然的或者偶然的,结果都是实实在在地发生了。如果说偶然因果(指原因——引者注)对结果的发生有一个从零到百分之百的或然性,而我们所面临的正是百分之百。从相互转变的观点来看,偶然性在这里已经转化为必然性了"[30]。这种观点正确地表明了原因的偶然性并不表示因果关系的偶然性。原因的偶然性也并不能否认因果关系的必然性。[31] 当然这里也需要指出,偶然性转变为必然性,并不意味着偶然性本身没有存在过和没有发挥过作用,只是由于其自身量的堆积而发生质的变化转变为必然性,以致引起和造成某种结果的发生。正是在这一意义上,因果关系是一种必然联系,只是在为什么会发生这种联系的问题上,才与必然性和偶然性发生联系,但原因的偶然性反映在因果关系内部又表现为必然性,即结果必然是由原因引起的。

辩证唯物论哲学关于因果关系的一般原理,对于我们认识和研究

---

[30] 曾宪信:《对犯罪因果关系的几点看法》,载《法学研究》1982年第4期。
[31] 参见陈兴良:《刑法哲学》,中国政法大学出版社1992年版,第78页。

刑法中的因果关系,无疑具有重要的指导意义。刑法上的因果关系实际上就是危害行为与危害结果之间的一种内在的、本质的联系,由于危害行为已经引起和造成危害结果而存在因果关系是一种现实的联系,所以这种联系是一种必然的联系。刑法上的必然因果关系承认危害结果是由一个危害行为基于必然的合乎规律的发展而造成的观点无疑是正确的,只要这种观点进一步承认危害行为(即原因)的产生带有偶然性和刑法上因果关系本身是必然性和偶然性辩证统一的产物,那么这个观点就能够正确解释刑法上因果关系的现象和本质了。而相比之下,偶然因果关系的观点存在多方面的矛盾和谬误。

第一,偶然因果关系说把因果关系划分为必然因果关系和偶然因果关系,实际上混淆了哲学原理各种范畴的基本内容,把因果关系与必然性、偶然性的联系,看成是因果关系与必然性、偶然性的混合。如此观点能够成立,那么因果关系这一范畴一旦与现实性和可能性、现象与本质等范畴相联系,势必又会出现现实因果关系和可能因果关系、本质因果关系和现象因果关系等不同划分,这样势必造成思想认识上的混乱。在笔者看来,因果关系与必然性、偶然性是两对不同的范畴,它们具有各自的固定内涵,它们之间具有的联系并不能取代它们之间的区别,不可混为一谈,因果关系是客观现象之间引起与被引起的关系,必然性与偶然性是指客观事物发展趋势的表现形式。因果性反映了必然性,但这种必然性并不排除偶然因素的介入。因果关系的偶然性也有其原因,但这个原因与所引起的结果之间的关系又是必然的。所以,对于作为现实的因果环节、具体的因果环节来说,根本不存在偶然的因果关系。

第二,偶然因果关系说把因果关系划分为必然因果关系和偶然因果关系,实际上是把因果关系本身是必然性和偶然性相互作用、辩证统一的产物看成是必然性与偶然性相互对立后的产物,以至于"把因果关系的必然性和偶然性从同一个因果运动过程中独立出来,作为两个实体而存在"[32]。有的持偶然因果关系说的学者甚至还不同意偶然因果关系仅仅是"前一因果环节中的因同后一因果环节中的果之间发

---

[32] 陈兴良:《刑法哲学》,中国政法大学出版社1992年版,第77页。

生了间接关系"㉝的说法,认为在偶然因果关系的"原因和结果的这种联系中,包含着三个或四个而不是两个紧密连环着的必然因果环节"㉞。按照这种观点,偶然因果关系不但能够从一个完整的因果关系中独立出来,而且这里的原因是通过三四个必然因果环节才偶然与结果发生联系。然而这种观点不但把原因产生的偶然性看成了原因与结果的偶然联系,而且也实在不能解释偶然因果关系为什么只能是三个或四个而不是更多的必然因果环节的产物。而这种所谓的偶然联系又想说明什么问题? 在笔者看来,偶然性背后隐藏着必然性,必然性是通过偶然性为自己开辟道路的。一个因果环节本身就是必然性和偶然性相互作用后的产物,在一个因果关系中必然性和偶然性不可分离,对同一个结果不可能存在必然原因和偶然原因。所以,偶然因果关系说把原因的范围无限扩大,不但陷入了原因不可知论的泥潭,而且也无助于解决实际问题。

第三,偶然因果关系说把因果关系划分为必然因果联系和偶然因果联系,实际上是把因果关系因其产生过程中存有偶然性的因素而与偶然性发生的联系,错误地理解为原因与结果的偶然联系。而这种所谓的偶然联系,又被说成是由于事物发展过程中的外因作用而使原因与结果之间存在某种非本质的联系,这实际上把一切对结果曾产生过影响、发生过作用的因素不作原因和条件的区分就统统视为原因。而把条件上升为原因、等同于原因,又违背了唯物辩证法关于分析因果关系必须遵循孤立、简化的基本原理。这种想在无限的普遍联系中寻找因果关系,既永远不能确定刑法上的因果关系范围,又会不恰当地引起刑事责任的扩大。在笔者看来,客观世界的诸多现象总是处在因果相继的普遍联系和相互制约的无限长的链条之中,研究因果关系只有通过孤立、简化的原则,从中抽出一个具体因果环节加以考察才有针对意义。而在一个因果环节中,只有原因才具有引起和促成结果的作用,才能与结果发生本质的必然联系,而原因的其他因素不过是原因能够实现引起结果产生的条件,条件不是原因,条件与结果不存在因果关系。由此我们想到,匡正偶然因素关系错误的一个重要途径,

---

㉝ 李光灿:《论犯罪中的因果关系》,载《辽宁大学学报》1980 年第 3 期。
㉞ 侯国云:《刑法的偶然因果关系》,载《江海学刊》1982 年第 5 期。

就是正确区分对结果都发生影响与作用的原因与条件,把条件排除在因果关系之外,使因果关系真正反映事物之间一种内在的、本质的必然联系。

三、正确区分因果关系中原因与条件的区别

唯物辩证法的哲学原理告诉我们,客观世界是一幅由普遍联系和相互作用无穷无尽地交织起来的画面,一个事物的产生与发展,都得依赖于其他事物的作用。同样,在一个因果关系中,一个结果的产生,离不开原因的作用,而原因能够引起和促成结果的产生,又离不开条件的作用。由于原因和条件对结果都有一定的影响作用,和结果都有一定的联系,只是两者联系的性质不同、影响的作用不同,因此如何区别两者之间的界限,成为理论长期探索的对象,由此也产生了种种不同的观点,其中最有影响的是"条件说"(主张条件即原因)和"原因说"(主张条件、原因有区别)。条件说认为,凡是引起危害结果发生的一切条件行为,都属于刑法的原因;凡是原因对结果的发生都有等同的作用,所以这种观点也被称为条件等价说。这种观点从逻辑的联系角度出发,把自然科学上的"无前者就无后者"的因果联系和思考方式全盘引进刑法学中,把所有对结果产生过联系和影响的条件因素都看成是原因,而不问它们之间联系的紧疏、影响的大小和作用的主次。条件说把自然科学上因果关系的评价标准作为判断刑法上因果关系的标准,势必导致刑法因果关系范围的扩大,从而导致刑事责任的扩大。为了纠正条件说所存在的错误,于是原因说应运而生。原因说认为,从哲学意义上说,凡是引起结果发生的一切条件可以称之为原因。但是刑法学应该在各种行为之间根据它们与结果的联系性质将各种行为分成原因条件和单纯条件,其中原因条件是原因,单纯条件属条件。应当承认,将各种对结果发生不同联系和影响作用的行为分成原因和条件,对刑法理论的发展有积极的推动作用。但这种观点本身没有明确的标准,以致又产生了多重观点,如"必生原因说""直接原因说""有力原因说""主要原因说""重要原因说""决定原因说""最终原因说",等等。原因说本来是为了弥补条件说的缺陷而产生的,但当其无法正确区分原因和条件时,那么其自身的价值也就无法得以体现。看来究竟应当怎样认识和区分原因和条件,还得以唯物辩证法的

哲学原理为指导。

唯物辩证法认为,在普遍联系和相互作用的客观世界中,"为了了解单个的现象,我们必须把它们从普遍联系中抽出来,孤立地考察它们,而且在这里不断更替的运动就显现出来,一个为原因,一个为结果"[35]。因果关系只有在简化和孤立的原则下才能显示出它们之间的本质联系,尽管这一因果现象是在一定现象(即条件)的背景下发生联系的,但是如黑格尔所说的,"结果并不包含……原因中没有包含的东西"[36]。列宁进一步补充:"反过来也是一样。"[37]这就是说,只有原因才与结果发生内在的本质联系,而条件不过是与结果发生外在的非本质联系的现象。条件可以起到制约原因的作用,使原因加速或延缓结果的发生,但条件本身不能直接决定和制约结果的发生与否。由此,我们可以为原因和条件的认定提供一个区别标准,这个标准包括两个方面的内容。

第一,作为原因的现象必须包含发生结果的内在可能性和现实可能性,这种内在可能性意味着作为原因的现象是结果现象发生和发展的根据,这种现实可能性意味着作为原因的现象按照其自然发展趋势,能够将产生结果的可能性转变为现实性。例如开枪杀人,开枪就已经包含了死亡的内在可能性,只要开枪,就可以使可能性转变为现实性。而被害人在什么时候、什么情况下进入行为人开枪的范围,只是个条件。而条件就不具有这样的品格和属性,被害人进入行为人开枪范围的"进入"行为不存在包含死亡的可能性,就"进入"行为本身也不可能使死亡成为现实性,这里起决定作用的只能是开枪。

第二,作为原因现象所包含的发生结果的内在可能性必须是合乎客观规律的,这种内在可能性只有在合乎规律的情况下才必然转化为现实性。作为原因的现象具有发生结果的内在可能性,只是因果运动的必要前提,因果关系只有在结果成为现实时才能产生和存在。不可否认,由于因果关系的现实性,使得我们总是通过倒溯的方法来寻找原因。但这丝毫不影响我们在结果发生之前的一系列与结果有或紧

---

[35] 《马克思恩格斯全集》(第20卷),人民出版社1972年版,第575页。
[36] 《列宁全集》(第38卷),人民出版社1972年版,第168页。
[37] 同上注。

或疏联系、对结果有或多或少作用、或大或小影响的众多现象中,通过前瞻的方式来分析和确定是否属于包含了发生结果的内在可能性的原因。世界上没有两片完全相同的树叶,同一个因果关系不可能绝对重复。但人类的实践经验告诉我们,人们在社会实践中可以通过科学实验和重复行为认识和掌握客观规律,由此确定某种可能性转化为现实性是否合乎规律。例如,开枪杀人包含的发生死亡的内在可能性就是一种合乎规律的可能性,发生死亡就可确认开枪是原因,而用手摸人就不可能包含发生死亡的结果,一旦在用手摸人时发生死亡就可以确定必有他因。应当指出,因果关系总是在一定的时空和一定的条件作用下才能发生,相同的原因在不同的时空和不同的条件下不一定产生相同的结果,但相同的行为一旦引起相同的结果是否就是原因,必须受是否符合规律这一要素制约。例如,同时将人捆绑后置于交通要道上,希望被来往车辆轧死,但置放于公路与置放于铁道,就有不同的意义。置放于公路上很难合乎规律地引起死亡,这里介入司机的行为,司机的开车行为完全可以制约死亡的发生与否。而置放于铁路上,由于列车的高速和强大惯性,发生死亡就显然是合乎规律了。因此,置放于公路的行为与死亡之间没有因果关系,而置放于铁路的行为与死亡之间就存有因果关系。而条件虽然也含有促使发生结果的可能性,但这种可能性本身不可能合乎规律地直接引起结果的发生。确定作为原因的现象所包含的发生结果的内在可能性是否是合乎规律地转变为现实性,对于确定两个现象之间是否存有因果关系具有十分重要的意义,不然就很难真正区分原因与条件的界限。对于人们是否应该利用规律性来确定因果关系,恩格斯曾经指出:"在一切否认因果性的人看来,任何自然规律都是假说,连用三棱镜的光谱得到的天体的化学分析也同样是假说。那些停留在这里的人的思维是何等的浅薄啊!"[38]

四、正确理解因果关系在刑法中的地位

一门科学的学科犹如一架完整的机器,各个理论组成部分像一个个零件在自己的位置上发挥应有的作用,并有机地汇总在整个学科功

---

[38] 《马克思恩格斯选集》(第3卷),人民出版社1972年版,第522页。

能之中。刑法上的因果关系是刑法理论的一个重要组成部分,但是我们应当正确理解和摆正因果关系在刑法中的地位,不能把它与构成犯罪和承担刑事责任完全等同起来。在这方面,我们有必要澄清来自三个方面的误解。

第一,脱离因果关系的客观性特征,片面地将刑法上的因果关系理解为是在人的主观罪过支配下的危害行为与危害结果之间的关系,导致从行为人的主观心理活动中寻找因果关系的根据,使因果关系染上主观性的色彩。例如,有学者指出:"我们刑法中的因果关系,就是指的这种危害社会的'行为',由于这种行为(原因)而造成了对社会的危害'事实'(结果),前者(指行为)称为构成了犯罪的原因,后者(指事实)称为构成了犯罪的结果。它们两者之间的关系,称作构成犯罪的因果关系。假设没有这种因果关系,就不能构成犯罪。"[39]还有学者指出:"既然刑法上的因果关系是要研究危害社会的行为同危害结果之间的因果关系,如果查明某人的行为不是危害社会的行为,那么从刑法意义上讲,研究该人的行为和所发生的危害结果之间的因果关系就没有必要。"[40]还有许多人将刑法上的因果关系直接称之为犯罪的因果关系,是指犯罪行为与犯罪结果之间的关系。笔者认为,这种试图首先借助于人的主观心理状态确定人的行为性质和结果性质,以此来确定刑法上因果关系的性质是违背因果关系的客观性特征的。事实上,在社会实践中,当我们发现某一不正常或有害于社会的现象时,首先借助于一般观念和认识水平判断它是自然现象还是人为的结果,只有人为的结果才能进入刑法的评价领域。但此时我们还不能确认这一现象一定是危害结果和导致这一现象的行为就一定是危害行为。例如,同一死亡现象,就存在三种人为的可能性:一是意外事件;二是正当防卫;三是杀人所为。无论其中哪一种可能的行为,都应当进入刑法因果关系的评价领域。如果此时先认为死亡是一种危害结果,实际上就已先确定引起死亡的行为是属于危害行为,而确认行为

---

[39] 梅泽浚:《哲学上的因果关系及其在刑法中的运用》,载《华东政法学院学报》1956年第1期。

[40] 周柏森:《研究刑法中的因果关系要以马克思主义哲学作指导》,载《法学研究》1982年第2期。

是危害行为,又必须以行为人主观上具有主观罪过为前提。如果以此来评判刑法上的因果关系,势必无法摆脱以行为人的意志为转移的主观色彩。例如,有人举例,认为司机开车轧死人,如果司机主观上无罪过,司机的行为与死亡就不存在刑法上的因果关系。㊶ 以此为例,如果司机主观上有罪过,他的行为就与死亡之间存有刑法上的因果关系。此时有无因果关系完全以行为人的主观罪过为出发点和依据。这种认识实际上把因果关系的存有看成是犯罪的构成,这样又势必把因果关系提高到一个不应有的高度,放在一个不应有的位置。其实在事实上,当发生一个不正常或有害于社会的人为结果时,我们至多假定它是一个危害结果,并以此寻找是谁的行为造成了这一结果。但此时我们必须把这一行为是行为人在什么样的心理状态支配下实施的区别开来。有无因果关系,是行为事实的一个内容,是否构成犯罪,是结合主观罪过后产生的结论,两者不能混为一谈。

第二,片面地理解因果关系在行为事实和构成要件中的作用,以致把因果关系视为所有犯罪构成的一个必要要件。例如,有的学者指出:"因果关系无论与主观方面或主客观两方面有没有联系,都可以作为犯罪构成的要件;仅凭它与主观方面或主客观两方面有联系而否认它可以作为犯罪构成的要件,那是没有逻辑根据的。"㊷类似的观点在前苏联的刑法理论中也存在,例如特拉伊宁在《论犯罪构成的一般学说》一书中写道:"无论是罪过或是因果关系,都是每个犯罪构成的要件。"㊸更有学者直接提出:"没有因果关系,行为人就没有负担刑事责任的客观根据;当然就不构成犯罪。"㊹笔者认为,因果关系是客观行为事实的一个组成部分,它的有无不能代替整个客观行为事实的有无,而只有客观行为事实才是犯罪构成的必要要件。而行为事实本身包括行为、对象、结果及行为与结果的因果关系四个内容。作为犯罪构成要件的行为事实在不同形式的犯罪构成中有不同的要求。在直接故意犯罪中,只要具有行为,就已具备了犯罪的客观危害要件,有无

㊶ 参见龚明礼:《论犯罪的因果关系》,载《法学研究》1981年第5期。
㊷ 杨兆龙:《刑法科学中因果关系的几个问题》,载《法学》1957年第1期。
㊸ 〔苏〕A. H. 特拉伊宁:《犯罪构成的一般学说》,薛秉忠等译,中国人民大学出版社1958年版,第147页。
㊹ 朱继良:《我国刑法中的因果关系问题探讨》,载《郑州大学学报》1987年第2期。

结果,行为与结果有无因果关系,根本不影响犯罪的成立,至多影响犯罪的既遂与未遂。在过失犯罪(包括间接故意犯罪)中,由于是以结果为条件才能成立的犯罪,因此此时行为有无结果,行为与结果有无因果关系,才是犯罪构成客观危害要件的必要内容。所以我们应当认识到:

(1) 因果关系本身不可能作为犯罪构成的一个独立的构成要件,它只是犯罪构成客观危害要件的一个因素或一个内容;

(2) 因果关系在不同的犯罪中,具有不同的要求,在直接故意犯罪中,没有因果关系,并不等于没有客观要件;

(3) 由于因果关系只有现实的因果关系,所以作为犯罪构成客观危害要件的一个因素或一个内容,它的存在与否与行为人能否预见不发生直接的关联。

同时,因果关系作为犯罪构成客观危害要件的一个因素或一个内容,与经过司法活动的价值评判后能否转化为犯罪的因果关系也没有必然的联系。因为作为客观的因果关系能否转变为犯罪的因果关系,必须结合行为人是否具有主观罪过才能确定。

第三,片面理解因果关系与刑事责任的关系,以致把具有因果关系与承担刑事责任相等同、相混淆,在直接故意犯罪中,甚至用抽象的刑事责任来取代犯罪既遂与未遂的区别。例如,有的学者提出:"不具有危害性的行为与危害社会的结果间没有因果关系。……与危害结果无因果关系的行为不负刑事责任(绝对无刑事责任)。"[45]还有的学者提出:"没有因果关系——缺乏负担刑事责任的客观基础。"[46]这种观点实际上把有无因果关系与有无刑事责任等同起来,我们这里说刑事责任不仅仅以因果关系为基础,还必须结合主观罪过加以综合评价后才能确定,有因果关系但无主观罪过,仍然不负刑事责任。而在直接故意犯罪中,只要行为人实施了故意支配下的行为,即使与某一个危害结果没有因果关系,并不影响犯罪的成立。所以上述观点在我国刑法理论中没有应有的市场是可以理解的。但是有的学者提出:"因果关系作为客观事实虽然只能是为刑事责任提供客观基础,但经过价

---

[45] 龚明礼:《论犯罪的因果关系》,载《法学研究》1981年第5期。
[46] 李光灿:《论犯罪中的因果关系》,载《辽宁大学学报》1980年第3期。

值评判的刑法(犯罪)因果关系,应该直接导致刑事责任。"⑰笔者认为,这一观点在解释间接故意犯罪和过失犯罪时是正确的,但是在直接故意犯罪中,即使不存在经过价值评判的刑法(犯罪)因果关系,也能够导致产生刑事责任,这就是犯罪未遂。所以,当许多论著再三强调因果关系是行为人承担刑事责任的客观基础时,却忽略了主要的犯罪形式——直接故意犯罪的品性,这是不全面的,因而也是不正确的。

---

⑰　陈兴良:《刑法哲学》,中国政法大学出版社1992年版,第94页。

第八章 犯罪构成与犯罪阻却事由

在刑法理论上,犯罪阻却事由通常是指某种行为虽然在客观上具备了刑法对某一犯罪规定的行为形式,但其行为本质是有利于社会利益的,因而不具有社会危害性,或者由于行为人在主观上缺乏罪过内容,因而不具有主观危险性,因此根据刑法的明确规定,阻却其犯罪成立的情形。

第一节 犯罪阻却事由的法律属性

一、犯罪阻却事由法律属性的理论概览

在刑法理论和刑法规定中,犯罪阻却事由是由多种为刑法规定阻却犯罪成立的情形所组成的一种集合性名词,其中正当防卫是一种最具典型性的情形。正当防卫以及其他犯罪阻却事由基于何种性质而为刑法规定为不能成立犯罪,这在刑法理论上存在不同的见解。

(一)不罚论

这种观点认为正当防卫并非全是合法的、正当的,有的甚至是一种邪恶、是一种犯罪,问题在于法律已明文规定不予处罚。至于为何不处罚,其理论根据又是各异。

1. 以恶易恶说

此说为德国刑法学者格耶尔所主张。格耶尔认为正当防卫绝非是无恶,而仅仅是法律规定不处罚而已。这是因为这里的攻击之恶与受攻之恶两者相当,相互可以抵消。[①]

---

① 参见甘雨沛主编:《刑法学专论》,北京大学出版社1989年版,第129页。

2. 道德压制说

此说为法国刑法学者普芬道夫所倡导。普芬道夫认为正当防卫是一种自然的反应和本能的冲动,当人们受到突然袭击时,道德的力量受到压制而本能的冲动起了支配作用,所以正当防卫虽是犯罪却可以得到原谅,不需要处罚。[②]

3. 意思丧失说

此说认为被害人在不法侵害面前心理受到强烈刺激,因而丧失意志自由实施防卫行为,这与无自由意思的人并无两样,因而就不能让其承担刑事责任。[③]

4. 必要行为说

此说认为正当防卫是两种利益之矛盾,即防卫方面的法益与侵害方面的法益不能两立。由于情况紧急,国家无法进行公权的及时救济解决,只能由被侵害人自行救济。国家对这种放任行为不认为是犯罪,因而不追究刑事责任。[④]

5. 罚权消灭说

此说为学者卡拉拉所主张。卡拉拉认为建立公共防卫的国家刑罚权是为了补充个人防卫的不足,同时也是为了限制过度防卫者。当情况紧急、国家来不及防卫时,个人自然可以实行防卫,只要防卫适当者,国家的刑罚权因此而消灭。[⑤]

(二) 权利论

这种观点认为正当防卫是一种权利行为,既然是一种权利行为,也就谈不上刑事责任问题。这种观点又有多种主张。

1. 天赋人权说

此说为荷兰学者格劳秀斯所主张。格劳秀斯认为正当防卫是人类生来就有的一种权利。对外来的侵犯,个人有全力以赴进行自我保护的权利。[⑥]

---

② 参见甘雨沛主编:《刑法学专论》,北京大学出版社1989年版,第130页。
③ 同上注。
④ 同上注。
⑤ 同上注。
⑥ 同上注。

2. 社会契约说

此说为法国学者卢梭所主张。卢梭提出了社会契约论,认为正当防卫是人的天然自卫权,国家法律作出专门规定是对这一权利的恢复。这是因为人们订立契约组织时,虽然交出一部分权利,但仍然保留了一些权利,其中包括正当防卫。这就是正当防卫合法性的基础。⑦

3. 消灭不正说

此说认为不法侵害是对他人合法权利的否定,是一种不正当的行为。而正当防卫是对不法侵害的否定,当然是一种正当的行为。因此,正当防卫是一种消灭不正的权利。⑧

4. 社会利益说

此说认为不法侵害含有反社会性,对这种反社会性,人人皆可以防卫,借此保全社会的共同福利。正当防卫行为是一种维护社会利益和法律的权利行为,权利行为就应当受到法律保护。⑨ 意大利刑法学者菲利在《刑事社会学》一书中指出:"正当防卫——正是站在社会利益和法律的利益上完成他应执行的法律行为。在社会上,自然只有对这种消灭反社会性的人表示敬意。所以,个人防卫合法化之基础完全是存在于下列两种利益:一是社会善良分子的整个保全;二是犯罪活动的淘汰。"⑩

(三)排除社会危害论

这种观点认为,正当防卫以及其他一些犯罪阻却事由,是一种在外观上似乎具有严重的社会危害性,而实质上却是为保护国家、公共利益、本人或者他人的权益而实施的对社会有益的行为,或者虽对社会造成了损害结果,但却不具备犯罪构成要件的行为。⑪ 排除社会危害论为我国刑法理论所普遍主张,因此,一般理论将此称为排除社会危害性的行为。但是在称谓上却有多种多样的表述。例如有的称之

---

⑦ 参见甘雨沛主编:《刑法学专论》,北京大学出版社1989年版,第130页。
⑧ 同上注。
⑨ 参见高铭暄主编:《新中国刑法学研究综述》,河南人民出版社1986年版,第279页。
⑩ 甘雨沛主编:《刑法学专论》,北京大学出版社1989年版,第131页。
⑪ 参见苏惠渔主编:《刑法学》(修订本),中国政法大学出版社1999年版,第174页。

为"正当行为"[12],有的称为"合法损害行为"[13],有的称为"排除犯罪性的行为"[14],还有的称之为"犯罪构成的非犯罪化"[15]。

上述三种观点中,前两种基本上属于国外刑法理论的主张,这些观点主要从刑法的理论基础和哲学基础出发,论述了犯罪阻却事由不负刑事责任的法理根据。第三种观点为我国刑法理论所主张,这一观点主要从犯罪构成的角度来分析犯罪阻却事由不负刑事责任的法理根据。当然,这一观点的不同称谓也表明各论者所持的理论根据略有不同。称排除社会危害性的行为,主要是认为犯罪阻却事由的行为本质是在排除具有社会危害性的行为,并且在主观上不具有故意或者过失的罪过内容。[16] 称正当的行为,主要是强调行为本身的正当性,因而不具有犯罪构成的要素。[17] 称合法的损害行为,主要是认为这种行为相对于犯罪损害而言则不具有社会危害性,是由法律和职务决定的合法行为。[18] 称排除犯罪性的行为,其理由与排除社会危害性的行为基本相同,只是强调了正当防卫是为了排除犯罪行为而实施的。[19] 称犯罪构成非犯罪化的行为,则主要强调这种行为是一种由于同时与某些特定条件相结合,使其可能组成的犯罪构成系统非犯罪化,从而丧失其可能具有的犯罪性的行为。[20]

受本书的研究角度和研究范围所限,本书不准备从宏观的哲学基础角度和法学基础理论上来研究犯罪阻却事由不负刑事责任的根据问题,尽管这对于理解犯罪阻却事由为什么不负刑事责任的根据是极为重要的。而排除社会危害论的观点与本书研究的犯罪构成问题紧密相关,并且是我国刑法理论所普遍主张的。因此,仅就这一问题作出专门的研究。同时,这一观点虽有一些不同的表述,除犯罪构成系

---

[12] 高铭暄主编:《刑法学》(新编本),北京大学出版社1999年版,第136页。
[13] 苏惠渔主编:《刑法原理与适用研究》,中国政法大学出版社1992年版,第211页。
[14] 苏惠渔主编:《刑法学》,法律出版社2001年版,第151页。
[15] 何秉松:《犯罪构成系统论》,中国法制出版社1995年版,第402页。
[16] 参见苏惠渔主编:《刑法学》(修订本),中国政法大学出版社1999年版,第174页。
[17] 参见高铭暄主编:《刑法学》(新编本),北京大学出版社1998年版,第136页。
[18] 参见苏惠渔主编:《刑法原理与适用研究》,中国政法大学出版社1992年版,第211页。
[19] 参见苏惠渔主编:《刑法学》,法律出版社2001年版,第151页。
[20] 参见何秉松:《犯罪构成系统论》,中国法制出版社1995年版,第404页。

统非犯罪化的表述具有特别含义之外,其他的基本意思内容还是区别不大。这里先就犯罪构成系统非犯罪化的称谓和意思表述作一下辨析,笔者认为,这一称谓在刑法理论上难以成立。这主要表现在:

第一,犯罪构成本身并非是一个系统。犯罪构成是刑事立法设定犯罪的一个模型、一种标准,也是刑事司法认定犯罪时所依据的一种规格,是一种定罪的模式。尽管它本身是由一定的构成要件和基本要素所组成,但它本身不可能是一个系统。系统表明的是:事物内部各基本要素之间的彼此前后相互衔接的一种体系,各基本要素之间并不处于相互并列的地位。就这一点来看,犯罪构成本身无法构成一个系统体系。

第二,所谓犯罪构成系统非犯罪化的意思表述自相矛盾。如果说犯罪构成系统化本身要表明的是一种犯罪化,那么犯罪化又可以是非犯罪化(为了防止出现误解,笔者曾反复研读了论者所谓的犯罪构成系统化的理论,但最后得到的印象还是犯罪构成系统化无非是想说明犯罪构成的犯罪化),岂非无法自圆其说。

第三,非犯罪化本来是指刑事立法把可以认为是犯罪的行为,通过非犯罪化的观念,将其从刑法中排除出去,不作为一种犯罪的情形予以规定,如社会治安的流氓行为、民事活动中的欺诈行为,等等。而涉及犯罪阻却事由的正当防卫、紧急避险等行为似乎与此风马牛不相及。故此,犯罪构成系统非犯罪化之论不值得一论。

在我国刑法理论中,排除社会危害论之所以认为某种行为在形式上似乎具备犯罪构成的要件,而仍不是犯罪,主要认为这种行为的行为人在主观上具有正当目的性,并且在客观上并无社会危害性。这种理论是站在司法实践的立场上,从分析行为人主观心态的角度得出的结论,无疑是有一定道理的。但即使我们站在司法实践的立场上,试图通过行为人具有的目的正当性来解释犯罪阻却事由的行为,仍然存在诸多无法解决的问题:

第一,将犯罪阻却事由称之为排除社会危害性的行为,认为排除社会危害性的行为人在主观上不具有故意或者过失的罪过内容,因而在主观上存有目的的正当性。但这种理论却无法解释正当防卫过当、紧急避险过当等一些过当行为仍然存在非法性、罪过性和危害性。正当防卫、紧急避险本身都包括了适当和过当两种情形。无论是适当还是过当,两者都会受正当的目的支配。仅仅从目的的正当性出发,将正当防卫、紧急避险等情形视为排除社会危害性的行为,以此来解释它们不负刑事责任的根据,显然是无法解释为什么同属正当防卫、紧急避险的正当目的性,并受这一正当目的支配的防卫过当和避险过当仍要负刑事责任的原因和根据。

第二,即使从社会政治评价角度出发,认为正当防卫、紧急避险等犯罪阻却事由的行为人不但在主观上具有故意或者过失,其行为在客观上也没有社会危害性,是一种实质上有益于社会的行为,因此无须负刑事责任。但这种理论仍无法解释刑法为什么要对这种既无主观罪过又无客观危害的行为,颇费心思加以专门规定。因为在整个社会生活中,出于维护社会公共利益而实施的有益于社会的行为,又何止正当防卫、紧急避险以及一些极为有限的为法律所特别规定的情形,那么刑法为什么对其他一些明显有益于社会的行为不作专门规定呢?

第三,将犯罪阻却事由称之为排除社会危害性的行为,或其他一些相近的称谓,如果仅限制在正当防卫的范围之内,倒也说得过去。但当范围稍微有所扩大,紧急避险很难表明它是在排除有社会危害性的行为。如果把范围再扩大到意外事件,就很难说这是正当行为。如果再把范围扩大到执行命令、履行职务、受托行为等情形方面,也是很难说它们是在排除犯罪的行为。[21]

二、犯罪阻却事由法律属性的理论评析

长期以来,我国刑法理论一直对确认为排除社会危害性的行为,主要是从行为人目的的正当性和社会政治评价的积极肯定性出发的,从而试图揭示行为人在主观上不存在反社会的人身危险性,并以此进一步论证行为的客观有益性。在司法实践中,从行为人的主观方面确认是否具有罪过,对于解决行为性质具有一定的合法性,同时在刑法的规定方面,也能够具有一定的合法性。因为我国刑法对正当防卫和

---

[21] 排除社会危害性、排除犯罪性的行为,在词语上可作两种理解:一是动宾结构,即排除为谓语,社会危害性、犯罪性为宾语;二是宾补结构,即被排除了社会危害性、犯罪性的行为。虽未经过详细考证,笔者认为我国刑法理论一般是在第一种理解上使用这一称谓的,这容易引起误解。

紧急避险的规定中均具有"为了使国家、公共利益、本人或他人的人身、财产和其他权利免受正在进行的不法侵害"或者"免受正在发生的危险"的主观方面的要求。这种刑法明文规定的主观方面要与司法实践中行为人的主观方面心理事实正好符合这一要求，对于正确分析、认定客观的行为性质具有很大的帮助，在司法实践中从价值判断上可以进一步帮助确认行为实质上不具有社会危害性。同时在意外事件中，由于刑法规定如果行为人在主观上不是出于故意或者过失，即使行为在客观上造成实际的损害结果，同样被认为是不须负刑事责任的行为。

但是我们应当看到，仅仅从主观方面理解犯罪阻却事由的法律属性还是不够的。这是因为犯罪阻却事由的行为在客观上毕竟造成了一定的实际损害结果，例如正当防卫是通过对不法侵害人实施人身损害的形式加以实施的，紧急避险是通过对第三者合法权益损害的形式加以实现的，意外事件是在客观上给他人的合法权益造成了实际损害的结果，等等。这就使得这样一些行为在客观上具有了某些犯罪的外观形式。正因为如此，专门规定犯罪行为的刑法可以对其他实际有益于社会的行为没有作出、也无须作出专门规定，但却不能不对正当防卫、紧急避险等犯罪阻却事由的行为作出特别规定，并对这种具有某种犯罪构成形式的行为，需要通过在犯罪构成之外的特别评价，明确规定从法律上阻却其成立犯罪，无须承担刑事责任。也正是从这一意义上说，西方刑法理论将正当防卫、紧急避险等行为称为阻却刑事违法性的行为，是有充分理论根据的。我国台湾刑法学者韩忠谟指出："行为与行为人之心意本属表里相应，不可分割而各自独存。然分析法学为明了违法性之客观情状，不得不将行为由其内部心意暂加切离而单独观察之，故违法性之判决只以该当于法定构成事实之行为为主要对象，此与责任之判定，必须深入行为者人格之内部而考求其应受非难之状态者，显有区别。且法律为客观规范，确定责任必以行为为基础。因此刑法上违法性之判定，恒先于责任之判定，亦为理所当然。"②

笔者认为，即使从正当防卫、紧急避险等行为的目的正当性和社

---

② 韩忠谟：《刑法原理》，台湾雨利美术印刷公司1981年版，第140页。

会政治评价的肯定性方面,将其确认为排除社会性的行为(这里有不全面之处,因为意外事件并无目的的正当性可言)㉓,从而从主观方面揭示了这些行为不负刑事责任的内在的社会道义依据。但这还不够全面,因为即使正当防卫、紧急避险等行为具有了目的的正当性,但一旦行为超出必要的限度,目的的正当性并不能自然地消除超出必要限度的过当行为具有的危害性,照常要承担刑事责任。因此,我们应当认识到正当防卫、紧急避险等行为所具有的刑事违法阻却性,即这些行为同时也是阻却刑事违法性的行为。这是就这些行为(意外事件除外)具有的客观有益性和法律规范评价的许可性方面而言的,它从客观方面揭示了正当防卫、紧急避险等行为不负刑事责任的外在法律依据。笔者认为,除了从刑法理论的深层赋予正当防卫、紧急避险等行为所具有的排除社会危害性的属性之外,更赋予它们所具有的阻却刑事违法性的属性,有着重要的理论价值和实践意义。从刑法的理论角度而言,它可以帮助我们进一步证明任何犯罪构成和任何符合犯罪构成的事实都是主观罪过和客观危害的有机统一,缺少其中任何一个要素都不可能存在某种犯罪的构成。从刑法的实践角度而言,它可以帮助我们进一步树立法律的权威性。只要某种行为在客观上没有社会危害性,甚至有益于社会,只要这种行为为法律所允许,为法律所宽容,那么根据刑事违法的阻却属性,该行为就不能成立犯罪。

现代刑法理论表明,犯罪是主观罪过和客观危害的统一。有主观罪过而无客观危害不构成犯罪;反之,有客观危害而无主观罪过也不能构成犯罪。但是,动机目的与客观效果的对立统一法则告诉我们,良好的动机目的不一定必然产生良好的客观效果,有时也会造成一些不符合动机目的的或者超出动机目的的客观结果。现代刑法一般都规定犯罪阻却事由中的过当行为,应当构成犯罪,须负刑事责任。这就表明,一方面,现代刑法在阻却行为违法性的时候,存在一个客观标准问题。如果某种行为在实施过程中超出了必要限度,造成了不应有的严重损害结果,那么超出的部分不能为法律所阻却。另一方面,有时一些并不高尚、甚至是很卑劣的动机目的,在客观上也会产生某些有利于社会的效果。当客观效果无害于社会、甚至有利于社会时,就意

㉓ 笔者对传统意义上的排除社会危害性行为的称谓,更倾向宾补结构的含义。

味着行为不存在客观危害,因而也就无所谓存有犯罪的成立问题。笔者在赴澳门研修澳门刑法时,一次在与葡萄牙刑法学者座谈正当防卫时,无意间即兴提出一个问题:如果甲、乙本有夙仇,甲常有欲置乙于死地而后快的意图,但又恐法律的严惩。假如某日甲见乙正要刺杀国家总统,便将乙击杀致死。当时笔者问葡国学者,这种情况当如何处理为上? 记得当时葡国学者听后,先是哈哈一笑,然后又稍有尴尬,答这是极有争议的案例,关键是在于应当站在主观方面还是站在客观方面来看待类似案例。讨论当然是不了了之。但这一提问和假设常常萦绕于笔者脑际。笔者常想,甲既然时时在寻觅良机而杀乙,既杀乙,又岂能不打自招,言是只为报仇,不为保总统(而其真正的主观动机目的,要证明它也是很难的)。而甲的行为客观上已保护了总统,无论如何也已表明该杀乙的行为不可能是有害于社会的行为,既无客观危害,甲的行为在客观上已符合了刑事违法的阻却性条件,自然已无犯罪的成立问题可言。犯罪阻却性的法律根据的全部理论基础就在于此。仅仅从主观目的的正当性角度,认为正当防卫、紧急避险等行为只具有排除社会危害性属性的理论无法解释。我们只有承认这些行为同时具有刑事违法的阻却属性,才能更好地理解法律的规定和在司法实践中更好地处理这些行为的定性问题。而且,从司法实践的角度而言,刑事违法的阻却性属性的客观标准比主观性的目的标准更直观和易于掌握。

第二节 犯罪阻却事由与犯罪构成的关系

我们在前面论述了犯罪阻却事由的法律属性,论证了犯罪阻却事由不但在主观上根据目的的正当性(意外事件除外),被认定为排除了社会危害性,同时根据行为本质的社会有益性,为法律所认可,具有法律上的阻却性,这主要是从价值判断的角度出发而得出的结论。但是从事实判断的角度出发,犯罪阻却事由本身是否符合犯罪构成的基本要件? 犯罪阻却事由从法律规定上看到底是阻却其犯罪的成立还是阻却其责任的承担? 犯罪阻却事由与犯罪构成的相互关系是怎样的? 仍需要我们作进一步的探讨。

一、犯罪阻却事由是否具有犯罪构成要素而符合犯罪构成

让我们困惑的是,当我们的刑法理论通常把犯罪阻却事由描述为行为在客观上其本质是有益于社会的,尽管它在外表上仍然符合某种犯罪构成。但是,这种符合仅仅是指行为在外表上符合某种犯罪构成的客观要件,还是包括行为人的主观心理内容也符合某种犯罪构成的主观要件?对于这一点,我国刑法理论似乎未能展开深入的讨论。从以往的刑法理论比较强调行为人主观目的的正当性来看,似乎是持否定态度的。从我国刑法对正当防卫、紧急避险的法律规定内容来看,已经明确规定了行为人在主观上必须是为了保卫国家、社会公共利益、本人或者他人的合法权益,这种目的的正当性显然排除了行为人主观上具有故意或者过失的罪过内容。这样看来,说犯罪阻却事由在外表上符合某种犯罪构成的要件,仅仅是指行为符合了客观要件,不包括主观心理内容也符合主观要件。以此推导,犯罪阻却事由在整体上仍不能符合犯罪构成的全部要件。因为在我国刑法理论中,把犯罪构成看成是一个实质性要件(具有决定犯罪成立的功能)的观点还大有人在。[24] 这一问题也时常困扰着笔者。因为行为符合犯罪构成的客观要件,并不意味着行为人的主观方面就必然符合犯罪构成的主观要件,意外事件就是一个例证。而目的的正当性能够排除行为人的主观罪过,那说明行为还是没有完全符合犯罪构成的全部要件,因此,说犯罪阻却事由仍然在外表上符合犯罪构成的要件还是无从谈起。

面对这样的困惑,几经思考,不由得令人想起刑法中规定的犯罪构成规范形式与客观上存在的符合犯罪构成事实特征是否是同一回事的问题。当我们细心研判,就会慢慢发现,刑法上的犯罪构成实际上是一个具有规范性质的法律形式,作为一种静态规格标准存在于刑法之中。而存在于现实生活中能够符合犯罪构成要件的事实特征是作为一种客观现象而出现的。两者需要一种人为的判断和匹配以后,作为符合犯罪构成要件的事实特征才能转变为法律所要求的犯罪构成和基本要素。由此我们想到,刑法规定的作为犯罪构成要件的要素事实在客观世界中出现了,就意味着这一事实可以与犯罪构成进行匹

---

[24] 参见肖中华:《犯罪构成及其关系论》,中国人民大学出版社 2000 年版,第 222 页。

配,从而完成事实特征已符合某种犯罪构成的事实判断。目的的正当性无疑是人的心理活动的一个基本内容,但有一点可以肯定,它不是人心理活动的全部。无论从心理学的基本原理出发,还是从刑法的规范要求来看,主观心理活动的基本内容和基本事实是人的意识和意志。目的正当性基本上是一种价值判断的性质反映。价值判断的标准总是存在多元性,行为人自有的价值判断在法律上并不具有绝对正确的参考价值,在现实生活中认识错误的现象还是难免的。同时更为重要的是,目的的正当性意味着行为人对自己的行为不具有社会危害性的一种主观判断,但行为在客观上是否具有实在的社会危害性,并不是以行为人的意志为转移的。行为的社会危害性不需要纳入行为人的意识之中的观点在刑法理论上已经得到了充分的论证。[25] 行为人自以为自己的行为并不具有社会危害性,并没有影响和消除行为人对自己的行为性质(指物理性质、自然性质)、行为对象和行为结果的认识因素,并在这一认识基础上形成的意志因素。正因为如此,刑法理论上有观点曾提出:"正当防卫的成立不以防卫意思作为必要要件,因为防卫行为的实施往往是一瞬间的事,防卫作为突发的反射行为性质应予充分考虑。如果强调主观条件(指防卫目的——笔者注),势必将正当防卫范围限制得很狭窄。以防卫的目的作为构成正当防卫的主观条件,实际上很难行得通,因为行为人即使出于非正常目的,也很难在客观上查明,而且一般也不会对正当防卫的成立发生直接的影响。"[26]前苏联刑法学者乌切夫斯基也曾认为:"在处于正当防卫或紧急避险状态下,实施在形式上是犯罪的行为,人的意识中发生着一定的心理过程。这种行为人预见到自己行为的后果,并希望这种后果的到来,那就是说,他的行为是具有故意的。在他的行为中具有一定的犯罪构成的主观要件,即具有作为犯罪构成因素的罪过。"[27]

笔者认为,不能从目的的正当性来排除行为人具有的在犯罪阻却事由中存在的意识因素和意志因素的认识,对于我们确认犯罪阻却事

---

[25] 参见杨兴培:《破坏市场经济秩序犯罪概论》,法律出版社、中央文献出版社2000年版,第79—87页。

[26] 郑有荣:《合法的损害行为》,载苏惠渔主编:《刑法原理与适用研究》,中国政法大学出版社1992年版,第221页。

[27] 陈兴良:《正当防卫论》,中国人民大学出版社1987年版,第29页。

由是否具备犯罪构成的要件要素是很有帮助的。所以在防卫过当、避险过当中,我们仍然会认定具有犯罪的主观罪过,仍需要承担刑事责任。剩下的问题是如何从法律上加以阻却其故意的性质了。特别是避险过当中,基本上是以损害的利益是否大于被保护的利益为标准,根本排除了行为人主观目的的正当性这一主观属性的标准。也正因为如此,犯罪阻却事由的行为在客观外表上已具有某种犯罪构成的客观要件,结合行为人在主观上具有的意识因素和意志因素,已符合了某种犯罪构成的基本要件,才需要刑法专门作出规定,以此作为阻却犯罪的法律依据。对此问题,笔者也曾有过反复,经过再三思考,才得出上述的结论,反过来证明了这一问题的复杂性。但是将刑法对犯罪构成的规定形式与现实生活中出现的符合犯罪构成的事实特征进行撕裂开来后,要得出上述结论恐怕已不是很难了。

其实,将犯罪阻却事由从形式和内容上认定也是符合某种犯罪构成的认识,我们也可以从与我国犯罪构成体系存有不同形式的大陆法系犯罪构成体系中得到证实。大陆法系的犯罪构成体系是通过行为的该当性、违法性和有责性三个要件组成的。行为的该当性是指行为符合刑法对某一具体犯罪的客观要件;行为的违法性是指行为违反刑法禁止性规定,不具有免责的条件;行为的有责性是指行为人在具备刑事责任能力的状态下实施符合该当性要件的行为。这三个要件具有相对独立的意义。行为具有该当性,并不必然表明行为具有有责性;行为具有该当性、有责性,并不必然表明行为具有违法性。我国台湾刑法学者韩忠谟曾指出:"行为之违法性与行为之侵害性同属犯罪成立之要件而其性质有异,侵害性乃行为所具侵害法益之情状,而违法性则系侵害法益行为所示之消极的价值。详言之,刑法就反乎法律秩序而侵害公私法益之各种可罚的行为,设为抽象规定,在刑法学上一向称之为法定构成犯罪事实,就其客观内容言之,一方面显示各种侵害公私法益之形态,堪称为侵害法益之刑法上定型;一方面显示违反法律秩序之可罚行为形态,堪称为刑法上之违法行为定型,是以实际发生之行为如与某侵害法益定型相当,乃具备侵害性,再如与违法性定型相当,乃可得而为违法性之判定。二者同属犯罪行为客观性之一面,但观念有别。"㉘"刑法分则规定各种构成犯罪事实,一面以法益侵害为骨干,一面对于违法显示其定型。行为与法定构成犯罪事实相当,应与违法类型相合,然有时亦因有一定事由存在,其行为之性质,即与公序良俗之观念不相抵触者,是以仅有违法类型之合致,尚为未足,犹须审察行为有无阻却违法事由,并参法律秩序之全部精神,以为衡量,方可判定行为之是否违法。"㉙大陆法系的犯罪构成体系理论表明,行为具备该当性要件、有责性要件后,是否就已构成犯罪,还需要通过违法性要件加以衡量。当刑法已有阻却犯罪事由的特别规定,如正当防卫等特别规定,仍可阻却其违法性的存在,即不能成立犯罪。由此可见,犯罪阻却事由的行为在法律形式上仍具有法定构成的犯罪事实,只是通过违法性要件的价值评判,认为又符合犯罪阻却事由的法律规定,才不构成犯罪。

犯罪阻却事由由于行为在客观上能够、而且在事实上已经造成了一定的损害结果,刑法才有必要作出专门规定;同时行为人又是在有刑事责任能力的状态下实施的,因而又符合某种犯罪构成要件的主客观事实要素,但因与社会既定的价值观念和价值体系并不抵触,刑法才有必要将它们列为犯罪阻却事由。因此,犯罪阻却事由的刑法规定,并不是阻却行为的事实,而是阻却其犯罪的成立和刑事违法性,因而无须承担刑事责任,属于价值评判体系的应有内容。

当今世界各国刑法,对犯罪阻却事由的规定,除正当防卫、紧急避险外(意外事件是个例外,意外事件的行为人在主观上不具备主观罪过基本上被确认),一般还包括执行命令、履行职责和受托行为等事由。我国刑法至今只规定了正当防卫、紧急避险和意外事件,而对于除此之外的其他事由未作明文规定。究其原因,笔者认为主要有三点理由:

第一,根据上级的正当命令和法律规定的职责义务而实施的行为,在一般情况下不具有犯罪的外观形式比较明显,即使在某些特殊情况下的这些行为,如行刑民警根据死刑执行命令处死死刑犯、手术医生根据病情进行的截肢手术,从社会利益的选择和社会价值的评判

㉘ 韩忠谟:《刑法原理》,台湾雨利美术印刷有限公司1986年版,第137—138页。
㉙ 同上书,第141页。

上甚至在社会常识的理解上,也不会产生误解。

第二,在一个法治社会中,各种法律规范组成了一个完整的法律体系。在这个完整的法律体系中,刑法始终处于保障法的地位,它是解决各种违法冲突中的最后一道屏障。只有在其他法律、法规对违法行为无能为力时,国家才不得已而动用刑法力量,通过适用刑罚来制裁那些严重的违法行为。因此,当执行命令、履行职责一旦发生违法行为和价值冲突时,可以通过其他法律、法规的规定能够解决的,刑法不轻易介入进行干预,应当说这是一种刑法谦抑性的表现。

第三,我国社会目前处在一个社会变革和社会转型的时期,执行命令和履行职责有时所发生的某些价值冲突现象,需要人们仔细研究其价值体现,慎重选择其价值取向。从刑法本身的权威性和稳定性特征来考虑,等研究充分和条件成熟后再作明确规定,也为时不晚。至于受托行为就更为复杂,例如"安乐死"行为,刑法理论界曾展开过激烈的讨论,估计在短时间内很难取得一致意见。所以我国刑法也未作出明文规定,社会生活中,一旦发生"安乐死"现象,依然可以按照刑法的有罪规定进行处理。当我国刑法还没有明文规定除正当防卫、紧急避险和意外事件以外的其他犯罪阻却事由,一旦发生未按其他法律、法规规定的要求而实施某些行为,而这些行为超越了社会利益的范围,在社会价值的评判和社会常识的理解上,不能被容忍,那么未被法律明文规定为可以阻却犯罪成立的,依然有一个符合某种犯罪构成的事实,仍须通过刑法的评价而要负刑事责任。

二、犯罪阻却事由是阻却犯罪成立还是阻却刑事责任

犯罪阻却事由由于法律的明确规定,因而不能成立犯罪,无须承担刑事责任。但是在刑法理论上仍然有一个它到底是阻却犯罪的成立,还是仅阻却其刑事责任的承担?㉚ 解决这一问题,对于帮助我们进一步理解和理顺犯罪阻却事由和犯罪构成的相互关系有着重要意义。

我们在前面论述了犯罪阻却事由无论从形式上还是内容上都符合某种犯罪构成的基本要件,只是由于法律的特别规定,才不构成犯

㉚ 参见肖中华:《犯罪构成及其关系论》,中国人民大学出版社2000年版,第220、225页。

罪,无须承担刑事责任。这样在逻辑上势必产生一个问题:符合了犯罪构成就应当是犯罪,剩下的问题只是需不需要负刑事责任。现在说因法律的特别规定而不构成犯罪,应是犯罪变成了不是犯罪,岂不自相矛盾? 这是问题的一方面。但反过来说,犯罪阻却事由并没有阻却犯罪的成立,只是阻却其刑事责任的承担,同样也会出现一个悖论,构成了犯罪,只因为有刑法的特别规定,就不需要承担刑事责任。那么犯罪仍然是犯罪,是犯罪而无刑事责任,同样存在逻辑上的矛盾。那能否再回到犯罪阻却事由本身就不符合犯罪构成的基本要件,因而其本身就不是犯罪的问题? 已如前述,这势必又会把事实存在与价值判断搅在一起。有些人会以自己以为行为不具有社会危害性,甚至不知行为的违法性为借口,规避法律的评价。

　　问题已经出现,就无法回避,寻找解决问题的思路和方法才是最佳的选择。看来我们还得暂时再回到刑法中规定的犯罪构成的规格标准与现实生活中所存在的能够符合这些犯罪构成要件的事实特征两者的关系上。刑法规定的犯罪构成作为一种犯罪的模型,实际上它提出了一个犯罪构成要件的标准应当是什么,而现实生活中所出现的能够符合犯罪构成要件的行为,它首先是一个事实是什么? 上升到哲学领域,这是休谟式的"是——应该是"的哲学命题。在刑法学领域,运用休谟问题的思考方式来透视刑法中很多不应该成为问题的问题,解决已是问题又不应该成为问题的问题,已经有很多人做过尝试,在此步其后尘,已有后来者之感。但在休谟问题提出后的几百年间,其意义并未过时,刑法领域中很多先验性的理论与实践,在一定程度上与这个问题有着剪不断、理还乱的联系。

　　休谟问题博大精深,在哲学上简直使人望而生畏。好在本书讨论的问题仅限法学中一个部门法的问题,暂时借用一些基本原理也可达到解决问题的目的。哲学思考的内容是生活的底蕴、是知识的基础、是问题的根源,而法学思考的内容在浅层次上是问题的解决。当我们把现实生活中所出现的能够符合犯罪构成基本要件的事实,经过规范评价上升到刑法的价值判断时,中间离不开既很简单但又十分复杂的价值评价和归纳判断。即使像犯罪阻却事由的行为事实,通过简单的价值评价、归纳判断,我们说它可以符合刑法规定"应是什么"的时候,一旦刑法中又存在另一个价值要求,"应是什么"同样可以转化为"不是什么"。例如《刑法》第13条但书内容所规定的犯罪"情节显著轻微,危害不大的,不认为是犯罪",就再清楚不过地反映了这一价值判断现象。同样,犯罪阻却事由的行为事实是什么,通过简单的价值评价和归纳判断,我们把它看成已经符合刑法规定的某种犯罪构成基本要件,并不困难,这也是我们十分愿意把犯罪阻却事由看成是从形式到内容都符合犯罪构成的结论的根由。如果刑法没有犯罪阻却事由的特别规定,问题似乎已经得到了解决。但是,正因为刑法事实上又有犯罪阻却事由的规定,这里又引入了另一个价值评价和价值判断的要求,即犯罪阻却事由通过社会有益性的价值评价和价值判断,由此就排除了本已符合某种犯罪构成行为事实所产生的价值判断上的社会危害性。这里有一个不但情节谈不上显著轻微、危害不大,而且情节可能没有危害的题义之中的价值判断。这样,问题从简单到复杂,又从复杂回到了简单。犯罪阻却事由的行为事实符合了某种犯罪构成,通过在客观上有无社会危害性的价值评价和价值判断,就变成了不是犯罪。犯罪阻却事由的刑法规定,实际上还是阻却了犯罪的成立,阻却刑事责任不过是犯罪阻却后必然结果的反映形式。基于同一原理,通过第二层价值评价和价值判断的运用,当犯罪阻却事由的行为事实仍留有社会危害性的存在,于是就产生过当问题。过当的行为事实依然构成犯罪,构成犯罪就有了一个需要承担刑事责任的基础。

三、犯罪阻却事由和犯罪构成的关系

当我们明确了犯罪阻却事由既是一个符合犯罪构成的行为事实,又是一个符合犯罪阻却事由特别规定的行为事实,那么,在同一个行为事实基础上而存在的犯罪阻却事由规定和犯罪构成规格是一种什么关系呢?我们有理由认为:

第一,从刑事立法角度而言,两者是基于同一虚拟事实所设定的具有不同要求的法律规范形式,两者是一种并列关系。

无论是犯罪构成还是犯罪阻却事由,都是以虚拟事实为基础的,即一旦现实生活中出现了某种能够符合这种规格要求的事实特征,那么就具备了法律事先所规定的基本要件而同时成立。但是两者在事先设定的规范要求上具有不同的形式和内容。作为犯罪构成来说,它的基本要件设置主要强调主客观两个要件。从主观要件来说,它要求

行为人是在精神状态正常的情况下有意识、有意志地实施某种行为；从客观要件来说，它规定行为人不得实施在人们的一般观念上有害于社会的，因而已在刑法分则的具体规定中被设定为被禁止的行为。而犯罪阻却事由基本内容的设置虽也要求具有主观上的目的正当性（前面已经分析过，这种目的的正当性仅仅是立法者在设定犯罪阻却事由内容时一种观念上的反映和要求，在实际生活中一般很难考察，所以它往往让位于或者依附于实际的客观行为），但其强调的主要是从客观方面对行为表现和行为要素的设计和要求，例如正当防卫，就要求行为必须基于不法侵害的存在；行为基于的不法侵害必须是实际存在而又正在进行的；行为必须针对不法侵害人本人；行为在造成结果时不能明显超过必要的限度而造成重大损害的结果，等等。正因为犯罪阻却事由从客观方面设置了多重性要求，所以这种能够成立犯罪阻却事由的行为在人们的一般观念上通过价值分析被认为是有益于社会的，因而刑法立法者需要对那些同时又能符合犯罪构成的行为事实，进行煞费苦心的设计，让其又能够符合犯罪阻却事由而不负刑事责任。

犯罪构成和犯罪阻却事由基于同一虚拟事实而存在于刑法之中，表明这一虚拟事实本身蕴含了可以同时具备这两种法律规范结构的成分。我们可以试想，一种单纯的虚拟的好人好事，例如人们之间相互帮助，刑法有必要去规定一种犯罪阻却事由吗？同样，一个单纯的虚拟的坏人坏事，例如强奸、抢劫，刑法还有必要去设定一种犯罪阻却事由吗？不可能也没必要。刑法只有在这样的虚拟事实上，即现实生活中发生强奸、抢劫等行为时，被害人奋起反抗，通过对不法侵害人实施人身损害的方法，去制止这种不法侵害的继续进行。正当防卫具有对他人人身损害的外观形式，并且这种行为不管是防卫人在怎样的仓促瞬间实施的，从主观心理上我们还得承认其是有意识、有意志的行为，因而具有犯罪构成的主客观要件。但是这种人身损害又不同于一般的杀人、伤害行为，它具有一般的杀人、伤害行为所不可能具有的行为形式和行为要素，如行为的前提条件、行为的时间条件、行为的对象条件等。正因为如此，刑法才有必要在这种行为具备某种犯罪构成的前提下，另外再设立一个犯罪阻却事由，使犯罪阻却事由成为独立于犯罪构成之外的另一种刑法规范形式。

犯罪阻却事由和犯罪构成基于同一虚拟事实而存在,使两者呈现一种并列关系,正像基于同根的一棵大树上的两个大树杈,它们的存在具有相对的独立性。这种虚拟的事实即可以同时充足犯罪构成和犯罪阻却事由的设置要件,以致在现实生活中真的发生如同虚拟事实的案例,才容易将真正属于正当防卫一类的犯罪阻却事由的行为视为已符合某种犯罪构成而认定为犯罪,才有将已部分超出犯罪阻却事由的规格而又符合某种犯罪构成的防卫过当、避险过当的行为,不认定为犯罪。司法实践中经常出现的诸如此类的所谓疑难案例,正是由于基于同一事实既符合某种犯罪构成,又符合某种犯罪阻却事由的复杂性所引起的。所以,一件单纯的好人好事,人们不会想到它与犯罪构成发生联系。一件纯粹的坏人坏事,人们也不会想到它与犯罪阻却事由发生关系。只有同时具有可以充足犯罪构成和犯罪阻却事由的事实,才需要通过一定的价值评价体系来确定它到底是符合某种犯罪构成的犯罪,还是属于符合某种犯罪阻却事由的非犯罪。

第二,从刑事司法角度而言,两者是基于同一真实事实而引用具有不同价值取向的价值评价体系,两者是一种基础和上层的关系。

毋庸讳言,刑法设定一定的犯罪构成,本身已反映了刑事立法者的价值取向。但有一点我们千万不能忽视,现实生活中的行为事实即使符合了某一犯罪构成,还必须通过一定的价值评价和价值判断后才能确定为犯罪,这一价值标准就是对行为社会危害性的评定。例如偷窃行为和盗窃行为从行为事实特征上说,都可以评价为符合盗窃罪主观要件和客观要件的构成特征,两者的区别就在于体现社会危害性大小的数额多少这一标准上(在法律上,数额多少本身也可以说是犯罪构成的一个要素,但无论是从司法实践还是从刑法理论上说,数额多少是可以随现实条件作出调整的,这一调整的依据还是在于社会危害性的大小)。即使其他一些不如盗窃罪数额多少这一机械标准的犯罪,都有一个情节显著轻微、危害不大不认为是犯罪的例外,这说明行为事实在符合某种犯罪构成主客观基本要件之后,还需要通过对行为的社会危害性大小的价值评定后才可认定为犯罪。基于此原理,犯罪阻却事由的行为事实符合某种犯罪构成,是否构成犯罪,由于存在犯罪阻却事由的刑法特别规定,介入新的社会危害性有无的价值评价体系,由此就阻却了其犯罪的成立。

犯罪阻却事由的行为事实首先在于它已符合了某种犯罪构成,这使得这种行为事实有了应当进入刑法评价的可能。试想人们之间的相互帮助等好人好事,有进入刑法评价领域的可能吗？说犯罪阻却事由本身没有社会危害性,其本身是在排除其他的社会危害性现象,其本身就不可能符合某种犯罪构成。但人们是否想过,既然其本身不符合某种犯罪构成,其本身就等于好人好事,又何需由刑法来进行评价呢？其实事情并非如此简单。刑事立法专门规定了犯罪阻却事由,说明犯罪阻却事由已有符合某种犯罪构成的行为特征。这是刑法规定犯罪阻却事由的一个前提,也是刑事司法评价犯罪阻却事由的一个基础。如果说刑法的初次规范评价,犯罪阻却事由也已符合某种犯罪构成的基本要件,这是一个肯定的过程;那么当犯罪阻却事由本身不能体现应有的社会危害性,通过刑法的价值评价和规范的再评价,这又是一个否定的过程。刑事司法正是通过对犯罪阻却事由不具有社会危害性的否定评价,进而否定其行为虽已符合某种犯罪构成,但却不能成立犯罪的结论。这一个评价过程实际上是在初步确认犯罪阻却事由已符合某种犯罪构成的初步评价基础上的更高一个层次的评价。高层次的法律评价否定低层次的法律评价,充分反映了犯罪阻却事由的刑法立法价值取向和刑事司法努力实现这一价值取向的结果。

在如何对待犯罪阻却事由与犯罪构成的相互关系上,刑法理论界有人提出:"或许可以认为,如同将意外事件、不可抗力放在犯罪主观要件中研究一样,将正当防卫等表面上符合客观要件的行为放在犯罪客观要件中进行研究,将经被害人的承诺或推定的承诺所实施的表面上侵犯了他人合法权益的行为放在犯罪客体要件中进行研究,倒是合适的。"[31]可以看出,这种观点是从刑法的规范结构出发而提出的。但即使这样,对于意外事件和不可抗力,如果设定行为人在主观上不具有罪过内容,又何须在主观要件中专门研究呢？当意外事件和不可抗力在客观上造成一定的损害结果,那在客观上要阻却其行为的社会危害性,仍然会涉及社会危害性的刑法价值评价体系,即涉及犯罪阻却事由的刑法规定(当然,在涉及犯罪阻却事由和犯罪构成的相互关系上,本书也是将意外事件视为一种例外)。但是将正当防卫等表面上

---

[31] 张明楷:《犯罪论原理》,武汉大学出版社1991年版,第221页。

符合犯罪构成客观要件的行为放在犯罪客观要件中进行研究,一旦客观行为事实中出现过当现象,又得结合行为人主观上有无罪过的内容加以确认,这样同样离不开行为人的主观心理状态这一主观要件内容,仍然有一个是否符合犯罪构成的问题。行为人在主观上具有的目的正当性,并不因为出现了过当结果而自动改变或消失,这里还有一个是否符合某种犯罪构成的问题。因此,犯罪阻却事由要阻却的犯罪成立,仅仅是根据犯罪阻却事由的刑法规定,通过价值评判阻却其为刑法规定否定的那部分社会危害性。不能阻却的部分依然是一个符合某种犯罪构成的犯罪。因为刑法已经明确规定,过当的行为要负刑事责任。要负刑事责任,意味着行为就是犯罪。因此,只有承认犯罪阻却事由的行为事实本身有一个犯罪构成的问题,才谈得上如何通过犯罪阻却事由的价值评价阻却其犯罪成立的问题。但这里是以犯罪阻却事由和犯罪构成存有相互关系为前提条件的。

在刑法理论中,已经有人提出过:"在阻却犯罪事由出现时,强调具备犯罪构成是必要的……行为的各种因素在被确认符合了犯罪构成要件后,已经说明在此之前没有发现阻却犯罪性的事由,但为慎重起见,再排查一遍是否存在阻却犯罪事由,可以起到避免冤假错案的效果。"㉜这种观点一方面承认犯罪阻却事由具有符合某种犯罪构成的行为事实,另一方面又只是慎重起见在再排查一遍时,才发现有一个是否存在阻却犯罪事由的问题。这里恰恰忽视了犯罪阻却事由的行为事实本身可以同时满足犯罪构成和犯罪阻却事由的两个刑法规定,正像法条竞合犯罪同时符合两个具体犯罪构成一样。法条竞合是通过特别法条优于普通法条、重刑法条优于轻刑法条的一般原则进行选择适用的,由此排斥另一个犯罪构成的成立。而犯罪阻却事由是通过社会危害性的价值评判,阻却行为事实符合某种犯罪构成后的犯罪成立。这里无须再排查一遍,就有一个犯罪阻却事由的刑法规定必须被考虑、被运用的价值评价体系的存在。至于说:"正当防卫等排除犯罪性的事由,原本就不符合犯罪构成,事实上也不符合犯罪构成,不能认为这类行为符合犯罪构成而只是没有社会危害性,否则,犯罪构成

㉜ 刘生荣:《犯罪构成原理》,法律出版社1997年版,第40—41页。

就成了形式的概念,而不具有实质内容。"㉝这同样混淆了作为规格标准的犯罪构成与具有符合犯罪构成的行为事实之间应有的界限区别。事实上,刑法中的犯罪构成原本就是一个形式的概念,因而才能成为一个规格标准。而现实生活中的符合犯罪构成的行为事实才具有实际内容。当刑法中不存在某一犯罪阻却事由的特别规定,现实生活中的行为事实符合了某种犯罪构成要件,通过价值评判后的匹配,就完成了形式与内容一致的定罪过程。而当刑法另有犯罪阻却事由的规定时,通过价值评判,就可以排除原先符合犯罪构成的行为事实中的社会危害性,因此,犯罪阻却事由才被认定为不是犯罪。但这一过程是在刑事司法过程中完成的。

㉝ 张明楷:《犯罪论原理》,武汉大学出版社1991年版,第318页。

第九章　犯罪构成与犯罪停顿状态

犯罪停顿状态,是指故意犯罪在其实施过程中,由于出现了主客观的特定情由,使犯罪处于静止的停顿状态而不再向前延伸的情形。

第一节　犯罪停顿状态的构成属性、构成要件和构成要素

一、犯罪构成状态的构成属性

犯罪停顿状态涉及犯罪成立以后所体现的社会危害性程度的量的问题,属于刑法中犯罪论的必要组成部分。犯罪停顿状态表明犯罪过程不再向前延伸,刑事立法根据这一预定状态作出立法规定,刑事司法也是根据这种事实状态作出司法评定。但是,刑事立法规定中这一停顿状态在犯罪构成的模型标准上具有什么样的构成属性,这在刑法理论上存在不同的看法。

1. 犯罪过程论

这种观点认为,犯罪状态"乃是表明犯罪发展程度的各个不同过程"[1]。与此相联系的一种观点进一步解释说:"犯罪构成是一种过程,过程的不同阶段标志着犯罪构成的不同发展程度,并决定其构成要素、内部结构和整体性能的不同特点,从而形成不同的犯罪构成形态。"[2]

2. 犯罪结局论

这种观点认为,故意犯罪阶段是指故意犯罪发展过程中出现的不

---

[1] 何秉松:《犯罪构成系统论》,中国法制出版社1995年版,第331页。
[2] 同上书,第330页。

同结局,亦即各种停顿或者已经停顿的行为状态。这是因为在刑法上,不是要求某人对某个犯罪过程负责,而是要他对犯罪过程中已经停顿的不同结局负责。③ 与此相关的一种观点进一步解释说:"犯罪停止形态是一种结局性的、停止下来的形态、状态。所有犯罪停止形态都有一个至关重要的共同特征,即它们都是不再发展而固定下来的相对静止的不同结局,它们之间是一种彼此独立存在的关系而不可能再互相转化,犯罪预备形态不可能再前进为未遂或中止形态,出现了犯罪未遂形态就不可能再出现犯罪既遂形态。而且,犯罪既遂之后,也不可能发生一些人所赞成的犯罪停止形态的'回复'问题。"④

3. 犯罪构成基本要件齐备论

这种观点认为,按照犯罪构成的一般理论,任何一种行为都必须具备犯罪客体、犯罪客观方面、犯罪主体、犯罪主观方面的要件,才能构成犯罪,并承担刑事责任。而未完成形态的犯罪,同完成形态的犯罪一样,都具备了这四个方面的要件。否则就不能说它们是犯罪行为。因此,预备犯、未遂犯和中止犯之所以要承担刑事责任,其根本原因就在于它们符合犯罪构成的各个要件。⑤

4. 修正构成要件齐备论

这种观点认为,既遂犯的构成要件是基本的构成要件,这是通过《刑法》分则各法条加以规定的。而预备犯、未遂犯和中止犯则是对基本要件的修正和变更。它是通过《刑法》总则条文加以规定的。因此,未完成形态的犯罪之所以要承担刑事责任,并不是因为它具备了既遂犯的构成要件,而是因为它具备了修正的构成要件。⑥

5. 截断的犯罪构成要件论

这种观点认为,在故意犯罪中,法律本身可以把犯罪行为发展过程中的任何一个阶段截断,而确定为既遂形态的犯罪。一旦行为的过程被切断,法律既不要求行为人将犯罪实行完毕,也不要求行为本身造成有形的损害结果。因此,未完成形态的犯罪之所以要承担刑事责

---

③ 参见何秉松:《犯罪构成系统论》,中国法制出版社 1995 年版,第 331 页。
④ 肖中华:《犯罪构成及其关系论》,中国人民大学出版社 2000 年版,第 238 页。
⑤ 参见何秉松:《犯罪构成系统论》,中国法制出版社 1995 年版,第 332 页。
⑥ 同上注。

任,完全是由立法者将其直接上升为既遂罪的结果。

6. 第二次犯罪类型论

这种观点认为,法律规定的既遂犯,是基本的犯罪类型。设此项规定的目的,是为了通过对其适用刑罚,以维护法律秩序。但是,作为第二次犯罪类型的未完成形态的行为,同样会破坏法律所保护的社会秩序。因此,有必要对其处以处罚,以弥补基本犯罪类型之不足。⑦

本书并不准备就这些观点一一作出细评,因为这些观点的论者都是以其自身的视角和理由来审视和阐述犯罪停顿状态这一法律规定的现象,并从司法实用的角度来论证这一法律现象的。但有一点必须要指出,刑法规定的犯罪停顿状态并不等于现实生活中的各种犯罪停顿状态,而现实生活中的各种停顿状态可以等于刑法规定的犯罪停顿状态,但这里不但经过了司法实践的评价过程,而且刑法规定的犯罪停顿状态与现实生活中所发生、存在的各种符合刑法规定的犯罪停顿状态本是两个不同的范畴,它们中间本身存有一道鸿沟,只有通过司法实践的评价活动,才能架设一座桥梁,将现实生活中的各种事实状态与刑法规定的各种犯罪状态连接起来。但是在架设桥梁之前,我们应该先要认识刑法中规定的各种犯罪停顿状态是怎样的一种构成类型,具有怎样的一种构成属性,然后以此为依据来分析、认定现实生活中所出现和存在的各种犯罪停顿状态。而上述各种观点都有意无意地、先验地将刑法中的规定现象与现实生活中的事实现象,未经评价之前就视为同一现象。

本书前面的论证和论述已表明,犯罪构成不过是刑事立法者根据过去的生活经验和预定的价值观念,在刑法中预先设定的一种模型标准。在现实生活中出现和存在了与刑法规定相像的事实现象,经过司法实践的评价活动,就完成了对这种事实现象的法律定性。犯罪构成不是一种实在的犯罪现象,但它和与此相关的犯罪现象具有通约性。一个犯罪构成可以被无数次地引用和应用。犯罪构成是以主观要件与客观要件为构成内容的一种法律上的模型标准,它具有一种犯罪的"规格"的属性。说它是模型,因为它可以被还原为现实生活中的犯罪现象;说它是规格,因为现实生活中一旦发生某种从观念上可以认为

---

⑦ 参见何秉松:《犯罪构成系统论》,中国法制出版社 1995 年版,第 332 页。

是犯罪的事实现象,只要将司法实践中查清、查明的犯罪事实现象作为一种"原材料"往犯罪构成这一规格模型中填装,一旦材料充足,填装充满,经过价值评判,犯罪就可认定。犯罪构成的"模型""模具""规格""标准"的法律属性表明,任何一种犯罪构成都必须具有主观要件和客观要件这两个基本要件。主观要件包含了行为人必须具有意识和意志的内容,客观要件包含了行为人实施的行为和导致的结果。但现实生活中,行为人的意识和意志并不是固定不变的,行为人所实施的行为也并不能随心所欲,按照其预先的设想指向其想象的对象和产生其预想的结果。从宏观抽象的角度而言,这种现象仍已符合了刑法预设的犯罪构成;但从微观具体的角度而言,行为人一旦发生主观心理内容的变化,行为一旦发生指向对象的错误和行为没有发生预想的结果,那它必定与那种完全满足完整犯罪构成的犯罪现象有所区别,对它是否要以犯罪论定,刑事立法者必须要预先作出明确的回答。于是,关于各种犯罪停顿状态的规定就应运而生了。从我国刑法乃至世界各国刑法规定的情况来看,关于犯罪停顿状态的规定不过是在已有犯罪构成的规定基础上所作出的某种特殊规定、补充规定罢了。

犯罪停顿状态规定是以已有的犯罪构成为基础,表现在它同样具有犯罪构成的属性,同样具有犯罪构成的基本要件,同样具有"模型""模具"的规格作用。说它又是一种犯罪构成的特殊规定、补充规定,这主要表现在:在犯罪的主观要件中,如果行为人的主观心理状态发生了变化,例如行为人不欲继续犯罪而自动中止了犯罪或自动有效地防止了犯罪结果的发生,就产生了犯罪中止状态的法律规定;在客观要件中,如果行为遭遇行为人意志以外的障碍而又无法加以克服,致使行为无法继续向前延伸发展而不能造成预想的结果,就产生了犯罪预备状态、犯罪未遂状态的法律规定。从犯罪构成的基本属性上看,犯罪停顿状态的法律规定包容在犯罪构成之中;从法律的具体规定上看,它又是一种相对独立于一般犯罪构成的一种特殊法律规定。所以,就其基本本质属性和法律规定形式而言,它是一种修正的犯罪构成形式,是一种截短的犯罪构成形式。而这种修正的、截短的犯罪构成形式被运用到司法实践中时,它所要求的犯罪事实现象必须处于一种静止、停顿的状态,也即具有结局性的性质。但在这种已处于静止、停顿状态、具有结局性的犯罪事实中,同样具有犯罪构成的主客观基本要件,因而即使行为人在主观上改变了心理活动内容,行为在客观上不再向前延伸发展,没有造成预想的结果,仍不能改变其犯罪的法律性质,只是在如何处罚上,刑事立法才作出不同的规定要求。

二、犯罪停顿状态的构成要件

将犯罪停顿状态的法律规定定位于包容在一般的犯罪构成之中,分析出它具有与一般犯罪构成相同的构成要件,对于我们理解并在司法实践中如何运用犯罪停顿状态的法律规定具有十分重要的意义。

从我国刑法的现有规定来看,犯罪停顿状态有犯罪的预备、犯罪的未遂、犯罪的中止和犯罪的既遂四种状态。如果我们假定犯罪既遂是一种完全填满犯罪构成这一"模型""模具"规格的犯罪状态,已经符合充足了犯罪构成的全部构成要件,那么犯罪停顿状态中的犯罪预备、犯罪未遂和犯罪中止,同样也具有符合犯罪构成主客观要件的特征。我们在这里之所以用假定,将犯罪的既遂状态看成是一个完全符合犯罪构成全部构成要件的犯罪状态,主要是因为在我国《刑法》分则中,一个犯罪构成实际上是可以为犯罪的预备状态、未遂状态、中止状态和既遂状态共用的模型标准。其实即使在国外的刑法分则中也是如此,只不过它们在同一个犯罪构成下面另行附上一款,是犯罪预备、犯罪未遂该怎么处罚而已。在这些犯罪状态中,犯罪既遂无疑是质最高、量最足。但即使如此,从犯罪构成的主客观要件来说,犯罪预备状态、犯罪未遂状态、犯罪中止状态和犯罪既遂状态一样,刑事立法也是从主客观基本要件方面在刑法总则中对此作出专门规定的。

从犯罪预备状态来看,我国《刑法》第 22 条第 1 款规定:"为了犯罪,准备工具、制造条件的,是犯罪预备。"这一规定表明,处于犯罪预备状态的行为人,在主观方面应具有犯罪的心理活动,以此成立主观要件;在客观方面应表现为准备工具、制造条件的外在活动,以此成立客观要件。主客观要件俱有,才能符合犯罪构成基本要求的犯罪预备状态规定而构成犯罪。行为人没有为了犯罪的心理活动,单纯地购买刀具、准备绳索、在他人住宅周围进行观察,其行为本身是中性的,多歧义性的,无法直接进入刑法的评价领域。除非是那些购买枪支弹药、非法进入他人住宅,其行为本身已属法律禁止的行为,而这些行为的实施又已属某种犯罪的实行行为,超出了预备的范畴。行为人没有具体的准备工具、制造条件的外在活动,单纯的心理活动不但难以察觉,即使通过意思表示流露于外,不借助行为,也不会对客观世界造成危害的(侮辱、诽谤中的言语表现,就其实质已是一种外在行为,对此当以除外)。正因为犯罪的预备状态已经具备某种犯罪构成的主客观要件,一旦行为人的行为事实与此相符合,具有什么犯罪心理活动,其预备的行为就构成什么样的犯罪的预备。至于说"预备行为不是刑法分则规定的具体犯罪构成客观方面的要件行为,是因为刑法分则中规定具体犯罪行为,其客观方面都是指既遂状态,而预备行为的特征,在刑法分则中并没有反映。因此,我们说犯罪预备所缺乏的是分则中所规定的既遂罪的构成客观方面的要件行为"⑧,不过是论者们既不了解犯罪构成的基本要件是什么,也不理解犯罪预备状态与犯罪既遂状态的相互关系而导致的误解。须知,我国《刑法》分则即使对故意杀人罪的规定,也并没有表明只有举刀才叫杀人,携带刀具尾随被害人伺机再举刀就不叫杀人。预备行为不是《刑法》分则中规定的具体犯罪构成客观方面的要件,预备行为何以能成立犯罪?故意杀人预备何以能成立故意杀人罪(预备)呢?似如此简单的道理本是无须再展开细述的。因此,犯罪预备状态还是基于同一犯罪构成而要求行为人必须具有主客观要件的必要内容,而现实生活中的事实状态也只有符合了犯罪构成的主客观要件才能成立犯罪预备状态。

从犯罪未遂状态来看,我国《刑法》第23条第1款规定:"已经着手实行犯罪,由于犯罪分子意志以外的原因而未得逞的,是犯罪未遂。"这一规定表明,处于犯罪未遂状态的行为人,在主观方面应具有其意志活动中想要得逞的心理活动,以此作为主观要件;在客观方面应表现为已经着手实行犯罪的外在活动,以此作为客观要件。这里主客观要件俱有,才能符合犯罪构成基本要求的犯罪未遂状态规定而构成犯罪。

从犯罪中止状态来看,我国《刑法》第24条第1款规定:"在犯罪过程中,自动放弃犯罪或者自动有效地防止犯罪结果发生的,是犯罪中止。"这一规定表明,处于犯罪中止状态的行为人,在主观方面应具

---

⑧ 樊凤林、曹子丹:《犯罪构成论》,法律出版社1987年版,第239页。

有有意实施犯罪的心理活动,具有实施犯罪的故意,才有可能自动放弃,才有可能成立犯罪中止状态的主观要件;在客观方面应表现为行为已处于犯罪进行过程中,已具有了行为的实施活动,以此才有可能成立犯罪中止状态的客观要件。犯罪中止状态的规定只不过承认行为人在犯罪过程中因意志活动内容的变化对犯罪进程和犯罪结果发生了影响,以此作为减轻或者免除处罚的基础。但由于行为人的行为事实同样具有了符合犯罪构成基本要求的犯罪中止状态规定而构成犯罪,犯罪性质不变,只是处罚有异。

由此笔者认为,犯罪预备状态、犯罪未遂状态、犯罪中止状态和犯罪既遂状态,在涉及犯罪构成主客观基本要件的规定要求上,具有同一性。它们之间的彼此区别主要在于犯罪构成内部要件要素方面的差异。

三、犯罪停顿状态的构成要素

我国《刑法》分则共351个条文,看不到有哪一个条文中明文规定在怎样的条件下叫做既遂,在怎样的条件下叫做预备、未遂和中止。刑法理论中我们常常看到所谓可以从条文的某种文字表述中得出某种情形为既遂,不过是某些学者们的主观臆断。在他们看来,犯罪构成的基本要件和基本要件的基本要素不加区别,是这种错误臆断得以随意产生的根源。笔者认为,《刑法》分则中故意犯罪的犯罪构成,是所有犯罪预备状态、犯罪未遂状态、犯罪中止状态和犯罪既遂状态共同的犯罪构成。只要行为事实中具有的主客观内容符合这种共同的犯罪构成,就能成立犯罪;只有在能够成立犯罪的基础上,才有可能进一步确立犯罪的不同状态。不然,皮之不存,毛将焉附?正如前述,它们之间的区别不在于犯罪构成基本要件的不同或者缺乏,而在于它们之间在犯罪构成内部要件的要素差异,由此而产生犯罪构成的修正或者截短。

本书在第五章、第六章详细论述了犯罪构成主客观要件内部的构成要素,本章也略述了犯罪不同状态的主客观要件。犯罪不同状态主客观要件的形式相同,并不等于主客观要件内部的构成要素相同。犯罪构成主观要件的构成要素由意识要素和意志要素所组成。缺乏其中之一就不能符合主观要件的成立要求,因而犯罪构成本身也就不能具备。而具有了这两个基本要素,也就具备了主观要件。在这方面,犯罪的不同状态具有同一性质。在具有同一主观心理状态支配下的行为也就具有了同一性质。例如行为人在主观方面的心理活动具备杀人的性质,是预备、未遂、中止还是既遂,其行为的性质都是杀人。但是对于犯罪中止状态来说,行为人在具有意识要素和意志要素基础上形成杀人故意后,在行为的实施过程中,其心理状态又发生了变化,即产生了改变原有犯罪意图,自动放弃犯罪或者自动有效防止犯罪结果的发生,从而使犯罪处于停顿状态不再向前延伸。这一主观方面的变化,是其他犯罪状态所不具有的。这一主观要件新增加的要素虽然不会改变先前已经支配行为实施的主观心理状态的性质,但却与其他犯罪状态在主观要件内部构成要素上产生了差异,这一差异导致犯罪构成的修正,从而形成了在同一犯罪构成下犯罪中止状态的构成特征。在这里,犯罪中止状态的构成特征并不是一个独立的犯罪构成,而只是同一犯罪构成的一种特殊表现形式。

犯罪构成客观要件的构成要素由行为、对象和结果以及行为与结果之间的因果关系等要素所组成。在直接故意犯罪中,行为是必要的要素,对象和结果以及行为与结果之间的因果关系只是选择要素。在主观心理罪过支配下,只要有了外在的客观行为,也就已具备了客观要件。结合行为的主观罪过,犯罪就已构成。但是,犯罪构成客观要件的具备,并不等于客观要件基本要素的齐备。有行为,但还没有指向或者指向错的对象,更不能直接导致结果,犯罪预备是然。即使行为已经指向了对象,也并不能直接自然产生结果,犯罪未遂是然。行为还没有指向对象,行为还不能产生结果,但行为依然能够成立犯罪,这就形成了犯罪构成的截短。正如一根木头被锯短了,但被锯短的木头仍然是一根木头一样。正所谓"一尺之棰",日取其半,万世不竭的道理是也。当然,犯罪构成客观要件基本要素的不齐备,对于犯罪中止状态同样是被要求的。从这一意义上说,犯罪中止状态是兼有犯罪构成的修正和截短的属性。处于犯罪中止状态的行为人在主观方面发生的心理变化,最终要求其必须反映在犯罪行为进程的中断和行为结果被有效地防止这一关键点上。

在这里,笔者心头有一个难以挥之即逝的问题。在本书第七章"犯罪构成的客观要件"中,笔者曾提出由于行为人发生认识错误,行为根本不可能指向实在的对象,或其手段、方法不足以具有产生危害结果的性质,应当从理论与实践中认为难以成立犯罪。但在本章中又提出,只要具有了行为,即使行为还未指向对象,也认为已符合了犯罪构成的客观要件,细心的读者自然会发问,如此矛盾将如何解决？经过反复思考,也少不了自我否定之否定,笔者最终还是认为这实际上是一个实践的问题。从法律层面上说,刑事立法已经规定,为了犯罪,准备工具、制造条件的,就是犯罪,不过是预备罢了。但刑事立法的规定是建立在行为人为了犯罪,具有明确的对象,能造成具体的危害结果基础之上的。作为注释刑法理论也是循着这一思路确认行为人在主观上具有罪过,客观上付诸行为,根据主客观相一致的原则,理应可以构成犯罪。但行为实际上还未指向对象,或者犯罪对象根本不存在,我们能在多大程度上去确认犯罪事实？事实不能确认,何以能依照法律去评价？司法实践中犯罪预备状态的认定少之又少,即使存在那些绝无仅有的犯罪预备状态,又有多少能反映行为人是在认识错误的情况下被认定的？正是从实践的角度出发,并上升到理论,才认为对于那些发生认识错误的行为,当其本身不具有可以导致危害结果发生的性质,不应当认定为犯罪。但这并不是否定犯罪预备状态本身的法律规定和行为事实。

第二节 犯罪停顿状态与犯罪构成的关系

犯罪停顿状态是刑事立法以同一犯罪构成为基础而进行修正或截短后作出的特殊规定,它们是同一犯罪构成的不同表现形式,从这一意义上说,犯罪停顿状态包容于同一犯罪构成之中,并反映着同一犯罪构成的法律属性,两者是一种包容关系,在外在构成要件形式上具有同一性。但是,犯罪构成基本要件的同一性,并不能取代犯罪不同状态内部构成要素的差异性,两者仍存在一定的差别。

一、犯罪停顿状态与犯罪构成具有包容关系

犯罪停顿状态与犯罪构成之间具有一种包容关系,犯罪构成的基本要件决定了犯罪停顿状态所必备的基本要件,而犯罪停顿状态又在不同程度上反映着同一犯罪构成的法律属性,笔者拟从以下三个方面

加以论证。

第一，从刑法理论层面而言，主客观相一致的刑事责任原则既是刑事立法设定犯罪的一个基本原则，也是刑事司法认定犯罪的基本原则。而犯罪构成本身集主客观基本要件于一身，是犯罪过程中主观罪过和客观危害的集中体现。我国刑法理论从我国刑法具体规定中抽象提炼出犯罪构成的规格标准，刑法中设立的任何犯罪都受这一规格标准的制约。犯罪的既遂状态是一种犯罪形式，犯罪的预备状态、未遂状态和中止状态也是一种犯罪形式，它们在犯罪的性质上并无差异，所差异的是它们之间内部构成要素的不同，因而反映出不同的犯罪表现形式。

犯罪构成所具有主客观要件的有机结合，表明任何一种犯罪形式只有在主客观要件已经具备并高度一致时，才能成立犯罪，而刑事立法也是根据以主客观要件为内容的犯罪构成这一品性在刑法分则中设立一个又一个的犯罪构成。犯罪构成一经设立，犯罪的既遂状态要以此为依据加以认定，犯罪的预备、未遂和中止也得以此为依据加以认定。这样，犯罪的不同状态都已包容在犯罪构成的规格标准之内，断无发生可以超越犯罪构成的行为事实和行为特征。即使是犯罪中止，行为人在主观心理活动中发生了心理变化，但这一变化仍不能消除先前已经具有的主观心理活动内容和客观外在行为形式。发生变化的心理活动不过是主观要件的内部要素的调整，并不影响犯罪构成主客观要件的基本结构。只是由于这一主观要件的内部要素的变化，才导致犯罪构成的修正。但修正后的犯罪构成仍不是一个独立的犯罪构成形式，它不过是同一个犯罪构成的不同表现形式而已。

第二，从刑法规定层面而言，刑法分则中的任何一个犯罪构成的设立，仅仅表明了一种犯罪模型标准，但它并不表明犯罪属于何种状态。因此，刑事立法在刑法总则对犯罪构成作出修正和截短后的补充规定，但这种补充规定未必就是确认刑法分则中的犯罪构成是一种犯罪既遂状态的模型标准。那种认为"无论是刑事立法对各种犯罪构成的规定，或者是刑法理论对犯罪构成的分析，一般都以这种犯罪构成的典型形态为基础。这是公认的事实。如果否认这一点，就会导致理论上的混乱"⑨。"犯罪既遂形态,乃刑法规定犯罪、设置各种犯罪构成时确定的典型形态,这一点是不可否认的。否则将会导致理论上的混乱。"⑩论者们何以得出这种先验性的结论,我们不得而知。说是一个公认的事实,甚至是一个公认的结论,我们可以承认这是一个"事实",但是,事实和结论并非就是理论和定论。是理论,必须具有逻辑的论理和说服力;是定论,必须要经受得起实践的检验。刑事立法在刑法分则中设立任何一个犯罪构成时,并没有以明确的文字规定哪一个犯罪构成为既遂(这里主要就故意性质的犯罪作出分析),只是从主观要件和客观要件两个方面言明行为构成犯罪的可能性。一旦构成犯罪的,就将如何处罚。这种可以构成犯罪的行为,既可以包括既遂状态,也可以包括预备状态、未遂状态和中止状态。以故意杀人罪为例,"故意杀人的,处……"刑,构成既遂状态的,是以这种法定刑为适用依据;构成预备状态、未遂状态和中止状态的,也是以这种法定刑为适用依据。刑事立法只是在总则中才有"可以比照既遂犯"如何处罚的规定。从刑法理论来说,各种教科书都无一例外地写道:对于既遂犯,直接按照刑法分则有关条文的法定刑处罚。言下之意,对于预备犯、未遂犯和中止犯就可以不直接按照刑法分则有关的法定刑处罚。殊不知预备犯、未遂犯和中止犯并没有自己独立的法定刑,只是处罚原则的不同。可见,一人说虎不是虎,三人说虎就是虎的思维定势在我国的刑法理论界还是大有市场的。正因为如此,杀人预备的、杀人未遂的,何不可以直接按照刑法分则有关的条文处以重刑。也正因为如此,在刑法理论中,出现所谓不符合刑法分则既遂状态的规定而另有预备状态、未遂状态和中止状态的犯罪构成的观点就不足为奇了。⑪

笔者认为,刑事立法在刑法分则中只是就某一个犯罪构成作出成立犯罪所必需的主观要件和客观要件的规定,因而刑法分则中的每一个具体的犯罪构成是成立犯罪的模型标准,而非犯罪既遂状态的固定标准,犯罪既遂状态的认定要适用这种模型标准,犯罪预备状态、犯罪

---

⑨ 何秉松:《犯罪构成系统论》,中国法制出版社 1995 年版,第 333 页。

⑩ 肖中华:《犯罪构成及其关系论》,中国人民大学出版社 2000 年版,第 259 页。

⑪ 参见谢家斌:《故意犯罪形态的犯罪构成类型之我见》,载《中央检察官管理学院学报》1993 年第 2 期。

未遂状态和犯罪中止状态的认定也要适用这种模型标准,在犯罪的成立上,它们没有自己独立的犯罪构成。即使刑法分则某些条文规定造成某种结果,该怎样处罚。但当犯罪行为情节严重,没有造成某种结果,仅仅是处罚原则会有所不同(但不是绝对的),这里并不意味着犯罪性质发生变化。正是从这一意义上说,即使从刑法分则的具体规定来看,犯罪构成与犯罪的不同状态之间存在一种完全包容的关系,在犯罪构成的模型标准之外,不会存在犯罪的停顿状态。

第三,从刑事司法层面而言,刑事司法不过是运用犯罪构成的模型标准去"按图索骥",或者将已经查清、查实的行为事实"原材料"往犯罪构成这一"模型"中填充而已,主客观要件均被填入者为犯罪,填满充实者为犯罪的既遂状态;填装未实、未满者为犯罪的预备、未遂状态;主观心理活动事实填装主观要件又有多余的发生放弃犯罪的部分,但又不能进入其他构成的主观要件,而这一发生变化的心理事实又是导致行为事实不能填满充实客观要件的,为犯罪的中止状态。在某种意义上说,犯罪的预备状态、未遂状态和中止状态,用犯罪构成的这一模型标准来衡量,也是"货真价实"的犯罪,只是五十步望一百步而已。这种构成犯罪不同停顿状态的模型标准,与犯罪的既遂状态并无本质差别。只是在填装"模型"的过程中,发生了"材料的短缺"。由此可见,犯罪的各种不同停顿状态还是被包容在犯罪构成这一模型标准中的。

二、犯罪停顿状态与完整犯罪构成存在量的差异

犯罪停顿状态与犯罪构成具有包容关系,犯罪停顿状态符合犯罪构成的主客观基本要件,并不能得出犯罪停顿状态就等于完整的犯罪构成,两者之间的差异主要表现在刑法设立犯罪构成,其功能主要是解决行为事实是否已经构成犯罪的问题,即它主要从行为的主客观要件的"质"上确定行为是否成立犯罪的法律属性。而刑法规定犯罪停顿状态,其功能主要从行为事实的"量"上确定犯罪的进展程度,从某种意义上说,它体现了"白马非马"的辩证道理。各色各样的马都可以统一在马的概念之中,但马有白马、黑马之分。同此理,各种各样的犯罪都可以统一在"犯罪"的概念之中,但犯罪总是具体的。也同此理,犯罪的不同停顿状态从性质的外延上说都是犯罪或都已构成了犯罪,

但就其内涵上说,犯罪总有既遂、未遂、预备、中止之分。刑法关于犯罪停顿状态的规定,正是从行为事实或行为特征已经符合或具备了犯罪主客观要件、已经可以成立犯罪的基础上,再通过主客观要件的内部构成要素,进一步区分犯罪的进程所处的状态,从而为对处于不同状态的犯罪处以不同的刑罚提供标准。

犯罪停顿状态与完整犯罪构成存有差异,还表现在任何犯罪都须有主客观两个基本要件(要件的内容会有所不同,例如主观要件涉及的罪过性质有故意与过失之分,客观要件涉及的行为形式有作为与不作为之分等),而犯罪停顿状态在犯罪的外观下同样具有符合犯罪构成主客观要件的特征,但在自身的构成要素上则各具不同的要求,从注释刑法学的角度,只要借用一下刑法的具体规定,便可一目了然。

第三节 两种"特殊"犯罪既遂、未遂状态的法理评析

在刑法理论和司法实践中,有两种"特殊的犯罪既遂状态"为人们所熟知:一为行为犯的既遂,二为危险犯的既遂。这种既遂理论长期占领着刑法理论的阵地,并被认为有着明确的刑法规定支撑,在司法实践中也被广泛地引用。对这种"特殊的犯罪既遂状态",我们能否转换一种思维角度,透视一下它们的本质是什么,再仔细查研一下刑法规定,是否真像很多论说者所说的已有明确的刑法规定?如果我们在这里作出一种假定,一旦从刑法理论上否定、取消这两种"特殊的犯罪既遂状态"的观点和理论,是否会在刑法理论和司法实践中造成"混乱"的局面?

一、两种"特殊犯罪既遂状态"的观点和理论概览

(一)"行为犯"的内涵

各种刑法教科书和论著几乎都一致认为,所谓行为犯,是指刑法规定只要实行了某种犯罪行为,就是犯罪构成的完成状态,或者以法定的犯罪行为实施或完成作为既遂标志的犯罪。之所以提出行为犯的概念,理论一般认为,这类犯罪的既遂并不要求造成物质性的和有形的犯罪结果,而是以行为的完成为标志。但是,这些行为又不是一

着手即告完成的,按照法律的要求,这种行为要有一个实行过程,要达到一定程度,才能视为行为的完成。虽然不时有一些论著对上述概念及理论作一些微调,但基本的内容仍大同小异。然而要细细相问,刑法中哪些犯罪属于行为犯?以同一个概念标准衡量下的结论却是各有不同。此书说是,彼书说非;此文言是,彼文说非的现象时有发生。虽争议和不同表述经常出现在我们的刑法理论中,但长期以来,人们已经信而不疑了。有的学者又将行为犯分为过程犯和举止犯(有的称举动犯)、单一的行为犯和复杂的行为犯。

(二) 危险犯的内涵

危险犯也是一个众说纷纭的概念,对此在本书第七章已作了一定的介绍,通常的说法是行为人实施的行为是以造成某种实害结果的发生,但实害结果尚未发生即构成既遂的犯罪,或者说是以行为人实施的危害行为造成的危险结果作为犯罪构成条件的犯罪。之所以提出危险犯的概念,主要理由是我国刑法在某些具体的犯罪中,已经明确使用了"危险"的文字规定,或者有"足以造成严重后果"的文字规定。刑法中到底哪些是危险犯,至今尚未获得一致的认识。

由于我国《刑法》(无论总则还是分则)并没有规定既遂犯的法律概念,即使很多人认为的《刑法》分则条文规定的犯罪都是以既遂状态为标本的犯罪,不过是学者经过分析后自我得出的结论,《刑法》分则本身根本没有指出何为既遂。所以,诸多学者还是从犯罪未遂状态中去推导何为犯罪既遂状态。因此,确定行为犯、危险犯的既遂、未遂状态,必须先确定犯罪既遂、未遂的区别标准,即刑法规定的犯罪未遂的"未得逞"到底具有何种含义,其标准是什么。

二、犯罪"未得逞"的基本含义及其认定标准

诚然,在刑法的基本理论中,犯罪未遂状态中"未得逞"的含义及其认定标准一直是一个极有争议的难题。对此有关"犯罪目的说""犯罪结果说"和"犯罪构成要件齐备说"(以下简称犯罪构成说)长期以来各抒己见,可谓仁者见仁,智者见智。犯罪目的说认为,犯罪"未得逞"的含义是指行为人没有实现其犯罪目的,犯罪目的是否实现应是犯罪既遂、未遂状态相区别的主要标志。犯罪结果说认为,犯罪"未

得逞"的含义是指犯罪行为没有造成法律规定的结果,犯罪结果是否发生应是犯罪既遂、未遂状态相区别的主要标志。犯罪构成说认为,犯罪"未得逞"的含义是指犯罪行为没有齐备具体犯罪构成的全部要件,犯罪构成是否齐备应是犯罪既遂、未遂状态相区别的主要标志。

  古希腊的阿基米德曾说过:给我一根杠杆和支点,我能撬动整个地球。其实我们在这里也可以说,给"我"一根"木棒","我"也能撬动这些观点赖以立足的根基(能否也给别人一根"木棒",让他来撬动"我"的观点基础,那是别人的事)。这是因为,这些观点本身的标准怎样认定,又如何将这一标准运用到各种具体犯罪之中,这些观点虽各尽其详,却又常常难圆其说。比如犯罪目的说首先认为犯罪未遂只能发生在以物质性结果为内容的直接故意犯罪中,非物质性结果的犯罪中不存在犯罪的未遂。这样,犯罪目的说就有意无意地否定了所有直接故意的犯罪必定具有犯罪目的,必定具有希望的内容这一基本原理。其次即使在物质性结果的犯罪中,行为人预想盗窃1万元,结果只盗得2000元;张三本欲杀死李四,结果却错杀了王五。这里如何评价行为人是否实现了其犯罪目的,犯罪目的说仅仅从犯罪目的的角度已无法提出充足的理由而得出正确的结论。犯罪结果说同样认为,犯罪未遂只存在于物质性结果的直接故意犯罪中,非物质性的犯罪不存在犯罪结果,因此无所谓以犯罪结果发生与否来认定犯罪的既遂与未遂。这样,犯罪结果说又有意无意地否定了直接故意的行为人其"希望"必定具有实在内容的这一客观事实。同时,即使在物质性的犯罪中,行为人预想盗窃1万元,结果只盗得100元;张三本想杀死李四,结果只造成了重伤。此时如何评价这些物质性结果在法律上的意义,犯罪结果说试图仅仅从犯罪结果的角度来说明犯罪的既遂与未遂的区别,又常常变得无能为力。犯罪构成说虽然认定犯罪未遂既可以存在于以物质性结果为内容的直接故意犯罪中,也可以存在于非物质性的直接故意犯罪中。然而此说在"犯罪结果出现的既遂"之外,又提出犯罪既遂还有"法定行为的既遂"和"危险状态的既遂"这两种情形,并以犯罪行为的实施或达到一定程度的完成和法定危险状态的具备为标准予以认定。实施行为本身就是行为的外在表现,它对所有犯罪的不同状态都是十分必需的,根本无须赘言。然而,此说对于一定程度的行为完成到底要达到何种程度,危险状态到底属于行为的内容还是属于结果的内容,却是语焉不详,未能作出令人信服的说明和论证。于是犯罪构成的是否齐备就因人而异,我说齐备了就是齐备,我说不需要齐备就成了无须齐备也是既遂的、可作随意解释的自我现象。所以,上述三种观点在努力证明自己论点正确性的同时,却又无可避免地留下了有待商榷的明显缺陷和弊端。

面对这些似是而非、似非又是的理论观点,我们只有回到犯罪未遂只能存在于直接故意犯罪中这一刑法原理的出发点,才会发现上述观点虽有各自的缺陷,但它们却并不是决然对立、互相排斥的,它们本身有着可以重叠复合之处。犯罪未遂只能存在于直接故意犯罪过程中,而直接故意表明,它是指行为人明知自己的行为会发生危害社会的结果,并且希望和追求这一结果发生所持有的一种主观心理状态。直接故意的行为人必定具有犯罪目的,并追求预想的犯罪结果。直接故意的希望就是行为人的目的所在,这一希望又以行为人追求的预想结果为内容,并将表现在客观世界的变化中,从而满足行为人的主观需要。犯罪目的、犯罪行为、犯罪结果,无一不是立法者设立某一具体的直接故意犯罪构成所必须的构成内容,它们在同一个直接故意的犯罪构成中互相依存、紧密结合,构成一个完整的统一体,它们在犯罪构成的齐备中都起着重要的、不可或缺的作用。这样,我们可以看出,所谓"犯罪得逞"就是指行为人基于一定的犯罪目的,通过犯罪行为追求预想的犯罪结果,以希望造成客观世界的变化而满足自身的主观需要。而"犯罪未得逞"恰恰表现为由于行为人意志以外的原因而使犯罪行为未能完成,或行为虽已完成但犯罪目的所包含的结果内容未能出现,因而没有齐备犯罪构成的全部要件。我国刑法所有犯罪构成的设立,都是以主客观相一致的内容为构成要件。直接故意的犯罪构成更不能脱离犯罪目的与犯罪结果、犯罪行为的实施和犯罪结果的形成这些相互关系而孤立地存在于刑法之中。当然,通过犯罪行为的实施,只要支配行为实施的犯罪目的、行为导致的已为犯罪目的的内容所包含的结果已在犯罪构成的规定之中,那么犯罪目的内容的多少、犯罪结果出现的时间长短,已不能再影响犯罪既遂的成立。因此,我国刑法对犯罪未遂规定的"未得逞"含义,必然包括了犯罪行为的未完成和犯罪目的所包含的结果内容未出现这两个方面的情形。同时,犯罪行为的未完成必须最终体现在犯罪结果的未出现基础上才有犯罪未遂的性质,犯罪结果的未出现必须最终体现在不符合犯罪目的性质基础上才有犯罪未遂的意义。从我国刑法对犯罪未遂强调"由于犯罪分子意志以外的原因而未得逞的"这一规定来看,可以清楚地看出"犯罪未得逞"的内在含义。

我们解决了犯罪未遂中"未得逞"的内在含义后,将这一基本原理运用到以物质性结果为内容的直接故意犯罪中,以此解决犯罪既遂与未遂的区分已不成问题。行为人预想盗窃1万元,实际只盗得1000元(盗窃罪入刑的数额标准各地有所不同,上海以1000元作为起刑点)。这1000元既是行为人的目的内容之物,又是盗窃罪犯罪构成的条件内容,其行为当然构成既遂。张三本欲杀死李四,结果却错杀了王五,这里的死亡结果一方面与行为人想要剥夺人的生命的犯罪目的性质相一致,死亡结果正是目的内容所在;另一方面又与刑法设立的故意杀人罪犯罪构成的结果内容相吻合,这就不能再影响既遂的成立。而行为人预想盗窃1万元,实际只盗得500元。这里的500元虽也属行为人的目的内容,但这500元不但与行为人预想盗窃数额较大的目的内容不相统一,更在于这一结果并不属于盗窃罪犯罪构成所要求的结果内容。因此,这种盗窃只能属于犯罪未遂。张三本想杀死李四,结果只造成了重伤,这里的重伤结果既不属于行为人的目的内容,也不符合故意杀人罪的结果要求,因而只能是犯罪未遂。基于上述原理,我们也可以进一步看出,犯罪目的说的缺陷在于单纯地从行为人的主观目的出发,忽视了犯罪目的与犯罪结果在本质上相联系、相一致的特点,以致在犯罪结果已经出现、并且已充足了某一犯罪构成的情况下,仍然得出犯罪目的还未实现而应认定犯罪未遂的错误结论。犯罪结果说的缺陷在于又单纯地从客观角度出发,忽视了在直接故意犯罪中,犯罪结果只有和犯罪目的的性质以及犯罪构成的内容要求相一致时才具有法律意义的属性,以致脱离了主客观相一致的原理,得出了凡是已出现损害结果都可以认定犯罪既遂的结论,并又错误地认为非物质性的犯罪中不要求犯罪结果便可成立犯罪既遂的结论。而犯罪构成说则又把犯罪构成看成是可以脱离犯罪目的和犯罪结果而单独存在的单纯行为的法律规定,以致得出即使没有出现为犯罪目的所包容的结果和没有实现行为人的犯罪目的,仍然可以构成犯罪既遂的错误结论。在这方面,行为犯和危险犯的既遂理论正好是一个典型的例子。

三、两个疑惑问题的澄清

传统的行为犯既遂和危险犯既遂理论通常是被放置于直接故意犯罪之中加以论述的,并被认为它不要求犯罪结果即可构成既遂。但这种理论却始终回避着作为直接故意的行为犯和危险犯的目的所在和作为行为犯和危险犯所实施的行为本身完全可以造成符合行为人目的要求的实害结果发生的客观可能性,于是要么把行为的实施看成是行为的完成,行为的完成有无犯罪结果可以在所不问;把危险状态看成是依附于行为,而这种行为已不要求犯罪结果。要么是把行为的完成等同于犯罪结果的产生;把危险状态看成是一种犯罪结果,危险犯既遂也是以犯罪结果(可能的结果)为条件的既遂。笔者认为,诸如诬告陷害、侮辱、诽谤、脱逃等所谓的行为犯,诸如破坏交通工具、破坏交通设备、放火、投毒、爆炸等所谓的危险犯有无既遂、未遂,是否是既遂、未遂,同样要受直接故意犯罪既遂、未遂原理的制约。为了更好地认识所谓行为犯、危险犯的既遂、未遂状态,以便最终解决这些犯罪形式的犯罪成立与犯罪既遂、未遂状态的相互关系,从而为合理、恰当地量刑提供基础,在这里还有必要先澄清刑法理论的两个问题。

第一,评定"犯罪未得逞"的标准,对于立法者、司法者,甚至对于理论评价者来说,到底是属于主观的内容,还是属于客观的内容?提出"危险犯既遂理论"的观点者,实际上把评定"犯罪的得逞"与否看成是立法者等主观的内容,可以随着立法者等的主观意志而转移,无须以犯罪行为人是否"得逞"为考察对象。笔者认为,作为直接故意犯罪,虽然对于行为人来说,总是基于一定的犯罪目的,通过一定的行为实施,追求预想的犯罪结果。行为人基于什么样的目的,所实施的行为追求什么样的犯罪结果,是受行为人的意志支配的,并随着其意志的转移而转移的。从这一意义上说,要犯什么罪,要追求什么结果,怎样才算得逞,对于行为人来说是属于主观的,但所有这一切对于立法者等来说却是客观存在的。同时,刑法设立何种犯罪以保护何种既存的社会利益,什么样的行为可以犯罪论处,虽然都可以依立法者的意志所决定,可以随着其意志的转移而转移。但是,犯罪行为造成了什么样的犯罪结果,什么样的结果属于行为人的目的内容,进而以此规定在犯罪构成之中,对于立法者来说同样也是客观存在的,不能随意以自己的主观意志而转移。因此,当直接故意的犯罪目的内容和作为目的内容的结果要求被纳入犯罪构成后,这一目的是否达到,属于目的内容的结果是否出现,不能为立法者的意志所决定,也不能随立法者的意志而转移。这样,对"犯罪得逞"与否的评定标准,就不能以立法者等的主观意志为转移,而应当以属于犯罪目的内容的结果出现与否的客观状态为标准。立法者既没有也不可能对同是直接故意的犯罪,一部分强调必须以出现犯罪结果为既遂标准,而另一部分又强调不需要犯罪结果,只要具有危险行为或依附于危险行为的危险状态,就可以认定为犯罪得逞而成立犯罪既遂。须知,我国刑法对于犯罪得逞与未得逞,只是在总则中作总的原则规定,在分则中并没有另设得逞与未得逞的具体形式与种类。这样,所有犯罪的得逞与否的评定,都必须接受刑法总则原理的制约。因此笔者认为,对于"犯罪得逞"与否的评价标准,对于立法者等来说,只能是客观的。只有对"犯罪未得逞"采取什么样的处罚原则才是可以由立法者主观决定的。我国《刑法》第23条第2款规定:"对于未遂犯,可以比照既遂犯从轻、减轻处罚。"正反映了立法者对犯罪未遂如何量刑的主观要求。

　　第二,犯罪的成立与犯罪的既遂、犯罪构成的具备与犯罪构成的齐备是否属于同一概念?提出"行为犯既遂理论"和"危险犯既遂理论"的观点,把只有行为的实施或者只有危险行为而还没有出现犯罪结果就视为犯罪既遂,或者把行为的完成和危险状态看成等于犯罪结果而视为犯罪既遂,实际上是把犯罪的成立与犯罪的既遂视为同一概念,把犯罪构成的具备与犯罪构成的齐备混为一谈。其实,根据故意犯罪的基本原理,就犯罪的成立而言,只要具有故意支配下的外在行为,就可视为已具备了犯罪构成的主客观要件,犯罪就得已成立。就犯罪的既遂状态而言,则需要在行为具备犯罪构成主客观要件的基础上,在以行为是齐备犯罪构成要件的高度上加以衡量的。在客观要件的齐备中,当然包含了犯罪的结果要素。所以,在认定犯罪既遂时,我们不能只重行为而不重结果,也不能把犯罪目的内容与犯罪结果形式的相互关系割裂开来,更不能否认犯罪目的内容所包含的结果要素出现与否,犯罪目的所包含的内容实现与否在"犯罪得逞"和犯罪构成要件"齐备"中的决定性作用,不能把犯罪呈现经过价值评价的社会危害性大小与犯罪结果的有无等量齐观,把行为的完成和行为具有的危险性质即视为犯罪的既遂。

四、对"行为犯、危险犯既遂理论"的法理评析

通过上述分析,当我们回过头来再讨论所谓"行为犯既遂理论"和"危险犯既遂理论"时,就会发现:

首先,在我国刑法中,根本不存在法定的"行为犯"和法定的"危险犯"。所谓"法定的行为犯"和"法定的危险犯",不过是一种法定的行为形式,在行为的表现形式和自然属性、物理属性上跟其他的犯罪行为具有同一性。根据罪刑法定的刑法基本原则,任何一种犯罪行为都是法定的行为,刑法分则中根本不存在不是法定的犯罪行为。因此,提出"法定的行为犯"和"法定的危险犯",其前提不能成立。

其次,作为直接故意犯罪的"行为犯"和"危险犯",其行为人也同样必定具有某种具体的犯罪目的,追求某种特定的犯罪结果。如果抽掉了行为人的犯罪目的,就无法解释行为人为什么要实施如此的行为;而如果抽掉了行为人想要追求的犯罪结果,行为人直接故意中的"明知"和"希望"就成了没有实际内容的空洞概念。认为行为人一实施"法定的行为""法定的危险行为",或者行为一旦完成和一旦出现某种危险性,就可以认定为犯罪既遂,实际上就等于抽掉了行为人意志因素中的目的内容和想要追求的结果内容来认定犯罪既遂,就不可避免地会钻进把犯罪的成立等同于犯罪的既遂、犯罪构成的具备等同于犯罪构成的齐备的观点所设定的理论陷阱而无法自拔。

再次,"行为犯"和"危险犯"也有行为人想要追求的犯罪结果,也有其行为自身造成的结果形式。这一结果形式一方面受行为人犯罪目的的制约,另一方面又受犯罪行为指向、作用的犯罪对象的制约。"行为犯"和"危险犯"的行为人正是在一定犯罪目的的支配下,为了追求一定的犯罪结果才实施既定的犯罪的。比如作为"行为犯"的诬告陷害罪、侮辱罪、诽谤罪、脱逃罪等犯罪,诬告陷害的行为人就是为了使他人遭受无辜的刑事追究,侮辱、诽谤的行为人就是希望他人的人格、名誉一落千丈的犯罪结果,脱逃的行为人就是为了摆脱司法机关对他人身自由的控制。只是这种非物质性的结果形式与那种见之有形、摸之有物、计之有数的物质性结果形式有着不同的表现形式,因

此,人们对它的评价标准与对物质性结果形式的评价标准有所不同。但评价标准的不同,不等于被评价的对象不存在,或者根据某种不同的评价标准,就不需要进行某种评价活动。只有不进行某种评价活动,才能说不可能有某种结果的存在。再比如作为"危险犯"的破坏交通工具罪、破坏交通设备罪,行为人也永远不可能只是希望自己的行为仅仅给社会造成某种危险状态,以此吓唬吓唬社会而不想追求真实的实害结果。试想现实生活中哪有如此之人在实施如此行为的时候,明知自己的行为性质、行为指向的对象和可能导致的结果,却又仅仅把行为引起的某种危险状态作为其行为的出发点和归宿点。如果仅以出现了某种危险状态作为既遂的认定标准,实际上就是不承认这种犯罪有可能实际造成交通工具的倾覆和毁坏这一结果,一旦其后果真发生了实际的危害结果又将作何解释?例如1999年2月4日,河北省邢台县司法局局长李某为了泄愤解恨,在京广铁路邢台段的铁路上置放炸药,并引爆炸毁了一段铁轨,造成京广铁路长时间的运行中断。按照"危险犯既遂理论"的观点,李某将炸药置放于铁路上时就已具有了危险状态,因而就是破坏交通设备罪的既遂。那么其后的炸药引爆,铁路被毁,当如何评价?恐怕还是一个破坏交通设备罪的既遂。我国刑法只有一个破坏交通设备的犯罪构成设置(只不过它同时为两个条文所规定,正像有的一个条文同时规定两个犯罪构成,其构成的本质未变)。然而就在这种既遂结论中,危险状态与实害结果变成了同一价值的现象。就凭这一点,我们就可以清楚地看出,即使危险犯的理论想把危险状态看成是与实害结果相对应的一种独立结果的努力,注定是要失败的,因为它于理不通。而一种犯罪构成可以有两种截然不同的既遂状态,最起码至今还难以得到理论上的论证说明和实践中的实证运用。说到底,"行为犯"和"危险犯"的既遂理论,无非就是人为地、主观地把本属于处在未遂状态的犯罪提高到既遂的状态来认定,从而为从重处罚划定一个可以任意想象的空间。

五、正确理解犯罪既遂、未遂不同处罚的辩证关系

"行为犯"和"危险犯"既遂理论的实质和要害不在于如何定罪,而在于如何量刑。但作为一种严肃的刑法观点和刑法理论,决不应为了如何量刑而屈就自己的理论品位。刑法理论的逻辑秩序是定性定

罪在前,量刑处罚在后。次序不能颠倒,观念不能混乱。同时即使在如何量刑处罚上,我们也不能把认定犯罪未遂的标准统一性与对"行为犯""危险犯"未遂状态处罚原则的灵活性对立起来或者相互混淆。持所谓"行为犯"和"危险犯"既遂理论的观点者担心,对"行为犯"和"危险犯"也坚持以犯罪目的与犯罪结果的相统一、犯罪行为的实施与犯罪结果的相吻合、犯罪构成的具备与犯罪构成的齐备相衔接的主客观相一致的犯罪构成齐备标准来认定"行为犯"和"危险犯"的既遂和未遂,势必会出现打击不严、预防不力的现象。笔者认为,这种担心毫无必要。须知,我国刑法对犯罪未遂的处罚原则明确规定为"比照既遂犯,可以从轻……处罚"。可以从轻绝非是应当从轻、必须从轻,要不要从轻,完全可以视具体情况而定。刑罚的轻重,应当与犯罪所呈现的经过价值评价的社会危害性大小相适应,是我国罪刑相适应原则的应有内涵,并不与犯罪既遂、未遂这种表面行为状态发生必然联系。犯罪未遂的这种量刑处罚原则的灵活性与犯罪未遂的复杂性以及特定犯罪所呈现的社会危害性大小相适应。犯罪未遂的本质应寓于这一辩证关系之中。我国刑法的量刑处罚要求始终贯穿罪刑相应等衡这一原则。我们绝不应该因为某种犯罪未遂的社会危害性特别严重,需要从重处罚,以不比照既遂犯从轻处罚,就可以否认犯罪还处于未遂状态的客观事实。比如行为人出于十分卑劣的动机杀人,手段特别残忍,挖双眼、断四肢,欲使被害人在极度痛苦的折磨中死去。但由于得到现代医疗技术的及时抢救和精心护理,被害人仍奇迹般地生存下来。此时,对于这种杀人未遂的犯罪,我们根本没有必要死抱住犯罪未遂的社会危害性相对小于犯罪既遂的理论框框,大谈特谈刑法对犯罪未遂量刑要求的倾向性规定。但我们也绝不应该因为要对这种具有特别严重社会危害性的杀人未遂的行为人进行从严惩处,就可以否认杀人行为毕竟还处于未遂状态的客观事实。同此原理,当"行为犯""危险犯"还没有出现行为人主观目的内容所包含的并为犯罪构成客观要件要素所要求的犯罪结果而处于未遂状态时,只要其行为已呈现出严重的社会危害性,例如作为行为犯的诬告陷害已使得司法机关投入大量的精力、人力、物力、财力开始进行调查,脱逃的行为人已开始动手破坏监狱隔离装置等;作为危险犯的行为人想要用大量的炸药炸毁满载旅客的列车或重要的军用专列等,我们就可以不必从轻处罚。

但我们也不应该将对这种犯罪未遂的量刑要求用来否定犯罪本身还处于未遂状态的客观事实。

当然,我们也注意到行为犯和危险犯理论常常提到的一些所谓典型的例子。这里以危险犯为例,从法律规定的层面上再做一些分析。如《刑法》第116条规定的破坏交通工具罪、第117条规定的破坏交通设备罪,是与《刑法》第119条分成两个条文分别规定的。如果我们把只有第119条的规定认定为才是既遂的规定形式,那么是否可以认为第116条、第117条的犯罪就只能是犯罪的未遂?我们的回答是:是的。这是因为:

(1)《刑法》第116条、第117条与第119条的规定实际上同属于一个犯罪构成。如果《刑法》第119条明确规定已经造成严重后果的是既遂,那么不符合这一既遂标准的第116条、第117条规定的情形当然就只能是未遂。如果把第116条、第117条规定的所谓"危险状态"也看成是既遂,就等于把危险状态等同于"实害结果"。这是危险犯理论自己所不会承认的,同时如果这样,也意味着第119条的规定形同虚设。这是因为只要在第116条、第117条后段中增设一段"情节严重的、情节特别严重的",该怎么处罚的内容就可达到目的。

(2)《刑法》第116条、第117条只是规定了尚未造成严重后果的,应当怎么处罚,而根本没有规定"危险状态"就是既遂。也正因为如此,一旦造成严重后果的,还得按《刑法》第119条的规定处罚。造成严重后果,须按第119条的规定处罚,就必然意味着没有造成严重后果的与已经造成严重后果的是两种程度有别、形式有异的犯罪形式。这一犯罪形式的不同又不是犯罪性质的不同,只能是属于既遂、未遂之间的差别。

(3)正是对同一个犯罪,刑事立法用两个条文分别规定,可以看出我国刑事立法仍有技术上的不成熟。历经反复斟酌、推敲、论证后的《刑法》修订,其中存在的瑕疵仍随处可见,可以说实在令刑法学界大失所望。一时的赞美之词恐怕无法取代长期的理性反思和诘问。然而,即使为了维护实定刑法的权威性,我们对它不能有任何质疑,但不科学的刑法规定可以成为司法实践必须遵循的"天条",可以成为注释刑法学的立足点,难道它也可以成为理性刑法理论值得自信的归宿点吗?当我们经常看到"行为犯""危险犯"理论持有者和赞同者在山重水复疑无路时,总喜欢在刑法条文中寻找"又一村",此时,行为犯、危险犯理论难道真的把注释刑法时的僵化观念、机械操作视为刑法理论中的"皇冠上的明珠"吗?

面对还不很科学合理的刑法实定内容,我们有时甚至设想,如果有一天《刑法》第116条被修改成:"破坏火车等交通工具的,处三年以上十年以下有期徒刑;情节严重的,处十年以上有期徒刑;情节特别严重的,处无期徒刑或者死刑。"这样的"规定"本质上与现在的《刑法》第116条、第119条规定并没有多大本质上的差别和程度上的差异。果真如此的话,危险犯理论将作何新的注解和诠释?同此设想,当《刑法》第232条故意杀人罪有一天被修改成:"故意杀人造成严重后果或者情节严重的,处死刑、无期徒刑或者十年以上有期徒刑;尚未造成严重后果或者情节较轻的,处三年以上十年以下有期徒刑。"这样的"修改"在理解和适用上,与现在的《刑法》第232条的规定也无多大的差别。而此时,危险犯理论是否又可以得出结论:故意杀人罪也是危险犯,并由此可以认为尚未造成严重后果的杀人也已是危险犯的既遂?

仅仅从评价对象的直观表现形式出发和顺从他人已有的文字表述,不可能产生合理的价值结论,不然就变成了自然主义的认识论和方法论。正像前面论述过的,"一见到刑法中有'危险'的规定,就提出'危险犯'的概念,一见到刑法中有'情节'的规定,就提出'情节犯'的概念。以此类推,刑法中有'后果严重的'规定,就应当产生一个'后果犯'的概念,刑法中有'造成重大损害的'规定,就应当产生一个'损害犯'的概念"。但所有这些'犯',与犯罪行为、犯罪结果到底是一种怎样的相互关系呢?它们与行为犯、结果犯究竟如何区别?如果持有者和赞同者不从理性的论理上作出明确的、令人信服的分析、研究,那么很难说这些观点和理论具有科学、合理的理论价值,倒近似乎一种文字游戏罢了。

第十章　犯罪构成与共同犯罪形态

共同犯罪,是相对于单独犯罪而言的一种犯罪形态。在我国刑法中,共同犯罪是指二人以上的共同故意犯罪,它的最主要表现特征是故意的共同和行为的共同。只要解决了"共同"的问题,共同犯罪也就可以得到确认。但是,就共同犯罪与犯罪构成的相互关系而言,共同犯罪是否具有一个独立的或者特殊的犯罪构成?这在刑法理论上曾有不同的观点与理论。对此,前贤今人已有备述,本书不再赘述,只是想简明扼要地表明自己的观点,略作简述,然后就共同犯罪涉及的犯罪构成内部的结构要素作专门的探讨。

笔者认为,在共同犯罪与犯罪构成的相互关系上,并不存在一个独立的共同犯罪构成,共同犯罪构成不但受一般犯罪构成理论和规格的制约,而且其构成要件不过是主观要件和客观要件的有机结合。要说共同犯罪构成与一般犯罪构成还有什么独特之处,就在于它的构成要件内容具有量的扩大性,但这种量的扩大并不具有犯罪构成要件的特殊性。在这一点上,共同犯罪的构成与犯罪停顿状态的构成,虽然都属于犯罪构成的子问题,但它们在犯罪构成的表现形式上还是有严格区别的。如果说犯罪停顿状态的构成是犯罪构成的一种修正和截短形式,具有外观上的不同表现形式,而共同犯罪的构成则是一般犯罪构成(即单独犯罪的构成)的放大形式,在外观上具有与一般犯罪构成完全相同的表现形式,正如一幢楼房,不过多了几间房间而已。所以,一人犯罪须具备主客观要件,数人共同犯罪也须具备主客观要件;一人杀人为杀人,数人共同杀人同为杀人;一人杀人为一罪,数人共同杀人同样为一罪。在共同犯罪的构成中,数个人具有的故意被视为只有一个故意罪过,数个人实施的行为,不管其为行为之并进还是为行为之分担,被视为只有一个行为表现。在笔者看来,所有有关共同犯罪具有独立的或特殊的犯罪构成的观点,实际上是混淆了共同犯罪成立的条件与共同犯罪构成要件的应有区别。共同犯罪的构成要件是指一个共同犯罪需要具备什么样、多少个要件才能构成一个犯罪；而共同犯罪的成立条件是指一个共同犯罪需要具备什么样的条件，才能成立共同故意和共同行为。大鹏虽大，五脏俱全与麻雀相同。人数多寡在犯罪构成上没有多大价值。解决了共同犯罪中共同故意和共同行为的成立，这种共同的故意和在这一共同故意支配下的行为只符合一个犯罪构成，只构成法律上的一个犯罪，就不发生任何问题。而超出一个犯罪构成的其他故意（包括其他罪过形式）和有其他行为，则属数罪的范畴，另当别论。

第一节　共同犯罪的成立基础和成立标准

　　以刑法的共同犯罪规定去咀嚼共同犯罪的概念，我们会发现并感觉到，二人或两个以上的人在共同犯罪的构成中没有价值，这只不过是一个前提、基础和资格的认定问题。例如，一个成人与一个未满14周岁的未成年人，不管他们如何"共同故意"和如何共同行为，都无法进入共同犯罪的领域。因此在共同犯罪中，如何去确认共同故意和在共同故意支配下的共同行为，才是同一个犯罪构成中的应有内容。而在共同犯罪中，共同犯罪故意何以能成立，它具有怎样的表现形式，则是共同犯罪的核心问题，并与共同犯罪中的停顿状态、共同犯罪中的一罪数罪等子问题紧密联系在一起。

　　从基本的道德观念方面考查，行为是出乎礼而入于法；从基本的法律方面考查，行为是出乎他法而入于刑法。在整个法律体系中，刑法绝不是独立于整个法律体系之外的"孤家寡人"。透视共同犯罪故意的内容和形式，我们会看到，刑法中的共同犯罪故意不过是民法中一种"恶意合同"延伸的表现形式。因此，借助民法中的合同理论对于我们如何认识刑法中的共同故意是有很大的借鉴意义的。

一、民事合同的基本理论及其给我们的启示

　　合同是民事法律制度中的一个专用术语。合同作为一种民事法律行为，本是指平等主体的当事人之间意思表示一致的产物。它作为一种合法的、而为法律认可并加以保护的合作同意和合意同行的形

式,它必须具有三个基本的含义:① 合同是当事人协商一致的产物,是两个以上意思表示相一致的协议;② 合同在本质上属于合法行为,只有在合同当事人所作出的意思表示是合法的情况下,合同才具有法律约束力;③ 合同必须具有明确的内容和具体的客体标的物。尽管在民法理论上,有关合同的理论丰富多彩,伴随着不同的观点和理论争论,但属纯民法的合同理论由民法学者们去探讨与完善,我们这里只是取其大意而已。

合同在怎样的情况下才能成立,1999 年 10 月 1 日施行的《中华人民共和国合同法》作了明确的规定。合同行为的当事人必须以符合合同主体资格为前提基础,具有两个以上意思表示相一致的合同必须通过书面形式、口头形式和其他形式加以表现出来。合同的成立,是合同订立过程的完结,是合同当事人双方意思表示达成一致的结果,但这一订立过程须通过要约、承诺的方式作为外在行为加以表现。要约是要约人希望和他人订立合同的意思表示;承诺是受要约人同意要约的意思表示。承诺通知到达要约人时生效,承诺生效时合同成立。要约可以撤回,撤回要约的通知应当在要约到达受要约人之前或者与要约同时到达受要约人。要约也可以撤销,撤销要约的通知应当在受要约人发出承诺通知之前到达受要约人。承诺同样可以撤回,撤回承诺的通知应当在承诺通知到达要约人之前或者与承诺通知同时到达要约人。合同成立后,要变更合同的内容,又是一个新的合同。

民法关于合同的基本规定及有关的基本理论,对于我们分析、认定共同犯罪故意具有一定的启示作用。合同是一种民事行为,只有符合民法规定,才能产生民法上的法律效力而受民法保护。共同犯罪故意的成立,是一种刑事行为,就故意成立的行为而言,其内容本质与民法上的合同是对立的,反乎民法的,因此出乎民法才入于刑法,才需要进入刑法领域进行评价。就其形式现象而言,实际上是一种非法"合同"的成立过程。所谓共同故意,是指各共同行为人通过意思联络,认识到他们的共同行为会发生危害社会的结果,并意欲实施这种行为,希望或者放任由这种行为导致的结果发生,并在形式上达成一致的一种主观心理状态。共同故意的成立,是行为人通谋的产物。行为人通谋,实际上就是一种"要约"与"承诺"的协商过程,是一种犯罪意思表示的传递、反馈,在形式上达成一致的过程。因此,就两者的形式现象而言,具有相当的一致性。这一相互一致性表明,我们在分析、认定共同犯罪故意是否成立时,引入民法合同理论,无疑能起到一种辅助标准的作用。

二、合同理论对共同犯罪故意成立的影响

引入和借助民法合同理论,在注解和分析共同犯罪故意及其认定共犯故意是否能够成立的问题上,本书拟着重讨论三个问题。

(一)各行为人犯罪意思表示模糊能否成立共同犯罪

民法上的合同,虽法律规定并认可口头合同,但绝大部分为书面合同。而书面合同往往意思表示明确、文字记载清楚,所以意思表示一致容易得到确认。而共同犯罪故意本身是一种非法的意思表示,所以虽有一些书面形式表现的共同犯罪故意,但绝大部分都是以口头行为的方式和直接以行为的方式,通过心照不宣的形式加以表现的,有时其意思表示具有很大的模糊性。例如,现实生活中发生的雇凶杀人案件,行为的发起方往往是在重金的许诺下,传递出"给我教训教训被害人""这件事给我摆平了""你看着办,只要把事情给我处理好、处理掉就行"的意思表示,而行为的继起方往往直接把人伤害了,甚至杀害了。一旦东窗事发,发起方往往声明:"我当时根本没有要将被害人伤害、杀害的意思内容,是他人误解了我的用意。因此对实际发生的严重后果,我不应承担法律责任。"在司法实践中,以共犯论处者有之,分别论处者有之。这里的核心问题就是如何认定各行为人是否具有共同的意思表示和意思联络。

诚然,这里会涉及诉讼程序中的证据问题。但本书不准备涉及这一问题,仅就实体法意义进行讨论。面对理论观点不一、实践结果各异的现象,我们能否借用民法中的诺成合同提供一个新视角加以观察思考?例如,张三拿钱让李四买东西,李四问:买什么东西?张三说:"什么东西都行。"于是李四就随便买了一些东西回来交差。张三见东西不合己意,不承认李四的购买行为,拒绝支付购买费用和劳务报酬。对此,从民法的角度看,李四的购买行为仍应当在张三的意思范围之内。双方的行为具有有效合同上的意义,张三必须支付购买费用和劳务报酬。如果张三说:"买什么东西都行,但钢笔不要,纸张不要。"这

就意味着"什么东西都行"中,已排除了钢笔、纸张的内容。如张三不加言明,李四反问:"钢笔、纸张不要,买茶杯、茶叶行不行?"张三不加否认,不作回答。于是李四还是依自己的理解买回了茶杯、茶叶。从民法的角度,还得承认李四的购买行为符合合同的要求。正是从这一民法合同意义出发,笔者认为,对于雇凶报复一类案件,一方行为人已发出了"要约",虽然"要约"的内容具有模糊性,但当承诺方接受"要约",而要约方又不加以任何约束和限制,在常情、常理和常识上就意味着已授权承诺方可以任意而为。这样,行为的结果当然要由发起方共同承担(这一点由于法律的明确规定,刑法与民法的责任承担原则有所不同)。在类似的案件中,这样的责任原则是否会导致刑事责任的扩大化?人们会有不同看法。但笔者认为,刑法应当发出一个明确的信号:犯罪的"合同"不能随便签订,即使是意思内容模糊的犯罪"合同",要约方也得为此付出必要的代价。

(二) 片面共犯是否为共同犯罪

在刑法理论上,片面共犯是指一方行为人在他人并不知情的情况下具有与他人共同犯罪的故意,并在他人犯罪过程中参与或者提供帮助的犯罪情形。对此理论上有不同的观点,而众多的教科书似乎持肯定意见的为多。

其实,对于片面共犯的现象,我们只要引入民法的合同理论,疑团就能迎刃而解。例如,张三意欲杀害李四,李四奔逃至弄堂,王五见状,也欲杀害李四,便急闭大门,致使李四无路可逃而被张三杀害。这里王五清晰地发出了一个"要约",要与张三通谋共同杀害李四,但这一"要约"并未通达于张三,张三也根本不知道有这一"要约",当然无法作出"承诺",也即张三并无意思表示愿意与王五共同犯罪的意思反馈。这样,此时的犯罪"合同"也就当然不能成立。"合同"不能成立,自无共同犯罪的问题了。

在刑法理论和司法实践中,经常有人以《刑法》第 198 条有关"保险事故的鉴定人、证明人、财产评估人故意提供虚假的证明文件,为他人诈骗提供条件的,以保险诈骗的共犯论处"的规定;《刑法》第 156 条有关"与走私罪犯通谋,为其提供贷款、资金、账号、发票、证明,或者为其提供运输、保管、邮寄或者其他方便的,以走私罪的共犯论处"的规定;《刑法》第 349 条有关"包庇走私、贩卖、运输、制造毒品的犯罪分子的,为犯罪分子窝藏、转移、隐瞒毒品或者犯罪所得的财物的""缉毒人员或者其他国家机关工作人员掩护、包庇走私、贩卖、运输、制造毒品的犯罪分子的",与毒品犯罪分子"事先通谋的,以走私、贩卖、运输、制造毒品罪的共犯论处"的规定为例,以此说明我国《刑法》已经实际承认了片面共犯的存在。但必须指出,其实在这里刑法已经有一个明确的规定,在走私犯罪和毒品犯罪中,都有一个事先通谋、为他人的犯罪提供帮助或从中获得利益的行为表现。即使在保险诈骗犯罪中,行为人为他人诈骗提供条件的,以保险诈骗的共犯论处也必须由双方在事前或者在行为实施过程中、行为终止前具有故意通谋为成立共同犯罪的前提。2014 年 3 月 25 日最高人民法院、最高人民检察院、公安部联合下发的《关于办理非法集资刑事案件适用法律若干问题的意见》规定:"为他人向社会公众非法吸收资金提供帮助,从中收取代理费、好处费、返点费、佣金、提成等费用,构成非法集资共同犯罪的,应当依法追究刑事责任。"这里同样有一个构成共同犯罪的规定,而构成共同犯罪又得以双方具有共同犯罪故意的通谋为必要条件。由此我们进一步确认此次三部门的司法解释与此前刑法既有的规定前后贯通、精神吻合。只是在能够及时退缴上述费用的情况下,可依法从轻处罚;其中情节轻微的,可以免除处罚;情节显著轻微、危害不大的,不作为犯罪处理。这一规定只是出于在行为性质已经明确的基础上便宜处事的实践需要而已,并不改变共同犯罪必须以行为的双方或多方具有犯意通谋为共同犯罪成立的行为性质。片面共犯无法体现出双方的合意同谋,当然也就无法成立共同犯罪。

在大陆刑法理论中经常出现的有关"片面共犯"的问题,很多属于理论臆想的产物,不知有多少是经得起实证证实的实际案例。即使在现实生活中,真正存在诸如张三意欲杀害李四,李四奔逃至弄堂,王五见状,也欲杀害李四,便急闭大门,致使李四无路可逃而被张三杀害的事例,王五在主观上已有故意杀人的故意罪过,在客观上已有闭门之行为,以致李四无路可逃被张三杀害。由于王五与张三无共同故意的通谋,不能构成故意杀人罪的共同犯罪。同时由于王五的行为并不包含致人死亡结果的可能性,李四的死亡结果应当归属于张三的杀人行为,张三的杀人行为已属于杀人既遂。而王五的行为根据主客观一致的定罪原则,认定其故意杀人并不存在刑法上的理论障碍和实践困难,只是由于其行为中并没有包含死亡结果的可能性和现实性,因此可以以故意杀人未遂认定。

(三) 共同犯罪中超限行为能否成立共同犯罪

共同犯罪中的超限行为,是指某一行为人在实施共同犯罪过程中,又单独实施超出共同犯罪故意内容的另一犯罪。例如,张三、李四共谋盗窃,在盗窃过程中,张三又单独实施杀人、强奸等与盗窃不相干的犯罪。对此,理论与实践一般不存在分歧意见。但是在下列两种情形中,就不无争议:

一是二人以上在共同故意支配下实施行为分担的共同犯罪,一方为了保证既定犯罪计划的完成,在另一方不在场又未通达的情况下,实施了超出原共同故意内容的行为,对此,另一方是否要对超限行为承担责任? 例如张三、李四共谋盗窃,并做了分工,由张三在外望风,李四入屋窃物。在窃物过程中,李四遭遇主人发现并打伤被害人后,将财物窃出屋外。这里还会发生两种情形:一是李四将屋内实情相告于张三,张三默认,并分得赃物;二是李四并未将屋内实情相告于张三,张三在不知情的情况下,分得了赃物。

二是二人以上在共同故意支配下实施行为并进的共同犯罪,一方为了实现既定犯罪故意内容的目的(有的时候,犯罪故意内容具有一定的模糊性),在另一方在场的情况下当场实施了未为原共同故意内容明确,但又与原共同故意内容有关联的行为。对此,另一方是否要对这一关联行为承担责任? 例如,甲、乙、丙三人共谋盗窃某机关大楼内的一台新彩电。在逃离现场时,由甲、乙二人抬着彩电在后边走,丙空手先行。当丙走至大楼门口时,恰遇清洁工丁从旁边清洁室中走出,准备打扫大楼,见丙慌张而行,便持拖把上前询问。丙一看不对,便抢先一步夺过丁的拖把,将丁推倒在地并用拖把抵住丁的头部和嘴部,防止丁叫喊。当这一行为在持续过程中,甲、乙二人抬着彩电从旁边的楼梯口出现,看到了丙的持续行为,连声说"快走,快走",边说边从丙、丁的身旁走过逃离大楼。丙见甲、乙离去后,便扔掉拖把随后逃离现场。

围绕这些问题,理论与实践均有不同主张。在上述两个案例中,李四和丙因行为的转化,已构成转化性抢劫罪不成问题。而张三和甲、乙应否同时承担抢劫罪的刑事责任,首先有一个在价值判断之前的事实判断,即李四和张三、丙和甲、乙之间有无一个共同故意的"合同","合同"既成,行为的价值判断便不成为问题;"合同"不成,构成共同犯罪的价值判断无从着手。事实判断寓于事实原理而成立,事实原理具有唯一性和排他性的特点,它相对独立于评价主体之外。尽管事实原理的证伪只需要一个无法回避的反例、反证即可达到目的,而证实则可能是一个永无止境、永不充分的过程。但事实判断基于行为事实,行为事实寓于行为之中。共同故意的"合同"是一种行为事实,是一种二人以上的行为事实,它来源于二人以上的基于共同故意的行为事实。共同犯罪中共同故意的意思表示、传递、反馈、通达、回复,与民事合同的要约、承诺一样,是一种双向性的过程。这一双向过程完成,共同故意便成立。共同故意成立后,受共同故意支配的某一行为便获得了整体行为的价值,他人有无实施相同的行为已变得无关紧要。而共同故意不成立,一人的行为只是一人的主观心理内容的外在表现,与他人无关。

基于此,我们先对第一个案例作事实判断,李四入屋之后发现情况有变,而张三在外却无知晓。李四根据新的变化了的事实,产生了使用暴力的心理活动,但他未能及时将这一信息传递通达于张三,张三也就不可能有反馈回复的意思表示。张三不知,便无所谓有所认可;无认可,也就无所谓有意思表示;无意思表示,当然就意味无承诺。所以,李四的暴力为一人之暴力。即使李四事后将实情相告,犯罪既遂之后他人表示意欲加入,对先前的行为也不可能发生溯及作用。先有主观心理,后才有客观表现的唯物主义原理难以修正。第二个案例中,丙对丁实施暴力行为,甲、乙在从楼梯口出现之前为不知,出现之后为已知。已知就意味着已接收到丙传递过来的"我正在使用暴力掩护你们"的信息"要约",甲、乙连说"快走、快走",就意味着"我们将利用你的行为顺利逃离"的信息反馈,即"承诺"。丙的行为具有持续性,在其终止之前,甲、乙的"承诺"意思表示就对持续中的行为发生了"合同"意义的作用,共同故意基于此而成立。事实判断得以解决,价值判断就迎刃而解。第一个案例中的张三无须承担抢劫罪的刑事责任,而第二个案例中的甲、乙就应当承担抢劫罪的刑事责任。

三、合同理论对共同犯罪停顿状态的影响

引入和借助民法合同理论,注解、分析共同犯罪停顿状态及其认定各自承担的刑事责任,本书也拟着重讨论两个问题。

(一) 已有共谋而无进一步共同行为者,能否成立共同犯罪

二人以上通过共谋,共同犯罪故意的"合同"已经成立后,一人在不违背共同故意内容,未对另一人再作相约的情况下,径直实施体现共同故意内容的犯罪行为,或者二人本相约共行,一人因身体不适或临时有事,不能一同前行,但又未声明退出先前共同故意犯罪的约定"合同",应否以共同犯罪论处?对此,理论与实践中也有不同主张。查阅众多论著,持肯定者为多。笔者同样也持肯定之观点,理由已无须多述。这是因为,共谋已非单纯的意思表示,而是一种行为表现,共同故意正是借助于共谋、意思表示中的相互联络才得以成立。即使共谋后无进一步行为,共谋也已进入犯罪预备的范畴,更何况有人已行。共同犯罪的原理为:一人行为即全体之行为,一人之既遂即全体之既遂,一人之未遂即全体之未遂。然而值得注意的是,像如此明了的原理,在有的教科书中依然写着,仅当以实行者构成犯罪为限。[①] 教科书并非是经典,但教科书应当成为不是经典的"经典"。因为它往往起着启蒙的作用。刑法理论中某些极具争议的命题,作为教科书至多做些客观的介绍。以一己之见而作"经典"之结论描述,会使人难以消除初始的、似乎很难说是正确的印象。在我国,集体撰写的刑法教科书影响是最大的,奉之为"经典"而加以"啃食"者最多。但恰恰是理论瑕疵、矛盾、谬误者最多、最集中的地方。每思每想于此,心中总有一股难言之感。长此以往,刑法科学(实际上仅仅是刑法学科)何以能让人肃然起敬。由此想起1984年我国编写第一部《刑法学》统编教材时,多少位学者聚首相研,细心落笔。虽然该书仍不可算什么经典,但写作者的虔诚精神却是十分感人的。时至今日,千人一面、千部一腔而谬误甚多的刑法教科书何其多也。憎恶者恐怕已到了懒得评价的地步了。

---

① 参见苏惠渔主编:《刑法学》(修订本),中国政法大学出版社1999年版,第225页。

(二) 合同理论对犯罪中止状态的影响

共同犯罪相对于单独犯罪而言具有较明显的特殊性,这种特殊性表现在,对某一共同犯罪的认定,必须以多个人主观犯意的通达联系为内在依据,以多个人客观行为的分担或者并进为外在特征加以综合后才可成立。正因如此,反映在共同犯罪过程中的犯罪不同状态更具有复杂性。共同犯罪是一个有机的整体,各共同犯罪人的主观犯意和客观行为都已经融合在这一整体之中,具有不可分割的特征。所以从共同犯罪的发展过程中,诸共犯中一人的行为已经着手进行,即使由于意志以外的原因而未得逞,他人虽仍处于预备状态,但也得负连带的未遂刑事责任;诸共犯中一人的行为已达到既遂状态,他人也得负连带的既遂刑事责任。之所以如此,是因为各共同犯罪人的主观犯意内容并没有发生质的变化,向前运行中的一人犯意实际上代表了共同犯罪中其他共犯的犯意。但是在共同犯罪的中止状态中,个别共犯的中止意图在主观心理方面很难与其他共犯具有同一性,然而在客观方面,又必须要求中止犯将其行为从已经实施的共同犯罪行为中抽离出来或通过其中止行为有效地防止犯罪结果的发生。因此,共同犯罪中的中止问题比其他犯罪状态更具复杂性,因而也就具有深入研究的必要性。

1. 共同犯罪中犯罪中止成立的一般原则

在单独犯罪中,行为人以其一人的犯意支配其一人的行为,其中止的意图只要客观地表现在其行为上即可成立。然而在共同犯罪中,由于各共同犯罪人在主观上都具有实施共同犯罪的意图,并意识到自己的犯意已有机地融合在整个共同故意之中,个人的犯意在共同故意中已不具有独立性。正是这种共同故意把各共同犯罪人的各自犯意有机地联结成为一个共同故意整体。在客观方面,各共同犯罪人的行为,在共同故意支配下互相联系、互相作用,组成一个有机的整体。各共同犯罪人的行为,不管其在共同犯罪中的表现形式如何,都是共同犯罪的有机组成部分。在发生结果的情况下,每个犯罪人的行为都与犯罪结果存在因果关系,都是结果发生的原因中不可分割的一部分。共同犯罪的这些特征,就给共同犯罪中的中止带来了特殊性。犯罪中止是中止犯主观上自动性和彻底性的统一,客观上时间性和有效性的统一。在共同犯罪过程中,中止犯主观上的自动性和彻底性是可以单独出现的,它的出现背离了原先既定的共同犯罪故意内容。所以,这种中止犯个人单独主观意志的变化,没有得到其他共同犯罪人的认可和接受,并在客观上加以表现,是不能溯及其他共同犯罪人的。但是犯罪中止在客观上要求必须具有有效性,即应当有效地防止犯罪结果的发生或者排除结果发生的可能性。这在客观上必须要求中止犯的行为影响到其他共同犯罪人。如果中止行为的有效性没有影响到其他共同犯罪人的犯罪行为,那么,个别人的犯罪中止本身还不能成立。这是因为在共同犯罪中,每个共同犯罪人的行为已经成为引起犯罪结果产生的原因的一个组成部分。而共同犯罪行为一旦缺少其中一个组成部分,那么能引起犯罪结果产生的整个原因就势必缺少应有的原动力,这样就有可能影响犯罪结果的发生。所以在共同犯罪中,个别人欲中止犯罪,必须以自己的行为消除他已实施行为的原因作用。如果他的中止行为并没有使先前已实施的行为原因力丧失作用,那么他实施的行为仍然会和其他共同犯罪人的行为结合在一起,对犯罪结果的发生起有机的原因作用。这样个别人的犯罪中止就难以成立。当然,当个别人以他的行为消除了他先前行为的原因作用,其他共同犯罪人又以新的行为填补了这一空缺的原因力,致使犯罪结果还是按照原有的发展轨道而发生,这已不影响这一犯罪中止的成立。这是共同犯罪中犯罪中止得以成立的一般原则。

共同犯罪按照其有无组织形式可表现为一般的共同犯罪和有组织的共同犯罪,教唆犯教唆他人犯罪是共同犯罪的一种特殊形式。共同犯罪由于其表现形式的不同,其各自存在的犯罪中止也有其各自不同的表现要求。

2. 一般共同犯罪中的犯罪中止

一般的共同犯罪,是指两人以上没有特殊组织形式的共同犯罪。各共同犯罪人只是为了实施某一特定的犯罪而事前或临时纠合在一起。在该特定的犯罪完成后,这种纠合就不存在了。在这种形式的共同犯罪中,各共同犯罪人无论是实行分担行为还是并进行为,其行为相加都已有机地构成一个行为整体,它们对共同行为即将引起的犯罪结果都起着原因的作用。一旦共同犯罪中有人中止犯罪,势必破坏了这种行为的完整性。此时,原先既定的共同犯罪能否继续向前运行导致犯罪结果的发生就会受到影响。例如甲、乙、丙合谋杀丁,由甲准备杀人之刀,乙前去引诱,丙负责实施杀人行为。这时甲、乙、丙三人的行为相加,就形成丁一旦死亡的全部原因。如果甲、乙、丙三人中有一人中止犯罪,抽掉了其中的一个行为环节,这个有机的行为整体就会受到破坏,那么就有可能无法促成犯罪结果的发生。

在共同犯罪中,每个行为人加入到共同犯罪中的行为作用发挥的程度是有所不同的。有的行为已经在客观上产生了一定的作用,有的行为在客观上还未产生作用。同时,根据刑法原理,犯罪中止可以发生在犯罪的预备过程中,也可以发生在犯罪着手后的实施过程中。在一般形式的共同犯罪中,犯罪行为发生的作用不同,犯罪行为所处的进程不同,对于犯罪中止成立的要求也是不同的。犯罪行为在客观上还未产生作用并且还仅仅处于犯罪预备过程中,行为人只要自动地、彻底地放弃犯罪,使自己的行为进程得以中断,使自己的行为脱离整个共同犯罪行为,这样就等于有效地防止了自己行为有可能融合在整个共同犯罪行为而导致的犯罪结果中,此时对于放弃犯罪的个别共犯来说,就可以成立犯罪中止。当然,在行为人的主观上,必须要求其将中止犯罪的意图及时通达于其他共犯。这是因为当各共同犯罪人形成共同犯罪故意时,每个共犯将自己的犯罪故意融合于整个共同犯罪故意中,就意味着已形成了一个共同犯罪故意的"合同"。个别共犯欲中止犯罪,不将自己的中止意图通达于其他共同犯罪人,那么,原先已形成的共同犯罪故意的"合同"依然有效。其他共犯依据这一共同犯罪故意的"合同"行事,这种行为导致的结果,依然是整个共同犯罪故意的"合同"的内容,此时对于即使想要退出共同犯罪的"故意合同",但却没有明确表示的个别共犯来说,当然仍要负相应的连带责任。而当行为人的行为已经在客观上发生了作用,并且其行为已经处于着手实施的进程,此时对于想要中止犯罪的个别共犯来说,其不仅要将自己中止犯罪的意图明确通达于其他共犯,而且还必须要以积极的行为防止犯罪结果的发生。这是因为,想要中止犯罪的行为人,其已实施的行为已成为促使犯罪结果发生的原因力的一部分,行为人在客观上不能消除他所实施的促成犯罪结果发生的那部分原因力,那么他所实施的那部分原因力仍然对共同犯罪结果的发生起着促成的作用。此时对于行为人来说,当然仍得对其行为作用引起的犯罪结果负连带责任。根据刑法原理,犯罪中止主观上的自动性和彻底性,最终应当体现在有效地防止犯罪结果发生的客观表现上。如果在已经着手实施犯罪的过程中,个别共犯只是消极地不想继续其犯罪行为,而不把他已实施的那部分犯罪行为的作用消除掉,那么只能说是犯罪行为的停止,而不是中止。而他已实施的那部分行为即使在其停止继续犯罪后,仍然和其他共犯的行为结合在一起,对犯罪结果起着原因力的作用,因此仍然要以共同犯罪认定。

3. 集团共同犯罪中的犯罪中止

犯罪中止在集团共同犯罪中又有其特殊性。根据我国《刑法》第26条的规定,犯罪集团是指三人以上为共同犯罪而组成的较为固定的犯罪组织。犯罪集团的特点是:一是具有实施共同犯罪的目的性,各共同犯罪人都是以实施某种共同犯罪为目的而结合在一起的;二是具有一定的组织性,这种组织性在各犯罪成员间不仅有明确的分工,而且有时还伴有一定的纪律约束;三是具有一定程度的稳固性,即各共同犯罪人是为了实施多次或不定次数的犯罪而结合起来的,在实施某一次犯罪后,这种结合仍继续存在。集团犯罪是一种最危险的共同犯罪形式,历来是我国刑法严厉打击的重点。正因为犯罪集团具有这样的特征,特别是具有实施某种犯罪的明确目的性,所以凡加入犯罪集团的各共同犯罪人,只要实施过某一类犯罪中的一个犯罪,那么在客观上就已不可能再成立这一类犯罪的犯罪中止。这是因为犯罪中止只能发生在犯罪结果发生之前的这一特定时间过程中。共同犯罪人已实施过一次犯罪,并已造成犯罪结果的发生,那么对于所有参与这一犯罪的犯罪人来说,都已属犯罪的既遂。此时对个别想要中止犯罪的共犯来说,不论其主观上出于多么良好的动机,在客观上表现出多么积极的行动,都已不可能消除已经出现了犯罪结果的客观事实。我国刑法对犯罪中止的处罚规定应当免除处罚或者减轻处罚,就是以行为人主观上危险性的消除和客观上未造成危害结果或造成的结果危害不大为条件的。有人认为,犯罪集团的一般成员的中止行为可以表明为退出犯罪集团,即使并未阻止该集团的犯罪,也应视为犯罪中止。笔者认为,仅仅强调这一点会降低犯罪中止的标准。这是因为个别共犯消极地退出犯罪集团,并不能消除他退出犯罪集团后,其已实施的行为对发生的结果仍有着因果联系,那么从犯罪中止客观上必须要求的有效性来说就已不具备了。因此,当集团犯罪发展到已经着手实施犯罪的这一过程,犯罪集团的个别共犯想要成立犯罪中止,就不能只以消极的方式退出犯罪集团为条件,还应当以其积极的方式来有效地防止犯罪结果的发生或者应当消除其先前的行为原因力为保证。否则仍属犯罪的停止,而不是犯罪的中止。犯罪集团的首犯应当对犯罪集团预谋实施的全部行为、包括引起的全部结果负责。这是因为集团犯罪的一切犯罪都在首犯参与制订的犯罪计划之内,并由他们的组织、领导、指挥行为所决定。所以,犯罪集团只要有一个犯罪既遂,对于首犯来说,就不可能再成立这个犯罪的中止。

4. 教唆犯的犯罪中止

教唆犯在共同犯罪中处于特殊的地位。如何认定教唆犯的犯罪中止与如何认定教唆犯在共同犯罪中所具有的犯罪性质和所处的犯罪地位是紧密相连的。围绕教唆犯的性质问题,刑法理论上一向存在从属性和独立性的争论。教唆犯从属性理论不把教唆行为视为独立的犯罪,教唆犯应受惩罚的前提是在其教唆之下,实行犯实施了触犯刑法规范的行为。因此,教唆犯的刑事责任从属于实行犯,其所处的地位取决于实行犯。教唆犯独立性理论认为,教唆犯与实行犯具有同等的人身危险性,教唆行为本身就是一种具有社会危害性的犯罪行为。因此,教唆犯完全独立于实行犯的实行行为,其犯罪地位不以实行犯为转移,其教唆行为一经实施终了,不论实行犯是否实施教唆犯所教唆之罪,教唆行为都是犯罪并已是既遂。笔者认为,上述两种理论观点都不能正确揭示教唆犯的性质,因此也就不能很好地说明共同犯罪中教唆犯的犯罪中止问题。按照从属性理论,只有实行犯中止犯罪,教唆犯才属犯罪中止;而按照独立性理论,教唆行为一经实施,教唆犯即已构成既遂。这两种观点实际上都是主观与客观的相脱离。笔者认为,教唆犯主观上具有犯罪意图,并教唆他人犯罪,使犯罪意图客观外化,这是教唆犯具有独立性的一面。同时,教唆犯并不对犯罪对象直接发生作用,不通过实行犯,其想欲实施的犯罪不会发生结果,教唆犯的犯罪意图只有依赖于实行犯才能付诸实现,这又说明教唆犯具有从属性的一面。在我国刑法并没有单独规定教唆罪的情况下,更能说明教唆犯的这种性质。因此,教唆犯是独立性和从属性的有机结合。

教唆犯只有通过实行犯,其主观上的犯罪意图才能物化为客观上的犯罪行为并导致犯罪结果的产生。实行犯的犯罪决意以及犯罪行为是由于教唆犯的教唆行为所引起的,实行犯的犯罪决意和犯罪行为是教唆行为的直接结果。教唆行为与实行犯造成的危害结果是一种制约性关系,而不是因果性关系(当然这里暂时不把它放在整个共同犯罪中加以考察)。在教唆犯的犯罪过程中,其教唆行为的实施终了,并不等于说被教唆人立即产生犯罪决意并付诸实施,这样就在时空条件上存在一个从教唆行为到实行行为导致产生危害结果的时空距离,这就为教唆犯中止犯罪提供了客观条件。我们知道行为人主观上的自动性和彻底性是犯罪中止的基础,但是犯罪中止的最终成立又必须以客观上的时间性和有效性为保证。然而由于教唆犯在共同犯罪中所具有的特殊性,其犯罪中止也就呈现出一定的特殊性,即教唆犯的犯罪性质不以实行犯是否实施犯罪为转移。但其是否属于既遂,应当随着实行犯是否实施犯罪所造成的客观危害结果为转移。这样,实行犯是否产生犯罪决意、是否实施犯罪行为、是否造成实际的危害结果,对教唆犯能否成立犯罪中止有着重要的影响作用。如果教唆犯实施了教唆行为,以致引起了实行犯的犯罪决意,但实行犯还未实行犯罪,那么此时教唆犯欲中止犯罪,可以表现为其以积极的行为预防实行犯可能实施的行为,即防止教唆行为直接结果的出现,消除其教唆行为对实行犯的影响作用,使教唆犯主观上中止犯罪的自动性、彻底性,通过实行犯放弃犯意这一客观上的有效性而得到实现。当实行犯已明确表示放弃犯罪意图,不再实施犯罪行为,此时教唆犯的犯罪中止就能够成立。至于实行犯出尔反尔,在明确表示放弃犯罪之后,又复萌犯意,再思实施犯罪,应不影响教唆犯犯罪中止的成立。如果在教唆行为下,实行犯已产生了犯罪决意并开始实施犯罪,那么对于教唆犯来说,其教唆行为已产生了直接结果。但教唆犯的犯罪既遂还得依附于实行犯的既遂。在实行犯达到犯罪既遂之前,客观上还存在教唆犯能够成立中止犯罪的时空条件。此时教唆犯只要以其自己的行为,有效地阻止实行犯可能造成的危害结果,那么还可以成立犯罪中止。应当指出,在实行犯已开始实施被教唆之罪的情况下,教唆犯成立犯罪中止的客观有效性条件特别重要,因为实行犯通过犯罪行为的实施,在某种程度上已实现了教唆行为所创造实施犯罪的可能性,此时教唆犯只有有效地排除实行犯所造成的危害结果,才能成立犯罪中止。例如迅速通知被害人加以预防或者报告公安机关加以制止,必要时也可以通过正当防卫加以制止。如果教唆犯的行为——即使是积极的行为,仍不能有效地防止犯罪结果的发生,那么教唆犯还得负犯罪既遂的责任。在这种情况下,即使实行犯由于意志以外的原因而使犯罪没有得逞,也不能成为教唆犯成立犯罪中止的客观基础。

在社会现实生活中,有教唆犯参与共同犯罪的中止,有时会出现相反的情况,即教唆犯不欲中止犯罪,而实行犯却自动或有效地中止了犯罪。此时实行犯成立中止固无问题,但对于教唆犯来说则属意志以外的事件。因此对教唆犯来说,只能属于犯罪未遂,而不是犯罪中止。

第二节 共同犯罪中身份犯的共同行为性质

所谓身份,是指社会成员在社会生活中的一种地位或者从事社会活动中所具有的一种资格。在刑法中,身份问题既是一个极为重要的理论问题,也是一个十分复杂的实践问题,它不但时时影响着犯罪的认定,而且还不时影响着刑罚的适用。在共同犯罪中,无特殊身份者能否加入只有特殊身份者才能实施的犯罪中,无特殊身份者与有特殊身份者实施共同行为,在法律与法理上究竟应当以同一犯罪加以认定,还是以各自的身份性质分别认定,更是刑法理论与司法实践迫切需要加以解决的问题。

一、普通身份资格在共同犯罪中的作用与意义

人的身份,按照不同的标准可以进行不同的划分。按照自然属性,可以划分为成年人与未成年人、男人与女人等。按照社会属性,可以划分为军人与平民、特定从业人员与普通从业人员等。按照法律属性,可以划分为国家工作人员、国家机关工作人员、证人、鉴定人、记录人、翻译人、辩护人、依法被关押的人犯等。在我国刑法中,以年龄这一自然属性作为标准,对人的身份资格划分为成年人与未成年人,无疑具有最普遍的、最基础的意义。对此,我们称之为基本的身份资格,在此基础上形成的其他身份资格,我们称之为特殊的身份资格。解决

身份资格在共同犯罪中的作用与意义,必须要从基本身份资格对共同犯罪的影响中才能找到解决问题的切入点。

我国《刑法》第17条第1、2款规定:"已满十六周岁的人犯罪,应当负刑事责任。已满十四周岁不满十六周岁的人,犯故意杀人、故意伤害致人重伤或者死亡、强奸、抢劫、贩卖毒品、放火、爆炸、投毒罪的,应当负刑事责任。"这一规定表明,不满14周岁的人,不论实施什么行为,都不负刑事责任;已满14周岁不满16周岁的人,除了上述8种犯罪之外,实施其他行为,也不负刑事责任。说得更直接一些,其行为根本不能构成犯罪。这里的年龄作为一种身份资格表明行为人未到法定年龄,就意味着在法律上不承认其具有实施犯罪的能力。从刑事法律关系的犯罪主体本质来说,行为人不具备法定年龄的身份资格,说明其还没有从国家那里获得一张可以自由进入刑事法律关系领域的"入场券",从而必然地被排除在刑事法律关系领域之外。基本身份资格在单独犯罪中所具有的这种本源作用和意义,同样体现在共同犯罪之中。在一个成年人与不满14周岁的未成年人实施的共同行为之中,我们甚至可以简单地把这种现象看成是一个成年人与一只在法律上还不能被视为"人"的"动物"在一起实施行为。即使成年人利用或者教唆未成年人实施犯罪,也仅仅是由成年人单独承担刑事责任而成为"间接正犯"。

我国的刑法理论和司法实践,乃至于世界广泛范围的刑法理论和司法实践,轻而易举地认同这一原则,其原因在于,在任何法律领域,要确定一个人的行为是否具有法律意义,必须首先确认这个人是否具有这样的行为主体资格。没有这种行为主体资格,法律对这种行为的评价就没有真正的法律意义。例如,在民事法律关系领域,一个没有行为能力资格的人所实施的行为不能产生应有的法律效果。在选举法律关系领域,实施选举行为的人必须首先取得选民的主体资格才可以进入选举场所从事选举活动。当然在刑法之中,一个具有一般主体资格的行为人,其资格的获取是以其达到刑事责任年龄和具有正常精神状态的刑事责任能力为必要条件的。所以严格地说,一般主体资格是行为人达到刑事责任年龄、具备刑事责任能力而获得的由法律规定、并由国家颁发的、可以自由进入刑事法律关系领域的"入场券"。没有这张"入场券",行为人就不可能构成刑法规定的任何一种单独犯罪,进而也不可能与他人构成任何一种共同犯罪。

二、特殊身份资格在共同犯罪中的影响和悖论

刑法根据社会现实生活中的各种犯罪情形和国家选择刑罚打击重点的需要,在一般主体资格的基础上,又赋予某些犯罪行为人除达到刑事责任年龄和具备刑事责任能力这一一般主体资格之外,还必须具备以一定的身份为内容的资格条件,这就是刑法上的特殊主体资格。没有基本主体资格,就不能构成普通犯罪;没有特殊主体资格,也就不能构成特殊犯罪。任何一种由一般主体资格构成的普通犯罪,同时意味着任何一个具有特殊主体资格的行为人同样可以构成,这是由特殊主体资格全部寓于一般主体资格的原理使然;任何一种由特殊主体资格才能构成的特殊犯罪,却表明只具有一般主体资格的行为人是不能构成的,这是由一般主体资格不能全部寓于特殊主体资格的原理使然。这在单独犯罪中绝对不会发生观点分歧和理论争议,然而在共同犯罪中却变得异常复杂起来。共同犯罪是以多个行为人在同一故意支配下实施的多个行为的整体表现,因此在一般的共同犯罪中,一人构成犯罪,他人也同样构成犯罪。但是,在共同犯罪中同样要受刑法基本原理的制约,即除了在同一故意支配下的多个行为具有有机联系外,是以多个行为人都必须具有犯罪的主体资格为前提和基础的。不然,一切由此而展开的理论讨论只能成为奢谈。一般的共同犯罪是如此,特殊的共同犯罪也应如此。刑法应有的基本原理之所以如此,是因为任何一种特殊犯罪所要求的特殊主体资格本身是一种权利与义务相统一的反映。特殊主体所具有的特殊身份条件表明他依这一身份条件而取得特殊的权利,同时也负有因这一身份条件而产生的特殊义务。例如,国家工作人员因身份条件而获得相应的工资待遇、福利待遇和权力行使,因此,他同样负有必须正确行使权力,不得滥用或者懈怠的义务,更不能利用职权来实施犯罪。不然,他就可以构成非国家工作人员不能构成的特殊犯罪,或者在刑法没有设定某一特殊犯罪的情况下,例如《刑法》第238条规定的非法拘禁罪、第243条规定的诬告陷害罪等,要遭受从重处罚的法律后果。但是,共同犯罪不同于单独犯罪之处,在于共同犯罪本身已是共同故意和共同行为的有机整体,缺少其中的任何一个组成部分,其能否成立都要受到影响,一个

共同犯罪的结果中已经包含了各行为人主客观的"贡献"。同样,特殊的共同犯罪虽有别于普通共同犯罪,但其蕴含的原理是一样的。然而,问题的复杂性在于,普通共同犯罪因各个行为人都具有同样的一般主体资格而不会出现疑惑,但在特殊的共同犯罪中,一人具有特殊的主体资格,而他人却不具备这一特殊的身份条件,能否也构成只有特殊主体资格才能构成的特殊犯罪?

对此问题,中外刑事立法和理论曾有过不同的规定和不同的观点。例如,1935年《中华民国刑法》第31条第1款规定:"因身份或其他特定关系成立之罪,其共同实施或教唆、帮助者,虽无特定关系,仍以共犯论。"《日本刑法》第65条第1款规定:"凡参与因犯人身份而构成的犯罪行为的人,虽不具有这种身份,仍是共犯。"从刑法理论的角度而言,有持否定的意见,例如,前苏联刑法学者特拉伊宁指出:"问题的实质在于,非公职人员可以是渎职罪的组织犯、教唆犯或者帮助犯,但是渎职罪的执行犯却只能是公职人员。所以有这个特点,是因为在实际中只有他们才能构成渎职罪。"②我国刑法学者马克昌也曾指出:真正身份犯或者说特殊主体的犯罪,毕竟只有具有一定身份的特殊主体实行犯罪才可能构成,无身份者是不可能实施真正身份犯的实行行为的,例如刑法中的背叛祖国罪,只有中国公民才能构成,外国人是不可能实行我国刑法中的背叛祖国罪的。③ 我国另一位刑法学者陈兴良也指出:具有特定身份的人与没有特定身份的人不能构成法律要求特殊身份为主体的共同实行犯,因为身份是犯罪主体的要素之一,身份决定着犯罪主体的性质,没有特定身份的人不可能实施法律要求犯罪主体具有特定身份的犯罪的实行行为。④ 但是,我国《刑法》第382条第3款却明确规定:"与前两款所列人员(指国家工作人员和受国家机关、国有公司、企业事业单位、人民团体委托管理、经营国有财产的人员)勾结,伙同贪污的,以共犯论处。"以共犯论处,是指以贪污罪论处。这样,非国家工作人员虽无特定身份和职权之便,也可构成只有国家

---

② 〔苏〕A.H.特拉伊宁:《犯罪构成的一般学说》,薛秉忠等译,中国人民大学出版社1958年版,第234—244页。
③ 参见马克昌:《共同犯罪与身份》,载《法学研究》1986年第5期。
④ 参见陈兴良:《共同犯罪论》,中国社会科学出版社1992年版,第356页。

工作人员才能构成的犯罪。对此,有的学者只得得出结论,法律特别规定无身份者与有身份者可以构成真正身份犯的共同犯罪除外。⑤ 在我国刑事司法实践中,更是通过司法解释贯穿这一原则。例如,1984年4月26日发布的最高人民法院、最高人民检察院、公安部《关于当前办理强奸案件中具体应用法律的若干问题的解答》规定:"妇女教唆或帮助男子实施强奸犯罪的,是共同犯罪,应当按照她在强奸犯罪活动中所起的作用,分别定为教唆犯和从犯,依照刑法有关条款论处。" 2000年7月8日起施行的最高人民法院《关于审理贪污、职务侵占案件如何认定共同犯罪几个问题的解释》第1条规定:"行为人与国家工作人员勾结,利用国家工作人员的职务便利,共同侵吞、窃取、骗取或者以其他手段非法占有公共财物的,以贪污罪共犯论处。"第2条规定:"行为人与公司、企业或者其他单位的人员勾结,利用公司、企业或者其他单位人员的职务便利,共同将该单位财物非法占为己有,数额较大的,以职务侵占罪共犯论处。"但是该解释第3条规定:"公司、企业或者其他单位中,不具有国家工作人员身份的人与国家工作人员勾结,分别利用各自的职务便利,共同将本单位财物非法占为己有的,按照主犯的犯罪性质定罪。"这一解释实际上实行的是双重原则。当然,也有的地方法院在刑事法律和司法解释没有明确规定的情况下,在所辖范围内作出规定:有身份者与无身份者共同实行非职务犯罪,刑法对有身份者作出特别规定的,应分别定罪处刑。⑥ 如军人在履行公务期间与普通公民共同偷越国(边)境的,应分别认定军人叛逃罪和偷越国(边)境罪。

笔者认为,从表面上看,"恶法亦法"的规则告诉我们,不管基于什么样的理论根据,只要有刑法规定和属于有效规范的司法解释,那么在司法实践中一体遵行、贯彻到底并无不可,司法实践完全可以不去理会学者们的种种非议,一句"我是在严格依法办事"的遁词足以抵挡住学者们千军万马的理论冲击。但是从较深刻的层次上分析,我们的司法实践果真是一个毫无理性思维的简单操作过程吗?特别当我们

---

⑤ 参见马克昌:《共同犯罪与身份》,载《法学研究》1986年第5期。
⑥ 参见《关于执行刑法若干问题的具体意见(试行)》,1999年上海法院刑庭庭长会议纪要,1999年7月15日。

的司法实践已经存在由此及彼、由点及面地将刑法规定和司法解释有关贪污罪、职务侵占罪、强奸罪等个别共同犯罪的认定原则逐步扩散到诸如受贿罪、私放在押人犯罪等特定共同犯罪时,"依法办事"的遁词依然可以那么牢靠、那么坚定吗?学者们废寝忘食、小心翼翼求证而又无法推翻的论证,与司法实践真的就是两股道上跑的车,走的不是一条道吗?细细想来,强权和法律可以支配一切,那么理论中的理性还有什么立足之地?假如理论也无须理性,那么司法实践还有理性存在的必要吗?每思于此,总感难以释疑。幸好我们的司法实践不至于如此简单。法律规定是有效的,但有效的东西并不就是有理的;只有有理的法律规定,才是长久有效的。

刑法在设立一个犯罪时,完全可以不设定行为人的特定身份条件,从而可以把犯罪主体的资格扩延至社会所有成员。但是,任何一个社会、任何一个时代的刑法都不可能这样。尽管理性的自然法法则一再强调,自由、平等、正义、公正是人类社会的理想所在。但是在现实生活中,每一个人都处在不同的社会地位。理想并不等于现实,所以才需要人们去不懈地追求。处在不同社会地位的人,在有法律规则的规定下,总是有着不同的权利和义务,权利和义务又总要向一致的要求尽量靠拢。于是在刑法上,特殊的主体资格从一般的主体资格中裂变出来,特殊主体所享受的权利,普通主体不能去分得一杯羹;特殊主体所承受的义务,一般主体也不能去平分秋色。特殊主体当然可以构成任何一般主体可以构成的犯罪,但因权利使然,使其承受从重处罚的义务。例如,《刑法》第238条规定的非法拘禁罪、第243条规定的诬告陷害罪,有关国家工作人员的法定刑规定已在情理之中。而一般主体却不能构成只有特殊主体才能构成的犯罪,如贪污罪、受贿罪等,同样是义务使然。在特殊主体为基础的共同犯罪中,缺少特殊主体的资格同样可以构成,那么这种特殊主体的资格条件已变得毫无作用,剩下的只是刑法需要禁止和惩罚某种行为,而不是禁止和惩罚利用某种身份条件而实施的这种行为。正因为如此,像非法拘禁罪、诬告陷害罪,绝对不会发生有身份犯与无身份犯能否构成共同犯罪这样幼稚的问题。我们应当清楚地知道,我国刑法中的以特殊主体资格为条件的特殊犯罪,有两个经过遴选的来源:

(1) 从一般的不道德行为或者一般的非法行为中加以遴选,例如受贿罪、挪用公款罪、隐瞒境外存款罪、私放在押人犯罪等。这一遴选来源表明,只有具备特定身份条件的行为人才有资格构成这种犯罪,没有这种身份条件的人是没有资格实施这样的行为的。即使这种行为人在某种特定的条件下实施了这种行为,要么在罪刑法定的条件下按其他犯罪论处,要么刑法懒得去管它。这是特殊主体犯罪的基本来源。

(2)从一般的犯罪规定中裂变出来,例如贪污罪,盗窃、抢夺武器装备罪等。贪污罪的立罪基础是一般的盗窃罪、诈骗罪、侵占罪等。这一遴选来源表明,行为人即使没有特定的身份条件,只要实施这种行为就已经是犯罪了,刑法设立这种特殊犯罪,很大程度上是为量刑做铺垫的。特殊主体犯罪这两种来源表明:第一种来源是基本的,也是有着充足的理论根据的,它将相当多的社会成员挡在了犯罪领域之外。第二种来源是辅助的,没有这种特定的身份条件,行为人的行为在法律上也已构成了犯罪,仅仅是此罪与彼罪的关系。但第二种来源的理论根据似乎并不充分,如果仅仅是从量刑的角度作出贪污罪这种裂变规定,完全可以像非法拘禁罪、诬告陷害罪那样,在基本犯罪的规定中加上特殊主体资格的行为人利用某种身份条件实施该种犯罪应当怎样处罚,就足以达到异曲同工之妙、殊途同归之效。[⑦]

通过上述介绍与分析可以看出,以特殊主体资格为条件的犯罪在刑法中的确立,主要基于界定罪与非罪的刑法基本原理,能够构成犯罪才涉及如何量刑。这一基本原理同样适用于以特殊主体资格为条件的特殊共同犯罪中。但现有的刑法规定、司法解释却脱离这一理论轨道,自行其是,这必然以强于刑法理论的效力强有力地制约和影响着司法实践。而司法实践由此及彼、由点及面的操作运行更可以向所有共同犯罪延伸。目前司法实践中所出现的认定受贿、挪用公款、私放在押人犯等犯罪中,只要其中一人的特殊身份条件在其中发挥了作用,他人是否具有这种身份条件已在所不问,一律以只有特殊主体资格才能构成的犯罪共犯论处,悖论由此产生。

在论及有身份犯与无身份犯能否构成特殊主体的共同犯罪时,笔

[⑦] 参见王作富主编:《中国刑法运用》,中国人民公安大学出版社1987年版,第474页。

者在这里也许并非是画蛇添足地加以指出,有一种现象值得注意,即很多刑法学者往往喜欢从组织犯、实行犯、教唆犯和帮助犯的角度去分析能否构成共同犯罪的问题。笔者认为,我国刑法中的共同犯罪在以犯罪主体资格为前提的条件下,在以主客观相一致的定罪原则指导下,在共同犯罪已经成立的基础上,将各共同犯罪人按照地位与作用,兼顾分工的原则划分为主犯、从犯、胁从犯和教唆犯,而教唆犯就其本质,并不属于一种独立的共犯种类,它分别依附于主犯或者从犯。国外刑法中存在以分工为标准将共犯种类划分为组织犯、实行犯、教唆犯和帮助犯,我国刑法理论偶然也会提及这种分类方法。这种分类方法的合理性如何,完全可以展开讨论。但涉及有身份犯与无身份犯能否构成共同犯罪时,引入这种分类方法毫无意义。因为共同犯罪与共犯分类是上下位概念的关系问题,只有在共同犯罪是否能够成立的基础上,才有共犯应该如何分类的问题存在。而共同犯罪能否成立,只要以犯罪主体的资格为前提,以主客观相一致的原则加以衡量,就足可以解决问题。

三、对有身份犯与无身份犯能否构成共同犯罪的理性思考

有身份犯与无身份犯能否构成只有特殊主体资格才能构成的共同犯罪?刑法规定、司法解释的效力犹在,影响仍存,刑法理论的悖论已经出现,司法实践可以以"依法"而"不依理"的遁词回避这一矛盾,但刑法理论却不能不对此进行更深层次的理性思考,不然学者的理论就属多余。而刑法理论对此不能得出合乎情理、合乎法理、合乎推理的正确结论,我们又何能奢望刑事立法的完善和刑事司法的公正?

诚然,像刑法理论中的所有其他悖论的产生与存在一样,上述问题的产生与存在也有着现实的时代背景和深刻的理论背景。就现实的时代背景而言,当前出现频率较高的国家工作人员伙同亲属共同受贿何其多也,或国家工作人员唆使、利用其亲属巧借国家工作人员的职权之便,收受钱物,或国家工作人员的亲属唆使、帮助国家工作人员大肆收受钱物,至于其他方面的内外勾结、狼狈为奸、权钱交易,都随处可见。面对此情此景,刑法规定、司法解释,乃至于司法实践不立即作出反应,以遏制这种现象的继续伸展趋势,似乎就难以平民愤。就深刻的理论背景而言,既然身份条件是犯罪主体资格的必要要素,既

然身份条件决定着特殊主体资格的性质,既然一般身份资格在一般个别犯罪中具有基础作用和前提意义,那么在只有以特殊主体资格为条件的特殊共同犯罪中也应当具有相同的作用与意义。刑法理论在深层的意义上,并不是仅仅追求完美。刑法理论保持上下、左右、前后的三维一致性,是刑法理论应有的品格,也是刑法理论能够指导刑事立法和刑事司法的内在原动力。因此,刑法理论与刑事立法、刑事司法不相一致而产生的悖论,不能简单地视为理论脱离了实际、理论违背了实际。在这里我们必须要引入一个理性的评价标准,即刑法理论与刑事立法、刑事司法不相一致而产生的所谓悖论,其本身是否具有合理性?当然,我们丝毫也不想回避合理性的本身标准是什么的尖锐问题,以此指导刑事立法和刑事司法是否会发生天下大乱、民愤难平的尴尬局面。这里我们稍费笔墨对内外相勾结的贪污罪、亲属相勾结的受贿罪和男女相勾结的强奸罪作一下个案分析。

贪污罪是指国家工作人员利用职务上的便利,侵吞、窃取、骗取或者以其他手段非法占有公共财物的行为。该罪的构成前提是行为人必须具有国家工作人员的身份资格,其行为特征是在故意支配下的侵吞、窃取、骗取或者以其他手段非法占有公共财物的行为。行为人没有国家工作人员的身份资格,不可能构成单独的贪污罪,但并不能改变侵吞等客观行为特征的应有属性,因此足以构成与侵吞等行为特征相对应的其他犯罪。与国家工作人员内外相勾结,伙同贪污的,以共犯论处,意味着勾结人本身并没有国家工作人员的身份资格,同样不能构成单独的贪污罪,但也同样不能改变其侵吞、窃取等客观行为特征的应有属性,其行为也足以构成与侵吞等行为特征相对应的其他犯罪。然而,内外相勾结而构成的共同贪污罪,意味着国家工作人员的身份资格与非国家工作人员的客观行为(姑且这样假定)组成一个有机的行为整体。但这里暴露出的问题是:第一,国家工作人员的身份资格在刑法以外的其他法律(如行政法)上能否为他人借用或者共享?退一步讲,即使在刑法上定罪时能够为他人借用或者共享,那么落实到个体量刑时,从未享受过国家工作人员身份资格的非国家工作人员如何能承受只有国家工作人员才能承担的义务(比如贪污罪的最高法定刑为死刑)?第二,非国家工作人员借用国家工作人员的身份资格可以构成贪污罪的共犯,不借用只能构成盗窃罪等单独犯。从现有的法律规定来看,盗窃罪与贪污罪的数额起刑点仍有数倍甚至数十倍之差。现以贪污罪的共犯论处,到底是在宽纵还是严惩,其简单性不能一言以蔽之,其间的相互关系如何协调,颇费思量。第三,非国家工作人员与国家工作人员相勾结,利用国家工作人员的身份条件实施侵吞、窃取、骗取就只能构成贪污罪,静态的身份条件与动态的占有行为孰轻孰重,在价值判断上使人颇为犯难。即使国家工作人员利用职权之便,提供钥匙,指明路径,具有动态性质,但与占有行为相比,也很难说职权之便在这里起到了决定性的作用。

受贿罪是指国家工作人员利用职务上的便利,索取他人财物,或者非法收受他人财物,为他人谋取利益的行为。亲属相勾结的受贿罪,无非是国家工作人员唆使、授意其亲属收受贿赂,或者其亲属唆使、帮助国家工作人员收受贿赂。亲属相勾结中的非国家工作人员也能构成受贿罪的共犯,不但同样存在上述贪污罪共犯评析中所涉及的身份资格问题,而且较深层的问题在于,作为亲属的非国家工作人员能否为他人谋取利益(不管这一规定是否合理,在法律层面上它还是有效的),还得取决于国家工作人员自身。在亲属相勾结的受贿罪中,国家工作人员始终居于核心地位。将国家工作人员的亲属也纳入受贿罪的共犯范畴,表面的直接意义在于预防国家工作人员的亲属在受贿犯罪中起帮助作用,但深层的效果仍然无法阻止国家工作人员为什么要利用职务之便收受贿赂。任何受贿犯罪人,在东窗事发之后,都有一种"早知今日何必当初"的懊悔感,剥夺了国家工作人员的身份条件,惩罚了他因职务之便而收受贿赂的行为,是否需要将虽有推波助澜作用,但无特定身份资格的亲属陪绑于国家工作人员一起进行惩罚,需要通过考虑刑法设立受贿罪的初衷和刑法实施以来司法实践处理受贿罪的效果加以再衡量。为此,即使在受贿罪的共犯中,仍然严守以特殊主体的身份资格为条件的定罪关隘,是刑法应该具有的一种宽容精神。刑法一旦具有这种宽容精神,是否会导致亲属争先恐后地去唆使国家工作人员大肆收受贿赂,其现实的可能性有多大,人们凭直觉也可得出大体正确的结论。

强奸罪是指男性行为人以奸淫为目的,使用暴力、胁迫或者其他手段强奸妇女的行为。司法实践中已有的男女相勾结的强奸罪,主要表现在女子教唆或者帮助男子实施强奸犯罪。诚然,男女性别之差是否也属一种身份资格,理论上会有一些不同看法,这里权且也看做是一种身份条件。但强奸只能由男子实施只是一个简单的常识。女子在主观上不能产生奸淫的精神目的,客观上不会具有奸淫的行为能力,任何强奸的行为必须依赖于男子的性交行为。当然男女相勾结可以构成强奸罪共犯的观点会有一个简单的理论,即女子的教唆、帮助行为已经融进男子的奸淫行为之中,彼此水乳交融而不可分割,没有彼,何有此。但是,男子实施强奸,自始至终受奸淫欲望的支配,为性交目的的实现而从中获得心理上的满足,女子即使具有教唆、帮助的行为,也无法获得这种满足。更需要指出的是,刑法上每设立一种犯罪,是以行为人具有一定资格和客观上有能力实施这一犯罪作为主体条件的。如果仅从客观效果上分析,我们可以设想一个不满 14 周岁而又聪明绝顶的未成年人,教唆或者帮助一个智力稍有障碍但不属免责能力的成年人实施犯罪,能否仅从客观行为彼此不可分割而可认定为共同犯罪?不能,行为主体的资格条件和客观能力已经否定了这一点。对此,我们只能追究具有犯罪能力行为人的刑事责任。还有,如果女子教唆男子实施强奸,男子根本不接受教唆内容,按照现有的教唆犯理论通说,即使没有男子的实行行为,女子仍然可以根据教唆内容而成立强奸罪的未遂犯。此时,女子的主观目的与客观行为何以能与强奸罪构成要件相吻合,实在令人生疑。正因为如此,我们长期以来一直认为,如果一部刑法不欲体现应有的宽容精神,完全可以设立一个独立的教唆罪,这样与此相关的无特定身份条件的行为人参与到只有特殊主体资格才能构成的特殊犯罪中能否构成共犯的问题,就无须人们再费心思去作不必要的理论论证了。

　　上述内容并不是仅仅停留在既定规范上的理性分析和简单地对直观现象的感性描述,为我们进一步展开对这一主题的理性思考提出了一个更为深刻的问题,即如何对待有身份犯与无身份犯能否构成只有特殊主体资格才能构成的共同犯罪,实际上是一个如何协调社会秩序与个人自由之间的相互关系的问题。刑法要求保护社会秩序,势必要求人人不要犯罪。刑法明文规定某些犯罪即使在单独犯罪中只能由特殊主体构成,但在共同犯罪时也可以由一般主体构成,表明了刑法保护社会秩序的价值选择倾向。但刑法保护社会秩序并不是刑法的唯一价值选择。与此同时,刑法同样需要保护个人自由。保护社会秩序和保护个人自由,在刑法领域中何者更为重要,是几千年刑法学家们、哲学家们、社会学家们,甚至伦理学家们孜孜以求,而在我们看来还没有最终破译的难题。一句貌似辩证法的对立统一规则似乎已经接近了破译难题的门槛。然而几千年来的刑法法律史和刑法运作史告诉我们,在保护社会秩序的堂皇口号下,个人自由是极易被忽视的,甚至经常被粗暴地侵犯。历史上专制社会条件下的法外治法、法外用刑,不胜枚举,俯拾即是。撇开时过境迁的历史不言,我国刑法对此采取了何种价值选择,应当采取何种价值选择,这一问题正像有的刑法学者指出的那样:"确实是一个值得深省的问题。"[8]的确,社会秩序与个人自由何者为重,不可能有一个绝对的价值选择标准。我国刑法中的某些犯罪规定只能由特殊主体才能构成,意味着刑法对特殊主体以外的其他社会成员个人自由的承认。但允许一般主体可以与特殊主体构成共同犯罪,又意味着向社会秩序的价值方向倾斜。但是笔者还是认为,我国现行刑法在罪刑法定这一鼓舞人心的口号下面,基本上是以保护社会秩序作为首选价值取向的。正因为如此,犯罪主体资格原则在刑法总则中得到确立之后,在刑法分则中的具体规定可以进行变异改造就显得不足为奇了。尽管刑法分则中类似贪污罪这样的规定为极少数,但刑事立法的个别规定作为一种法律精神已经影响到司法解释,例如强奸罪、职务侵占罪,而这种司法解释的影响扩大到司法实践中,就会出现诸如亲属相勾结的受贿罪共犯等现象。当许多刑法学家忙于为这种刑法规定、司法解释和实践运作寻找"充足"的理论根据时,个人自由要取得与社会秩序相同的地位,甚至个人自由要取得高于社会秩序的地位,我们还必须耐心地假以时日依赖于整个社会现代法治观念的更新。尽管这一进程在我国将是缓慢的、长时间的,但现代法治观念下的刑法迟早要向这个方向迈进。当然,远水解决不了近渴,在有身份犯与无身份犯能否构成只有特殊主体资格才能构成的共同犯罪问题上,从理论上否定已有的刑法规定、司法解释、司法实例,甚至由此而引发的论证理论,是否也为扩大个人自由的范围起到积极的推动作用?

---

[8] 曲新久:《刑法的精神与范畴》,中国政法大学出版社2000年版,第57页。

第三节 共同犯罪人的分类依据与立法完善

对共同犯罪中各共同犯罪人进行分类的目的何在？我国刑法对各共同犯罪人的分类有何不周之处？究竟如何分类才是合理科学的？对这些问题都有必要进行理论的再思考。

一、对共同犯罪人分类依据的考察与评价

（一）对共同犯罪人的不同分类依据

对共同犯罪中各共同犯罪人怎样进行分类，古今中外的刑事立法例曾出现过三种情形：一是分工分类法，即以各共同犯罪人在共同犯罪中的分工为标准的分类法，例如1926年的《苏俄刑法典》将各共同犯罪人分为实行犯、教唆犯和帮助犯。1958年的《苏联和各加盟共和国刑事立法纲要》将各共同犯罪人分为实行犯、组织犯、教唆犯和帮助犯。分工分类法在整个大陆法系的刑事立法中，虽有一些不同的内容，但在总体上是大同小异。二是作用分类法，即以各共同犯罪人在共同犯罪中的作用为标准的分类法。例如我国古代有重大影响的《唐律》将共同犯罪人分为首犯与从犯两种类型。根据《唐律疏议》的解释，两人以上共犯，以造意者为首，余并为从。三是混合分类法，即以各共同犯罪人在共同犯罪中的作用为基础，以各共同犯罪人在共同犯罪中的分工为补充，为标准的分类法。例如1979年的《刑法》将各共同犯罪人分成主犯、从犯、胁从犯和教唆犯。1997年《刑法》也维持着这一分类法。

如何看待上述三种不同分类法的作用与意义？三种分类法在理论上各执一词。然而笔者认为，要解决这一具有较大争议的问题，关键在于如何认识对共同犯罪人进行分类的理论价值和实践意义，即分类的目的问题。

（二）对分工分类法的考察与评价

分工分类法认为，以各共同犯罪人在共同犯罪中的分工为标准进行分类的最大优点在于，可以一举解决共同犯罪人的定罪问题。然而，当我们把共同犯罪人的定罪问题放在我国刑法整个共同犯罪的定

罪背景中考察时，就会发现对整个共同犯罪的行为定性，既不是以共同犯罪人的人数多寡为依据的，也不是以各共同犯罪人的身份、分工为依据的，而是以共同犯罪的行为整体性质为依据的。共同犯罪相对于单独犯罪而言。单独犯罪以一人犯罪为全部内容，所犯之罪由一人承担全部刑事责任。共同犯罪以多人犯罪为基础，所犯之罪由多人共同承担全部刑事责任。一人犯罪由一人之行为性质决定其犯罪性质，多人犯罪则由多人之行为整体的性质决定其犯罪性质。一人杀人者为杀人，多人共同杀人者也为杀人。由此可见，多人共同犯罪只是增加了行为的量的内容，并没有改变行为的质的属性。多人共同犯罪虽然由于其行为的分工而使行为的形式呈现出一定的复杂性，但各行为表现形式不同的共同犯罪因其具有共同故意的内在联系而组成一个有机的行为整体。组织、策划行为也好，实行行为也好，抑或是教唆、帮助行为也好，它们在一个共同的行为整体内有机联系而不可分割。各共同犯罪人在这一共同犯罪中的不同行为形式、行为程度，只能表明犯罪人在共同犯罪中所起的作用不同，而不能表明其犯罪性质的不同。行为的不同作用是与不同的刑事责任紧密联系在一起的，在这方面，分工分类法表现出无能为力。犯罪的性质是由具体的犯罪构成标准决定的，它与行为人的多寡、行为人在共同犯罪中的分工形式没有内在联系。进而言之，即使将各共同犯罪人分成组织犯、实行犯、教唆犯和帮助犯（在现实生活中，这些人的身份并非是一成不变的，有时会同时身兼数"职"），犯罪的性质仍然由组织行为、实行行为、教唆行为和帮助行为的内容所决定，而不是由它们的不同形式决定的。这样，分工分类法自视为优越的分类目的根本无法起到定性的作用，反而给人以一种隔靴搔痒的感觉。

（三）对作用分类法的考察与评价

作用分类法是以各共同犯罪人在共同犯罪中的作用为标准确定各共同犯罪人的地位，以此反映各共同犯罪人行为作用的大小，从而为解决各共同犯罪人的刑事责任轻重奠定基础。有人提出，作用分类法只解决量刑问题，并没有解决定罪问题，因而也是不科学的。⑨ 这里

---

⑨ 参见陈兴良：《共同犯罪论》，中国社会科学出版社1992年版，第185页。

我们有必要深刻认识共犯分类这一概念的本质内容。笔者认为，共犯的分类实际上是共同犯罪人的分类，而不是指共同犯罪的分类。作为共同犯罪的分类，可以将其分成任意的与必要的共同犯罪、简单的与复杂的共同犯罪、事前有通谋的与事前无通谋的共同犯罪、有组织的与无组织的共同犯罪。这种罪的分类方法将十分复杂的共同犯罪现象概括无遗，它从一个侧面为我们正确认定共同犯罪提供了参考依据。然而，共同犯罪人的分类是在解决了共同犯罪性质的基础上，确定共同犯罪人如何承担共同犯罪刑事责任的问题，它与如何定罪不发生内在联系。笔者认为定罪量刑是解决刑事责任两个既有联系又有区别的环节。定罪是解决刑事责任有无的问题，量刑是解决刑事责任大小的问题。在这里我们并不否认两者有着严格的时间顺序，即定罪在先，量刑在后。但共同犯罪的定罪问题是通过犯罪构成这个将犯罪的故意内容和犯罪的行为内容两者结合为一体的规格标准加以解决的。事实上，先有共同犯罪的事实存在，然后才有共同犯罪人的认定问题；先有共同犯罪行为的性质确定，然后才有共同犯罪人的刑事责任承担问题。既然共同犯罪人的多寡及分工形式并不影响犯罪性质的认定，那么将如何定罪纳入共同犯罪人的分类依据中就显得毫无必要了。所以，作用分类法的目的明确、作用突出、依据充分，理应成为共同犯罪人进行分类的正确依据。

需要进一步指出的是，对于共同犯罪，大陆法系的刑法规定和共犯理论是以正犯（即实行犯）为核心而展开的，因而以分工分类法为标准划分共犯人的种类。而我国的刑法规定和刑法理论是以共同犯意为核心而展开的，因而主要以作用分类法为标准划分共犯人的种类。两者的中心不同，故形成的共同犯罪人的体系截然有别，我们在论及共同犯罪人种类时千万不要张冠李戴。

（四）对混合分类法的考察与评价

混合分类法在承认作用分类法的合理性和科学性的基础上，又不恰当地引入分工分类法，将两者糅合在一起。例如，我国刑法在确认作用分类的同时，又将教唆犯作为共同犯罪人的一个种类加以规定。然而这两种分类方法在本质上是相互排斥的，不能混合、调和。例如，已是主犯了，那就不可能又是从犯；反之亦然。然而对于教唆犯来说，它既是身份上的教唆犯,又是作用上的主犯或者从犯,它并没有自己独立的品格(教唆犯是否属于共同犯罪人的独立种类,甚至是否必定属于共同犯罪人,下文将详细论述)。有人认为以不同的标准,可以得出同一事物具有不同的属性,这是正确的。但是笔者认为,根据同一个标准只能得出一个统一的结论。不然这种标准本身的科学性就值得怀疑。有人又以我国刑法中的主犯既可以是犯罪集团的组织、领导者,又可以是共同犯罪中起主要作用者,来证明混合分类法的正确性。[⑩] 我们先不讨论这实际上仅仅是主犯的不同形式而已,单就刑法理论而言,它的任务不仅在于深入浅出地注释现行刑法的内容,使之在司法实践中得以运用,而且更在于怎样深入浅出地揭示刑法内在的规律性,使之更具有科学性。因此,混合分类法实际上是画蛇添足,纯属多余。

二、胁从犯与教唆犯的共犯性质与地位

我国刑法根据混合分类法,将各共同犯罪人分成主犯、从犯、胁从犯和教唆犯四种类型。《刑法》第 97 条对首要分子的规定,仅仅是一种立法的补充解释,因此不属于共同犯罪人的一种独立种类。这里我们仅就我国刑法现有的内容,审视一下共同犯罪人的现有种类划分是否合理科学。

(一)胁从犯的性质与地位

根据我国《刑法》第 28 条的规定,胁从犯是指被胁迫参加犯罪的犯罪人。尽管我国众多的刑法教科书和众多的理论学说从注释法学的角度,对胁从犯的性质和形成作了种种解释,但胁从犯本身存在的问题仍暴露无遗。

第一,受重大胁迫而实施一定行为的人能否构成共犯?我国刑法对胁从犯的规定,并没有明确指出胁迫的内容和胁迫的程度,以致有人认为无论胁迫者对被胁迫者采取何种胁迫手段,只要被胁迫者实施胁迫者所希望的行为,被胁迫者都可以成立胁从犯,构成共犯。然而问题在于当受到重大胁迫时,被胁迫者的意志是否还是完全自由的?

[⑩] 参见陈兴良:《共同犯罪论》,中国社会科学出版社 1992 年版,第 187 页。

被胁迫者的同意是否具有法律上的意义？对于胁迫，我国《刑法》第236条的强奸罪、第263条的抢劫罪、第274条的敲诈勒索罪等都有涉及，并规定被胁迫者在胁迫之下其意志已非自由，因此即使表示同意已不具有法律上的意义。尽管在上述提及的胁迫之下被害人表示的同意与被胁迫者表示的同意有一定区别，这种区别在于被害人的同意仅仅意味着损害自身的利益，而被胁迫者的同意则意味着将要损害他人或社会的利益。但是，这里两种胁迫的情形和两种受胁迫的性质却是同一的。在这种情况下，我们不考虑胁迫内容和胁迫程度的区别，将被胁迫者违心实施的行为一律以犯罪论处，势必会造成累及无辜的现象。尽管在现实生活中，对在劫机犯以毁机亡人的胁迫下，机组人员被迫改变航向的行为，都以紧急避险行为予以处理。但是在抢劫犯以刀枪为手段、以杀伤为要挟，胁迫银行职员放弃反抗，是否可以认定被胁迫者以不作为的方式参与了犯罪？结论当然是否定的。这样我们可以得出结论，在重大胁迫下被胁迫者为避免对自身或家人的伤害而违心实施一定的行为，不能一律以胁从犯认定。在这方面，诸如《加拿大刑法典》第17条（强迫胁迫）"当场受他人以死亡或者重伤之胁迫而犯罪，如相信其胁迫即将实施而未参与该犯罪之预谋或共犯者，其犯罪不罚"的规定，比较合情合理，即受重大胁迫而违心实施轻于胁迫内容的行为不能以胁从犯而作为共犯论处。这值得我们借鉴和吸收。

第二，胁从犯应否成为一种独立的共犯种类？我国刑法规定胁从犯，是我国"首恶者必办，胁从者不问"刑事政策的一种演变。但刑法这种规定并没有很好地解决胁从犯的本质所在，因而使得胁从犯法律地位变得摇摆不定。被胁迫参加犯罪，就被认定具有胁从犯性质。那么当被胁迫者参与犯罪后放手大干冲锋陷阵，起着主要的作用，此时也还认定属于次于从犯的胁从犯，其法律地位的合理性显然值得怀疑。如果以被胁迫者参加犯罪后所起的作用必须较小时才可认定，那么此时作用较小与先前的被胁迫又有什么内在联系呢？作用较小是相对于作用较大而言的，作用较大者可以为主犯，那作用较小者为何不能进入从犯的领域呢？进而言之，在刑法中胁从犯不但相对胁迫者而言，而且还相对于从犯而言。如果胁迫者胁迫被胁迫者两人实施共同犯罪，这里就不产生从犯的问题（当然从理论上也可以承认没有从犯但有胁从犯存在的可能性）。此时胁迫者为主犯，那被胁迫者何能超越从犯而成立胁从犯呢？其实刑法规定胁从犯，无非是想解决一个刑事责任较轻的问题，而我国刑法对从犯刑事责任的规定已经包含了"减轻处罚或者免除处罚"，这一规定与胁从犯的"减轻处罚或者免除处罚"完全重叠。刑罚的轻重与行为的社会危害性大小相适应，因此，我国刑法根本没有必要将胁从犯独立规定为一种共犯种类，完全可以根据被胁迫者在共同犯罪中的作用，确定其为主犯或者从犯。一旦确定为从犯，我国刑法对从犯极度灵活的量刑原则必定能实现罪刑相适应的需要。

（二）教唆犯的性质与地位

我国刑法学界已有人提出过教唆犯不是共犯中的独立种类。[①] 这种见解有一定的合理性。笔者认为，教唆犯不但在与他人共同实施犯罪时不能成为一种独立的共犯种类，而且在他人拒绝教唆时或者被教唆人不与教唆犯发生主观犯意联系时，教唆犯也不发生共同犯罪的问题。

第一，教唆犯不是一种独立的共犯种类。教唆犯成立共犯，是以被教唆人接受教唆、实施教唆内容的犯罪为基础。在这种情况下，教唆行为与实行行为互相联系，构成一个完整的行为整体，教唆行为的内容与实行行为的内容在本质上具有高度的一致性。对此，无论是教唆犯还是实行犯，都应根据他们在共同犯罪中的作用，确定他们的地位，或与主犯竞合，或与从犯竞合，不发生教唆犯独立的法律地位问题。司法实践中，绝大多数教唆犯被确定为主犯的实例清楚地表明了这一点。笼统地确定为教唆犯，既不能解决定罪问题，也不能解决量刑问题。教唆犯的地位实际上是由教唆犯的行为作用决定的，无论这一作用大小，已使得教唆犯取得了主犯或从犯的地位；已加入共同犯罪的教唆行为与实行行为仅仅存在形式的差异，而没有本质的差异。就本质而言，教唆犯不过是共同犯罪的主犯或从犯，而不是一种独立的共犯种类。

第二，教唆犯在他人拒绝教唆时不能成立共犯。教唆犯的教唆被

---

① 参见张明楷：《教唆犯不是共犯人中的独立种类》，载《法学研究》1986 年第 3 期。

被教唆人拒绝,教唆内容就无法成为现实。此时,虽然由于教唆犯教唆内容的确定,教唆行为的实施已不影响其犯罪的成立和刑事责任的承担。但这里不发生共同犯罪的问题。共同犯罪是以两人以上的共同故意犯罪为基础,缺乏被教唆人的接受被教唆内容、实施被教唆行为,对教唆犯欲以共犯论处,就有一个教唆犯与谁而共、共在何处的问题。此时充其量不过是单独犯罪而已,绝无共犯的形式与共犯的内容存在。

第三,被教唆人虽接受教唆但不通谋,教唆犯也非共犯。被教唆人虽然接受教唆,但却不明确表示接受,或者明里拒绝暗中接受,但不与教唆犯发生主观犯意的联系,这里就仍不发生共同犯罪的问题。即使被教唆人实施了被教唆内容的行为,在刑法理论上不过是片面共犯。根据前面的论证,片面共犯不属于共同犯罪。在这种情况下,各参与犯罪的行为人只能根据其自身的行为形式和行为内容,确定其犯罪性质和承担刑事责任。

由此我们看出,教唆犯不但不能成为共同犯罪人中一种独立的种类,而且能否成立共同犯罪也成问题。因此,笔者认为,教唆犯应成为一种独立的犯罪形式,在《刑法》分则中应专设一个教唆罪。当教唆犯与实行犯因主观犯意的联系和行为内容一致时,完全可以根据共同犯罪的原理,结合其在共同犯罪中的作用,确定其为主犯或者从犯。当被教唆人拒绝教唆或明里拒绝暗中接受,但不与教唆犯发生犯罪意思联系,对教唆犯就以独立的教唆罪论处。

三、共同犯罪人分类的立法完善

通过对共同犯罪人的分类依据和对我国刑法共犯种类的分析,进一步完善我国刑法共同犯罪人种类的规定,已在我们的提议之中了。笔者认为,对共同犯罪人的分类应以作用分类法为依据,并对共同犯罪人的种类作必要的调整,调整后的共同犯罪人应当分为首犯、主犯、从犯三种。

(一) 首犯

首犯是指在犯罪集团中起组织、领导、策划、指挥作用的犯罪分子。犯罪集团是共同犯罪中危害最为严重的一种形式,它以严密的组织关系、既定的行动计划、众多的犯罪成员为特点。因此,对犯罪集团中起组织、领导、策划、指挥作用的犯罪分子,决不能与一般主犯相提并论。我国《刑法》第 97 条对首要分子虽有立法补充解释,但这不是独立的共犯种类。因为它既包括犯罪集团的首要分子,也包括一般性聚众犯罪的首要分子。而《刑法》第 26 条实际上又把犯罪集团的首犯与一般共同犯罪的主犯混合规定在一起,把首犯看成是主犯的一种形式。这实际上混淆了首犯与主犯的区别,不利于实现应着重打击首犯的刑法要求。因此,笔者认为,有必要将首犯从主犯中分离出来,作为一种独立的共犯种类。对于首犯应当规定为对整个集团的所有犯罪承担刑事责任,并应当从重处罚。

(二) 主犯

主犯是指在共同犯罪中起主要作用或重要作用的犯罪分子。对于主犯,一个很重要的问题是怎样确立一个具体的认定标准。对此,以往的刑法理论关注不多。笔者认为,所谓主要作用或重要作用,是指参与共同犯罪的行为人能够以自己的行为左右犯罪的发展方向,决定犯罪的实施进程,影响犯罪的结果发生。例如决定目标的选择、实施行为的时间、实施行为的方式等,抽掉行为人的这些行为作用,就会使既定的共同犯罪意图和共同犯罪行为发生变化,不能照常进行。对于主犯的刑事责任,应当规定为对所参与的共同犯罪承担刑事责任,并应当从重处罚。这里的参与,既包括出谋划策,又包括具体行为。在犯罪集团中,主犯与首犯的区别主要在于是否对整个犯罪集团的犯罪发生影响作用。

(三) 从犯

从犯是指在共同犯罪中起次要作用或者辅助作用的犯罪分子。对于从犯,关键要确定一个与主犯相区别的标准。笔者认为,区别的标准在于,抽掉这种行为人的行为作用,能否使既定的共同犯罪的发展方向、实施进程发生变化。如不发生变化,这种行为人就可以认定为从犯。对于从犯的刑事责任,应当规定对所参与的共同犯罪承担责任,并应当比照主犯从轻或者减轻处罚。对于从犯的刑事责任,有两个问题需要加以研究:一是我国刑法规定对从犯的刑事责任应当从轻、减轻或者免除处罚,"应当"本身表明不存在灵活选择的余地,但现在这种多个量刑原则并列规定可供选择,已不能反映"应当"的本来含义,因此有必要将此修改为"应当从轻或者可以减轻、免除处罚"。二是从犯的刑事责任应否比照主犯来解决,适用从轻等量刑原则。有人提出,对特别严重的共同犯罪,从犯本身的社会危害性已经达到了可以重罚的程度,但因为有主犯的刑事责任做比照对象,采取应当比照要求只能从轻发落,这样与单独犯罪相比较,可能有失公平。我国1997年《刑法》正是对1979年《刑法》作出修改后采取这样的规定形式。但笔者认为,这种观点与刑法的现行规定并没有认识到从犯的本质所在。对于从犯,是把它放在共同犯罪的整个案件背景中进行考察的,既然是从犯,说明他对共同犯罪的作用是相对小于主犯的,那么共同犯罪的主要刑事责任当然是由主犯来承担的,从犯的刑事责任只能依附于主犯,从而只能比照主犯作相应较轻的处罚。同时如果我们引入二次性复合量刑的方法⑫,那么从犯的刑事责任问题便更容易得到妥善解决。

综上所述,笔者认为,在刑法规定共同犯罪一般概念之后,对共同犯罪人的种类和刑事责任应当修改规定为:

第×条 在犯罪集团中起组织、领导、策划、指挥作用的,是首犯;对于首犯,应当对整个犯罪集团的所有犯罪承担刑事责任,并应当从重处罚。

第×条 在共同犯罪中起主要作用或者重要作用的,是主犯;对于主犯,应当对参与的共同犯罪承担刑事责任,并应当从重处罚。

第×条 在共同犯罪中起次要作用或者辅助作用的,是从犯;对于从犯,应当对参与的共同犯罪承担刑事责任,并应当比照主犯从轻处罚或者可以减轻、免除处罚。

---

⑫ 参见杨兴培:《论二次性复合量刑法》,载《中国法学》1996年第4期。二次性复合量刑法是指:"在量刑过程中,首先根据犯罪行为的社会危害性大小,遵循罪刑相适应的原则,结合犯罪的社会危害性发生过程中的各种情节,为犯罪选择一个与之相适应的基本刑。然后根据犯罪人的人身危险性深浅,遵循刑罚目的为预防犯罪的要求,结合犯罪人的人身危险性形成和发展过程中的各种情形,对原先选择的基本刑做必要的调整,进行第二次量刑。最后通过将二次性量刑调整复合后的刑罚结果作为宣告刑予以判决执行的一种量刑方法。"

第十一章 犯罪构成与一罪数罪形态

　　一罪与数罪是刑法理论中较为复杂的问题,也是司法实践中经常遇到的一个难题。我国刑法有数罪并罚的规定,数罪以一罪为基础。但何为一罪,我国刑法并没有明确的规定。于是,这一问题就成了许多学人呕心沥血、苦思冥想以求正确答案的对象了。

第一节 一罪的法律基础与事实基础

　　刑法中没有一罪的明确规定,人们只好求助于刑法理论的标准。但理论标准往往具有多元性,刑法理论关于一罪标准的各种观点和一罪类型划分的多元化,往往使司法实践眼花缭乱。于是司法实践为了规范实际操作,通过司法解释将刑法中的各种犯罪确定了具体罪名(根据最高人民法院的司法解释,1997年修订后的《刑法》分则共有413个罪名,刑法经过多次修改又增设了若干新的罪名,截至目前,我国刑法中共有451个罪名),一个罪名为一罪。然而,无论是理论标准也好,还是罪名规定也好,它们总是要面对一定的犯罪事实才能发挥作用。因此,正确理顺理论标准、罪名规定(这实际上也是一种法律性规定)和犯罪事实在一罪认定过程中的相互关系,对于理解何为一罪具有至关重要的意义。

一、以犯罪构成为一罪的理论标准评析

　　在我国的刑法理论中,关于一罪的理论多采用犯罪构成标准说,即"凡是基于一个确定或者概括的犯罪故意(或过失),实施一个危害行为,符合一个犯罪构成的为一罪;基于数个犯罪故意(或过失),实施

数个危害行为,符合数个犯罪构成的为数罪"①。但在这一标准中,恰恰起着奠基作用的何为一个罪过(故意或过失)、何为一个行为没有得到明确的界定,以致经常出现理论上的争论。也许属于犯罪构成主观要件的心理罪过主要是通过行为人的真实陈述和已见之于客观外在的行为表现加以认定和推导的。但是何为一个行为,并不能依靠行为人的陈述和客观外在的行为表现简单地进行认定和推导。于是,自然行为说、社会行为说、犯意行为说、人格行为说、法律行为说(构成要件行为说)纷纷登场亮相,各说其是。自然行为说认为行为就是人的身体的外部动作,所谓一行为,就是从事物的自然观察上其行为是"单一的"。社会行为说认为行为是具有社会意义的人有意的身体动静,所谓一行为,就是从社会观察上具有一个心理意思的活动。犯意行为说认为行为是基于犯意而进行的动作,行为的本质是犯意。因此,认定行为的个数应以犯意的个数为准。人格行为说认为行为是行为人人格的主体现实化的身体动静,它着眼于行为人人性的存在,以人格的标准去评判行为。法律行为说认为的单复数,应当依照所符合犯罪构成要件的次数来认定。也许人们站在不同的角度,采用不同的标准,自然会得出不同的结论。我们没有必要对它们一一进行评价与否定。人们对世界的观察和认识本身就是多角度和多元化的。但是笔者还是认为,人们论及人的行为时,是把行为看成是已属社会化的人的行为。作为社会化的人的行为尽管有着某些自然属性,但更多地融入了社会属性(这里特指行为是人有意识、有意志的行为)。作为刑法上的行为,也有其规范要求的存在。因此说到底,刑法上的行为是基于行为人的意思作用而表现出来的,符合刑法规范要求的身体动静反映,它是行为自然属性、社会属性和法律规范属性三者有机结合的统一体。这里,行为的自然属性是认识行为的事实基础,行为的社会属性是确定行为的价值出发点,行为的规范属性是评价行为的技术定型。如果我们把行为的自然属性和社会属性归结为一个行为事实,据此认定行为的单复数,至多获得一个社会观念上的结论。有学者指出,刑法概念上之行为,系构成要件之要素,应在构成要件中加以探讨。② 从

---

① 高铭暄主编:《刑法学》(新编本),北京大学出版社1999年版,第128页。
② 参见陈朴生:《刑法专题研究》,台北三民书局1988年版,第86页。

这一意义上说,法律行为说也即犯罪构成一罪标准理论说具有一定的合理性。

但这仅仅是我们所要讨论问题的一个方面。犯罪构成是融主客观要件为一体的一种犯罪模型标本、一种犯罪规格标准,行为事实符合主客观要件的内容,行为即已构成犯罪。但行为事实已构成犯罪与行为事实可以构成几个犯罪,是两个既有联系又有区别的问题。说两者存有联系,表明行为事实只有在已构成犯罪的基础上才有可能构成一个或几个犯罪的问题。说两者存有区别,主要表现在行为事实是否构成犯罪,主要就其主客观要件内容是否已经具备而言的,而行为事实可以构成几个罪,主要取决于法律对一个罪的定型问题,有的时候它与犯罪构成中罪过的个数、行为的个数、犯罪构成的个数没有直接的关系。例如《刑法》第239条规定的绑架罪,其中有"致使被绑架人死亡或者杀害被绑架人的"内容规定。行为人以勒索财物为目的绑架他人,或者以其他目的绑架他人作为人质,这里无疑已具备了绑架罪的主客观构成要件,即使没有"致使被绑架人死亡或者杀害被绑架人的"事实存在,也不会影响绑架罪的成立。但是在绑架罪成立之后的"致使被绑架人死亡或者杀害被绑架人的"事实中,是否还存在一个具有主客观要件内容的犯罪构成呢?结论应当是肯定的。"致使被绑架人死亡的"不排除其中存在过失的罪过和过失的行为,但"杀害被绑架人"必然包括了故意的罪过和杀人的行为。如果这一行为不发生在绑架过程中,构成一个独立的犯罪不成任何问题。然而当这一行为一旦发生在绑架过程中,根据刑法的规定,只能以绑架罪认定,只是在刑事责任上加重处罚。类似的现象在刑法中还可以找出很多例子。

由此我们可以看出,基于一个罪过,具有一个行为,符合一个犯罪构成为一罪的标准,是一种理论的标准。基于一个罪过,具有一个行为,往往符合一个犯罪构成的主客观要件。但是,一个犯罪构成在实定的刑法规定中,其主观要件并不仅仅局限于一个罪过(更何况一个罪过的认定,无论是从心理学上还是在现实生活中,如何运用一个统一的、合理的标准加以衡量,也是一个待解的难题。在很大程度上,这是一个如何基于行为事实,运用证据,根据人类的生活经验,特别是评价人根据自身的生活经验所形成的一种确信),其客观要件也并不仅仅局限于一个行为(例如,绑架勒索后又杀人,无论以何种标准,都会认定为两个行为)。这种基于两个以上的罪过,具有两个以上的行为,已经符合两个以上犯罪构成的行为事实,根据法律行为说也即犯罪构成一罪理论标准,理应构成两个以上的犯罪,即数罪。

然而,我们在这里仅仅从理论上说法律行为说也即犯罪构成一罪标准说是合理的,它可以成为刑事立法设立罪数标准时的一个理论依据。但是,在它成为现实的法律规定内容之前,合理的东西并不能自然地成为合法的东西,两者之间有着一条从观念到现实不可逾越的鸿沟。因此,合理的东西可以在刑事立法时起着一定的支配作用,但是在刑事司法过程中,合理的东西最终必定要让位于合法的规定,除非合理的与合法的在一定范围内和一定程度上已经合二为一了。基于这样的理论基础,法律行为说也即犯罪构成一罪标准说在现行的刑事司法实践中很难彻底贯彻。

二、罪名规定对一罪认定的影响及其运用

从刑法理论的角度加强对一罪标准的研究,从而为刑事立法确定一罪的标准提供充足的理论依据,应当是刑法理论一个不可推卸的责任和无法拒绝的任务。但是,刑法理论上的"应该"并不能取代刑法规定上的"是否",这是两个层面上的不同问题。尽管在罪数的实际认定中,这两个本是不同层面的问题有时会经常搅在一起(对此我们将在后文专门讨论和阐述),但是我们必须要从观念上将两者割裂开来,而且也是能够割裂开来的。从刑法理论的"应该"到实定法律的"是否"之间并不存在一座天然合理的桥梁,横挡在其间的可能是一条不能随意跨越的鸿沟,这就是法律关于罪名的规定。如果说在刑事立法中要着重解决的是关于一罪与数罪的"应当"标准,那么在刑事司法中要着重解决的是关于一罪与数罪的"是否"认定。在这方面,刑法有关罪名的明确规定是我们认定一罪与数罪的重要依据。

罪名是指犯罪在法律上的名称,一个罪名就是一个犯罪的名称。我国刑法并没有明确而直接的罪名规定,罪名隐寓于《刑法》分则条文规定的罪状之中。罪名和罪状有着密切的关系,确定罪名离不开对罪状的认识和理解。罪状法定是我国刑法罪刑法定原则的具体表现,没有罪状的规定,就没有法定的犯罪,也就没有罪名。罪状是确立罪名的前提和基础,而罪名实质上是对罪状的抽象和概括。但是罪状并不

等于罪名。尽管由于我国刑法没有直接规定罪名,刑法理论对如何根据罪状确定罪名提出了许多见仁见智的观点和标准。但是在我国,最高人民法院在1997年《刑法》修订施行以后,于1997年12月9日专门通过了《关于执行〈中华人民共和国刑法〉确定罪名的规定》,对新《刑法》的罪名作了统一的规定,共计有413个罪名(新《刑法》修订施行后,全国人民代表大会常务委员会陆续制定通过了多个补充修改规定,在这些补充修改规定中又增设了若干个犯罪)。司法解释关于罪名的规定,为刑事司法认定一罪与数罪提供了明确的法律依据。

对现有罪名规定进行梳理,可以发现,司法解释关于罪名的规定在与罪状的相互关系上大体可以分为以下几种类型:

第一,一罪状一罪名,例如《刑法》第232条的故意杀人罪。

第二,一罪状数罪名,例如《刑法》第114条的放火罪、决水罪、爆炸罪、投毒罪和以危险方法危害公共安全罪。

第三,数罪状一罪名,例如《刑法》第239条的绑架罪,第240条的拐卖妇女、儿童罪。

由于有了罪名的明确规定,因此行为事实触犯一罪名,就是一罪;触犯数罪名,就是数罪。但是,罪名规定在司法实践中的运用,一个十分重要的问题是必须先行研究和理解,即对罪名与罪状、罪名与犯罪构成的相互关系应当如何加以认识。根据刑法理论的通识,罪状是《刑法》分则条文对具体犯罪构成要件的规定,也就是对具体犯罪行为特征的说明和描述。当一罪状中只包含一个犯罪构成,即只有一个罪过的主观要件和一个行为(及一个结果)的客观要件,此时,一罪名等于一个犯罪构成,或者一个犯罪构成即等于一罪名。但是,当一罪状中包含了几个犯罪构成,即有几个罪过的主观要件和几个行为(及几个结果)的客观要件,此时,一罪名即一罪与一个犯罪构成即一罪并不发生必然的对应关系。例如《刑法》第240条规定的拐卖妇女、儿童罪中的"奸淫被拐卖的妇女(当为强奸)""诱骗、强迫被拐卖的妇女卖淫或者将被拐卖的妇女卖给他人迫使其卖淫的(当为引诱卖淫罪、强迫卖淫罪)""以出卖为目的,使用暴力、胁迫或者麻醉方法绑架妇女、儿童的(当为绑架罪)"。在本罪中,其实只要行为人具有非法获取钱财的目的,实施了拐卖行为,即可构成本罪。有无其他上述罗列的行为,已不影响本罪的成立。但如果兼有其他上述罗列的行为,根据司法解释的罪名规定,仍属于一罪的范畴。而在上述其他罗列的行为中,本身也具有一个确定的犯罪构成。因此,从理论上说,符合一个犯罪构成就是一罪的观点和标准,不管其具有多大的合理性,也不管其对刑事立法规定罪名和刑事司法解释确定罪名时具有怎样的指导作用,在司法实践中还得让位于已有的指令性实际罪名规定。从这一意义上说,不管一罪名其本身的规定合理性如何,也不管一罪名与犯罪构成单复数的关系复杂性如何,一罪名就是一罪的原则标准不容动摇。至于有人说,一罪的构成具有唯一性,"任何一个犯罪的客观构成行为只有一个,无法用复数来衡量"③。笔者认为,这至多是从一个罪名就是一罪的意义上牵强而言的,在事实评价上已无法自圆其说。尽管笔者也认为,事实意义上的数行为,甚至符合数个犯罪构成并不等于数罪,是否是数罪,当以是否触犯数罪名为标准。但将符合数个犯罪构成仍属于触犯一罪名,无视事实与理论将符合数个犯罪构成牵强地说成是只有一个犯罪构成,是很难获得事实意义和理论意义的。有人提到,这种现象可以把它放在"复行为犯"中加以解决。所谓复行为犯,"是指在一个独立的基本犯罪构成中包含数个不独立成罪的实行行为的犯罪"④。但这种观点还是从一个侧面承认一个罪名中已包含了数个犯罪构成,只是仅仅不独立成罪,即没有一个独立的罪名而已。特别是当刑法存在结合犯的情况下,更不能否认行为具有数个犯罪构成的事实。

三、行为事实中一罪与数罪的司法评价与认定

罪名与犯罪构成一样,不过是刑事立法者(在我国主要通过司法解释)在刑法规范上所设立的一种规格与模型。这种规格与模型只有与实际上的行为事实相结合、相匹配,才能获得实在的意义,体现其法律上的价值。同时,罪名所具有的罪数标准意义也只有从行为事实的评价和认定中才能得到反映。

在罪名与罪数的相互关系上,我国传统刑法理论一向有实质的一

---

③ 王明辉:《复行为犯研究》,载陈兴良主编:《刑事法评论》(第4卷),中国政法大学出版社1999年版,第317页。

④ 同上书,第321页。

罪、法定的一罪和处断的一罪之分。⑤ 所谓实质的一罪,是指某些犯罪只具有一个罪过、一个行为,因此只能作为一个犯罪予以认定的情形。实质的一罪一般认为有持续犯、想象竞合犯和法条竞合犯。所谓法定的一罪,是指某些犯罪在犯罪构成上可能具备两个以上的罪过和两个以上的行为,可以符合数个犯罪构成,但法律明文规定以一罪名予以

---

⑤ 关于一罪的分类,刑法理论上有多种分类观点:

1. 将一罪分为四种类型:

(1) 单纯的一罪,其中又分成四种:① 纯粹的一罪,如《刑法》第232条的故意杀人罪;② 选择的一罪,如《刑法》第125条的非法制造、买卖、运输、邮寄、储存枪支、弹药、爆炸物罪;③ 复合的一罪,如《刑法》第240条的拐卖妇女、儿童罪又奸淫被拐卖的妇女的;④ 重复的一罪,如《刑法》第358条强迫卖淫罪中多次强迫他人卖淫的。

(2) 实质的一罪,包括想象竞合犯、结果加重犯、继续犯。

(3) 法定的一罪,包括结合犯、惯犯。

(4) 处断的一罪,包括连续犯、牵连犯、吸收犯(参见苏惠渔主编:《刑法学》,法律出版社2001年版,第226—231页)。

2. 将一罪分为三种类型:

(1) 一行为法定为一罪或处断上为一罪,包括继续犯、想象竞合犯、结果加重犯。

(2) 数行为法定为一罪,包括结合犯、惯犯。

(3) 数行为处断为一罪,包括连续犯、吸收犯、牵连犯(参见高铭暄主编:《中国刑法学》,中国人民大学出版社1989年版,第214页以下)。

3. 将一罪分为三种类型:

(1) 单纯的一罪,包括继续犯、法条竞合犯。

(2) 实质的一罪,包括结合犯、结果加重犯、集合犯(惯犯、常业犯)、吸收犯。

(3) 裁判上的一罪,包括想象竞介犯、连续犯、牵连犯(参见马克昌主编:《犯罪通论》,武汉大学出版社1995年版,第592—593页)。

4. 将一罪分为三种类型:

(1) 单纯的一罪,系就自然概念与法律概念均属一致之纯粹一罪,即行为人以一犯意,为一行为,破坏一法益而构成一罪,如以杀甲之故意,将甲杀害,而成立一杀人罪。

(2) 包括一罪,指行为人以一犯意,为数行为,或为一行为,而持续地侵害一法益,实现一构成要件而构成一罪。此种行为单数因构成要件之规定所形成,故可以称之为构成要件之行为单一数。

(3) 处断上的一罪,又称裁判上一罪或科刑上一罪,包括想象竞合犯、牵连犯、连续犯(参见林山田:《刑法通论》,台北三民书局1990年版,第331页以下)。

5. 将一罪分为两种类型:

(1) 单纯的一罪,包括单一犯、吸收犯、结合犯、继续犯、集合犯(营业犯、常业犯、惯犯)、结果加重犯、法条竞合犯等。

(2) 处断上的一罪,包括想象竞合犯、牵连犯、连续犯(参见顾肖荣:《刑法中的一罪与数罪问题》,学林出版社1986年版,第11页)。

认定的情形。法定的一罪一般认为有结果加重犯、结合犯和惯犯。处断的一罪,是指某些犯罪从刑法理论上和法律规定上符合数个犯罪构成,可以成立数罪。但在长期的司法实践中已形成共识,一般以一罪名予以认定的情形。处断的一罪一般认为有吸收犯、牵连犯和连续犯。

笔者认为,无论将一罪分成何种类型,或者多少种类型,它总是与一罪名发生着密切的联系。而一罪名又是与一定的罪状所规定和描述的犯罪构成要件结合在一起成为一个犯罪的规格和模型,当一定的行为事实适用一定的罪名时,中间必须介入司法实践的评价活动后才能得到认定。因此,行为事实中一罪与数罪的认定,司法实践的评价活动具有将两者有机连接起来的独特作用。在对罪名所蕴含的犯罪构成主客观要件认识和理解的基础上,如何判断和评价行为事实中具有符合一罪还是数罪的事实和性质,就成为司法实践所要完成的重要任务。

已如前述,罪名规定制约着一罪与数罪的形态。不管行为事实中蕴含多少个犯罪构成,只要它们共存于一罪名的规定内容之中,那它们只能属于一罪。但一个行为事实中蕴含多少个犯罪构成?这些犯罪构成是否共存于一罪名规定内容之中?这就有一个事实判断、规范判断的问题,而在这些判断过程中,经常会介入评价人的价值判断。例如,张三怨恨李四,时时欲置李四于死地而后快。某日,张三趁李四不备,持木棒猛击李四头部,致李四当场死亡。此案中,张三主观上有杀意(棒击李四要害部位已经反映出张三的主观心理状态,如果张三能如实供述更好,这更能证实张三的杀意),客观上有剥夺李四生命的行为,且已出现了死亡的结果。这是一个事实,也是一个经过判断可以确认的事实。在事实判断的基础上,经过价值评价,张三的行为不存在合法性的理由支持,进而就可以进行规范评价。通过对照刑法规定和罪名蕴含犯罪构成主客观要件的要求,我们会轻而易举地获得张三的行为已构成故意杀人罪的结论。但是我们假设一下,张三为了杀李四,先去军火库盗窃枪支、弹药,然后将枪支、弹药藏匿于家中等待时机。某日,当张三获悉李四正在娱乐场所玩乐,便携带枪支、弹药进入娱乐场所实施杀人行为,致使李四当场死亡。这里我们并不是在创造事实、塑造事实、虚构事实,因为这样的例子在现实生活中已不胜枚举。如果我们讯问张三(如果张三能如实供述)为什么要盗枪?答:为了杀李四。为什么要私藏、持有枪支?答:为了杀李四。为什么要携带枪支进入公共场所?答:为了杀李四。为什么要开枪射击?答:为了杀李四。你的所有行为为了什么?答:为了杀李四。这是此案中很容易获得的一个事实。在此案中,通过事实判断、价值评价和规范评价,张三构成故意杀人罪已无任何问题。然而,本案中的张三盗枪行为、藏枪行为、携带枪支进入公共场所的行为事实,是否具有单独的犯罪构成,另行构成《刑法》第127条的盗窃枪支、弹药罪,第128条的非法持有、私藏枪支弹药罪,第130条的非法携带枪支、弹药危及公共安全罪呢?刑法理论上的多元一罪标准和形态,诸如牵连犯、吸收犯、想象竞合犯、法条竞合犯等就应运而生了,围绕类似案件的一罪数罪的争论常常经久不息。

其实,一个行为事实中不管蕴含多么复杂的罪数问题,仍然离不开人们对这一行为的事实评价、价值评价和规范评价。客观事实是可以认识的,经过人的评价可以固定下来。在对事实的评价过程中,已经包含人的价值评价,诸如一个完全的行为过程"应当"包含怎样的行为举动和行为环节。因此,盗窃枪支、弹药后,就自然非法拥有(持有)了枪支、弹药;盗窃枪支、弹药后在一段时间内继续拥有(持有),就自然是私藏枪支、弹药了。但盗窃枪支、弹药,并不必然包含非法买卖、运输枪支、弹药,也并不必然包含非法携带枪支、弹药进入公共场所或者公共交通工具,更不必然包含使用枪支、弹药非法剥夺他人的生命和损害他人的健康。这样人们就可以从观念上获得在上述案例中具有盗窃枪支、弹药,非法携带枪支、弹药进入公共场所,使用枪支、弹药杀人三个行为过程和行为事实的结论。从行为事实的评价中产生的这种结论,并不能自然地得出一罪与数罪的结论。一罪数罪的结论还必然来源于运用刑法规定对行为事实的规范评价(在规范评价过程中,是以人们对刑法规范已有认知为前提的)。于是,一个罪名规定已经包含了怎样的行为特征、包含了多少个行为特征(即犯罪构成)就成为认定一罪与数罪的重要依据。与前面的事实评价几乎相同(这不是人为制定的巧合,而是表明刑法规范,包括罪名规定不过是人们对已往事实进行评价的产物),我国刑法中对杀人罪的规定,并不强调行为人是采取何种方法、手段的。所以在杀人过程中,行为人使用了特别的方法、手段或为了杀人而进行了其他行为,这一方法、手段或为此进行的其他行为涉及刑法的其他规定,就产生了在杀人罪之外的其他犯罪。当然,如果杀人时使用放火、爆炸、投毒等危险方法,一次性的行为涉及不特定的多数人时,是否在杀人之外又涉及危害公共安全的犯罪?其实这里的一人(指特定被害人)死亡结果已经融合在多数人的生命安全利害结果中。这样就不发生可以对一人死亡进行独立评价的问题。同此原理,强奸、抢劫的暴力手段也包含了致人重伤、死亡的行为特征和行为结果,一旦具有致人重伤、死亡的行为特征与行为结果,仍在一罪的范畴之内;但杀人、伤害并不必然包含强奸、抢劫的行为特征和行为结果。在杀人、伤害过程中或过程后,行为人又另起意强奸、抢劫,必然又涉及另一罪名,即存在数罪的现象。

然而,刑法中罪名规定所涉及的犯罪构成特征并非个个都是泾渭分明的。例如,一行为只是造成一结果,但这一行为和这一结果,同时为两个罪名所囊括,于是就产生了法条竞合的问题,如金融诈骗与一般诈骗;一行为同时造成两结果,两结果同时为两个罪名所包含,于是就产生了想象竞合的问题,如一枪造成一死一伤的现象;一行为包含了多个行为举动或行为环节,但其中一行为举动或环节仅仅是他行为的必要准备或必然结果,于是就产生彼此吸收的问题,如非法侵入他人住宅而实施盗窃;一行为实施过程中先期做了某些行为活动,但这一行为活动又不能为他行为所自然吸收,于是又产生了牵连的问题,如冒充国家机关工作人员招摇撞骗,先期伪造公文证件。诸如此类问题,是刑法中一罪与数罪必须直面的现象。我们在这里需要明确界定,一罪名可能包含多个行为特征(即多个犯罪构成),但一个行为特征(即一个犯罪构成)最终只能属于一个罪名。一个犯罪构成不能分割使用,一个行为不能重复评价。这样,在法条竞合、想象竞合中,经过价值评价、价值选择后,只能择一确定罪名,刑法理论上的"特殊法条优于普通法条"或者"从一从重原则"就是从这里产生的。而当一行为过程中某一行为举动或环节,不过是他行为的必要准备或必然结果,本身不具有独立性,如非法侵入他人住宅进行盗窃后又非法拥有他人钱财,只能通过"高度行为吸收低度行为"的原则,以一罪名予以认定。而一行为实施过程中先期实施的某些行为活动,不能为这一行为所吸收,就必然产生两个犯罪构成。而当这两个犯罪构成不能为一个罪名所包含时,就必然构成了两个犯罪,这就是牵连犯(至于牵连犯如何处罚,这又是一个独立的价值选择问题,后文将作详细论证和论述)。在国外的司法实践中,我们经常能听到或者看到,动辄以多少个罪名进行指控、起诉,其基本的道理不外乎来源于此。

四、行为事实中几种一罪形态的理论评价

不可否认,一罪与数罪问题无疑是整个刑法领域中极为复杂疑难的问题。这种复杂疑难性不但来源于人们对行为特征进行事实评价、规范评价时往往存在价值尺度的差异,许多"说大就大、说小就小,说多就多、说少就少"的现象从一个侧面已经说明了社会科学的模糊性导致在评价过程中所出现的种种复杂性,而且这种复杂疑难性还来源于刑法理论对一罪形态的描述具有多元化的标准和观点。除了前面略有论述的想象竞合犯、法条竞合犯、吸收犯、牵连犯之外,诸如持续犯、连续犯、惯犯、结果加重犯、结合犯、常业犯、接续犯、徐行犯等名称经常见之于论著(刑法理论中的"犯"到底是指人的某种行为,还是指某种行为的人,似乎还没有得到统一,以致在不同的场合被赋予不同的含义),论者们在论述某种"犯"的时候,往往兴奋不已,从概念到特征,从认定到处罚,此犯与彼犯的区别,可谓面面俱到,唯恐挂一漏万。然而,每当我们掩卷长思之后扪心设问,刑法中真的有这么多的"新大陆"等待发现吗?学者们用学术泡沫堆砌起来的许多"伟岸高山",真的像论者们自信的那样坚固牢靠吗?带着宽容的目光去审视这些现象时,我们也许可以说这也是一种探索的方法。但是严肃的带有理性思考的刑法学者们总不能简单地站在自然主义认识论的立场上对既定规范和行为特征进行直观的描述,我们应当深入到行为事物的内部,寻找确定"这犯""那犯"的前提条件是否具有牢靠的理论根基。不然,求助于不够自觉和不甚严肃的概念游戏,不但无法体现这些名词概念的理论价值,而且将会导致整个刑法学在哲学、政治学、基础法学等学科面前越显矮小,即使在兄弟部门法学之林也很难树立起"自立门户"的独立自主性,至多给人以一种"外强中干"的感觉。为此,这里仅就自己能力所及的几种一罪的形态作一简单的评价与论述。

（一）关于持续犯的评述

根据刑法理论的通识，所谓持续犯，也称之为继续犯，是指行为人以一个罪过，实施一个行为，但其行为或行为导致的结果状态一直处于持续过程的犯罪情形，一般以非法拘禁罪，重婚罪，掩饰、隐瞒犯罪所得罪等为典型代表。

持续犯一般被认为具有以下几个基本特征：

（1）行为人在主观上只具有一个罪过，这一罪过内容和形式往往被界定在直接故意的范围之内；

（2）行为人在客观上只实施了一个行为，这一行为无论从犯意的角度还是法定的角度，都被视为是一个行为的体现；

（3）犯罪行为或者犯罪行为导致的结果状态一直处于持续过程中，即在时间上不具有间断性；

（4）持续犯行为一经实施且结果已发生，即构成犯罪既遂，时间持续的长短，对持续犯的成立不发生影响。

持续犯产生的法律根源在于实定刑法有"犯罪行为有连续或者继续状态的，从犯罪行为终了之日起计算"追诉时效的规定，持续犯产生的理论根源在于持续行为存在时间的跨度性。撇开法律渊源不谈（主要基于这样的思考：一是不想就法律规定的文字作太机械的注解；二是法律规定"继续"两字主要着眼于追诉时效的计算日期，这里并不能自然产生一个"继续犯"的概念；三是就继续和持续的文字来作严格的词义分析的话，两者存在一定的区别），仅就理论认识而言，要建立一个持续犯的概念，必先建立一个"速决犯"的概念。也许从玩概念游戏的角度出发，建立一个"速决犯"的概念并非难事。比如我们可以说，所谓"速决犯"，就是指行为人以一个罪过，实施一个行为，其行为和行为可能导致的结果在同一时空条件下完成，没有时间上的跨度性的情形。然后再根据僵直且已形成套路的方法演绎出几个基本特征就可完事。然而我们只要设问，这样的"概念"有多大的理论意义和实践价值？当我们一旦套用犯罪构成的模型规格去适用于行为事实时，行为在时间上的持续长短对犯罪的评价与认定又会产生多大的影响作用？而刑法中既然不存在"速决犯"的规定，那持续犯又是建立在什么基础之上呢？联系到现有刑法理论中诸多在前提条件都不明了的情况下，就发生了思想上的跨越,跃升为一种理论,真所谓即使不是"皮之不存,毛将焉附",也会是皮之虽存,毛将瞎附。

空头理论的膨胀,无助于理论自身的价值体现。笔者认为,犯罪构成的模型规格已能够帮助我们确认犯罪的成立与否,罪名规定所蕴含的犯罪构成内容已能够帮助我们确认犯罪的一罪与数罪,再提出持续犯的概念并继续坚持这一概念,已成为刑法理论的一个累赘,属于负能量的体现,理应果断地把它抛弃。

(二) 关于惯犯的评述

根据刑法理论的通识,所谓惯犯是指以某种犯罪为常业,或者以犯罪所得为主要生活来源或挥霍来源,在较长时间内反复实施同一犯罪,并形成一定习性的犯罪情形。在刑法理论上又将惯犯分为常业犯和常习犯两种类型。

惯犯一般被认为具有以下几个基本特征:

(1) 行为人在主观上具有故意的罪过内容和形式;

(2) 行为人在客观上具有实施多次犯罪的习惯性;

(3) 现实的行为已独立构成犯罪,结合历史的习惯行为,是认定惯犯得以成立的又一个重要特征。

惯犯概念的出现,主要在于我国 1979 年《刑法》有"惯窃、惯骗""以走私、投机倒把为常业""以赌博为业""一贯制造、贩卖、运输毒品"的实在性规定。因此,以往的刑法理论直言以上犯罪都存在惯犯。随着 1997 年《刑法》的修订施行,上述犯罪的规定发生了很大变化,所以,现有的刑法理论又改口说,我国刑法中的惯犯只有一种,即常业性惯犯,如赌博罪的常业犯。⑥ 我国刑法理论缺乏自觉意识,仅仅凭着自然主义的直观认识,法云亦云。在某种意义上,法云亦云也并非就是错误。问题在于,法云亦云也要有最起码的理论一贯性。涉及惯犯问题,一见到刑法中有"惯"字样,就产生一个惯犯的概念,一见到刑法中有"常业"或"为业"字样,就编造出一个常业犯的名词。若以此类推,刑法中有"多次"两字,就应该创造一个"多次犯"的概念;刑法中如有"长期"两字,就应该创造一个"长期犯"的概念。这岂不是要贻笑

---

⑥ 参见高铭暄主编:《中国刑法学》,北京大学出版社 1999 年版,第 132 页。

大方。

我们无法询问刑事立法是在怎样的思想指导下使用这些语言文字的,这些语言文字之间的差异如何区别。但有一点我们大致可以确认:当刑法理论中已有了一个连续犯的概念,一贯也好、常业也好、多次也好,难道还不能为"连续"两字所涵盖吗?一贯也好、常业也好、多次也好,缺乏了连续、多次、反复实施的同一行为特征,还能称之为一贯、常业吗?如果一定要在连续犯和惯犯之间挖掘一条人为的"鸿沟",那挖掘者的"锹柄"难道不被人拿来作为"桥梁",往这一并不很深、并不明显的"鸿沟"上轻轻一放就可以自由来往了吗?由此看来取消惯犯的概念和理论,是刑法理论发展的必然,不应当有什么犹豫和疑问。

(三) 关于一罪分类的评述

现有的刑法理论对一罪的分类可谓是五花八门,种类繁多。查阅各种论著,发现大体上有单纯的一罪(也有的叫纯粹的一罪)、选择的一罪、复合的一罪、重复的一罪、实质的一罪、法定的一罪、处断的一罪等。各种一罪分类的标准,大多从刑法的实定规定中寻找各自需要的根据,振振有词。笔者在这里不想再陷入各种概念、观点和各种遴选标准孰优孰劣的争论之中,只是想说明,理论上的一罪标准最终还得屈从于法律上的一罪的罪名规定。当我们运用犯罪构成的规格模型分析、认定现实生活中的行为事实时,符合一个犯罪构成,就成立一罪,符合数个犯罪构成,就成立数罪。但司法实践并非到此为止。司法实践的过程也是一个"循名定罪"的过程,是一罪还是数罪,还要根据罪名规定的形式和内容来确认。当一罪名规定之中只包含一个犯罪构成,如果现实生活中的行为事实符合这样的犯罪构成,那么形式与内容、本质与现象具有高度的同一性,这里就只能构成一罪。由于法律规定的多元化,会涉及多种罪名的选择适用,这不过是司法实践经过价值权衡后的一种价值选择。由于一罪名规定只包含一个犯罪构成,我们姑且将其称之为本质上的、内容上的一罪,诸如想象竞合犯、法条竞合犯、吸收犯、结果加重犯、单一的行为犯和结果犯均可囊括其中。而当一罪名规定已包含了数个犯罪构成,如果现实生活中的行为事实同样符合这数个犯罪构成，就形成了本质上的、内容上的数罪。但是由于这数个犯罪构成共存于一个罪名规定之中，根据"循名定罪"的原则，也只能认定为一罪，诸如连续犯、结合犯、部分的牵连犯均可囊括其中。这种内容与形式相冲突的现象，由于受罪刑法定原则的制约，由于法律的形式在法制社会的条件下要优于法律的实质。因此，内容上的数罪还是屈从于形式的一罪，我们姑且把这种现象称之为形式的一罪。笔者认为，将一罪的种类分为内容上的一罪和形式上的一罪，就可涵盖无论是理论上还是法律上的所有一罪的形式，在此基础上再进行所谓的细分，不过是在不断地变换名称而已。

    当然，我们也注意到我国司法解释对刑法规定的罪状内容确定罪名时的多元性，例如《刑法》第114条以每一种行为特征各确定为一个罪名，如放火罪、决水罪、爆炸罪、投毒罪和以危险方法危害公共安全罪，而《刑法》第125条非法制造、买卖、运输、邮寄、储存枪支、弹药、爆炸物的五种行为特征、三种犯罪对象合并为一个罪名予以规定。现实生活中，行为人如果既放火又投毒，司法实践必定认定为数罪。而行为人如果只非法制造枪支，即构成一罪。行为人如非法制造后又运输、买卖，也是构成一罪；如行为人在甲地非法制造枪支，在乙地非法买卖弹药，在法律评价上还是构成一罪。那么在这种情况下，《刑法》第125条的罪名到底是形式上的一罪还是内容上的一罪？笔者认为，应当将纸面上的罪名规定和司法实践中的罪名认定放在两个层面上加以理解。作为纸面上的罪名规定，这是一个包含了多个犯罪构成的形式上的一罪，而当现实生活中行为人只实施一个行为，涉及一个对象时，即为内容上的一罪；而当行为人实施多个行为，涉及多个对象时，即为内容上的数罪，这里内容上的数罪，既包括牵连犯，也可包括结合犯，但在形式上仍只能为一罪。当然我们也是从这样的罪名规定中，可以看出司法解释在确定罪名时的多元化标准。刑法理论研究完全可以在已有的罪名规定基础上，不屈从法律规定，说自己应当说的"应该怎么样"，但司法实践必须屈从于已有的罪名规定，做到"只能这样"。

第二节 牵连犯的理论再思考

牵连犯是刑法理论罪数论中一个颇具争议的问题,也是司法实践中一个颇为复杂的问题。我国刑法本无牵连犯的明文规定,但以往的刑法理论和司法实践还是承认牵连犯的。然而正因为刑法本无明文规定,所以究竟何为牵连犯?怎样才能正确认定牵连犯?对于牵连犯究竟应当采取怎样的处罚原则?都值得刑法学者做进一步的思考。

一、对牵连犯的理论考察

在刑法理论的发展过程中,最早提出牵连犯概念的当首推德国的刑法学者费尔巴哈。费尔巴哈在其于1815年受命起草的《巴伐利亚洲刑法典(草案)》中率先提出了牵连犯的概念,并加以系统、完整地表述,由此产生对牵连犯实行从一重罪处罚的原则。但是在此后的很长一段历史时期内,牵连犯这一理论和处罚原则并未得到世界范围内的热烈响应。在英美法系的各国刑事司法实践中,对具有牵连关系的犯罪,均按其所构成的犯罪以数罪并罚处理。在前苏联及东欧各国的刑事立法上也不承认牵连犯的概念,刑法理论对牵连犯也很少有持肯定态度的。经前苏联高等教育和中等教育部批准而作为高等学校法学专业教科书的《苏维埃刑法总论》,在陈述数罪并罚中定罪应遵循的原则时指出:"当罪犯实施的两个行为符合不同的刑法规范,但一个犯罪同时又是另一个犯罪方式、手段或加重的要件时,就只能作为单一的犯罪行为,而不是数罪合并……如果罪犯实施犯罪行为时,他所使用的方式和手段不是犯罪的必需要件,而是另外一个犯罪构成,这时应按数罪合并定罪。"⑦前者所说的实际上是单纯的一罪,属于想象竞合的犯罪,它不发生牵连的问题。而后者所说的实际上已包含了牵连犯的问题,但在前苏联的刑法理论上和司法实践中却按照数罪并罚的原则处理,这实际上已否定了牵连犯的理论。

牵连犯理论在大陆法系的立法例和司法实践中表现得较为突出,

---

⑦ 〔苏〕别利亚耶夫:《苏维埃刑法总论》,马改秀等译,群众出版社1987年版,第258页。

例如,日本刑法和我国台湾地区刑法对此都作了专门的规定。现行《日本刑法》第 54 条规定:"同一行为而触犯数个罪名,或作为犯罪手段或结果的行为,触犯其他罪名的,按照其最重刑判处。"我国台湾地区"刑法"第 55 条规定:"犯一罪而其方法或结果之行为触犯其他罪者,从重处断。"日本与我国台湾地区的刑法学者根据刑法的规定,对牵连犯的概念、构成要件、牵连关系、与其他相似形态的区别界限以及处罚原则作了较为深入的研究,并且在司法实践中基本贯彻了从一从重的处罚原则。然而尽管如此,几十年来,日本刑法学界有关废止牵连犯理论的呼声从未间断过,并且不断影响着立法趋势。例如日本《修正刑法(草案)》(1974 年)第 67 条虽然仍保留了现行《日本刑法》第 54 条前段有关想象竞合犯的规定形式和处罚原则,但却已明文删除了有关牵连犯的规定。日本《修正刑法草案理由书》阐述了删除牵连犯的理由,认为"有关牵连犯的规定被删除了,连构成牵连犯的数罪中,为手段之行为和为结果之行为间,会有相当的时间上的间隔。这样对一个罪来讲,判决是有效的,但对另一个就不一定适当。在判例中,作为牵连犯所具有的通常的手段或结果关系,在具体的适用上并不是一贯的。在现行法律下,牵连犯本身被解释成观念竞合的比较多,所以,牵连犯的规定被删去,对被告人的利益也没有什么坏处"。⑧台湾地区刑法学者也提出了废止牵连犯的要求,如陈朴生、洪福增在其所著《刑法总论》一书中写道:"如采废止论,认牵连犯如概按竞合论处,其刑重,且为既判力所不及,于被告不利;何采存置论,究竟何者为牵连犯,其标准,判例上极其随便,于被告有利与不利之差,亦难期其均衡。现行《日本刑法》第 54 条虽有牵连犯之谈,但其各改正刑法草案均予删除,其理由亦认为牵连犯之数罪中,为手段之行为与结果之行为间,本有相当的时间间隔,且对于 方之既判力及于他方并不适宜,且判例虽以具有通常手段、结果之关系数罪,为牵连犯,但其具体的适用未必一贯,在现行法下构成牵连犯之情形中,多亦得解的观念的竞合,故删除牵连犯之规定,于被告无不利。"⑨经过刑法学者的

---

⑧ 日本《修正刑法草案理由书》第 142 页、《准备草案理由书》第 153 页。参见顾肖荣:《刑法中的一罪与数罪问题》,学林出版社 1986 年版,第 94 页。

⑨ 陈朴生、洪福增:《刑法总论》,台北五南图书出版公司 1982 年版,第 304 页。

再三呼吁,台湾地区终于在 2006 年以通过"刑法修正案"的方式正式取消了牵连犯的法律内容,规定以数罪并罚的原则定罪处罚。

我国刑法对牵连犯并没有作明确规定,在很长的一段时期内,我国刑法理论受前苏联刑法理论的影响,很少涉及牵连犯的问题。但是在 1979 年我国第一部《刑法》制定颁布后,刑法理论与司法实践开始涉及这一问题并予以承认和肯定。何谓牵连犯?按照刑法通论,就是指"实施一个犯罪,而其犯罪的方法行为或结果行为又触犯其他罪名的一种情况"⑩。但在刑法理论上,对牵连犯的概念及其内涵并未取得一致认识,正是由于理论上的分歧,导致牵连犯处罚原则的分歧。一种观点坚持采用传统的从一重原则,即根据本罪行为及方法行为与结果行为所触犯的罪名,择其中一重罪认定,再实行从重处罚。其基本的理由是,行为人本想犯一罪,只具有一个犯罪之目的,只不过其实施犯罪的方法行为或结果行为又触犯了其他罪名,所以牵连犯的社会危害性较之其中一罪为重,而较之数罪之和为轻,故采取从一从重原则,正好能体现罪刑相适应的原则。另一种观点认为应当采用数罪并罚原则,其基本的理由是,既然牵连犯已属数罪的范畴,那么就应该实行数罪并罚。

随着我国刑法理论研究的不断深入,刑事立法的不断完善,近来提出废止牵连犯理论及其从一从重处罚原则的学者日益增多。例如有人指出:"牵连犯,刑法上没有明文规定,却有实质上不承认这一概念的法律条文,所以不必研究牵连犯。《关于惩治贪污罪贿赂罪的补充规定》第 3 条规定:'挪用公款进行非法活动构成其他罪的,依照数罪并罚。'显然,挪用公款与其他罪实际上存在着所谓牵连关系。实践中有些做法,例如伪造公章进行诈骗,通常只定一罪,这在理论上可用吸收犯进行解释,而无需借助牵连犯概念。"⑪有人指出:"取消牵连犯后,原先构成牵连犯的多数案件可做数罪并罚或吸收犯处理,少数做想象竞合犯处理。这样,在我国审判实践中若干有争议的问题便可得到较好解决。"⑫

---

⑩ 高铭暄主编:《中国刑法学》,中国人民大学出版社 1989 年版,第 222 页。
⑪ 杨春洗、杨敦先主编:《中国刑法论》,北京大学出版社 1994 年版,第 236 页。
⑫ 顾肖荣:《刑法中的一罪与数罪问题》,学林出版社 1986 年版,第 96 页。

二、现行《刑法》有关所谓牵连犯的规定情形

1997年《刑法》仍然没有明确规定所谓牵连犯的概念及其处罚原则,但这并不等于现行《刑法》中不存在牵连犯的诸多表现形式。综观现行《刑法》的规定,不但存在大量的牵连犯的表现形式,而且在处罚原则上往往大相径庭。概括而言,可以归纳为以下几种情形:

(一)以普通一罪认定,不作特别提示

例如,《刑法》第333条规定非法组织他人出卖血液,对他人造成伤害的,应当依照《刑法》第234条的故意伤害罪的规定定罪处罚,不再另行构成非法组织他人出卖血液罪。这一规定与传统意义上的结果加重犯有着明显的区别,也不同于一般的法条竞合犯,比较接近于一行为同时产生两结果的想象竞合犯。但这里的刑法规定又不同于想象竞合犯的理论处理原则——择一重处罚,而是采取了明确规定的处理原则——择重罪而定,如何处罚不作特别提示。

(二)明确规定择一从重处罚的原则

例如,《刑法》第171条第3款规定,伪造货币并出售或者运输伪造的货币,依照《刑法》第170条伪造货币罪的规定从重处罚。伪造货币与伪造以后又出售或运输伪造的货币的行为,实际上已存在两个或者两个以上的行为表现。只是伪造货币的行为往往在于获取非法利益,而实现这一非法目的,伪造货币后必须加以销售出手或者转移到特定场合以便进入流通领域,所以出售或者运输伪造的货币与伪造货币的行为必然存在某种关联性,但又不是伪造行为本身所能包容的。但在这里,《刑法》明文规定只以其中的主行为从一定罪,并提示应当从重处罚。这一规定与《刑法》第125条的非法制造枪支、弹药、爆炸物又涉及非法买卖、运输行为的规定已存在明显的区别。

(三)明确规定以数罪认定,并实行并罚

例如,《刑法》第241条第4款规定,收买被拐卖的妇女、儿童,非法剥夺、限制其人身自由或者有伤害、侮辱等犯罪行为,依照刑法的有关规定,实行数罪并罚。收买被拐卖的妇女、儿童本身就意味着将被拐卖的妇女、儿童视作毫无人身自由的"物品"而进行买卖交易。而收买以后将被拐卖的妇女、儿童视作没有人身自由的"物品"继续加以人

身控制，既是收买行为后的必然延伸，又是收买行为以后的又一行为表现，属于犯罪的结果行为又触犯另一罪名的情形。但此时刑法已明确作了应当实行数罪并罚的规定。类似的规定形式与前两种规定形式相比较，略微占多数。

从上述规定中，可以看出我国刑事立法从不承认牵连犯的概念，但又在某种程度上认可其处罚原则，又逐渐趋向于向数罪并罚的原则过渡和演变。然而，类似于牵连犯的规定在刑法中没有得到统一协调的反映，也使得刑法在牵连犯的问题上变得杂乱无章。刑事立法可以根据自己的认识和需要而作任意的规定，但刑法理论可以不必委曲求全而放弃理性的思考。不管刑事立法作如何规定，刑法理论的任务应主要从理论根据上检讨牵连犯的得失和其处罚原则的合理与否。

三、对牵连犯的理论思考

根据刑法理论界的通识，犯罪构成的个数应当是犯罪个数的衡量标准。行为事实符合一个犯罪构成，就是一罪；行为事实符合数个犯罪构成，就是数罪。尽管我们在前面涉及一罪与数罪时，强调在司法实践中必须以有效的罪名规定作最终的罪数认定标准，但这并不妨碍我们从理论的合理性上确立罪数的应然标准。牵连犯实际上是指行为人在其实施一个基本的犯罪时，其先期的方法行为或者随后的结果行为又触犯了其他罪名的情形。当这种方法行为或者结果行为不能为基本的犯罪构成要件所包容，那么这种方法行为和结果行为也是在行为人有意识、有意志的罪过支配下实施的，就已经可以独立构成一罪。这里需要指出的是，刑法上的数罪，不但包括故意形态的数罪，而且也包括过失形态的数罪。在发生牵连犯的情况下，行为人对其方法行为或者结果行为很少有不持有故意的罪过内容和形式的。既然在刑法上过失罪过下的行为依然可以独立构成一罪，那么在牵连犯的情形中，当行为人对其方法行为或者结果行为持有故意罪过时，那么没有理由不认定其可以独立构成犯罪。因此，牵连犯属于内容上的数罪，在理论上没有什么疑问。对于现行《刑法》中所存在的有关牵连犯的规定，需要解决的是，当一个犯罪实施时，其客观方面到底是一个行为包含了几个不同的行为举动和行为环节，还是存在几个相互有衔接、有联系但又相对独立的行为过程，即到底是牵连犯抑或是吸收犯，只要这个问题得以解决,有关牵连犯的罪数问题就不成为问题。笔者认为,两者的区别主要在于:作为吸收犯来说,是一个行为过程包含几个行为举动和行为环节,其中一个行为举动和行为环节是他行为的必要准备或者是必然结果。例如,非法侵入他人住宅而实施盗窃,侵入行为就是盗窃行为的必要准备;而非法制造枪支、弹药后又非法持有、私藏,非法持有、私藏就是非法制造行为的必然结果。因此,这种本不具有独立性的行为举动或行为环节就应当为他行为所吸收,融合在一个犯罪构成之中。而作为牵连犯来说,无论其方法行为,例如为了诈骗而先期伪造公文证件;还是其结果行为,例如盗窃后为掩盖罪迹而放火烧毁房屋,本身都不可能被诈骗罪和盗窃罪的犯罪构成所容纳。因此,作为吸收犯,无论刑法理论上还是司法实践中作为一罪认定都无问题。而作为牵连犯,无论刑法理论上还是司法实践中作为数罪也无问题。然而,牵连犯既然作为数罪,那么适用数罪并罚原则则是顺理成章的事。刑法理论上有人提出:"牵连犯虽然触犯数罪名,但它不是通常的数个独立的罪行,也不是单纯的一罪,其社会危害性大于一罪,小于数个独立的犯罪,故裁判原则是'从一重处断'。"[13]笔者认为,这种理论的错误就在于用所谓抽象的社会危害性的大小来代替具体的数罪并罚原则。其实社会危害性大则刑重,社会危害性小则刑轻,各罪自有其自身的社会危害性,因而也就各有其刑罚的轻重。因此牵连犯不适用数罪并罚原则,在理论根据上是说不通的。说到底对牵连犯适用"从一重处断"的原则,无非来源于法律的牵强规定。而这种牵强的法律规定一旦丧失理论的支持,那么及时进行立法的调整,又已是势所必然的事。而当法律本身并没有牵连犯的规定,那么从理论上进行正本清源,从根本上取消牵连犯的概念与理论,又显得非常必要了。

笔者认为,从刑法理论上取消牵连犯理论存在的必要性,完全具有充分的理论根据。

第一,牵连犯无论是在形式上还是在内容上,都是数罪。我国刑法的数罪理论已完全包容了所谓的牵连犯。取消牵连犯的理论既可以避免刑法理论的重复与繁琐,又可以避免牵连犯与其他犯罪形态之

---

[13] 喻伟:《试论牵连犯》,载《法学》1983年第4期。

间在相互关系与区别上的混乱。事实上由于何谓牵连关系以及其认定标准的不一,在刑法实践中和刑法理论上,往往对同一个案件,有的认定为数罪,有的认定为牵连犯,而有的却认定为吸收犯。对此,我国台湾刑法学者韩忠谟指出:许多吸收犯之情形,不乏仍有认为牵连犯者。"以此等数个同时存在之犯罪事实,原具有数罪之性质,仅依法律上或习惯上便宜之理由,认为一方吸收于他方,较为适当而已,故吸收犯与想象竞合犯、牵连犯在本质上并无若何差异。"⑭因此可以这么说,往往被认定为牵连犯的情形,一部分本身就是数罪,另一部分不过是吸收犯而已。只要我们解决了吸收犯的概念与理论,牵连犯就无存在的立足之地。

第二,取消牵连犯后,对于已属数罪的情形,可以毫不犹豫地实行合并处罚,能更好地体现罪刑相适应原则。一罪一罚,数罪并罚,是我国刑法重要的量刑原则。承认牵连犯理论的学者也承认牵连犯属于数罪,但却又认为牵连犯的社会危害性小于数罪,这在理论上显然是自相矛盾的。例如,盗窃枪支弹药后又抢劫、杀人,能说这种牵连犯的社会危害性会小于数罪吗?不能。正因为如此,司法实践中遇有类似案件,往往以数罪而并罚。应当指出,被认为是牵连犯的情形实际上都是故意犯罪(包括直接故意与间接故意)。而在数罪并罚中,我们对过失犯罪都坚持数罪并罚,基此又岂能对牵连犯网开一面?

第三,取消牵连犯的理论,能够更好地符合立法规定,为严格依法办事扫清理论道路上的障碍。近几年,我国刑事立法的众多补充规定,在坚持不承认牵连犯的基础上,对因犯一罪而又兼犯他罪的情形,明确规定要实行数罪并罚。例如《关于惩治走私罪的补充规定》规定:以暴力、威胁方法抗拒缉私的,以走私罪和阻碍执行职务罪实行数罪并罚。《关于惩治贪污罪贿赂罪的补充规定》规定:挪用公款进行非法活动构成其他罪的,依照数罪并罚的规定处罚。《关于严惩拐卖、绑架妇女、儿童的犯罪分子的决定》规定:收买被拐卖、绑架的妇女、儿童,有其他犯罪行为的,实行数罪并罚。类似规定在其他刑法补充规定中还大量存在。而所有这些规定在1997年修订的《刑法》中基本上得到全面的体现。同时我国大量的司法解释也贯彻了这一立法精神,作出

---

⑭ 韩忠谟:《刑法原理》,台湾雨利美术印刷有限公司1981年版,第355页。

很多类似的详细解释。由此可见,清除牵连犯理论的影响,对于完整理解立法精神,严格依照立法规定进行司法操作会产生十分积极的作用。

第四,取消牵连犯的理论,有助于立法的完善与统一。近代各国家或地区大多数的立法例都未规定牵连犯,即使少数原先规定有牵连犯的国家和地区,近年来也开始出现了取消牵连犯的学说主张,例如前述的日本和我国台湾地区。我国《刑法》本无牵连犯的规定,但不可否认,由于受牵连犯理论的影响,在极少数条文规定中体现了牵连犯的影子,而现行的《刑法》在某种程度上又在多数条文规定中明确否定了牵连犯的理论,这显然导致刑事立法上的前后不一致。如果我们旗帜鲜明地取消牵连犯的理论,那么这一矛盾就会自然消失。

第五,取消牵连犯的理论,有助于刑法理论本身的协调性和科学性。在现有的刑法教科书中,大多都涉及牵连犯的内容,可又大多都未能说清楚何谓牵连,为何要从一重处断,这不能不说是刑法理论的欠缺。而造成这一现象的根源,就在于牵连犯理论本身存在的不可克服的缺陷。我们可以想象,只要取消了牵连犯的理论,这一现象就会得到彻底改变。

四、取消牵连犯后的犯罪归属

取消牵连犯是刑法理论发展的必然结果,也是刑事立法完善的必然趋势。在取消牵连犯后,原先往往可以被认为属于牵连犯的情形,在犯罪形态上应当作如何归属,笔者认为应当通过三个渠道加以分流:

第一,对于明显又明确构成数罪的牵连犯,一律以数罪予以并罚。这里所谓明显又明确,主要是指行为人在实施某一犯罪时,其犯罪的其他行为已独立构成一罪,即行为人是在一个独立的罪过支配下实施的,即使行为人不想或来不及实施原先既定的犯罪,也不影响另一犯罪的成立。例如,盗枪而杀人的行为,这里盗枪和杀人是两个彼此独立的行为,行为人盗枪后即使不想杀人或来不及杀人,都不影响盗窃枪支罪的成立,而且这一盗窃枪支罪在立法和理论上都不会被看做是为了杀人而准备工具,因而仅仅属于杀人(预备)。

第二,对于在实施某一犯罪同一过程中,行为人又实施为完成这一犯罪所必要的行为或产生属于这一犯罪的必然的结果,应当以吸收犯论处。由于吸收犯在客观上也是存在数个在形式上相对独立(实际并不独立)的行为,因此如何区分吸收犯与数罪的界限就变得十分重要。笔者认为两者的区别应着重掌握三个标准:

首先,行为人只有犯一罪之目的,犯一罪之故意,为实施这一犯罪而派生的其他必要的行为必须紧紧依附于这个犯罪故意。例如非法侵入他人住宅实施盗窃或强奸,行为人之所以侵入他人住宅,完全服务于盗窃或强奸这一犯罪目的。侵入他人住宅这一行为在法律上并不存在独立性,即使盗窃或强奸不成,也不能看成是侵入他人住宅行为已属既遂。也就是说,侵入他人住宅不过是盗窃或强奸的预备过程和着手起点。所以,这一看似独立的行为其实并不真正具有独立性,正因为它没有独立性,所以才能够为他行为所吸收。当然,这一观念也是可以再讨论的。

其次,吸收犯的数行为必须发生在实施某一犯罪的同一时空过程中,即数行为之间存在时间上的连续性和空间上的同一性,例如非法侵入他人住宅实施盗窃或强奸。这些行为必须在同一时空发生才能成立吸收犯。如果行为人为实施盗窃,先行侵入他人住宅窥察环境,被他人发现经责令退出仍不退出,此时并未发生盗窃行为,故非法侵入他人住宅应独立成罪。根据同一原理,司法实践中经常发生的伪造公文印章后又冒充国家工作人员招摇撞骗的,如果两个行为不是发生在同一时空,就应当以数罪认定。

最后,吸收犯所产生的属于这一犯罪的结果行为必须一直处于持续之中,才能为他行为所吸收。例如非法制造枪支、弹药后又私藏的,这一私藏行为是非法制造行为的必然结果,所以不存在彼此独立的问题。然而当行为人欲出售枪支、弹药,就可以另立一罪予以认定。因为出售这一行为并非是非法制造的必要内容和必然结果(当然在我国刑法中,两者是作为选择性罪名加以规定的)。

所以笔者认为,数行为之间只要有一点不符合上述标准,就应当以数罪认定实行并罚。

第三,对于实施某一犯罪过程中,从形式上看具有多个行为,但这多个行为已为法律所明文规定为一罪的构成内容,对此应以想象竞合犯处理。例如冒充国家工作人员招摇撞骗又骗得钱财的,抢劫、强奸犯罪中又暴力伤害他人的,尽管从形式上已触犯了刑法的其他条文,但这些行为本质上是这些基本犯罪的必要内容,它们同属于一个复合行为,因此既谈不上是吸收犯,也谈不上是数罪,只能属于想象竞合犯。当想象竞合犯的行为发生在本质上又可以充足另一犯罪构成时,例如冒充国家工作人员招摇撞骗又骗得巨额钱财时,可适用从一从重原则,不然仍以基本罪论处。

第三节 法条竞合的理论再思考

法条竞合,是指同一个犯罪行为因刑事立法作出重复性的规定,因而出现可以同时触犯多个法条的情形。法条竞合是大陆法系刑法理论上颇为重视而又极为复杂的一个理论现象,又是大陆法系刑事立法中经常出现的一种法律现象。由于我国刑法从法律的表现形式上看,基本上也是属于大陆法系的范畴,因此,法条竞合不但在我国刑法理论上曾有过热烈的讨论,而且在我国《刑法》分则规范中也大量存在。如何看待这一现象,刑事立法在这方面能否有所作为,是我们研究、探讨并完善刑事立法和更好地解决刑法中形式数罪时必须面对的一个问题。

一、法条竞合的法律特征与适用原则

(一)法条竞合的法律特征

1. 行为人只实施了一个完整的行为

一个完整的犯罪行为是法条竞合的必要基础和首要条件。所谓一个完整的犯罪行为,是指行为人在主观上具有一个完整的罪过形式,在客观上表现为一个符合普通法条上犯罪构成客观方面的行为形式。这是法条竞合的行为特征。

2. 刑事立法对同一个犯罪分设数个形式不同的条文

说到底,法条竞合不是犯罪行为的必然表现,而是刑事立法的必然结果。刑事立法对各种具体犯罪的规定,总是通过逻辑的种属关系加以设定的,一个种类的犯罪总是包含若干个具体的犯罪,当一个种类的类罪不是作为具体的罪名确定并使用时,再多的具体犯罪也不会

与类罪规定发生竞合。但是当一个种类的犯罪本身又可以作为具体罪名确定与使用,那么种类犯罪与具体犯罪之间就必然发生从属、交叉、相似的相互关系,于是就从法律形式上产生了法条竞合的现象。这是法条竞合的法律根源。

3. 发生竞合的行为在法律上形成形式上的数罪

一个犯罪行为只构成一个罪,这是刑事司法的一个认定原则。但一个犯罪可以同时为数个条文规定,又是刑事立法的一个常有现象。由于一个犯罪行为被刑事立法用数个条文同时规定,就意味着一个犯罪会同时触犯数个与这一犯罪行为有关的条文。一个犯罪行为在法律形式上同时触犯数个法条,这是法条竞合的法律特征。

(二) 法条竞合的适用原则

从法条竞合的上述特征来看,法条竞合犯在本质上只能构成一个罪,因为它往往表现为行为人只有一个罪过内容,一个行为过程,根据主客观相一致的定罪原则,当然只能是一个罪。但法条竞合犯在形式上又可以同时构成多个罪,因为在刑事立法上,一个条文往往规定一个罪,一个犯罪行为同时触犯数个条文,往往就表现为既可以定这个罪,也可以定那个罪,从而在形式上可以同时构成数个罪。这样,法条竞合是内容与形式的对立与统一的产物。从哲学角度而言,内容与形式是事物对立统一表现形式的一对范畴。内容是事物内在要素的总和,形式是把事物内在要素综合起来加以表现的方式。在内容和形式的辩证关系中,内容总是处于决定的地位。事物的形式必须适合事物矛盾运动的内容,有什么样的内容,就有什么样的形式。正是因为形式是由内容决定的,所以法条竞合在本质上还是一罪。内容虽然决定着形式,然而形式并不是消极的、被动的因素,它对内容有着重大的能动作用。因此,当一个犯罪行为同时触犯数个法条形成法条竞合时,就有一个如何正确定罪和如何适用刑罚的激烈争论。对此,刑法理论和司法实践存在多种适用原则:

1. 特别法条优于普通法条原则

特别法优于普通法本身包括两种情形:一是特别法规与普通法规的竞合,例如修订以前的《刑法》关于走私罪的规定与全国人民代表大会常务委员会《关于惩治走私罪的补充规定》;二是特别法条与普通法条的竞合,例如现行《刑法》第140条的生产、销售伪劣产品罪与第141条至148条的生产、销售特殊的伪劣产品罪的竞合。后一种一般称为狭义的法条竞合。所谓特别法优于普通法,就是指一个犯罪行为同时触犯特别法条(规)和普通法条(规)时,在定罪和量刑上优先适用特别法条(规),排斥适用普通法条(规)。在特别法与普通法发生竞合时,之所以要优先适用特别法,主要基于这样的理由:刑事立法对某一个犯罪行为在普通法已有规定的情况下,又通过特别法再次予以规定,意味着已将普通法规定的普遍性中某一现象分离独立出来,成为一种例外。既然是例外,当然表明这种例外情况已不适用普通规定。特殊性已不等于普遍性,故必须适用特别法。

2. 新法优于旧法

新法是指在原有法律有效的情况下,刑事立法又作出一定的补充修改规定。这样,某一个犯罪行为就会同时触犯新的法条(规)和旧的但仍有效的法条(规)。所谓新法优于旧法,就是指一个犯罪行为同时触犯新法条(规)和旧法条(规)时,在定罪和量刑上优先适用新法条(规),排斥适用旧法条(规)。其理由是:刑事立法根据客观形势的发展变化,认为旧有的法条(规)已无法适应定罪与量刑的需要,才及时作出补充修改规定,这意味着新法代表了刑事立法者的最新意志变化,所以理所当然要适用新法。

3. 重刑法条优于轻刑法条

重刑法条优于轻刑法条,有的理论也称之为重法优于轻法,是指一个犯罪行为同时触犯数个法条时,在定罪和量刑上优先适用重刑法条,排斥适用轻刑法条。其理由是:当一个犯罪行为同时触犯重刑法条和轻刑法条,而轻刑法条不能体现罪刑相适应原则时,理应优先适用重刑法条。当然重刑法条优于轻刑法条并非是绝对的,关键要看犯罪的轻重情节如何。

在法条竞合的适用原则上,刑法理论还提出过其他一些观点,如全部法优于部分法、复杂法优于简单法、实害法优于危险法等适用原则,对这些适用原则仔细研究,实际上又和上述三个适用原则发生竞合,没有太多的理论价值。

如何看待法条竞合时的适用原则,在刑法理论上又是一个极有争议的问题。事实上,各种适用原则本身也发生竞合关系,例如特别法条既可以是重刑法条,又可以是轻刑法条。这样在优先适用特别法条时,就会在一定程度上排斥重刑法条优于轻刑法条的适用原则。又如新法既可以对普通法条进行补充修改,又可以对特别法条进行补充修改。这样在优先适用新法时,就会在一定程度上排斥特别法条优于普通法条的适用原则。法条竞合的适用原则之所以发生如此的矛盾冲突,笔者认为关键在于法条竞合的刑事立法本身是否合理科学。当法条竞合的刑事立法本身存有问题,不能尽显其合理性、科学性时,那么在法条竞合问题上同时确立多项原则,不是此正彼误,就是彼正此误。多中心等于无中心,这是事物发展的一个基本规律,法条竞合上多种适用原则发生矛盾冲突也就在所难免了。

二、《刑法》分则中法条竞合的考察与透视

1997年《刑法》修订时,对原有的刑法(包括《刑法》和对《刑法》的补充修改规定)进行了全面的整理和编纂,并通过调整和补充,形成了一部统一的刑法典。虽然在新《刑法》颁布施行后,全国人民代表大会常务委员会又对多方面的刑法问题作了补充修改,由于法条竞合的现象主要出现在《刑法》分则中,因此本书对法条竞合的考察与透视主要局限于现行的《刑法》分则条文中。现行《刑法》分则条文中涉及的法条竞合现象十分普遍,概括而言,大致可以分为三种情形:

(一)在某一小类的犯罪中发生法条竞合

由于《刑法》分则第三章"破坏社会主义市场经济秩序罪"和第六章"妨害社会管理秩序罪"这两类犯罪条文繁多,罪名繁杂,前者为92个条文,共计108个罪名;后者为91个条文,共计125个罪名(经过历次补充修改后,罪名数稍有变动)。因此,刑事立法将破坏社会主义市场经济秩序犯罪分成8个类别的犯罪,将妨害社会管理秩序犯罪分成9个类别的犯罪。在这些具体的类别犯罪中,都存在不同程度的法条竞合现象。在破坏社会主义市场经济秩序犯罪中,例如第一类生产、销售伪劣商品罪。《刑法》第140条明确规定了生产、销售伪劣产品罪,这一犯罪的行为特征是生产和销售,这一犯罪的对象是伪劣产品。这里的产品未加限制,当然包括了所有可以用作交换、流通的物品;伪劣产品未加限制,当然就包括了所有掺杂使假、以假充真、以次充好、

以劣充优的产品。然而《刑法》在第141条至第148条之中又规定了8种具体的生产、销售特殊伪劣产品罪。这8种具体的、特殊的伪劣产品与《刑法》第140条所规定的伪劣产品是一种从属、包容关系。这样,生产、销售《刑法》第141条至第148条所规定的特殊伪劣产品,实际上又同时触犯了《刑法》第140条之规定。特别是《刑法》第149条作出了这样的规定:"生产、销售本节第一百四十一条至第一百四十八条所列产品,不构成各该条规定的犯罪,但是销售金额在五万元以上的,依照本节第一百四十条的规定定罪处罚。生产、销售本节第一百四十一条至第一百四十八条所列产品,构成各该条规定的犯罪,同时又构成本节第一百四十条规定之罪的,依照处罚较重的规定定罪处罚。"更说明这类犯罪法条竞合的普遍性。又如第二类走私罪,《刑法》第157条第1款规定:"武装掩护走私的,依照本法第一百五十一条第一款(走私武器、弹药罪,走私核材料罪,走私假币罪)的规定从重处罚。"武装掩护走私,走私什么东西,显然是指所有禁止进出境、限制进出境的货物、物品。没有武装掩护,当然以走私的物品性质定罪量刑。然而一有武装掩护的行为,就又触犯了《刑法》第151条之规定。这样,一个走私行为就发生了法条竞合的现象。再如第三类妨害对公司、企业的管理秩序罪,《刑法》第158条虚报注册资本罪规定的采取其他欺诈手段虚报注册资本的行为特征与《刑法》第159条的虚假出资往往存有交叉关系,有时一个行为就会同时符合两个条文规定的内容。类似情况在本类犯罪的《刑法》第160条欺诈发行股票、债券罪与第161条提供虚假财会报告罪中也存在。《刑法》第160条规定的在招股说明书、认股书中隐瞒重要事实或者编造重大虚假内容的行为,必然也包括了《刑法》第161条规定的向股东和社会公众提供虚假的或者隐瞒重要事实的财务会计报告的行为。这样,一旦在招股说明书中又包含了虚假财会报告,就会发生法条竞合关系。

在妨害社会管理秩序犯罪中,例如第一类扰乱公共秩序罪。《刑法》第290条第1款规定了聚众扰乱社会秩序罪,这里的社会秩序已经包括了工作、生产、营业和教学、科研秩序。然而《刑法》第291条又规定了聚众扰乱公共场所秩序、交通秩序罪,这里的公共场所秩序包括了车站、码头、民用航空站、商场、公园、影剧院、展览会、运动场或者其他公共场所秩序。很显然,这些公共场所的秩序与《刑法》第290条所提及的社会秩序，在很大程度上是相互包容交叉的，因此，当一种行为构成犯罪时，就势必发生法条竞合现象。再如《刑法》第277条妨害公务罪，已经包括了以暴力、威胁方法阻碍国家机关工作人员依法执行职务的行为，而《刑法》第291条又有抗拒、阻碍国家治安管理工作人员依法执行职务的规定，两者完全有重合之处，因此发生法条竞合就不足为奇了。

（二）在整个分类犯罪中发生法条竞合

《刑法》分则将所有各种犯罪分成十大类犯罪，每一类犯罪都有它自身的特点。但是，就《刑法》分则的每一类分类犯罪而言，它们内部也存在诸多的法条竞合。以破坏社会主义市场经济秩序犯罪为例，尽管刑事立法将整个破坏社会主义市场经济秩序的犯罪具体划分为8个种类，以示它们之间的区别所在。但是，法条竞合现象在这8类犯罪中仍然交叉地存在着。例如生产、销售伪劣商品犯罪，在实施过程中往往会在伪劣的商品上使用优质商品的商标，此时就会发生与假冒注册商标罪的法条竞合的交叉关系。又如走私假币的行为特征往往是携带和运输，而运输伪造的货币的行为在破坏社会主义市场经济秩序犯罪中又有具体的罪名。尽管两者的法律特征的区别点在于走私假币的行为主要发生在进出境过程中，而运输伪造的货币的行为主要发生在境内，但如果行为人明知是伪造的假币，意图运往国外而谋利，只是在境内的运输途中被查获，此时当然也会发生部分竞合关系。再如第八类扰乱市场秩序罪，《刑法》第224条规定的合同诈骗罪，其主要的行为特征是通过合同的形式骗取他人的财物，行为人在主观上是以非法牟利、非法占有为目的，在客观上其行为特征为诈骗。尽管其表现方式是通过签订合同的形式，特别是在合同诈骗罪的行为特征中又有以其他方法骗取对方当事人财物的。其他方法包括了多少方法，法律没有限制，只要是通过合同形式的诈骗方法都在此范围之内。然而在第五类金融诈骗罪中的《刑法》第198条规定的保险诈骗罪，往往也是通过保险合同的形式进行的。签订保险合同时用虚构事实、隐瞒真相的方法骗取他人钱财的行为，在构成保险诈骗罪的同时在形式上又触犯了合同诈骗罪，两者由于存在相似性而发生法条竞合现象。在整个种类犯罪中发生法条竞合的现象，在既可以单独构成犯罪，又可以构成共同犯罪的行为中也有存在，例如第八类扰乱市场秩序罪，《刑法》第229条规定的承担资产评估、验资、验证、会计、审计、法律服务等职责的中介组织的人员故意提供虚假证明文件的行为,与其他一些涉及虚假证明文件、编造重大虚假内容的犯罪,如第五类妨碍对公司、企业的管理秩序罪中的虚报注册资本罪,欺诈发行股票、债券罪,提供虚假财会报告罪,妨碍清算罪等,都是在同一个共同故意支配下实施的,此时其中一部分共犯的行为必定同时触犯数个法条而发生竞合关系。

(三) 在整个《刑法》分则的犯罪中发生法条竞合

已如前述,《刑法》分则将所有各种犯罪分成十大类犯罪,其用意就在于表明每一类犯罪具有各自的特点。但是,由于刑事立法在规定具体犯罪行为时,没有准确划分某些此罪与彼罪的行为区别点,以致在整个《刑法》分则中也大量存在法条竞合现象。例如生产、销售假药罪,生产、销售有毒、有害食品罪,就可以与以其他危险方法危害公共安全罪发生竞合;走私武器、弹药罪,走私核材料罪,也可以与非法运输枪支、弹药罪,非法运输核材料罪发生竞合;泄露内幕信息罪可以和泄露国家秘密罪发生竞合;洗钱罪可以和隐瞒毒赃罪发生竞合;整个金融诈骗罪、合同诈骗罪可以和一般诈骗罪发生竞合;所有涉密犯罪之间,很大程度上都可以发生法条竞合,等等,不一而足。

通过上述的考察与透视,可以发现在我国《刑法》分则中存在大量的法条竞合现象。这一现象的存在势必会发生定罪难以统一、量刑难达平衡的司法偏差。当我们的刑法理论时时为如何选择适用原则才能体现立法原意、适用何种原则才能防止司法越权发生激烈争论时,我们是否应当首先思考一下,我国的刑事立法为什么会发生如此多的法条竞合现象?刑事立法为改变法条竞合司法适用原则的无序选择状态能做些什么?在刑事立法上能否明确表明对法条竞合应当采取的适用原则?我们的刑法理论研究面对《刑法》分则中如此繁杂的法条竞合现象能够做些什么?到底是应当追随法律的规定仅仅作出法云亦云的繁琐解释,还是应当帮助刑事立法寻找出原因后提出相应的对策以便最大限度地消除各种矛盾的现象?答案应当是不言而喻的。

三、《刑法》分则中法条竞合的原因分析

法条竞合的存在,有着复杂的社会原因和立法技术原因,要找出完善法条竞合的立法对策,必须首先分析和揭示法条竞合产生的原因和症结所在。笔者认为刑法中存在法条竞合的原因主要是:

(一) 法条竞合的社会原因

刑法中存在法条竞合的现象是刑事立法使然。但是,如果我们只是简单地说上一句是刑事立法技术不成熟、刑事立法规范不完善还远远不能说明问题。因为刑事立法本身在很大程度上是社会政治、经济、文化和犯罪状况的反映。因此,我国刑法中存在诸多法条竞合现象,有着深刻而复杂的社会原因。

1. 政治上的原因

刑法是政治治理和社会秩序的产物,政治需要是刑法制定的强烈动力。对于同一罪过支配的同一犯罪行为,因主体资格的不同,刑事立法出于政治需要而对某种犯罪主体意欲加重处罚或者减轻处罚,从而对同一种犯罪通过两种犯罪构成的规格予以规定,就会导致法条竞合的产生。例如在1979年《刑法》中,只存在一个独立的受贿罪,受贿罪的主体包括国家工作人员、集体经济组织工作人员或者其他依法从事公务人员。随着我国政治体制改革的开始,为了突出国家工作人员从政的廉洁性,为了从政治上取信于民,于是刑事立法便开始将受贿罪一分为二,一种确定为国家工作人员受贿罪,另一种确定为非国家工作人员的受贿罪。根据《刑法》第163条第3款的规定:国有公司、企业中从事公务的人员和国有公司、企业或者其他国有单位委派到非国有公司、企业以及其他单位从事公务的人员犯有《刑法》第163条第1款、第2款规定的行为,依照《刑法》第385条、第386条规定的(国家工作人员)受贿罪定罪处罚。(国家工作人员)受贿罪与公司、企业或者其他单位人员受贿罪在犯罪构成的主观罪过内容和客观行为特征方面具有同一性,两者的区别只是主体资格不同。为此,国有公司、企业中从事公务的人员和国有公司、企业或者其他国有单位委派到非国有公司、企业以及其他单位从事公务的人员有受贿行为,从法律形式上说就同时触犯了两个条文,形成法条竞合。只是由于《刑法》明文

对此只能认定为特定之罪,才不发生适用原则的选择问题。但法条竞合的法律特征还是十分明显的。类似的情况在对非国家工作人员行贿罪与对国家工作人员行贿罪之中也存在。

2. 经济上的原因

社会经济利益、社会经济活动与社会其他利益、社会其他活动紧密相关,包括市场经济秩序在内的社会秩序本身就是一个内容广泛的范畴。刑事立法为了强调侧重对经济利益的保护,将社会秩序的内容分门别类后,把保护市场经济秩序作为设立某一类犯罪的立法根据。但是,一种破坏社会主义市场经济秩序犯罪在实施过程中也会危及社会其他利益,这样在法律形式上也会出现法条竞合现象。例如,金融诈骗类的犯罪,既可以把它看成是破坏社会主义市场经济秩序的犯罪,又可以把它看成是损害他人财产所有权的侵犯财产犯罪。假如《刑法》没有独立的金融诈骗罪的规定,那么所有涉及金融诈骗的犯罪,必定都属诈骗罪的范畴。而当刑事立法将涉及金融诈骗的犯罪从一般诈骗犯罪中分裂出来后,涉及金融诈骗的犯罪就会与一般的诈骗犯罪发生法条竞合现象。

3. 文化上的原因

刑法规范的表现形式在某种程度上是一国法律文化的体现,而法律文化的内容与形式又总是通过一定的文字、词语组合反映出来的。当某一事物通过一定文字、词语表现时,对其内容含义理解发生歧义或者在分门别类时归纳不统一,就会产生法条竞合现象。例如《刑法》第168条徇私舞弊造成破产、亏损罪与《刑法》第166条为亲友非法牟利罪、第168条的徇私舞弊能否包括第166条的利用职务便利实施该条规定的三种行为内容?而这两种犯罪的结果要求都是致使国家利益遭受重大损失。这样由于对文字词语的理解不同,有时就会产生法条竞合现象。

4. 犯罪行为特征和行为过程复杂性引起的原因

一种犯罪行为表现往往具有单一性的或者复杂性的不同行为特征。例如破坏社会主义市场经济秩序犯罪大都表现为复杂性的行为特征。而具有复杂行为特征的犯罪在其实施过程中往往会与多种犯罪条款发生吻合,这样就会出现法条竞合现象。例如生产、销售伪劣商品罪,根据《刑法》第149条第2款的规定,生产、销售《刑法》第141

条至第148条所列产品,构成各该条规定的犯罪,同时又构成《刑法》第140条规定之罪的,依照处罚较重的规定定罪处罚。从这一规定中可以看出,伪劣产品本身包含了《刑法》第141条至第148条所列的所有伪劣产品。所以,生产、销售任何一种特殊的伪劣产品,本身意味着已同时触犯了《刑法》第140条规定的一般的生产、销售伪劣产品罪,这样就形成法条竞合。只是由于刑事立法另外作出了规定,以致在适用上不发生自由选择的问题,但却不能否认犯罪在法律形式上已存在法条竞合现象。

(二) 法条竞合的立法技术原因

法条竞合有着深刻复杂的社会原因,但它毕竟是刑事立法对同一种犯罪存在多种规定的产物。因此,仅仅指出它的社会原因,而不去分析、揭示它的立法技术原因,也是不够的。笔者认为,造成破坏社会主义市场经济秩序犯罪存在诸多法条竞合现象,在立法技术上主要存在以下原因:

1. 对犯罪行为划分不科学

犯罪行为是犯罪的外在客观表现特征、罪与罪的区别,在很大程度上取决于犯罪行为特征的表现不同,一种行为设立一个犯罪构成、表现在一个条文之中,是刑事立法应当遵循的一个技术原则。这一原则在侵犯人身权利犯罪和侵犯财产权利犯罪中得到了比较充分的体现。反观破坏市场经济秩序犯罪,很多法条竞合现象主要是由于对犯罪行为划分不科学引起的,例如金融诈骗罪,尽管其方法和手段复杂多变,但其主要行为特征还是表现为虚构事实、隐瞒真相。从各种具体的金融诈骗犯罪构成来看,都是以数额较大或者情节严重为构成要素。如果将众多的金融诈骗罪合并为一罪,并不会产生不利情况。而现在正因为存在多个金融诈骗犯罪,当一个金融诈骗犯罪存有多种方法,比如利用虚假的证明文件(这既可以包括金融票据文件,也可以包括保险合同文件,还可以包括其他书面文件)骗取数额较大的钱财,到底是一罪还是数罪,到底是此罪还是彼罪,就不无问题。如果刑事立法意欲对某种具有特殊危害的金融诈骗施以重刑,那么采取诸如盗窃罪、抢劫罪的具体列举方式,不也能达到同样的处罚目的吗?

2. 对犯罪对象划分不科学

通过对犯罪对象的不同划分设立不同的犯罪,也是刑事立法的一个惯例。但这种划分必须符合逻辑规律,不然出现相互包容、交叉、近似而形成法条竞合的现象就在所难免。假如我们设想,在刑法中已有杀人罪规定的情况下,再设立一个杀老人罪、杀小孩罪、杀男人罪、杀女人罪,此时不发生法条竞合才怪呢!反观破坏社会主义市场经济秩序犯罪,生产、销售伪劣商品罪就存在类似现象。在现代商品社会,各种商品无所不包,难以穷尽。而且随着科学技术的发展和生产领域的扩大,各种新产品层出不穷。按照现行《刑法》对生产、销售伪劣商品罪的规定,如果出现新型的伪劣产品,《刑法》不加以补充修改,则《刑法》的滞后性必然显著地表现出来;如果出现一种新型的伪劣产品,就增设一个新的伪劣产品罪,则《刑法》的稳定性将大打折扣。如果我们在一个生产、销售伪劣产品罪之中通过分设足以对人体健康造成严重危害的,或者情节严重的,或者已经对人体健康造成严重危害的或者情节特别严重的,怎么处罚;如有必要,再增加致人重伤或死亡的,怎么处罚;生产、销售金额较大的,怎么处罚;生产、销售金额巨大或者特别巨大的,怎么处罚,不就可以包括现在所有生产、销售伪劣产品的犯罪,而可消除其法条竞合现象了吗?现行《刑法》对这类犯罪的数额规定采取定量的形式,如果发生货币增值或者贬值怎么办?《刑法》的修改远远不如对《刑法》的解释来得灵活、方便。类似的情况在走私罪中也有存在。现在众多的走私罪不外乎是两种类型:一类是走私普通货物、物品的行为,另一类是走私违禁货物、物品的行为。如果对走私违禁货物、物品的某些内容需要加重处罚,在条款下面具体列举不就解决问题了吗?而按照现在的规定形式,当一个走私运输工具中既有武器弹药,又有伪造的货币,还有贵金属,此时发生法条竞合,到底如何运用刑法条文,不就难为司法实践部门了吗?

3. 对犯罪结果划分不科学

一般来说,犯罪结果的轻重是裁量刑罚轻重的一个根据和条件,它不应是此罪与彼罪的分界,只有犯罪结果的性质不同才有可能导致犯罪性质的变化。反观破坏社会主义市场经济秩序犯罪第三节"妨害对公司、企业的管理秩序罪",《刑法》第166、168、169条规定的三个犯罪,都有一个徇私舞弊的行为,其结果都是使国有公司、企业遭受重大损失,其法定刑(除第 168 条有部分不同外)大体相似。对同属于徇私舞弊的行为,导致相同的犯罪结果,却用多个条文分别设立,势必造成法条竞合现象。

四、完善法条竞合的刑事立法对策

我们指出法条竞合产生和存在的社会原因,说明要在刑法中彻底杜绝法条竞合现象是不现实的;我们指出法条竞合产生和存在的立法技术原因,说明减少法条竞合现象还是可能的;而通过刑事立法技术的改进,完善法条竞合的规定形式,又是十分必要、非常迫切的。

在整个法律体系中,刑法是所有法律、法规的保障法,刑法与其他法律、法规的一个很大区别,在于它所涉及的内容涵盖社会的所有领域和各个层次,而不像其他法律仅仅可能涉及某一个特定领域,刑法调整的冲突的社会关系,都是其他法律调整的社会关系冲突的最高表现形式。刑法的规定形式不仅是许多专业语言文字的运用,而且更多的是基础语言文字的运用。刑法的制定不仅是法条的立法制定,而且也包括了法条的立法解释(关于刑法的立法修补、立法编纂、司法解释,本书对此不欲讨论)。因此,为完善法条竞合,我们应该采取以下对策:

(一)在法条竞合规定上,必须广泛吸收不同行业技术专家的意见

现行的刑事立法,除了具有明显的、强烈的政治因素之外,一般被视为刑法领域专家们的专利权。而我国目前刑法专家学者多擅长概念演绎和基本特征的诠释。刑法涉及内容的广泛性,表明刑法学家仅具有刑法领域的专长还远远不够。在制定涉及生产技术领域、金融管理领域等专业性较强的犯罪规定时,吸收这些专业领域的专家参与刑事立法是减少法条竞合的一个有效途径。以往的刑事立法的论证,大多仅仅由刑法学工作者参与,其结果是论证焦点往往集中在一些普遍性的常见犯罪上面。

(二)在法条竞合规定上,应当高度重视专业语言文字和基础语言文字的科学运用

刑事立法是专业语言文字和基础语言文字高度结合并科学运用

的过程。我国是采用成文法的立法表现方式的。"成文法律最显著的外部特征之一,在于它由文字以及文字构成的语言排列、组合而成。语言文字是一切成文法律最基本的要件。""一个法律成功与否,科学与否,固然与立法的条件成熟与否、与立法思想水平、知识水平以及对法律所要调整的社会关系了解的深度如何直接有关。但毋庸置疑也与立法者的语言文字水平如何密不可分。"⑮我国刑法中法条竞合的现象,除了前面提到的在立法技术方面对犯罪行为、犯罪对象、犯罪结果划分不科学等原因外,在很大程度上与专业语言文字和基础语言文字运用不当也有十分密切的关系。这种情况在破坏社会主义市场经济秩序犯罪中表现得最为突出。例如欺诈手段与隐瞒事实真相,在文字释义上究竟有多大区别;严重亏损与重大损失又有什么本质不同;税款与税额有什么异义,等等,都表明了刑法中存在诸多语言不规范的现象。而有的语言适用不规范,直接引起了法条竞合。例如《刑法》第224条第(二)项使用伪造、变造、作废的票据进行合同诈骗与《刑法》第194条第2款使用伪造、变造的委托收款凭证等银行结算凭证进行金融票据诈骗,就存在竞合关系。

(三)在法条竞合规定上,应当高度重视立法解释

法律规范总是比较原则的,这是保障法律稳定性的一个必要条件。因此,在发生法条竞合的情况下,刑事立法的解释工作应当及时跟上,不然就会使司法实践无所适从。我们这里所说的立法解释不是指刑法本身内部已有的条文解释,而是指刑法之外的补充性立法解释。例如《刑法》第169条的国有公司、企业直接负责的主管人员,徇私舞弊,将国有资产低价折股或者低价出售,造成国有公司、企业破产或者严重亏损与《刑法》第168条发生法条竞合时,究竟如何定罪处罚,在刑法本身没有明文规定的情况下,理应通过立法解释予以明确。

卢梭曾指出:"制定法律的人要比任何人都要清楚,法律应当怎样执行和怎样解释。"⑯应当承认,我国刑法的立法解释远比刑法的补充修改逊色,以致造成司法解释的频繁出台,甚至出现了司法解释的某些越权行为。对此,有的学者直言,我国的刑事立法解释一直处于薄

---

⑮ 周旺生:《立法学》,北京大学出版社1988年版,第447页。
⑯ 〔法〕卢梭:《社会契约论》,何兆武译,商务印书馆1982年版,第87页。

弱状态,与我国刑事立法的制定现状极不适应,背离了宪法赋予全国人民代表大会常务委员会解释法律的使命。[17] 此言甚是。而这种刑事立法解释的滞后性和薄弱性,多少也是我国刑法中法条竞合现象丛生的一个成因。因此,完善法条竞合的立法工作,加强刑事立法的解释也是一个不容忽视的因素。特别在法条竞合的适用原则上,除了法律已有规定之外,还应当作出明确解释,以防司法实践中各自为是,造成定罪不统一、量刑不平衡的现象。而在法条竞合现象的诸适用原则上,应当承认特别法条优于普通法条具有较强的理论根据。

---

[17] 参见戴长林、周小军:《新刑法条文中"等"字意义辨析》,载《法学》1999年第7期。

第十二章 犯罪构成的实践运用

犯罪构成作为一种由刑法规定、并由刑法理论归纳而成的决定某一行为事实构成具体犯罪所必须具备的主观要件和客观要件有机结合的统一体,它仅仅是刑事立法在法律"图纸"上设定的某一犯罪规格、模型。在司法实践中,无论是根据这一规格、模型到现实生活中去"按图索骥"地发现犯罪,还是根据这一规格、模型运用现实生活中的违法行为的"原材料",去"生产、制造"犯罪,都需要将这一规格、模型与一定的违法行为事实相结合,通过事实评价与判断、价值评价与判断和法律规范评价的实践活动,才能产生应有的法律意义和实践效果,体现其应有的价值。

第一节 对犯罪构成规格、模型的认识与理解

犯罪构成作为刑事立法在法律"图纸"上设定的某一犯罪的规格、模型,它首先是一种客观的存在。司法实践运用这一规格、模型,是以必须已经认识和理解这一规格、模型为前提的。

一、犯罪构成设立是刑事立法的价值确立过程,但一旦成型即获得客观的属性

人类社会告别伊甸园,走出深山莽林后的初始时期,并无所谓犯罪的存在与认定,也无所谓规定犯罪的法律形式。在他们中间存在着遵循"物竞天择、适者生存""弱肉强食"等自然规则而进行的活动方式。但人类的灵性决定着他必然走向文明进化。人类社会早期的习惯规则、伦理道德通过人类内部的不断斗争、不断协调,各个集团、各个阶级、各个阶层的力量与力量的对比、力量与力量的较量,逐渐形成了法律规范。不管人类社会的法律发展史呈现出多么复杂多样的过

程,法律总是在人们已有的生活经历基础上所产生的,正如马克思所指出的那样:"无论是政治的立法或市民的立法,都只是表明和记载经济关系的要求而已。"①而一定的经济关系又必然伴随着一定的政治斗争和政治关系。在某种意义上说,法律不过是人类社会在一定时期由掌握国家政权的统治者集团、社会管理者阶层以社会主流群体的代表自居,根据所谓的主流观念、主流意识而形成的决定人们行为取舍的社会规范。

近现代刑法学的奠基人,意大利刑法学者贝卡里亚在其具有标志着近现代刑法学革命开端的著作——《论犯罪与刑罚》一书中曾说:"幸运的是那些为数不很多的民族,他们并不是等待着缓慢的演变进程和人们之间的相互关系上的变化过程,在突然已经达到顶点以后才开始为美好的生活开辟道路,而是用英明的法律来加速这个过程。"②尽管"我们翻开历史,就会看到,法律——毕竟是或者应当是自由的人们的契约——差不多始终只是很少数人满足自己的欲望的工具,或者是为了偶然的和瞬息间的需要而产生的。无论在任何地方,法律还都不是由研究人类的本性的冷静的学者草拟的,而这种学者会指导人民群众的活动,以便达到唯一的目的使最大的多数人得到最大的幸福"③。但为了经常注意到这个目的,贝卡里亚提出了罪刑法定原则的思想,"只有法律才能规定惩治犯罪的刑罚,而且颁布法律的权力只能属于立法者——根据社会契约形成的整个社会的代表"④。

刑事立法根据人类社会过去的生活经历和生活经验,从大量的社会行为事实中挖掘出一部分内容,根据自己的价值需要,通过价值评价,在法律上将这部分行为内容规定为犯罪,并为此设立可以构成犯罪的规格、模型,实际上是一个从事实中提炼价值——即"是到应该"的主观活动过程。尽管在这一主观活动过程中,充满着刑事立法者们为维护他们所认可的现存统治秩序和既有的社会利益而展开的种种利益权衡。历史上的所有关于规定犯罪和刑罚的刑事规范,即使刑事

---

① 《马克思恩格斯全集》(第4卷),人民出版社1972年版,第121页。
② 〔意〕贝卡里亚:《论犯罪与刑罚》,西南政法学院1980年刊印,第6页。
③ 同上注。
④ 同上书,第10页。

立法者们在主观上也有着某种通过制定法律来加速为"美好的生活"开辟道路,但其中不外乎首先体现着刑事立法者们的既得利益。然而,随着社会历史的发展,不同利益主体的各个集团、各个阶级、各个阶层、各个政党由激烈的社会对立、社会对抗开始转变为彼此能够容忍、互相协调、和平共处的时代,刑事立法者必然会成为整个社会的应有代表。这样刑事立法者制定刑法,规定犯罪与刑罚的主观活动就逐渐能够体现整个社会主流群体的主流观念和主流意识。但是,这种整个社会主流群体的主流观念和主流意识,落实到具体设立犯罪构成过程中,仍然表现为一种从"是到应该"的遴选过程。

首先,无论刑事立法者设立什么样的犯罪构成,他必须从已有的现实生活中寻找根据,即能够为设立犯罪构成起奠基作用的已有现实生活中的行为事实的"原型"是什么。社会生活中已经存在过杀人、放火、强奸、抢劫,才会有刑法中的杀人、放火、强奸、抢劫的犯罪规定。市场经济条件下,已经存在了诸多不正当的竞争,才会有刑法中的生产销售伪劣商品、虚假广告、串通投标的犯罪规定。即使在刑法中有的犯罪构成还没有真正被运用过,例如隐瞒境外存款罪、危害国防利益犯罪中某些战时才会存在的犯罪等,但并不等于说现实生活中就没有这种犯罪的"行为原型"。试想人类目前还不能发生盗窃太阳能占为己有的行为,刑法中能设立"盗窃太阳能罪"吗?当然,刑事立法设立各种具体的犯罪构成,必须以人的行为为基础。"因为法律规范是规范人的行为的,从而保护人的利益。"⑤在社会现实中,各种危害现象无奇不有,既有自然现象,如洪水猛兽,也有人为现象,如杀人放火。这两种现象对人类的危害有时是相似的,有时前者对人类利益的危害(侵害)会更大。但是,对于自然现象,法律无法完全清除它;即使人们出于恐惧、憎恨而诅咒它,但却无法利用法律惩罚它。"因此,在要求制定刑法的个人乃至国民的欲求的背后,是存在着同类的不良行为并已达到一定规模这一事实的。"⑥

其次,刑事立法以已有的现实生活中的人的行为事实作为设立犯

---

⑤ 〔日〕西原春夫:《刑法的根基与哲学》,顾肖荣等译,上海三联书店1991年版,第94页。

⑥ 同上书,第95页。

罪构成的依据,这种即使对人和社会有所危害的行为并不能自然地成为犯罪构成的规格、模型,中间介入了人的价值评价和价值判断。刑事立法从行为事实的"是什么"到犯罪构成的"应该是什么"的犯罪构成设立过程,中间一步都离不开人的价值评价和价值判断。在从事实到价值这一本身存有分歧的"鸿沟"上为自由跃迁架设桥梁的就是人的价值评价。尽管"知识分子和文化人具有独立的世界观,他们大都从其世界观的理论归纳上来说明能否立法……"但是,"立法者最终只能站在平均的国民立场上来推测这种欲求。刑法应当在其与国民的欲求关系上回忆起近代刑法学的精神,即刑法是国民自主规范的成果;应当重新考虑把制定刑法的基础与国民的欲求联系起来……"⑦刑事立法对现存社会现实中具有危害性的行为事实通过价值评价,将其上升到犯罪的程度予以规定,并以此为基础设定一定犯罪的规格、模型,实际上在一个民主制度下已经代表了社会主流群体主流的价值观念和价值意识。通过这种价值评判,社会现实生活中的行为事实"原型"便进入法律之中转变为一种犯罪的规格、模型,从而使行为事实在客观上的"是什么"变成在法律上的"应当是什么"的一种固定模式,又经技术上的处理便形成了犯罪构成。

第三,犯罪构成作为法律"图纸"上的一种犯罪的规格、模型,它体现了价值意义上的"应该",其主要功能就在于表明它是一种行为规范、价值模式和技术规范。作为一种技术规范,它可以一次性设定,无数次被运用。它对司法实践的评定行为是否构成起着约束性的作用。尽管在这种规范中,"应该是什么"与"本身是什么"常常交杂在一起,"应该是什么"是以"本身是什么"为基础的,"应当是什么"是从"事实是什么"当中产生的,但一旦"应当是什么"以规范的形式表现出来,则表达了刑事立法主体的利益和要求,从而成为刑事司法活动的指南。但是当这种规格模型在法律中定型后,便获得一种客观存在的特性,相对独立地存在于客观世界中。社会成员只能遵守它,而不能随意改变它。

---

⑦ 〔日〕西原春夫:《刑法的根基与哲学》,顾肖荣等译,上海三联书店1991年版,第92—93页。

二、犯罪构成设立是刑事立法的价值体现过程,但一旦成型即具有中立的属性

犯罪构成作为犯罪的一种规格、模型,它是刑事司法活动认定犯罪的一种依据,这是就犯罪构成实践运用的终极意义而言的(当然这一终极意义也只具有相对的意义。因为同一个违法行为事实在一审刑事审判中以这一个犯罪构成加以评价认定,在二审刑事审判中也会出现以另一个犯罪构成加以评价认定的现象。即使在二审终审后,还会发生因申诉或再审等原因,再运用其他犯罪构成加以评价认定的事实)。在更广泛的层面上说,犯罪构成一旦定型后,就不再是刑事立法和刑事司法的专利品,而是成为全体社会成员共同拥有和遵守的规范形式(这里并不涉及规范本身经过社会意义评价后产生的,而是指它的社会作用)。因此,审判机关评价认定犯罪时可以运用它,公诉机关指控犯罪时可以运用它,侦查机关侦查犯罪时可以运用它,人民群众检举控告犯罪时可以运用它,即使被告人、犯罪嫌疑人和辩护人辩解犯罪时也可以运用它。基于刑事立法主体的价值评价而产生的犯罪构成作为一种犯罪规格、模型的规范形式一旦确立定型,为社会所接受,为社会成员所认可,便会成为一种强大的力量,成为社会成员的行为取舍标准。我国的刑事立法、刑事司法和刑法理论不承认有先天的犯罪人,只有人的后天行为才有可能构成犯罪。因此,在人的行为构成犯罪之前,作为社会成员的人与刑法规范并不发生直接的冲突和联系。基于这样的事实和理论,我们认定犯罪构成具有中立的属性、中性的特征是能够成立的。而在刑法观念上确认犯罪构成具有的这一中性特征,对于我们进一步认识和理解刑法的本质、刑法的功能和刑法的效果,都具有极其重要的基础性意义。

(一)确认犯罪构成具有中性的特征,可以帮助我们进一步消除刑法具有阶级性的残余影响

由于众所知晓的原因,刑法的阶级性观点和理论曾经一统我国刑法理论领域。在中国共产党十一届三中全会以后,摒弃了"阶级斗争为纲"的指导思想,给我国法学领域吹来了一股强劲的启蒙之风。经过三十多年的理论与实践,法的阶级性理论不再成为我国法学的主流

理论。但是认为一些公益性、技术性的法律,诸如环保法、卫生法、交通法等法律是不存在阶级性,而一些涉及政治性、利益性、暴力性的法律,如宪法、刑法等依然存在阶级性的意识观念。这里需要特别指出的是,在刑法教科书中,描述刑法具有阶级性的字样,还是时有所见。尽管我们知道,达到一定理论修养的学者和人们已不再相信这种理论,但是我们千万不能忽视,这些刑法教科书面向的是广大刑法知识的初学者,刑法具有阶级性的理论描述为他们的刑法观念起着奠基的作用。

应当指出,言说文述刑法具有阶级性,不外乎是说刑法规定犯罪和动用刑罚时具有阶级观念和阶级倾向。但是当我们论证了刑事立法设立犯罪构成是面向所有社会成员有可能实施的所有为刑法所禁止的危害行为时,犯罪构成不可能具有具体的阶级性。一般寓于个别之中,普遍寓于特殊之中。当现今时代的个体犯罪构成已不可能再体现所谓的阶级性时,那么涉及整体犯罪的阶级性也就丧失了存在的基础(本书只讨论犯罪构成的专题,不涉及刑罚方面内容)。犯罪构成作为犯罪的规格、模型所具有的中性特征,表明在愈益民主化的制度下,刑事立法对犯罪的规定和对犯罪构成的设定,不过是全体社会成员不希望看到有人犯罪,而通过他们的利益代表经过利益协商、利弊权衡后的一种主流观念和主流意识的反映。尽管他们中间的某些人日后也会犯罪而受到刑罚的惩罚,但犯罪构成中并没有阶级性存在的余地。

(二)确认犯罪构成具有中性的特征,可以帮助我们进一步确立刑法的大众化基础

刑法的大众化,是指刑法不仅是社会大众意志的集中体现,而且也是社会大众约束自己行为的规范形式。尽管刑法的制定,并不存在一个人人参与的过程,但刑法只有集中体现社会大众的根本利益和基本意志时,才能获得社会大众的支持。不然,一个国家、一个社会就会在无休止的利益冲突中发生动荡。刑法能够体现社会大众的根本利益和基本意志,表明了刑法已经具有公正性。公正就意味着不偏不倚,就意味着具有居中特征。

诚然,在人类的发展史上,刑法作为集团统治、阶级统治、阶层统治的工具的现象曾长期存在过。"法不明,其威莫测焉",曾为专制统治奉为信条,刑法规定的犯罪只针对社会成员的身份,而不针对社会成员的行为的记载也常有所见。集团、阶级、阶层的偏私,导致刑法的偏向。于是刑法丧失了社会大众的信任和支持,其最极端的结果是导致整个社会对法律的蔑视,从而也导致了社会的冲突和频繁的改朝换代,而每一次改朝换代都伴随着无数生灵的消灭。尽管每一次大的社会动荡,其深层的原因不在于法律而在于政治。但丧失社会大众基础而带有偏私的法律无疑加速了这种周期动荡的进程。因此,在民主政治的制度保证下,还刑法的中性特征,特别是在犯罪的规定和犯罪构成的设定中,尽可能体现社会大众的根本利益和基本意志,做到公正、公平、公开,从而获得社会大众的信任和支持,是现代刑法进化的必要进程和必然结果。

(三)确认犯罪构成具有中性的特征,可以限制国家专横,从而使刑法能够成为公民权利保障的"大宪章"

日本当代刑法学者西原春夫在谈到刑法本源机能时指出:"刑法还有保障机能,即行使保护犯罪行为者的权利及利益,避免因国家权力的滥用而使其受害的机能。对司法有关者来说,刑法作为一种制裁的规范是妥当的,这就意味着当一定的条件具备时,才可以命令实施科刑;同时当其条件不具备时,就禁止科刑。虽然刑法是为处罚人而设立的规范,但国家没有刑法而要科以刑罚,照样可行。从这一点看,可以说刑法是无用的,是一种为不处罚人而设立的规范。人们之所以把刑法称为犯人的大宪章,其原因就在此。"⑧西原揭示了这样一个历史事实,在人类历史上,没有刑法规范的历史时期大有存在。但这并不等于说没有刑法的存在,便没有动用刑罚进行镇压和杀戮。反而因为没有刑法,专制统治者或者军阀寡头们更可以随心所欲地进行罪刑擅断。古今中外的历史黑暗时期足以证明这一点。英国历史学家梅因在其《古代法》一书中探究成文法产生的缘起时指出,在古代社会中,每个人的生命过程有极大部分都生活在族长的专制之下,他的一

---

⑧ 〔日〕西原春夫:《刑法的根基与哲学》,顾肖荣等译,上海三联书店1991年版,第33页。

切行为实际上不是由法律而是由反复无常的一种统治所控制着,而法律的形成则是对无休止现象的校正。"在我所提及的几个国家中,到处都把法律铭刻在石碑上,向人民公布,以代替一个单凭有特权的寡头统治阶级的记忆的惯例。……诚然,贵族们似乎曾经滥用他们对法律的独占,并且无论如何,他们对法律的独占阻碍了当时西方世界开始逐渐普遍的那些贫民运动获得成功。……'十二铜表法'以及类似的法典赋予有关社会的好处,主要是保护那些社会使得他们不受有特权的寡头政治的欺诈,使得国家制度不致自发地腐化和败坏。"⑨梅因所论及的法律形式变更过程在我国也同样经历过。从刑律深藏于官府,其威不可测也,到"铸刑书于鼎,以为国之常法"⑩,将律例布之于众,实际上就是限制国家(或者执政阶级)滥用权力的结果。中国历史上第一次较大规模的法律纷争也正是围绕国家刑权力的限制而展开的。孔子对晋国铸刑鼎的批评正是基于公布成文刑法使得特权被很大程度地限制。"晋其亡乎?失其度乎矣。夫晋国将守唐叔所受法度,以经纬其民,卿大夫以序守之,民是以能尊其贵,贵是以能守其业,贵贱不衍,所谓度也。……今弃是度也,而为刑鼎,民在鼎矣,何以尊贵?贵何以之守?贵贱无序,何以为国?"⑪以我国近代刑法改革为例进行分析,尽管可以发现存有某些继承性和保守性,但刑律的变更内容以及折射出的刑事法律思想则是针对特权现象的。所以我们在追溯法律的变更尤其是刑法的变更过程时,可以发现这些带有社会现实合理性的变更蕴含了一种社会内在要求改进的意愿。也就是说,刑法的历史创立和发展存在理性动力,即刑法是为制约国家特权(或者说刑特权)而产生的。⑫ 笔者认为,刑法的成文化和公开化,是对国家可能存在的专横权力的限制,而确认犯罪并为之设置的犯罪构成具有中性的特征,是在更进一步限制国家不必要的权力专横。

确认犯罪构成具有中性的特征,就可以使国家(实际上是司法机关)与被指控的犯罪嫌疑人、被告人处在平等的地位,利用犯罪构成来

---

⑨ 〔英〕梅因:《古代法》,沈景一译,商务印书馆1996年版,第9—11页。
⑩ 《左传·昭公六年》。
⑪ 《左传·昭公二十九年》。
⑫ 参见苏惠渔、孙万怀:《刑法的意义与国家刑权力的调整》,载《华东政法学院学报》2001年第2期。

衡量所指控涉及的行为,而不仅仅是凭借强权。司法实践中发生的某些冤假错案,其重要的一个原因就在于司法机关并没有凭着中性的目光来看待具有中性特征的犯罪构成,而是把它看成是自己手中的一个可大可小的型塑工具,一审、二审加再审,反反复复。在这反复的过程中,一些公民的应有权利遭受到不应有的损害。当然我们也承认,在一些冤假错案中,即使不视犯罪构成具有中性的特征而随意曲解,但它绝不是破坏公民权利的元凶。在一定程度上,运用犯罪构成时某些不完善的制度更应承担责任。但是,一旦能够确认犯罪构成具有中性的特征,正像度量衡一样,不以使用人的利益不同而随意改变它的量的规定性。正是在这一意义上说,不符合犯罪构成的行为就不是犯罪,符合什么样的犯罪构成就是什么样的犯罪,即使涉嫌构成犯罪的社会成员也可凭着犯罪构成知道自己利益"受损"的依据,从而使以犯罪为重要内容的刑法在更高的层次上成为社会成员(包括犯罪行为人)的应有权利不受随意侵犯的大宪章。

三、犯罪构成的实践运用首先是一个认识和认知这一规格、模型的过程

犯罪构成的实践运用,是一个与实施犯罪和评定犯罪有关的社会多个机构和多方面人员共同参与的过程。刑法作为一个大众化的法律,只有在社会大众能够认识和认知犯罪规定的前提下,才能规范自己的行为不致触犯刑法。只不过在众多的机构和众多的人员中,司法机关和司法人员对犯罪构成的认识、理解和运用才具有法律上的效力。因此,这里所说的对犯罪构成的认识、理解和运用,是站在司法机关和司法人员的角度加以论述的。

司法机关工作人员对犯罪构成的认识和理解,既有一个资格能力问题,又有一个方法问题。尽管从两个不同的角度出发可以透视司法机关工作人员对犯罪构成认识和理解过程中所产生的影响作用,但事实上,两者往往交织在一起并相互产生影响。因此,通过怎样的方法去认识和理解作为犯罪规格模型的犯罪构成所具有的客观中性特征,就成为运用犯罪构成去评定犯罪事实和犯罪性质的一个必要基础。在这方面,有三个基本的认识和理解方法不可或缺:

(一)语言文字的认识方法

在刑法中,犯罪构成的规格、模型及其构成要件内容是通过一定的语言文字加以表现的。一定的语言文字是一个国家、一个民族、一个社会传统文化的集中反映,具有约定俗成的内涵。刑事立法通过一定的提练标准,运用规范性的、专业性的、严谨性的、精确性的、统一协调性的语言文字描述各种犯罪构成的应有内容,是刑事立法的一个基本表现形式。认识和理解犯罪构成并在此基础上运用犯罪构成,就必须从语言文字这一基本要素形式上着眼,而不是从立法精神着手。严肃地说,我国刑事立法在运用语言文字方面,还存在大量失范的地方,对此不断有论说者毫不留情地予以指出和批评。但从基本面来说,刑法中大多数犯罪构成的语言文字表述都已表明了刑事立法者的意思界限。现有刑法中已有的不规范、不确切的语言文字表述在今后如何被矫正,很大程度上取决于立法者的勤勉自励和知识程度。但对于执法者来说,只能站在已有的语言文字层面加以认识和理解。认识和理解犯罪构成的语言文字表述,有一个认识和理解者的文化水平问题。也许像山西绛县姚晓红式的"三盲"(文盲、法盲加流氓)法院院长只是极少数的。但长期以来,执法者文化水平整体还不是很高还是一个事实。对此,我们国家已有清醒认识,开始不断提高"进入门槛"的高度,应当说是一个有效的措施。但是,执法者们对法律的认识和理解不同于社会大众的一般认识和理解,他们必须要高屋建瓴。因此,某些国家的法官的后备力量从大学本科以后再研修法律的群体中遴选,是有一定道理的。这应当成为我们在今后借鉴的一个方向。

(二)逻辑思维的认识方法

逻辑思维能力是职业法官应有的一种认识能力,也是他认识和理解法律时应有的一种认识方法。法律不管以怎样详尽的语言文字表述立法者的意思表示,在表现形式上总还是一种原则的、概括的、精练的语言文字记载。因此,只有通过逻辑思维的方法,才能认识和理解通过语言文字表达出来的行为特征的内涵与外延,弄清事物之间的种属关系。法官们只有对法律具有形式合理性的认识和理解,才能对事物产生实质合法性的把握,从而在运用法律过程中起到连接法律规范和社会现象的作用,填补法律规范与社会现象之间的缝隙。我们日常所说的通晓法理,实际上就是在对法律规范娴熟认知的基础上,通过合理性的逻辑思维方式表现出来的。对法律规范的认识需要"咬文嚼字"的精神,更需要逻辑思维的能力。例如,司法实践中一个时期激烈争论的"夫妻间的强奸"能否构成强奸罪的问题,咬文嚼字去咀嚼"强奸"两字,"是"的结论当然已在文理之中。但是通过逻辑思维的方法加以深究,就可以发现在合法的婚姻关系存续期间,丈夫违背妻子的性意志自由权利,强行实施同居行为就是"强奸",那么另一个必然的逻辑结论就是丈夫没有违背妻子的性意志自由权利而进行同居的,就是和奸抑或通奸。这岂不是颠覆整个人伦观念了吗?这样,非的结论随着逻辑思维的进程必然显现出来。再如在司法实践中一度曾出现的"三角诈骗罪"的争论,当我们能够认识到任何法律关系都是一种相辅相成的当事人双方之间的法律关系,"三角诈骗罪"的结论便不攻自破了。因此可以说,逻辑思维能力不但是司法工作人员认识和理解刑法的一种方法,而且更应该是一个灵魂。

(三)经验知识的认识方法

美国的霍姆斯曾有一句名言:"法律的生命不是逻辑,而是经验。"[13]英国的柯克也曾说过:"法律乃一门艺术,一个人只有经过长期的学习和实践,才能获得对它的认识。"[14]我国刑法学者冯亚东感悟到:"立法在有些情况下只是凭着大体的感觉作出大体的规定,其具体的内容尚待于生活自然而然地将它展现,有待于法官和法学家们去努力地挖掘。"[15]刑法是一种大众化的法律,它的规定决不应是艰难晦涩、高深莫测的。否则,刑法就会失去规范社会大众行为方式的实在效果。但是,运用法律规范评价认定社会行为的法律性质,就不能仅仅停留在对法律的一般认知程度上,司法机关工作人员除了具有丰富娴熟的法律知识,严密推理的逻辑思维能力,而且还必须具备丰富阅历的生活经验。"事实上,在任何社会里,优秀的司法者,无论是职业的还是非职业的,总是那些对人情世故有深刻理解的人们,是那些有相当丰富社会经验的人。古今中外,法官或其他在社会中扮演社会裁

---

[13] 张乃根:《西方法哲学史纲》,中国政法大学出版社1993年版,第251页。
[14] 李学艺:《法治与艺术:论职业法律家显贵的理由》,载《法学》2001年第1期。
[15] 冯亚东:《刑法的哲学与伦理学》,天地出版社1996年版,第136页。

判者角色的总是年长者。……只有理性和经验的完美结合才能实现真正的公正。"⑯一部刑法的制定和它的规定内容,本身就是人类生活经验和与反社会行为作斗争经验的产物。对法律的认识和理解,在更高的层次上是与人的经验阅历分不开的。只有在更高层次上对法律进行深刻、透彻的认识和理解,才能在实践中运用自如。回想几年前,有的刑法教师在课堂上讲授刑法,面对诸多花季年龄、满脸稚气未褪的莘莘学子,涉及某些淫盗之案时,尽管小心翼翼,言语谨慎。但仍发现某些女孩脸红而头垂(当然时至今日随着观念的改变,今非昔比)。试想这些学子虽有书本知识和先天聪颖的理解能力、思维能力,但无丰富的经验阅历,一旦成为司法机关工作人员,能胜任处理好各种复杂多样社会现象的"法官"角色吗?由此看来,我国对法官的任职年龄资格定在23岁,相对日益发生变化的时代和一些国家规定只有年满45周岁的人才有任职资格的规定来说,恐怕稍嫌低了一点。

第二节　犯罪事实的事实判断与价值评价

如何认识、理解法律规范(这里特指犯罪构成)是犯罪构成实践运用的前提和基础。犯罪构成的法律规范是司法实践过程中的一端事物。犯罪构成只有具体运用到实际行为事实中,纸面上的法律价值才能转化为现实生活的法律意义。而犯罪行为的客观事实是司法实践过程中的另一端事物,两者本不相干。能够将两者联系起来进行衔接和匹配的是司法实践过程中司法机关工作人员的评价活动,即犯罪构成的运用过程。

一、犯罪事实的认识和理解

严格地说,就法学的合理性分类而言,"犯罪事实"更多地应属于刑事程序法涉及的内容,只有通过特定的程序和必要的证据所证明了的犯罪事实才是事实。刑法实体法上犯罪构成设立时所涉及的犯罪事实只不过是一种虚拟预设的事实,而刑事司法实践运用犯罪构成定罪时所涉及的犯罪事实实际上是被证明了的事实。但是,犯罪构成只

---

⑯　李学艺:《法治与艺术:论职业法律家显贵的理由》,载《法学》2001年第1期。

有针对犯罪事实时才具有实践意义。因此,论及犯罪构成的实践运用(包括理论上预设的运用),无论虚拟预设的还是被实证了的犯罪事实,都是为犯罪构成的运用提供实践性的对象。

(一) 犯罪事实的内涵

犯罪事实是社会客观事实的一个组成部分,要正确认识犯罪事实,必先理解客观事实是什么;同时,犯罪事实又是刑事实体法学、刑事程序法学甚至犯罪学、社会学多领域共同关注的对象。各学科共同关注的犯罪事实之间有无区别之处,这些都是我们在讨论犯罪构成实践运用时所必须涉及的问题,无法回避。

1. 客观事实的合理界定

在哲学上,事实本身是一个充满歧义的概念名词。有时看似十分平常而简单的概念,往往隐含十分复杂的理解。客观事实有时和主观想象相对立,有时又可与主观价值相对应。但在一般意义上,客观事实是指不依赖于人的主观意识而存在的客观现实存在,这是客观事实的根本特点。我们说某一种现象是客观事实时,不论我们如何看待它、评价它、理解它,事实作为一种客观存在,是谁也不能否认的。正如罗素所指出的:"事实的意义就是某件存在的事物,不管有没有人认为它存在还是不存在。"[17]我们只有承认了事实是一种客观存在,才可以对它进行认识、分析、评价和判断。同时,我们也只有承认事实是不以人的意志转移而转移的客观存在,才可以与那些精神意志认定的存在彻底划清界限,如上帝的存在,美与丑、善与恶的感知存在等。从这一基本点出发,我们可以进一步界定,事实就是独立于人的主观意识、意志之外而又可被人的认识和实践活动所指向的对象本身的客观存在。客观事实就是客观存在,它本身并不自我表明什么。人们不可能在需要某一事实时随心创造什么"事实"。当然,客观事实只有被人意识和认知才会产生事实的意义,与事实本身的客观存在已是两回事。因为,人们未感知的事实对于人来说不知道有这样的"事实",但不能否认在人们感知之前它已是一种客观存在。

---

[17] 〔英〕罗素:《人类的知识》,张金言译,商务印书馆1983年版,第177页。

2. 犯罪事实的基本含义

犯罪事实是客观事实的一种存在形式,但客观事实一旦与"犯罪"相联系,本身已蕴含了人的一种主观评价。这里似乎产生了一个矛盾,或者说确实有一个矛盾。好在这里有一个人们约定俗成的认识基础,即这里所说的"犯罪"是一种假定,主要是将客观世界中人为的事实与纯客观的自然现象区别开来。这是因为在社会科学面前所要认识的"犯罪事实",是指危害到人的利益的行为事实。"从纯粹的因果关系这一角度来看,侵犯利益的原因可以是人的行为,也可以是自然现象,两者之间没有区别。但是,法律规范不是针对自然现象和动物的,法律规范所指的对象只是人的行为。"[18]

即使这样,人们对于犯罪事实的理解也是存有不同看法的。狭义的观点认为,犯罪事实仅仅是指犯罪的客观表现,如危害的行为、危害的对象和危害的后果等客观情形。广义的观点认为,犯罪事实是指在人的一定罪过心理支配下所实施的危害行为及其危害行为指向的对象、导致的结果等客观情形。笔者认为,社会科学讨论的人的行为,是指人的社会化的行为,即具有意识、意志的行为。没有人的意识、意志的行为,例如精神病患者的行为,我们至多把它看成是一种"动物"的自然现象,在社会科学面前没有"价值"。"观念总是会领先于物质的变革而远远走在前面,精神的实在就在于它能并且也只能超越'实在'(才能存在),与'实在'同步也就不会再有精神的存在。于是精神按照其自由自在的本性塑造了新生活的秩序。……刑法应切中人的意志(且不论其是否自由)进行调控,受惩罚的犯罪应界定为有罪过的行为这一基本思路以及大体上围绕这一思路建立起来的现代刑法的定罪量刑体系(尽管不无相左的做法和理论),其不仅从短期功利遏制犯罪的角度看是十分有效的,而且从深远处考察也是同人本主义的哲学、伦理学、政治学等人文科学的基本精神相协调的。"[19]因此,我们只有把犯罪事实界定在人的有意识、有意志的心理状态支配下导致的客观表现情形,才能进入"犯罪"的领域,接受人们的评价和判断。

---

[18] 〔日〕西原春夫:《刑法的根基与哲学》,顾肖荣等译,上海三联书店1991年版,第94—95页。

[19] 冯亚东:《刑法的哲学与伦理学》,天地出版社1996年版,第79—80页。

3. 犯罪构成涉及的犯罪事实内容

犯罪事实作为一种客观存在的社会现象,不仅为刑事实体法学所关注,也为刑事程序法学及其他一些社会学科所关注。犯罪事实在这些不同的学科面前是否具有同一价值体现?笔者认为不是的。从法学分类的要求来看,刑事程序法涉及的犯罪事实是整个犯罪事实的发生、发展和存在的整个过程,例如杀人的犯罪,刑事程序法需要查明的是:是谁实施了杀人行为?行为人在什么时间、什么空间采用了什么方法、什么工具实施了这一杀人行为?杀人行为针对哪一个被害人?杀人行为造成了什么样的结果?而刑事实体法涉及的犯罪事实所要认定的犯罪事实是:是否符合犯罪构成要求的整个犯罪事实过程中某些特定事实内容,例如是否具有犯罪构成中主观要件的心理罪过事实,是故意还是过失(这里主要是一个推导的事实,后文将详细论述)?是否具有犯罪构成中客观要件的客观行为事实,以及与客观要件相关的结果有无等事实?至于行为人是基于什么样的动机而实施行为的,在怎样的时间、地点,用怎样的方法、手段来实施,死亡的被害人是谁(除属客观要件中选择要素内容的以外),都不是重要的。也就是说,刑事实体法关心的是与犯罪构成相关的犯罪事实。至于犯罪学关心的产生犯罪事实的原因事实是什么,社会学关心的犯罪事实导致的社会影响(也是一种事实)是什么,更是与犯罪构成涉及的犯罪事实相去甚远。

(二)犯罪事实的客观属性

犯罪事实作为一种客观事实,是人认知之前、评价之前先行存在的客观现象,绝不会是认知人、评价人认知之时、评价之时所"创造"的事实,因而它具有确定的客观属性。作为一种事实,它是不以他人的意志为转移的。也就是说,从唯物论的基本观点出发,犯罪事实是一种过去发生的、已经客观存在过的一种作为静止状态固定在客观世界中的社会现实现象。用什么样的证据证明它的存在只是一个方法问题(如果行为时被录音、录像,其证明力就会更高。)

行为事实中的行为形式、行为对象、行为结果等通过"纯客观"的外在形式表现出来的事实现象,通过证据证明它的客观性似乎已不存在多大问题,下面我们重点讨论一下行为人的心理状态是否也是一种客观事实这一问题。

　　心理状态存在于行为人的内心之中,他人看不见、摸不着。从这一意义上说,心理状态属于精神的范畴。但是,他人的精神状态不是"我"的精神状态,他人的精神存在是不以"我"的意志转移而转移的。"我"的精神性的活动、精神性的臆想以"我"的意志转移而转移,所以它不是事实,但他人的精神状态对于"我"来说却是一种事实。但精神状态不借助外在的物质形式的行为表现,是无法被人感知的。一个人之所以笑,是因为他内心快乐;之所以哭,是因为他内心痛苦。现实生活中有虚假的行为,认定虚假是要以认识虚假为前提的。人类的生活规律和知识经验告诉我们,人的心理活动和精神状态是可以通过人的感知和认识加以推导出来的。这种推导出来的事实绝不是我说你是什么你就是什么的蛮横表现,而是由外在的客观行为所决定的。因此,行为人的心理活动和精神状态是一种客观事实,它独立地存在于他人的认知和意志之外。有学者提到:"作为一种'社会事实'的犯罪事实与其他任何个体行为及其后果一样,并不是什么'事实',而是一种根据我们自己头脑中所找到的要素建立起来的思想模式。"也就是说,当我们在讨论如何看待他人有意识的行为时,我们总是会依据自己的观念来进行解释,把他人的行为及其行为对象纳入我们自己的头脑中的知识所规定的种类和范畴中去。"[20]我们认为这是在创造"事实",即使创造的"事实"跟客观的事实完全一样,仍然是事实以外的另一个"事实"。至于说:"某一行为是否构成犯罪,或者说某一事实是否是犯罪事实,主要取决于有决定权的人是否相信它是犯罪。"[21]这其实已是一个价值评价和规范评价的问题,而不是事实的本身。对什么行为肯定为犯罪,对什么事实否定为犯罪,否定的基础仍然是一个客观存在的行为事实。客观存在的事实是不能否定的,否定的只是行为事实的犯罪性质。这正好证明事实与价值并不是一回事。尽管在现实生活中,有太多的人自觉或不自觉地将两者搅和在一起,理论的任务就是要还其原貌,将两者撕裂开来以后加以重新认识。

---

　　[20] 周光权:《犯罪事实在司法活动中的重构》,载陈兴良主编:《刑事法评论》(第4卷),中国政法大学出版社1999年版,第217页。

　　[21] 同上书,第216页。

(三) 犯罪事实的可知性

严格地说,犯罪事实的可知性同样主要属于刑事程序法所要面临的问题。这并不是说刑事实体法可以偷懒,只要依赖性地在刑事程序中查明的犯罪事实基础上作一评价和判断,就可以进入犯罪构成的规范评价领域。对于刑事实体法的犯罪构成适用来说,犯罪事实的可知性仍然有其自身的任务,即刑事程序中查明了的犯罪事实,哪些属于犯罪构成所要求的,进而可以进入规范评价领域,哪些不属于犯罪构成所要求的,进而可以作为价值评价的对象。当然,在刑事司法实践中,犯罪事实查明过程中的可知性与犯罪事实相对于犯罪构成的可知性是经常交织在一起的,这大概也是刑事法一体化理论兴起的缘由。因为一个刑事司法实践过程,就是刑事程序法和刑事实体法相继运用的过程。就刑事程序需查明的犯罪事实来说,主要集中于整个犯罪过程中的客观行为事实;而就犯罪构成运用过程中所要论证的还包括行为人的主观心理事实。已如前述,行为人的主观心理对于司法评价者来说,也是一种客观事实,是不以评价人的意志转移而转移的。行为人的主观心理事实,惟其是客观的,才可认知;惟其是可认知的,才需要进行推导实现认知。尽管在司法实践中,由于评价人知识结构、经验阅历、方法标准的不同,对同一个行为事实会推导出不同的心理事实,由此更可以看出在心理事实可知的前提下,从理论上探讨认知方法和认知标准的重要性。不然就等于承认了"我说是,就是"的这种主观臆想的合理性,甚至回到了英国大唯心论者贝克莱所说的"感知的才是存在"的认识结论上来了。

二、犯罪事实的事实评价和判断

犯罪事实的认知过程本身渗透着价值观念和价值要素,因此尽量建立起"价值中立"的观念,是司法工作者人格理智诚实的应有表现。在具体的犯罪事实认知过程中,如果夹杂着主观因素的干扰,甚至渗透了某些价值因素的"污染",那么就不可能真正获得对犯罪事实的认知。在"价值中立"标准下获得对犯罪事实认知的基础上,犯罪构成的实践运用就进入对犯罪事实的事实评价和判断的领域。

(一) 犯罪事实的评价

用哲学的眼光来看,尽管"价值中立标准"突出了人类的认识活动应当以客观性为目的,实事求是地反映"事实"本来面目的愿望与要求。但是从哲学的实践性而言,人类对"事实"感兴趣本身具有一定的利益要求和价值目标。因此,对已认识的事实,必须通过评价,才能对普遍的事实有所选择,使事实服从于利益需要和价值判断。

任何一个犯罪事实,都包含复杂多样的内容,从动机到目的、从时间到空间、从预备到实施、从方法到工具、从行为到结果,等等。人们认知了的客观事实,不经过评价,仅仅获得了一种独立于人自身之外的"事实",与人没有关系。只有经过人的评价,才能将"事实"纳入人的价值体系之中。事实评价无疑会渗透人的一定的价值因素,从而会确立一种价值坐标,但其首要的评价标准应当是人类过去到现在已有的知识经验和以客观性为中轴的标准。虽然事实本身与人们对事实的认知已经存在某种本质的区别。事实本身是纯粹客观的、不偏不倚的、唯一不变的。而对事实的认知,由于受认知人在认知时多方面因素的影响和限制,则有可能会偏离事实本身。例如,在刑事庭审过程中,不同利益的人会提出不同的事实真相。但为什么会有不同的"事实"出现?实际上"事实"经过了人的主观评价,已经反映了不同的利益要求。尽管从哲学的角度而言,"纯粹描述事实的'价值中立'的语言符号或概念体系是不存在的"[22]。因而,绝对正确的事实评价中的知识经验和"客观规律"也是不存在的,但这并不妨碍人们应当尽量向大多数人拥有的知识经验和认可的客观规律性靠拢。司法实践中,经常发生张三怨恨李四,利用恶言诅咒其死亡;张三决意杀害李四,由于认识错误,结果开枪时实际击中的只是野兽;张三与其妻经常发生争吵,其妻欲上吊自杀,张三见死不救等,诸如此类的事例。这里行为人的主观心态事实如何推导认知暂且不讲,就已经认知的客观事实,经过事实评价能否确定为杀人的行为事实却是在认定是否犯罪时必须要解决的问题。从行为到对象及能否导致结果的关系来说,上述行为很难被评价为杀人行为。

---

[22] 孙伟平:《事实与价值》,中国社会科学出版社2000年版,第107页。

从事实评价的另一个目的来说,就是要对众多的事实内容进行加工整合,从而为事实判断进行材料筛选。在犯罪事实中,通过评价,其间引入价值效用原则就可以发现,心理事实中的动机无价值,对大多数犯罪来说,时间与空间、方法与工具等事实无价值。

事实评价是进行价值评价的基础。没有对事实的评价,就无法进行价值评价。同时,对事实评价越深入、全面、合理和科学,越能够把握事实内部的本质特征。

(二)犯罪事实的判断

对犯罪事实的判断,主要依据事物本身的特性判断和确定该事物是什么。对犯罪事实的判断,可以仍然在对犯罪事实认知的范畴内,但它又是在低级认知基础上的高级认知。对犯罪事实的判断,是一种描述性的判断。"事实判断的目的是要达到对事物、事件及其过程的客观化的认识,无论是认识过程,还是认识结果,都应尽可能地摒弃主体自己的情绪、情感、态度、规范等主观因素,而尽可能地做到'情感中立'或'价值中立'。"[23]哲学上的这些基本原理为我们在对犯罪事实进行判断时提供了一个方向和要求:

(1)犯罪事实的判断,首先要还事实的本来面目,即事实评价的对象就其客观性而言本身是真实的。我们日常所说的"某人偷了东西""某人杀了人",通过事实判断,实际上是在确认确实有着一个偷窃的行为事实或杀人事实的存在。

(2)犯罪事实的判断,包含一个社会最基本的形式规范判断。在任何一个社会中,必然存在多结构、多层次、多体系、多价值的规范现象。不管一个社会中存在怎样复杂多样的利益群体,在对一个客观行为进行描述时总会存在一个基本的语言符号系统,不然,就不会有特定范围内的人的社会历史的存在,甚至不会有人类文明史的存在。尽管任何形式的判断,做到绝对的"价值中立"很难,但通过最基本的描述性判断,能够使行为事实广泛地展现于他人的面前。例如"某人偷了东西"或"某人杀了人"是真实的事,至于东西是否该偷,被害人是否该杀,这是价值问题,是不需要事实判断来回答的。

---

[23] 孙伟平:《事实与价值》,中国社会科学出版社 2000 年版,第 155 页。

(3) 犯罪事实的判断,应尽可能站在情感和价值的中立立场上,使犯罪事实能够按其本来面目展现开来。我国刑法学者陈兴良曾指出:"在我国刑法理论中,行为事实与价值评价这两个层次的问题未加区别,混为一谈。因此,造成了许多理论上的混乱。"[24]此言诚哉!其实,这种混乱更多地还存在于司法实践中,我们经常听到的"这个人太坏了""这件事太严重了",事实上已把大量的价值判断融入事实判断中了。

承认、注意事实判断中的"真实"的特性,是非常重要的。唯如此,才能运用价值评价,产生真实的美与丑、善与恶,才能为更高层次的规范评价奠定前提基础。

三、犯罪事实的价值评价与判断

客观事实可能会无缘无故地出现在人的视野中,但人却不会无缘无故地去关心事实、关注客观事实。犯罪事实当也如此。对犯罪事实的价值评价和判断,已不同于对犯罪事实的事实评价和判断体现的比较"纯"的客观性,而是时时刻刻包含了评价者的主观色彩,包含人的利益、需要、情感等因素。

(一) 犯罪事实的价值评价

关于价值和价值评价,哲学和哲学家们为我们提供了太多的理论材料。就一般意义而言,所谓价值,就是指人们在认识和实践活动中建立主客体相互关系时,以主体利益的需要、目的为尺度,而反映客体对主体满足程度的关系体现。[25] 而所谓价值评价,就是指评价主体根据一定的价值尺度,对客观事实进行评判,从而满足评价主体的价值需要。

对犯罪事实的价值评价,不过是哲学上对一般客观事实价值评价模式的具体化,对哲学上众多价值评价原理,任凭弱水三千,只取一瓢饮,即可实现这一模式。只要落实到具体的犯罪事实,就必然包括了对心理事实的价值评价和对行为事实的价值评价。

---

[24] 陈兴良:《刑法哲学》,中国政法大学出版社1992年版,第29页。
[25] 参见李德顺:《价值论》,中国人民大学出版社1987年版,第101—108页。

1. 对心理事实的价值评价

由实证材料证明的或者通过行为事实推导确认的心理事实,能否进行价值评价而作出某种价值判断,这在理论上是有不同看法的。有人曾客观地指出:"在司法实践中,试图把犯罪事实和犯罪人的心理分得一清二楚似乎是不大可能的。"[26]也有人说:"犯罪人的主观心理状态涉及人的意识等心理事实,这些心理事实是犯罪人的主观恶性的基本载体。"[27]我们也承认人的心理事实由于其内在性的存在,进行认知和事实判断有着一定的困难,但根据唯物论的基本原理,人的心理,即他的意识和意志,是高度组织化了的物质即人脑的产物。一个人的心理事实对他人来说也是一种客观的事实、客观的存在。通过什么样的方法、依据什么样的标准去认识和判断,可能因人而异。但一旦认知以后是需要经过价值评价才能进入人的利益范围的。也就是说,既然事实判断已为价值评价提供了基础条件,那么价值评价的展开是无法回避的。

对于心理事实的评价,是属于规范评价还是价值评价?抑或是两者的综合运用?这一看似十分复杂的问题,只要我们理解了规范评价和价值评价两者的关系,也就不成为一个问题。对此,哲学和哲学家们为我们提供了一条可供参考借鉴的经验道路。规范是以评价为基础的,规范需要理由,需要论证;论证以后的规范又反过来成为评价的标准。这是一个基本的哲学问题。[28]两者通过人的实践活动而联结并交替进行。回到我们的问题上,也就表明了先有价值评价,再有规范评价。对犯罪心理事实的价值评价,主要解决行为人的心理事实是否在其意志自由的条件下产生的,能否产生主观危险性。同样造成一个客观损害的结果,行为人的心理事实就可以包含故意、过失和意外三种心理状态。在事实判断的基础上,通过价值评价,就可以进一步得出判断,故意和过失是在意志自由的条件下产生的,因而可能具有主观的危险性,而意外则相反。有了这种判断,故意和过失就可以进一

---

[26] 周光权:《犯罪事实在司法活动中的重构》,载陈兴良主编:《刑事法评论》(第4卷),中国政法大学出版社1999年版,第213页。

[27] 陈兴良:《刑法哲学》,中国政法大学出版社1992年版,第29页。

[28] 参见孙伟平:《事实与价值》,中国社会科学出版社2000年版,第141—146页。

步进入犯罪构成的规范评价中,而意外则可排除在外。将价值评价和规范评价引入对犯罪事实的评价中,我国刑法学者陈兴良在其《刑法哲学》一书中作了先导性的尝试,冯亚东在其《刑法的哲学与伦理学》一书中作了进一步阐述。这些尝试和进一步阐述对我国刑法理论层次的提升,其作用是积极进步的,其意义是不可低估的。笔者在这里已不便再多说什么了。㉙ 步着哲学的思路和那些具有启发性的刑法理论后尘,只是想说明对犯罪的心理事实进行价值评价,是犯罪构成实践运用不可缺少的一个环节。同时想补充一点,陈兴良在《刑法哲学》一书中对心理事实的评价仅提到规范评价,对心理事实的价值评价未作展开,而是把它重点放在对行为事实的评价中。笔者认为,对心理事实进行规范评价的规范根据,不但是人类在长期的社会生活中凝结成的经验结晶,而且是刑事立法经过价值评价的产物。在司法实践中,只有先经过价值评价,才能过渡到规范评价。尽管在实践运用中,两者的界限有时会模糊不清,但理论应当揭示这一界限的存在。

2. 对行为事实的价值评价

对犯罪行为事实的价值评价,主要包括对行为的价值评价、对结果的价值评价和对因果关系的价值评价。

(1) 对行为的价值评价。主要解决行为是否具有社会危害性的性质问题。一个人的行为只有在它和社会发生联系的过程中才能表现出它的存在形式。行为与社会相联系,就有一个社会价值问题。社会价值制约着评价,而评价又反过来肯定行为的价值[包括正价值、无价值(中立价值)和负价值]。对行为的价值评价,实际上是利用一个社会主流群体中主流的价值观念、价值意识的基本价值体系这一标准进行的评价。例如,同是杀人,恶意的或无正当理由的杀人,就为社会主流价值观念和意识不容,经过价值评价,其社会危害性就显现出来了;而正当防卫的杀人或依照命令执行死刑的杀人,符合社会主流价值观念和意识,经过价值评价,就可以反映出该行为无社会危害性。行为不具有社会危害性不需要进一步通过刑法规范的评价,就可以确定其不属于犯罪的范畴。

(2) 对结果的价值评价。主要解决结果对社会的危害程度问题。

㉙ 笔者常为自己不能博览群书而赧颜,这里仅以阅及的主要著作而作注解根据。

结果是属于犯罪构成客观要件的要素,属于立法价值评价的范畴。而作为司法实践的价值评价,是测定结果在怎样的情况下和怎样的程度上发生对社会的危害及其程度高低的。结果的内容多、结果的数量大、结果对社会利益的伤害重,就表明其社会危害性大。即使在犯罪预备、犯罪未遂、犯罪中止状态中的无结果,也是依据对有结果的价值评价标准,来反测其行为状态对社会的危害程度的。

(3) 对因果关系的价值评价。主要解决行为与结果之间的联系问题。因果关系表明的是行为与结果之间的联系,具有客观性,这在事实评价中可以得到反映。但是,就客观世界的普遍性联系来说,在结果之前的各种现象对结果的发生或多或少都有联系,这同样会在事实评价中得到反映。结果之前的现象包括原因现象和条件现象,对因果关系的价值评价,就是要在客观世界复杂的普遍联系中,截取那些联系环节作为评价的对象,并在这些联系之中,反映原因现象与结果的本质联系,而条件现象只是起了加速或延缓结果发生的作用。通过对原因现象、条件现象与结果的联系程度的价值评价,为过失犯罪(包括间接故意犯罪)是否成立、直接故意犯罪是否属于既遂的规范评价提供了基础。

(二) 犯罪事实的价值判断

从事实判断经过价值评价达到价值判断,就是要将价值评价中产生的价值观念通过特定的价值语言固定下来。事实判断中诸多"是什么"的客观材料,经过价值评价,就获得了是好还是坏、好坏的程度怎样等诸多社会属性。价值判断是进一步对价值评价中多种价值观念和意识遴选后的结论。例如,诸多的经济犯罪,在不同的区域或不同的利益群体中会产生不同的价值评价,即使在司法实践中,公诉人与辩护人也会就同一个犯罪事实进行不同的价值评价,在这种情况下,价值判断就起着支持一种价值评价和否定另一种价值评价的作用。

也许在社会生活中,存在多结构、多层次、多体系的价值系统,出现多元化的价值评价不足为奇。但是在司法实践中,价值判断要求体现出一元化。也许在这种一元化的价值判断中,有人不服,甚至有人冤屈,但是司法实践活动正是沿着这种一元化的价值判断向前延伸的。

对于司法实践中可能出现价值判断错误的现象,引发了人们对完善司法制度的思考。需要指出的是,尽管司法实践中的价值判断来源于事实判断、价值评价,但它同样需要得到价值判断者对法律含义的理解和对法律忠诚的人格品质的保障。在司法实践中,一切绝对正确的对犯罪事实的价值判断是不存在的,只是在比较完善的制度保障和判断者高尚人格品质的保障下,尽可能地与反映一个社会大多数人意志和利益的法律的精神相协调,经受得起进行价值判断时所处的时代要求的检验。同时,永恒正确的价值判断也是不存在的。一切价值判断都会随着历史条件的发展、变化而发展、变化,这是我们在期望价值判断应具有公正性时需要具有的心理准备。

第三节 犯罪构成的规范评价

通过对犯罪构成规范的认识和理解,通过对犯罪事实的认识和理解,将两者紧密地结合起来,完成对犯罪构成的实践运用,就是一个犯罪构成的规范评价过程。

对犯罪构成规范的认识和理解,仅仅产生纸面虚拟预设的"犯罪"。对犯罪事实的评价和判断,仅仅形成一般道德意义上或者社会学意义上的"犯罪"认识,因为犯罪和其他违法性的有害行为的产生机制(原因)与对社会的危害性方面并无本质的差异,并且在防范机制上也有诸多相近的要求。此时只有在犯罪构成的规范评价下,才能将犯罪与其他违法性行为有效地区别开来,生产出既符合刑法规范要求并在现实生活中"实实在在"的犯罪来,为刑罚的适用提供现实的对象基础。

一、犯罪构成形式上的规范评价

犯罪构成形式上的规范评价,是指将犯罪事实与犯罪构成相联结匹配,运用犯罪构成这一规格模型去认定犯罪事实,或者将犯罪事实的材料"填装"于犯罪构成这一规格模型中,从而使犯罪事实获得法律上犯罪形式的评价过程。

犯罪事实通过人的事实评价和判断,成为一种为人认知和固定下来的客观事实,通过人的价值评价和判断,又成为一种与人的利益相关、确认为是人的一种有意识、有意志的社会行为事实后,再通过社会规范的评价,使犯罪事实进入社会规范的评价领域,体现其在社会规范中的价值所在。不可否认,在对犯罪事实的价值评价和价值判断过程中,已经包含社会最基本的规范评价,如传统的习惯规范和道德规范,以致对社会有益的一些行为事实已经被排除在犯罪构成的规范评价之外。但是,就刑法的规范评价而言,其看重行为事实中行为人是否具有有意识、有意志的心理事实和对社会利益有损害的行为事实。因此,行为人无意识的意外事件和有违于意志的不可抗力的行为就不能进入犯罪构成的评价领域。当然,就犯罪构成形式的规范评价,又是建立在行为人符合犯罪构成的前提条件——主体资格——基础上的。因此,未达到刑事责任年龄的未成年人的行为事实和未具刑事责任能力的精神病患者的行为事实,同样不能进入犯罪构成的规范评价领域。

行为人具有有意识、有意志的心理事实和对社会利益有损害的行为事实,能够从形式上进入犯罪构成规范评价领域的有:

(1)达到刑事责任年龄和具备刑事责任能力的行为人有意识、有意志的心理状态支配下的对社会利益有损害的行为事实,它包括所有有可能构成刑法中已有犯罪规定的"犯罪"事实。

(2)在形式上符合某种犯罪构成的、但内容中有有益于社会的正当防卫和紧急避险的行为事实,关于正当防卫和紧急避险是否在形式上具有犯罪构成的规格模型,笔者在"犯罪构成与犯罪阻却事由"一章中已作了较为详尽的论述。

(3)在形式上符合多个犯罪构成的一个犯罪事实,如想象竞合犯、法条竞合犯、吸收犯、连续犯等犯罪形态。

需要指出的是,犯罪构成形式上的规范评价,主要解决犯罪事实与现行刑法中犯罪构成的联结与匹配,这样的规范评价,使犯罪事实在犯罪构成的实质性规范评价中建立了一个基点,即犯罪事实在刑法规范中本来已是什么,正是犯罪事实已经获得这样的表象,透过这一表象,使人进一步去寻找是否具有人们已经在规范判断中所设立的价值存在,即它的实质应该是什么。

二、犯罪构成实质上的规范评价

犯罪构成实质上的规范评价,实际上是一种犯罪构成运用过程中的价值评价。从对犯罪事实的价值评价和判断过渡到规范评价,本身是一个创造性的评价过程。犯罪构成实质上的规范评价,实际上又是在否定形而上的规范评价后,根据犯罪构成规范预设过程中已经确定的价值原理,最终确认犯罪事实的法律性质和价值所在(犯罪事实具有的"负价值",也是一种价值)。"事实原理具有唯一性、排他性,而价值原理具有面向主体的多元性或多维性。"㉚在一个社会的价值体系中,"那些比较稳定的、基础的价值判断,即我们所谓的基本的、非派生的价值判断,或者说,反映价值观念体系前提、根据、本位的价值判断,即是所谓价值原理"㉛。刑事立法在设立各种具体的犯罪构成时,是依据某一犯罪事实可能具有的社会危害性价值原理进行的,也就是说,各种具体的犯罪构成下面蕴含了某一犯罪事实可能具有的社会危害性。但是,这一社会危害性并不是犯罪事实"自然地"体现出来的,而是通过人的规范评价挖掘出来的。通过人们的道德规范评价,可以得出某一行为事实是道德的还是不道德的结论;通过人们的法律规范评价,可以得出某一行为事实是合法的还是不合法的结论;而通过犯罪构成的规范评价,并依据犯罪构成设立时已经确认的社会危害性价值原理,就可以得出某一行为事实是犯罪的还是非犯罪的结论。特别是,根据具体的犯罪构成的规范评价,可以得出是这个犯罪还是那个犯罪的结论。这样,抽象的法律规定经过人们(司法机关工作人员)创造性的规范评价劳动,就可以"创造"出一个一个的犯罪来。

犯罪构成实质上的规范评价,已超越犯罪构成形式上的规范评价过程中的简单联结匹配,而是依据犯罪事实所具有的社会危害性的价值原理,是从形式向内容、从表象向实质的挺进。正是从犯罪构成实质的带有价值评价属性的规范评价这一过程来看:

(1)犯罪事实虽然在形式上已具备了犯罪构成的规格模型,"但是情节显著轻微,危害不大的,不认为是犯罪"(《刑法》第 13 条规

㉚ 孙伟平:《事实与价值》,中国社会科学出版社 2000 年版,第 157 页。
㉛ 同上书,第 163 页。

定）。这里情节显著轻微,危害不大的犯罪事实,无论在主观方面,还是在客观方面,都是形式上经过犯罪构成的规范评价,而获得符合犯罪构成的表象结论。但是通过犯罪构成蕴含的社会危害性原理的实质规范评价,就排除了这些行为事实可以构成犯罪的必要性。

（2）行为事实虽然在形式上已具备了犯罪构成的规格模型,如正当防卫、紧急避险等犯罪阻却性事由（在现实生活中根本无法排除相当多的犯罪阻却性事由的行为人在实施类似行为时,还无法确认自己的行为是有利于还是有害于社会,在某种程度上,更多的是出于人的本能行为）,通过犯罪构成蕴含的社会危害性原理的实质规范评价和刑法中与犯罪构成紧密相连的犯罪阻却性事由的规范评价,就可以将表面呈现出社会损害性的行为事实确认为无社会危害性的行为事实,进而否定其符合犯罪构成的规格、模型形式所具有的"犯罪形式"的意义。

（3）行为事实虽然在形式上同时具备数个犯罪构成的规格、模型,如想象竞合犯、法条竞合犯、吸收犯、连续犯等犯罪形态,通过犯罪构成蕴含的社会危害性原理的实质的规范评价,就可以确认这里的社会危害性来源于一个心理事实支配下的一个行为事实（吸收犯表面上的多个行为环节,经过规范评价可以确认它们之间并不具有独立性,其中一个行为环节不过是他行为的必要准备或必然结果;连续犯的多行为表现,不过是一个心理事实支配下的一个行为集合体;至于想象竞合犯、法条竞合犯,不过是一个心理事实支配下的一个行为事实）。这样,在心理事实支配下的一个行为事实,只能进入一个犯罪构成的规格、模型中认定犯罪,至于是从一从重、特殊法条优于普通法条或重刑法条优于轻刑法条、高度行为吸收低度行为或主行为吸收从行为,都不过是经过实质的规范评价后价值取向的选择方法而已。

三、犯罪构成的规范评价是形式评价和实质评价的统一过程

犯罪构成的实践运用过程,是一个从对犯罪构成规格、模型的认识和理解开始,结合对犯罪事实的评价和判断,到运用犯罪构成这一规格、模型去分析、评价和认定犯罪事实的规范评价,进而确定犯罪事实法律性质的过程。笔者曾多次参加广播电台、电视台进行的刑事案

例讨论,很多社会成员还没有了解刑法中有关犯罪构成的规格、模型,就断定某一行为事实或是犯罪或不是犯罪,这至多是从人们的道德观念中得出的结论,在刑法理论和实践中没有多大价值。同时,我们对刑法已有的犯罪构成规格、模型的认识和理解,可以看成是刑事立法对过去已然犯罪事实的一种经验总结和对未来未然犯罪事实的一种预警规定。但是,当它被运用到具体的已然犯罪事实之前,它不过是一种法律纸面上的"犯罪模型"㉜,正如德国刑法学者贝林格所指出的那样:"犯罪构成是一个没有独立意义的纯粹概念。违法的有罪过的行为在形成犯罪构成后,就成了犯罪行为。犯罪构成本身存在于时间、空间和生活范围之外。犯罪构成只是法律方面的东西,而不是现实。"㉝我们对犯罪构成规格、模型的认识和理解,实际上是对法律上的"存在事实"的认识和理解,只有当我们将这一规格、模型与现实生活的犯罪事实相结合,才能产生现实的犯罪,以体现其应有的实践意义。但是,通过犯罪构成对犯罪事实进行规范评价的过程,本身也是一个形式规范评价和实质规范评价的统一过程。这一统一过程表明,没有一定的行为事实与一定的犯罪构成相对应,就不关刑法的事,无须进行所谓社会危害性的价值评价和规范评价。只有当一定的行为事实与一定的犯罪构成在形式上具有对应性,才会产生社会危害性价值评价和规范评价的必要性。刑法规范中犯罪构成蕴含的社会危害性,是刑事立法对过去已然犯罪事实进行价值评价的产物,它作为一种价值原理而存在。现实的犯罪事实中蕴含的社会危害性,最终是通过犯罪构成的实质规范评价的结果。形式上符合某种犯罪构成的行为事实,只有通过实质的规范评价所确认的社会危害性,才能使特定的行为事实获得了真正已经构成犯罪的法律性质和现实意义。犯罪构成的实践运用,正是在这种形式的规范评价和实质的规范评价统一运用过程中实现其应有的使命的。歌德曾说过:"理论是灰色的,而生活之树常青。"这种犯罪构成形式上的规范评价和实质上的规范评价相统一的过程,也是理论与实践相结合的过程。

㉜ 冯亚东:《刑法的哲学与伦理学》,天地出版社1996年版,第134页。

㉝ 〔苏〕A.H.特拉伊宁:《论犯罪构成的一般学说》,薛秉忠等译,中国人民大学出版社1958年版,第16页。

后　　记

　　当我为本书画上最后一个句号,轻轻推开窗,抬头仰望星空,远处雄鸡竞啼,又是一个东方既白的黎明。睡意反正已过,心思依然惦念未来,不觉再想写上一篇后记,以表未竟之心迹。

　　年与时驰,岁在日增,当鱼尾纹悄然爬上眼角,蓦然回首,发现自己仍然徘徊在刑法理论的半山腰。计念过去,不禁怅然而叹:岁月易逝,事业艰苦;半是留恋过去已逝的时光,半是感慨人生旅途的蹉跎。人生的价值,应当用成就的砝码来衡量。岁月与成就共进,乃人生之一大幸事。而对我来说,不敢奢望成就,唯一可作自慰的是:我一直努力着并将继续努力着。尽管在某些基本方面,人们常常会告诫自己,既不要因为自己在某些方面特别出色而得意忘形,也不必因为自己在某些方面一事无成而愁苦终生。人人都会有自己某些方面的天赋,大家其实彼此都差不多。虽然以成败论英雄是人类社会一个并非能挥之即去的严酷法则,但是,稍微远离时下的社会评价标准,躲进自己的心灵深处,也会发现,人人都有自己的努力和经历。这些弥漫在悠悠人生的时光岁月里、散乱在自己身后的串串脚印中,自己看来杂乱无章而又平淡无奇的努力和经历,随着岁月的流逝,多少年后当你回过头来再看这些已经淡漠的往事时,也许会突然感悟,这些也是自己的人生旅途中一些值得回味的故事。

　　和无数同龄人一样,我们这一代人生在新中国,长在红旗下。然而,不期而遇的"文革"粉碎了我们诸多美好的理想。柔弱的身躯包裹着稚嫩的心灵,被送到广阔的农村接受风雨的洗礼。风雨路程,战天斗地,生活的真理毕竟是:春风得意容易使人腐败,历经磨难更能使人趋于坚强、成熟。九年的农村生活,使我和我的同辈们获得了后来人再也无法直接获得的生活经历。这种经历经过回忆整合,也成为我们人生中一种宝贵的精神财富。好在弹指一挥间,为期十年的"文革"结束了,历经艰辛的我们终于又迎来了新时代。

"文革"结束后,我国恢复了高考制度。1979年我考取了当时才刚刚恢复建制的华东政法学院,也算是一只脚跨进了当时自己认为神圣的法学领域。接下来四年的本科生学习、三年的研究生生涯,使我初步领略了法、法律、法学、法制、法治的基本含义。特别是三年研究生的学习,使我能够在比较宽松、轻松和自由的教学氛围中,沐浴着各具特色的导师们所具有的思想逻辑体系和思想价值体系的熏陶;从先哲前贤们的书籍著作中充分吮吸着大量的知识营养,更加逐渐体会和领略到各种思想逻辑体系和思想价值体系所蕴含的价值和意义,从而为自己在日后忝列跻身于法学领域起了奠基作用。

1986年留校为师后,过去对老师们的仰慕和期望顷刻间转化为自身的压力。虽然时下刑法学的基础教学,仍然不外乎是照章宣科、注释法条、剖析案例,尽管自认为对法条丝丝相扣的注释,选择一些稀奇古怪的疑难案例进行自以为已鞭辟入里的解析,也能够使初涉法域的学子们听得津津有味,但心中常想着大学老师不仅仅是一个教师,更应该是一个学者,这应当是对教师的一个更高要求。

对犯罪构成的偏好,是自己进入刑法学领域进行教学和研究后经常思考的一个课题。但促使自己开始系统思考犯罪构成和写就本书的一个不起眼的动因是:在一次为研究生的授课中,同样也是在比较宽松、轻松和自由的教学氛围中,一位研究生提到,大学老师们在讲授普遍真理、一统理论的过程中,能否形成自己特色的学术逻辑体系和学术价值体系。以往自己对老师们的期望变成了学生对自己的期望。在忙忙碌碌的照章宣科式的教学中逐渐淡漠模糊的感觉,经一个不经意小事的搅动,又变得清晰和强烈起来了。搪塞固然容易,尴尬很难消除。尽管在执教过程中也曾不断撰写一些论著发表,其中有些自感不错,但有些意蕴浅薄,自感不满不说,就是这种东一榔头西一棒槌的偶感偶写、偶思偶录式的研究,毫无体系性可言。毕竟经历是一个人理解社会现实和内在道理离不开的基础。只有具有一定阅历和广泛阅览的人,才有可能具有较强的观察力和较深的理解力。于是在大学讲坛上稍稍站稳脚跟的我,也开始尝试着进行具有自己理论体系的学术研究。

刑法中最基本的问题是什么?有多少?学者们见仁见智。刑法学的理论体系应如何形成?怎样划分?又以怎样的形式体现?学者们也可因人而异。就我个人而言,一向认为犯罪构成也是刑法中的一个基本问题。通过将刑法学理解为既可以是注释性的刑法学、法理性的刑法学,也可以是哲理性的刑法学,选择犯罪构成作为一个阶段性的研究重点,并以法理刑法学的形式加以演绎表现出来,下与注释刑法学相衔接,上可向哲理刑法学延伸,可谓居中者伸屈自如,更与自己的能力相适应。然而,正如日本刑法学者西原春夫所说的:"撰写这类书,不仅要对原来专业领域有深刻的研究,而且必须具有其他学术领域的广博学问,而这又谈何容易……反过来一想,只要是到了相应的年龄,一个面对社会讲授刑法的人,就不允许做这样的逃避。"[①]因此,我选择犯罪构成这一也属于刑法基本问题的内容在一段时间内进行集中研究并写就此书,至少表明我是认真的、潜心的、执著的,并且努力着。至于本书的意义何在、价值如何、水平怎样,这不是我可以多说的,自待刑法理论学界之同仁者、司法实践部门之诸同志者来评判。

我国学者周汝昌在分析中西方文化在研究社会现象时呈现出两种颇为不同的研究方法时指出,西方文化的研究方法侧重于分析研究,而东方文化的研究方法则往往侧重于归纳整理,表现为一种"寻宗和归元",摒弃细琐零碎、分散支离的"取向"直奔归宿。[②]将这一分析结论移用于我国刑法学理论研究领域也是比较中肯的。在我国刑法研究中,较多的研究现象是事先寻找并确立起一个自认为正确的前提,然后从既定的、固定的概念出发并加以演绎。这种研究是比较省力省事的,一旦发生错误,"罪"不在己,而在于先前的他人他理。这种屡试不爽的研究方法,究其原因之一,恐怕与刑法学相对于哲学、政治

---

① 〔日〕西原春夫:《刑法的根基与哲学》,顾肖荣等译,上海三联书店1991年版,第1页。

② 参见周汝昌:《思量中西文化》,载《文汇报》1999年5月30日,第7版。

学、社会学,甚至相对于犯罪学来说,只能属于一个下位的学科有关,所以不得不经常借用上位学科的理论作指导。但是着重分析研究的方法使某种理论更具有坚实的基础却是不容置疑的。意识到这一点,因此本书在研究过程中尽可能从基础方面分析着手。但本书在多大程度上已实现了初衷,内心不敢过高估计。不足之处只能在今后的岁月中不断弥补和改进。好在恒定的真理和恒定的发现真理的研究方法本身并不存在。

  犯罪构成在我国,从理论的移植到理论的本土化,从理论的雏形到理论的基本定型,经历了一个很长的过程。在一种理论基本定型而具有稳定性特点后,再要去触动它、改变它,应当说是很难的。因为有太多的人已经接受了被认为是"正确"的理论模式,这时理论的"定型"往往导致人们观念的定型。但是我个人认为,对事物本质的认识常常会因人而异。因此,理论上的百家争鸣、百花齐放应该说是一种必然的现象。在这方面,学者要带一个头,把自己认识到的某些事物的本质通过理论表现出来,给人以多角度、多方位的参考。所以本书自感还有不够成熟、不甚周到之处,虽每思于此,心中常感存有余悸,但最终还是公诸学界,无非也想为繁荣我国刑法学研究略尽绵薄之力。

  就事物的相关性而言,理论的批判并不能改变事物的本身存在。"批判的武器当然不能代替武器的批判,物质力量只能用物质力量来摧毁。"③当我国众多的带有基础性理论的刑法教科书把无数学子作为自己的物质武器,从而使传统的已经定型的犯罪构成理论深入人心,那么任何对传统的那种已经定型的犯罪构成理论的批判,也只有拥有众多的相信者作为物质武器,从而使一种新观点、新理论在对旧观点、旧理论的批判中诞生,并得到成长。这一点在目前的我国刑法学领域似乎还很难。学者们的学术著作的影响力还远远不能与传统的基础教科书的影响力相匹敌,这也是中国刑法学倍感沉重的原因之一。然而,学术思想的闪电只有真正射入刑法教科书的园地,刑法学

---

③ 《马克思恩格斯选集》(第1卷),人民出版社1972年版,第9页。

才能成为真正意义上的刑法学。

驽马已知征程远,不待扬鞭自奋蹄。光荣与梦想时时鞭策着人们不断奋斗,我也将一步一个脚印地朝着自己力所能及的既定学术目标努力前行。

杨兴培

2001 年 8 月 30 日